Nelles Verlag

Foto: Somi (Fotolia)

Südafrika

Autorin:
Marianne Fries

Okahandja
ERONGO
B2
B1
WINDHOEK
OMAHEKE
B6
Gobabis
A3
GHANZI
Central
DISTRICT
Kalahari
Game
Okwa
Trans-Kalahari Highway
KHOMAS
Dordabis
BOTSWANA
KALAHARI
Reserve
Namib
Rehoboth
1036
Nossob
Khutse G. Res.
Kang
Hukuntsi
KWENENG DIST.
Letlhaker
Naukluft
Aranos
DESERT
KGALAGADI
1095
A2
Sekoma
Mariental
SOUTHERN
NAMIB
Maltahöhe
HARDAP
Kgalagadi
Transfrontier
National
Park
Mabuasehube Game Res.
Werda
DIST.
Natl.
B1
1031
Park
954
Tosca
NAMIBIA
Tshabong
DESERT
NORTH WEST
Bethanie
DISTRICT
983
Lüderitz
Aus
Keetmanshoop
Rietfontein
B4
Andriesvale
KARAS
2202
Black Rock
Vryburg
Sperrgebiet
SOUTH
Fish River Canyon
1072
Kuruman
Ai-Ais
Grünau
Kathu
National
Ai-Ais
Karasburg
Sendelingsdrift
Richtersveld
B3
N14
Warrenton
Park
B1
N10
Upington
Transfontier Nat. Park
Postmasburg
Oranjemund
Warmbad
Vioolsdrif
Orange
Augrabies Falls Nat. Park
Kakamas
Groblershoop
N8
KIMBERLEY
Vaal
N7
Kenhardt
N12
Port Nolloth
NAMAQUALAND
N14
AFRICA
Springbok
NORTHERN
Prieska
Brak
Namaqua Nat. Park
CAPE
Petrusville
1379
N10
211
Brandvlei
Vosburg
Britstown
Colesbu
De Aar
Loeriesfontein
Carnarvon
N12
ATLANTIC
N7
Richmond
N1
Landplaas
Nieuwoudtville
Victoria West
Middelburg
Vredendal
Calvinia
Fish
Tankwa-Karoo Nat. Park
Fraserburg
Karoo Nat. Park
OCEAN
Graaff-Reinet
Cederberg Wilderness Area
Sutherland
Beaufort West
GREAT
Citrusdal
Vredenburg
Velddrif
WESTERN
KAROO
Jansenville
1685
N12
N9
N7
N1
CAPE
Ceres
Swartberg Nat. Res.
Baviaanskloof Wilderness Area
Atlantis
PAARL
Oudtshoorn
Worcester
Wilderness
CAPE TOWN
Robertson
LITTLE KAROO
GEORGE
Garden Route Nat. Park
187
Stellenbosch
Table Mountain National Park
SOMERSET W.
Swellendam
N2
Mossel Bay
Knysna
Humansdorp
Cape of Good Hope
192
Hermanus
Die Dam
Bredasdorp
162
OCEAN
172
L'Agulhas
INDIAN

KARTENVERZEICHNIS

IMPRESSUM / KARTENLEGENDE

Liebe Leserin, lieber Leser,

AKTUALITÄT wird in der Nelles-Reihe groß geschrieben. Unsere Korrespondenten dokumentieren laufend die Veränderungen der weltweiten Reiseszene, und unsere Kartografen berichtigen ständig die auf den Text abgestimmten Karten.
Wir freuen uns über jeden Korrekturhinweis! Unsere Adresse: Nelles Verlag, Machtlfinger Str. 26 Rgb., D-81379 München, Tel. +49 (0)89 3571940, Fax +49 (0)89 35719430, E-Mail: Info@Nelles.com, Internet: www.Nelles.com
Haftungsbeschränkung: Trotz sorgfältiger Bearbeitung können fehlerhafte Angaben nicht ausgeschlossen werden, der Verlag lehnt jegliche Produkthaftung ab. Alle Angaben ohne Gewähr. Firmen, Produkte und Objekte sind subjektiv ausgewählt und bewertet.

LEGENDE

**	Top-Attraktion (in Karte)
**	Top-Attraktion (in Text)
*	sehr sehenswert (in Karte)
*	sehr sehenswert (in Text)
8	Orientierungsnummer in Text und Karte
8 8	Orientierungsnummer in Text und Stadtplan
	Öffentliches bzw. bedeutendes Gebäude
	Hotel, Lodge / Camp
	Restaurant
	Einkaufszentrum / Markt
	Kirche / Friedhof
	Krankenhaus / Postamt
	Polizei / Denkmal
	Touristeninformation
DURBAN (Ort) Dzata Ruins (Sehenswürdigkeit)	in Karte gelb Unterlegtes wird im Text erwähnt
	internationaler Flughafen / nationaler Flughafen
	Landepiste
	UNESCO Welterbe
	Nationalpark, Naturschutzgebiet
Sneuberg 2027	Berggipfel (Höhe in Meter)
Sani Pass 2874	Pass (Höhe in Meter)
	Badestrand / Weingut
	Höhle / Fort
	Aussichtspunkt
	Windmühle / Mine
	Parkplatz / Bushaltestelle
	Staatsgrenze
	Provinzgrenze
	Schnellstraße
	Fernverkehrsstraße (asphaltiert)
	Hauptstraße (asphaltiert)
	Hauptstraße (überwiegend Schotter)
	Nebenstraße (überwiegend geteert)
	Sonstige Piste, Fahrweg (4x4), Pfad
	Bahnlinie
	Fußgängerzone
13	Entfernung in Kilometer
N9 R62	Straßennummerierung

IMPRESSUM

SÜDAFRIKA
© Nelles® Verlag GmbH
81379 München
All rights reserved

Druck: Bayerlein, Germany
Einband durch DBGM geschützt

- R2117 -

7 OST-KAP

8 WEST-KAP UND KAPSTADT

9 NORD-KAP

10 FREISTAAT

11 REISE-INFORMATIONEN

Erhard Pansegrau

Auf Fotosafari

Johann Scheibner

Grandioses Panorama – das „Amphitheater" in den Drakensbergen

HÖHEPUNKTE

★★Krüger-Nationalpark (S. 96): Riesiges Schutzgebiet für das hier enorm vielfältige afrikanische Wild, mit guten Straßen und vielen Camps, auch für Selbstfahrer geeignet.

★★uShaka Marine World (S. 111) in Durban: lockt mit großem Aquarium (Sea World), Dolphinarium, Spaßbad sowie einem Schnorchelbecken mit tropischen Fischen. In einem großen nachgebauten Frachterwrack ist ein Restaurant in Betrieb.

★★Hluhluwe Umfolozi Park (S. 122): Grüne Hügel, bewaldete Täler, offenes Bushveld – ein ideales Refugium für die bedrohten Nashörner.

★★Ithala Game Reserve (S. 127): Klein, aber fein und landschaftlich reizvoll, beherbergt es zwar keine Löwen, aber Steppentiere wie Giraffen und Zebras, die umso entspannter grasen können, auch Breitmaulnashörner. Mit wunderschönem Restcamp.

★★Royal Natal National Park (S. 133): Mit der atemberaubenden Steilwand des **Amphitheaters** ein Höhepunkt des landschaftlich grandiosen, an Buschmann-Felsbildern reichen **★★uKhahlamba-Drakensberg-Parks**. Im Süden bezwingt der spektakuläre **Sani Pass** das Massiv – die holprige Serpentinenstraße nach Lesotho.

★★Gartenroute (S. 161): Berühmte Reiseroute an der Südküste, zwischen Bergen und Meer, die auch den **Garden Route National Park** passiert.

★★Tsitsikamma National Park (S. 162): Meer und dramatische Felsküste, Urwaldbäume, Schluchten, die Storms-River-Mündung und ein berühmter Fernwanderweg: der **Otter Trail**.

★★Stellenbosch (S. 178): Das reizendste kapholländische Uni-Städtchen, schön gelegen im **Weinland** an der **Weinroute**, die auch durch die Weinstädte **Paarl** und das französisch geprägte **Franschhoek** führt, wo traditionsreiche Weingüter zur Verkostung animieren.

★★Walbeobachtung (S. 183): An der **Walker Bay**, etwa in der „Walkapitale" **Hermanus**, muss man nicht einmal ein Boot besteigen, um die Riesenmeeressäuger zu entdecken – ein Spaziergang auf dem Cliff Path genügt oft.

★★Kapstadt (S. 185): Die attraktive Touristenmetropole, vor der tollen Kulisse des per Seilbahn zu erklimmenden **★★Tafelbergs**, lockt mit der **Long Street** als Szenemeile und der **V&A Waterfront** als Flanier- und Shoppingzone, dem **Two Oceans Aquarium** und Ausflügen: zum **Botanischen Garten**, ins **Weinland** oder zum **★★Kap der Guten Hoffnung**.

★★Augrabies Falls National Park (S. 213): Die rauschenden Wassermassen des Orange River stürzen hier in eine tiefe Granitschlucht.

★★Kgalagadi Transfrontier Park (S. 216): Der nach Botswana grenzübergreifende Kalahari-Park gilt als eines der besten Schutzgebiete für die Sichtung von Raubtieren wie Löwen, Geparden und Hyänen.

★★Kimberley Mine Museum (S. 221): Das Freilichtmuseum rund um das atemberaubende **Big Hole** lässt mit historischen Gebäuden, samt Läden, Pub, Kirche, Apotheke und Straßenbahn, die frühe Diamantenschürferzeit wieder aufleben.

Rechts: Ein Ranger im Einsatz.

Foto: Erhard Pansegrau

EINSTIMMUNG

Südafrikas ethnische Mischung ist bunt – zu Khoisan- und Bantuvolksgruppen haben sich in den letzten 350 Jahren Holländer, Franzosen und Engländer gesellt, und zudem hat man zur Kolonialzeit Malaien und Inder als Arbeitskräfte hierher verfrachtet. Im 20. Jh. hat die Apartheid-Politik der Weißen die Vermischung der Ethnien und Kulturen erfolglos aufzuhalten versucht, und so schillert die „Regenbogennation" heute in vielen afrikanischen, asiatischen und europäischen Farben.

„Das schönste Ende der Welt" – diese Auszeichnung hat sich Südafrika durch seine enorme landschaftliche Vielfalt verdient, geprägt durch schroffe Gebirge und lange Sandstrände, das fruchtbare grüne Weinland und weite Savannen oder Trockengebiete wie die Karoo oder die Kalahari. Und die Vegetation reicht vom mächtigen Affenbrotbaum im Norden bis zur UNESCO-geschützten Kapflora im Süden mit der Königsprotea als Nationalblume.

Tierschutz ist hier schon sehr lange ein Thema, und so präsentiert sich heute in den professionell gemanagten Nationalparks staunenden Besuchern aus aller Welt die afrikanische Tierwelt in ihrer ganzen faszinierenden Vielfalt, die weit mehr als die imposanten *Big Five* zu bieten hat: Vor der Küste tummeln sich Robben und Brillenpinguine, Buckelwale und Glattwale – und der Weiße Hai.

Vorbildlich ist die Bandbreite der touristischen Infrastruktur: vom Afrika-Lokal mit Live-Musik bis zum historischen Landgasthof, vom indischen Restaurant bis zum stylischen Gourmetlokal, vom günstigen Backpackerhostel über die urige Safarilodge bis zum eleganten Designerhotel.

Gegensätze zwischen Schwarz und Weiß, Arm und Reich sind zwar immer noch vorhanden, und die Situation in einigen übervölkerten Townships wirft noch viele Probleme auf. Man hat jedoch erfolgreich Anstrengungen unternommen, um die Sicherheitslage insbesondere auch für ausländische Besucher zu verbessern.

Vor- und Frühgeschichte

Knochenfunde in Südafrika belegen: Ab **ca. 3,5 Mio.–4 Mio. v. Chr.** leben hier erste Hominide (Australopithecus africanus), ab **ca. 1 Mio. v. Chr.** frühe Vertreter des Homo erectus, ca. **150 000 v. Chr.** des Homo sapiens – Afrika gilt als die „Wiege der Menschheit".

Ab ca. 10 000 v. Chr. leben Buschleute (San) als steinzeitliche nomadische Jäger und Sammler im südlichen Afrika, was Felsbilder v. a. in den Drakensbergen sowie in den Provinzen West-Kap und Freistaat bezeugen. Am **Beginn der christl. Zeitrechnung** wandern als Hirtennomaden lebende Völker (Khoikhoin) zu, es entwickelt sich eine gemeinsame Klicklaut-Sprache (Khoisan).

Ab dem 4. Jh. n. Chr. dringen schwarze Bantu aus Zentralafrika bis zum Ost-Kap vor und verdrängen die San und Khoikhoin; die Bantu treiben Viehzucht und Ackerbau und verfügen über Eisen.

Entdeckungs- und Kolonialzeit

1488 Der Portugiese Bartolomëu Diaz erreicht das „Kap der Stürme" (später in „Kap der Guten Hoffnung" umbenannt) und gelangt als erster Europäer bis etwa nach Mossel Bay.

1497 Vasco da Gama umrundet das Kap auf dem Weg nach Indien und geht später in Natal (port. „Weihnachten") an Land.

1652 Der Holländer Jan van Riebeeck gründet im Auftrag der Niederländisch-Ostindischen Kompanie (VOC) in der Tafelbucht am 6.4. eine Versorgungskolonie für Handelsschiffe auf der Südostasien-Route – das spätere Kapstadt. In den Folgejahren besiedeln Niederländer, Deutsche und Franzosen Afrikas Südspitze, Sklaven aus niederländ. Kolonien werden hierhin deportiert, die ansässige Bevölkerung wird vertrieben oder versklavt.

1679 Unter Gouverneur Simon van der Stel setzt ein Wirtschaftsaufschwung der Kap-Niederlassung und eine Ausweitung der Kolonie ins Landesinnere ein („Buren").

1779-81 Erste Konflikte im Ost-Kap zwischen nomadischen Buren und dem dort siedelnden Bantu-Volk der Xhosa, die zu acht verlustreichen „Khosa-Kriegen" in 100 Jahren eskalieren, an deren Ende die Xhosa unterliegen.

1795-1814 Großbritannien übernimmt am 11.6. erstmals die Herrschaft am Kap. Es folgen Machtwechsel mit den Niederlanden; 1814 endet deren Herrschaft endgültig, die Kapregion wird britische Kronkolonie.

1816-1828 Unter König Shaka wird das Zulu-Volk durch Zusammenschluss anderer Bantu-Völker zu einer militärischen Großmacht. Das Zulu-Gebiet wächst durch grausame Unterwerfung anderer Stämme v. a. in Richtung Nordosten. Shaka wird 1828 ermordet.

1835-1842 In Folge der verstärkten Besiedelung der Kapkolonie durch britische Zuwanderer und nach Aufhebung der Sklaverei 1833 ziehen etwa 6000 Buren im „Großen Trek" nordostwärts. In der Schlacht am Blood River am 16.12.1838 werden die

Das Krüger-Standbild in Pretoria – Paul Krüger wurde 1882 zum ersten Präsidenten des Burenstaats Transvaal gewählt.

Zulus von den Trekkern geschlagen, die daraufhin die Burenrepubliken Natal und Oranje-Freistaat gründen.

1853/54 Anerkennung der Burenstaaten Südafrikanische Republik (Transvaal) und Oranje-Freistaat durch Großbritannien.

1867 Entdeckung erster Diamantenvorkommen bei Kimberley, Großbritannien annektiert das vom Oranje-Freistaat beanspruchte Gebiet.

1880/81 Im 1. Burenkrieg unterliegt Großbritannien dem Burenführer Paul Krüger, der 1882 erster Präsident der „unabhängigen Republik Transvaal" wird.

1886 Beginn des Abbaus der weltweit größten Goldvorkommen am Witwatersrand; Gründung und Beginn des wirtschaftlichen Aufstiegs Johannesburgs.

1899-1902 Aus dem Zweiten Burenkrieg gehen die Briten als Sieger hervor und annektieren daraufhin den Oranje-Freistaat und Transvaal als Kronkolonien.

Foto: THEGIFT777 (iStockphoto)

Erst gegen Ende des 20. Jahrhunderts erlangte die schwarze Bevölkerungsmehrheit Gleichberechtigung und Freiheit.

20. und 21. Jahrhundert

1910 Die ehemaligen Burenrepubliken und die britischen Kolonien Natal und Kap gründen die Südafrikanische Union, ohne Mitspracherecht der schwarzen Bevölkerungsmehrheit; Premierminister wird L. Botha.

1911-13 Rassendiskriminierende Gesetze („Apartheid") gegen die schwarze Bevölkerung, die als Interessensvertretung den „South African Native National Congress" (ab 1923 ANC) gründet.

1914/1945 Südafrika kämpft im I. und II. Weltkrieg an der Seite Großbritanniens.

1949-59 Umfangreiche Apartheidgesetzgebung, u. a. Registrierung der Bevölkerung nach Rassenzugehörigkeit, Wahlrecht nur für Weiße, territoriale Trennung nach Hautfarbe („schwarze Homelands").

1960 Bei einer Demonstration gegen die Apartheid-Politik werden in Sharpeville/Transvaal 69 Menschen von der Polizei erschossen; der ANC wird verboten, leistet aber mit Nelson Mandela als führendem Aktivisten im Untergrund weiter bewaffneten Widerstand.

1962 Festnahme Nelson Mandelas; Verurteilung zu 5 Jahren, später zu lebenslanger Haft.

1976 Blutige Niederschlagung eines Schüleraufstands gegen die Zwangseinführung von Afrikaans als Unterrichtssprache am 16.6. in Soweto; Proteste mit über 600 Toten.

1983-88 Reformen nach internat. Druck auf das Apartheidregime; neue Verfassung mit eingeschränktem Mitspracherecht von Farbigen.

1989-1993 Präsident P. W. Botha tritt zurück, sein Nachfolger Willem de Klerk wendet sich von der Apartheidpolitik ab und lässt Nelson Mandela am 2.2.1990 frei; beide erhalten 1993 den Friedensnobelpreis.

1994 Der ANC gewinnt die ersten freien Wahlen, Mandela wird erster schwarzer Präsident.

1999 Mandelas Nachfolger wird Thabo Mbeki vom ANC (2004 nochmals im Amt bestätigt).

2008 Mbeki tritt zurück, nachdem er 2007 den ANC-Vorsitz an Jacob Zuma verloren hat.

2009 Der ANC gewinnt erneut die Wahlen, Jacob Zuma, ein Zulu, wird Staatspräsident.

2010 Fußball-WM in Südafrika – ein großer Imagegewinn. Enorme Investitionen in die – für die Nach-WM-Zeit überdimensionierte – Stadien.

2012 Der Unmut in der Bevölkerung über die Regierungspartei ANC wächst, mangels Erfolgen bei der Bekämpfung von Arbeitslosigkeit, Armut und AIDS sowie wegen Korruption in Präsident Zumas Umfeld. Polizisten schießen auf streikende Minenarbeiter.

2013 Große Trauerfeier für Nelson Mandela.

2014 Der *Rand* verliert weiter an Wert. Die Nashornwilderei nimmt dramatisch zu: 1215 Tiere werden nur wegen ihres Horns getötet.

2015/16 Migrantenfeindliche Gewalt in den Armenvierteln von Johannesburg und Durban. Das Wirtschaftswachstum geht zurück. Der günstige Wechselkurs macht Südafrikareisen attraktiv.

Zdenka Bondzio

Frühling im Namaqualand

Foto: Erhard Pansegrau

TIERE UND PFLANZEN

Tierwelt

Die Tierwelt Südafrikas ist wohl eine der wichtigsten touristischen Attraktionen. Viele der großen Säugetiere, die einst weit verbreitet, aber im 19. Jh. von Ausrottung bedroht waren, haben heute in den Wildschutzgebieten Rückzugsgebiete und können in ihrer natürlichen Umgebung beobachtet werden.

Zu den *Big Five*, den früher begehrten Trophäen der Großwildjäger, gehören neben Löwe, Leopard, Nashorn und Elefant auch Büffel, die weit verbreitet in großen Herden leben, zu denen Mensch und Tier respektvollen Abstand wahren.

Größte der in Südafrika vorkommenden Raubkatzen ist der Löwe (rd. 2000), der in Rudeln mit einer festen Hierarchie lebt. Anders der etwas kleinere Leopard (rd. 1000), der ein Einzelgänger ist und sich tagsüber meist in den Bäumen aufhält; sein Fell mit rosettenförmigen Flecken ist hier eine perfekte Tarnung. Während er sich an seine Beute heranschleicht, hetzt sie der hochbeinige Gepard, wobei er auf kurzen Strecken eine Geschwindigkeit von bis zu 100 km/h erreicht. Sein Fell hat einfache Flecken, sein auffälligstes Kennzeichen sind schwarze Streifen, die sich vom inneren Augenwinkel zum Maul herabziehen. Relativ häufig kommen noch Hyänen (Streifen- und Tüpfelhyänen) und Schakale vor, die vorwiegend Aas fressen. Der verwandte Hyänenhund (*Wild Dog*) ist vom Aussterben bedroht.

Elefanten, die schwersten Landsäugetiere, leben in kleinen Herden, zu denen größere Bullen nur zur Paarungszeit gehören. Diese werden bis zu 6000 kg schwer, ihr täglicher Nahrungsbedarf beträgt 150-200 kg Biomasse, vor allem Gräser, Blätter, Wurzeln, Baumrinde und Früchte, sowie bis zu 220 Liter Wasser. Elefanten fressen 18 Stunden pro Tag.

Elefanten werden nur von den ebenfalls in kleinen Herden lebenden Giraffen überragt, die bis zu 5 m Höhe erreichen und ihre Nahrung (Blätter, Früchte) konkurrenzlos in den Baumkronen äsen. Häufig trifft man sie gemeinsam mit Zebraherden, meist Burchell-Zebras, bei deren Musterung sich zwischen den schwarzen Streifen, die individuell wie menschliche Fingerabdrücke sind, gelbe oder braune „Schattenstreifen“ finden. Die kleineren Bergzebras, die vor allem im Mountain Zebra National Park anzutreffen sind, haben mehr schwarze, aber keine Schattenstreifen.

Für die vom Aussterben bedrohten Breitmaul- und Spitzmaulnashörner wurden Ende des 19. Jh. die ersten Wildschutzgebiete Südafrikas (Hluhluwe, Imfolozi) geschaffen. Jedoch hat die Wilderei wegen des in China teuer gehandelten Horns in den letzten Jahren dramatisch zugenommen: Waren es 2007 noch sieben, so wurden allein im Jahr 2014 über 1200 Nashörner von Wilderern getötet.

Oben: Meerkatzen sind außer Pavianen und Galagos die einzigen Primaten in Südafrika. Rechts: Der Büffel gehört zu den „Big Five“.

Foto: Bodo Bondzio

Am häufigsten begegnet man im ganzen Land Vertretern der 29 Antilopenarten, die anfangs nicht ganz leicht zu unterscheiden sind. Mit Ausnahme von Gemsbok (Oryx), deren Name nichts mit Gemsen der europäischen Hochgebirge zu tun hat, Springbo(c)k, Bontebok (Buntbock) und Bles(s)bo(c)k sind die meisten Arten im Krüger-Nationalpark zu sehen.

Der vom Aussterben bedrohte Buntbock ist im Nationalpark bei Swellendam geschützt, man trifft ihn z. B. aber auch im Naturschutzgebiet am Kap der Guten Hoffnung. Der grauen Oryxantilope mit dem scharf gezeichneten schwarz-weißen Kopf und den spitzen Hörnern, die über einen Meter lang werden können, begegnet man vor allem in der Kalahari. Hier leben, neben Streifengnus, auch Springböcke in größerer Zahl. Diese besonders schöne und anmutige Antilope ist eines der Nationalembleme und das Sportsymbol Südafrikas. Graziös sind auch die etwas größeren, sehr zahlreich vorkommenden Impalas, die unglaublich weit (bis 10 m) springen können, und bei denen nur die Böcke Hörner tragen. Das gilt auch für die mittelgroßen, graubraunen Kudus, deren spiralförmige, etwa 150 cm, gelegentlich auch bis 180 cm langen Hörner vielleicht die schönsten aller Antilopen sind. Die kleinste Antilopenart ist der Blue Duiker (Blauducker; Schulterhöhe 33-38 cm), größte das Eland (Elen; 152-190 cm). Gelegentlich kann man Antilopen, vor allem Impalas, auf Weiden sehen, da sie zunehmend auch auf Wildfarmen gehalten werden (*Game Farming*). Das Warzenschwein, etwa 70 cm hoch, hat Hauthöcker am Kopf, eine Mähne und bis zu 40 cm lange Hauer; es sieht zwar mit seinem beim Laufen aufgerichteten dünnen Schwanz amüsant aus, man sollte aber trotzdem gebührend Distanz bewahren.

Von den Primaten (Herrentieren) leben in Südafrika nur die Gattungen der Meerkatzen (vor allem die Grüne Meerkatze), Galagos (*Bushbabies*) sowie Paviane (*Chacma Baboons*), die auf keinen Fall gefüttert werden dürfen (hohe Strafen!). Wenn Paviane, z. B. auf der Kap-

Foto: Touristikbüro Südafrika (South African Tourism SATOUR)

Halbinsel, in der Nähe sind, empfiehlt es sich, die Autofenster zu schließen, da sie rasch nach Essbarem, Taschen u. ä. greifen können!

Von den kleineren Säugetieren trifft man häufig Mangusten, Bushbabies (nachtaktiv, riesige Augen), Klippschliefer, die entfernt mit den Elefanten verwandt sind, sowie Erdmännchen.

Flusspferde (*Hippos*) sind in Südafrika fast nur noch im Krüger-Park und den Wildschutzgebieten des Zululands anzutreffen. Sie wiegen bis zu 1500 kg und leben, meist in Herden, größtenteils im Wasser. Sie verlassen bei Nacht ihr Gewässer auf Nahrungssuche und können dabei große Strecken zurücklegen. Es werden auch immer wieder Menschen von Hippos verletzt oder getötet! Im gleichen Lebensraum sind auch die Krokodile zu finden. Sie können 2,5-3,5 m, gelegentlich bis fast 6 m lang werden. Man trifft sie aber zunehmend auch auf Farmen, wo sie ihrer Häute, z. T. auch ihres Fleisches wegen gezüchtet werden und auch eine Attraktion für Touristen darstellen.

Oben: Der Helmturako (Knysna Lourie) besticht durch sein farbenprächtiges Gefieder.

Von den ca. 130 in Südafrika heimischen Schlangenarten sind nur 35 giftig; dazu gehören Puffotter (*Puffadder*), Speikobra, Grüne und Schwarze Mamba sowie Baumschlange (*Tree Snake*). Interessante Details über Schlangen und den Umgang mit ihnen erfährt man bei Vorführungen in den Schlangenparks von Durban und Port Elizabeth, wo den Schlangen Gift zur Serumherstellung entnommen wird.

Streng geschützt sind die in Südafrika vorkommenden zwölf Land- und fünf Süßwasser-Schildkrötenarten (*Tortoise* und *Turtle*) sowie die fünf Meeresschildkröten-Arten, von denen nur zwei hier auch brüten; so die bis 400 kg schwere Lederschildkröte an der Küste im Norden von KwaZulu-Natal. Auf Felsen sieht man zahlreiche Reptilien wie Eidechsen, Geckos oder Warane.

Ornithologisch Interessierte finden in Südafrika etwa 900 Vogelarten. Dazu gehören der größte, aber flugunfähige

Vogel, der Strauß, der in der Kleinen Karoo, neuerdings auch in anderen Gebieten gezüchtet wird. Der größte Flugvogel ist die Riesentrappe, die vor allem in der Kalahari und der Großen Karoo lebt. In der Nähe blühender Büsche und Sträucher, vor allem der Proteen, finden sich die kleinen, z. T. langschwänzigen Nektarvögel und Honigfresser. Man kann u. a. Adler, Geier, Kraniche, den hochbeinigen, nur in Afrika vorkommenden Sekretärvogel, viele Arten von Webervögeln mit ihren kunstvollen Nestbauten, farbenprächtige Eisvögel und Bienenfresser, Witwenvögel mit erstaunlich langen, dekorativen Schwänzen, Hornvögel und Tokos mit großen Schnäbeln bestaunen. An den Binnengewässern und Küsten leben unzählige Wasser- und Seevögel, darunter Schreiseeadler (*Fish Eagle*), Flamingos, Reiher, Pelikane, Kormorane sowie schwarze Schlangenhalsvögel.

Unter den vielen Insektenarten erfreuen die Besucher Südafrikas farbenprächtige Schmetterlinge, von denen es mehr als 800 Arten gibt. Markant sind im Gras- und im Buschland Termitenbauten.

Bei den Krankheitsüberträgern ist die für Malaria verantwortliche *Anophelesmücke* in den feuchtheißen Niederungen zwar reduziert worden, ist aber inzwischen gegen viele Medikamente resistent und dadurch nach wie vor eine Gefahr. Dagegen ist die Tsetsefliege (*Nagana Fly*), Überträger der Schlafkrankheit, nahezu ausgerottet. In waldreichen Gebieten gibt es auch Zecken (*Ticks*), die u. a. als Überträger von Gehirnhautentzündung gefürchtet sind.

Auch die Bilharzia, die zur Gattung der Saugwürmer gehören und in vielen Gewässern Afrikas leben, können gefährliche Krankheiten verursachen.

Von den zu den Gliederfüßern gehörenden Skorpionen sind diejenigen Arten, die einen dicken Schwanz haben, äußerst giftig.

Die Flüsse und die vielen Stauseen sind reich an Fischen. An den Küsten

TIERNAMEN

Englisch-Deutsch

Säugetiere:

Baboon	Pavian
Black Rhino(ceros)	Spitzmaulnashorn
Black Wildebeest	Weißschwanzgnu
Blue Wildebeest	Streifengnu
Buffalo	Büffel
Caracal	Wüstenluchs
Cheetah	Gepard
Eland	Elenantilope
Gemsbok	Oryx, Spießbock
Hippo(potamus)	Flusspferd
Jackal	Schakal
Lion	Löwe
Rock Hyrax (Dassie)	Klippschliefer
Sable Antelope	Rappenantilope
Seal	Robbe
Squirrel	Eichhörnchen
Suricate	Erdmännchen
Vervet Monkey	Grüne Meerkatze
Warthog	Warzenschwein
Waterbuck	Wasserbock
White Rhino	Breitmaulnashorn

Vögel:

Bee Eater	Bienenfresser
Bustard (Korhaan)	Trappe
Crane	Kranich
Darter	Schlangenhalsvogel
Eagle	Adler
Egret	Reiher
Gannet	Tölpel
Glossy Starling	Glanzstar
Goose	Gans
Ground Hornbill	Hornrabe
Guinea Fowl	Perlhuhn
Heron	Reiher
Hoopoe	Wiedehopf
Kingfisher	Eisvogel
Ostrich	Strauß
Plover	Kiebitz
Sunbird	Nektarvogel
Vulture	Geier
Weaver	Webervogel
Wydah	Witwenvogel

Foto: Hartmuth Friedrichsmeier

sorgen die Meeresströmungen für eine außerordentliche Vielfalt der Meeresfauna. Wale und Delfine sind manchmal in Buchten oder jenseits der Brandung zu sehen (z. B. in Hermanus oder Plettenberg Bay); Haie (*Sharks*) werden an den Badestränden durch Netze ferngehalten oder durch Haibeobachter gemeldet.

Pflanzenwelt

Keine Region der Erde besitzt auf so kleinem Raum eine solche Vielfalt an Pflanzenarten wie Südafrika, das auch als einziges Land innerhalb seiner Grenzen ein komplettes der sechs Florenreiche aufweist: das Kap-Florenreich ist zwar das kleinste, zugleich aber auch das artenreichste; auf einer Fläche von 90 000 km² gedeihen 8600 Pflanzenarten, davon sind 5800 sogar endemisch.

Der Mensch hat die ursprüngliche Vegetation Südafrikas in den vergangenen Jahrhunderten stark verändert. Abhängig von Landschaftsfaktoren und klimatischen Bedingungen, vor allem den von Ost nach West abnehmenden Niederschlagsmengen, lassen sich jedoch folgende Vegetationszonen unterscheiden:

Das relativ gut beregnete Hochveld gehört mit der östlichen Großen Randstufe in das Gebiet der Grasfluren; an den Hängen der Schluchten und in den Flusstälern finden sich noch Reste einer mehr oder weniger dichten Bewaldung.

In den nach Norden und Nordosten angrenzenden, niedriger gelegenen trockenheißen Gebieten, den parkähnlichen Savannen des Lowvelds, kommen verschiedene *Acacia*-Arten vor, darunter die charakteristische Schirmakazie (*Umbrella thorn*) und der vielseitig nutzbare, im ganzen Land verbreitete Süßdorn (*Acacia karoo*) mit kleinen kugeligen, leuchtend gelben Blüten; ferner wilde Feigen sowie Mopane-Bäume und -Büsche mit ihren schmetterlingsförmigen Blättern. Dazwischen wachsen verstreut Affenbrotbäume (*Baobabs*), die durch ihre dicken, wasserspeichernden Stämme auffallen, ferner Fieberbäume (*Fever trees*) mit gelb-grüner Rinde und Leberwurstbäume (*Sausage trees*) mit großen, wurstähnlichen, ungenießbaren Früchten.

In der sich nach Westen anschließenden Dornsavanne der Kalahari herrschen vor allem Kameldornbüsche neben dürftigem Graswuchs vor. Südlich davon finden sich in der Halbwüste der Großen Karoo vor allem Büschelgräser, kniehohe Zwergsträucher sowie viele Sukkulenten (Fettpflanzen), darunter die mit ihrem „Schopf" charakteristischen Aloe-Arten. Sie können, ebenso wie verschiedene Wolfsmilchgewächse (*Euphorbien*), z. B. die verbreiteten Kandelaber-Euphorbien, bis über 2 m hoch werden. Die an extreme Trockenheit angepassten Steinpflanzen („blühende Steine") kann man fast nur entdecken, wenn sie gerade blühen.

Oben: Strelitzien. Rechts: Strohblumen kommen im Fynbos der südlichen Kaphalbinsel oft vor. Rechts außen: Ein „Halbmenschbaum" im Richtersveld.

Foto: Marianne Fries

Foto: Touristikbüro Südafrika (South African Tourism SATOUR)

Wichtigste Pflanzen im Namaqualand sind Sukkulenten wie Mittagsblumen (*Mesembryanthemum*), Euphorbien und Aloen, darunter die Baumaloe (*Kokerboom*). Im Frühjahr kann sich das Gebiet nach dem ersten Regen in ein vielfarbiges Blütenmeer verwandeln, vor allem durch die rasch aufschießenden *Daisies*, eine Asternart. Nur im äußersten Nordwesten wächst der seltsame *Halfmens*, der zur Familie der Hundsgiftgewächse (*Apocyaceae*) gehört.

Urwälder finden sich nur noch auf weniger als 1% der Landesfläche, so z. B. in verschiedenen Tälern des Hochvelds und an der gut beregneten Großen Randstufe. Nahe der Küste, an der Gartenroute, ist bei Knysna ursprünglicher heimischer Hochwald erhalten, mit Beständen von Eisenholz- (*Ironwood*), *Stinkwood*- und Gelbholz- (*Yellowwood*) Bäumen. Manche Bäume erreichen Höhen bis 45 m und sind bis zu 800 Jahre alt; sie liefern begehrtes, wertvolles Möbelholz. Reste des ursprünglichen heimischen Waldes gedeihen auch in Tälern und Schluchten der Kapprovinzen.

Elemente reiner Kulturlandschaft sind dagegen die Straßenbäume, bei denen es sich nicht immer um einheimische Arten handelt. Sie geben aber einigen Orten ihr unverwechselbares Gepräge, wie etwa die alten Eichen in Stellenbosch, die Birnbäume in Beaufort West, vor allem aber die auch andernorts verbreiteten Jacarandas, die original aus Brasilien stammen und im Oktober die Straßen Pretorias in ein zartlila Blütenmeer tauchen. Riesige Pflanzungen mit rasch wachsenden, meist ausländischen Bäumen (Kiefer-, Eukalyptus- und Akazienarten) decken seit 1876 den großen Bedarf an Bauholz und Zellstoff, vor allem in Mpumalanga und KwaZulu-Natal.

Im Küstengürtel, der sich von East London nach Nordosten zieht, ist der Buschwald zunehmend mit verschiedenen Palmenarten, Natal-Strelitzien und Mangroven durchsetzt. Die feuchtwarme Luft vom Indischen Ozean sorgt das ganze Jahr für eine üppige, subtropische Blütenpracht; in Parks und Gärten blühen von Juli bis Oktober/November der prachtvoll scharlachrote Korallenbaum, Goldregen, Hibiskus, Flamboyant, Azaleen, Rhododendren, Kamelien, Bougainvilleen und viele andere heimische und ausländische Pflanzen.

In der *National List of Trees* sind die Bäume Südafrikas klassifiziert; die entsprechenden Nummern an Bäumen in Naturschutzgebieten, Parks und Rest Camps erleichtern die Bestimmung (www.treetags.co.za). Ein exzellentes Baumbestimmungsbuch ist der *Field Guide to Trees of Southern Africa* von van Wyk.

Die im Kap-Florenreich sowohl an der Küste und im Gebirge vorherrschende Hartlaubvegetation ist der Macchie der Mittelmeerländer verwandt und wird hier *Fynbos* genannt. Wichtigste Vertreter sind 627 Erica-Arten, die Protea-Familie mit 115 Arten in Südafrika, 310 Arten der grasähnlichen Restio-Familie (Riedgras) und mehr als 1400 Arten von Zwiebelgewächsen (*Geophyten*).

Die Büsche der Proteen werden etwa 3 m hoch, manchmal auch höher, es gibt aber auch kleine, kriechende Arten. Formen und Farben sind von einer unvorstellbaren Vielfalt. Die Blüte der Königsprotea (*Protea cynaroides*), der Nationalblume Südafrikas, erreicht einen Durchmesser von 25 cm und mehr. Auch die wichtigsten der nur wenigen Bäume des Fynbos (Silberbaum, 5-7 m, gelegentlich bis 16 m, wilde Mandel, bis 8 m hoch) gehören zur Familie der immergünen Proteen. Vertreter dieser Familie, die ebenfalls in Australien und Südamerika vorkommt, wachsen auch in den Drakensbergen.

Hinzu kommt die Fülle der Blumen aus den Familien der Aster- (Strohblumen, Gerbera), Lilien- (*Agapanthus*, Feuerlilien), Iris- (Gladiolen, Watsonien, Freesien), Storchschnabel- (Geranien, Pelargonien) u. a. Gewächse, die hier zu Hause sind. Viele davon sind auch bei uns heimisch geworden. Über 100 Orchideenarten, ein Viertel aller, die in Südafrika vorkommen, finden sich zudem im Gebiet der Kap-Flora; die berühmteste, die Rote Disa (*Disa uniflora*), wird auch „Stolz des Tafelbergs" genannt.

Die in trockenen Sommern relativ häufigen Buschfeuer sind für die Entwicklung des Fynbos wichtig, da sie in dem meist dichten Gebüsch Platz, Licht und Luft für Zwiebel- und Knollengewächse sowie keimende Samen schaffen und den Boden mit Nährstoffen versorgen.

Probleme bereiten Pflanzen, die entweder eingeschleppt oder, z. T. aus wirtschaftlichen Gründen, eingeführt wurden (*Invaders*), sich nun aber zunehmend neben der einheimischen Vegetation ausbreiten und so das ökologische Gleichgewicht bedrohen. Da ihnen meist natürliche Feinde fehlen, können sie, zum Teil auch dank der größeren Widerstandsfähigkeit ihrer Samen oder ihres rascheren Wachstums, die angestammten Pflanzen verdrängen oder ersticken. Dazu gehören z. B. Opuntien, die zu schädlichem Unkraut erklärt worden sind und nicht angepflanzt werden dürfen, sowie Wasserhyazinthen aus Zentral- und Südamerika, die Gewässer-Ökosysteme gefährden. Die aus wirtschaftlichen Gründen angelegten großen Monokulturen des Eukalyptusbaums, der in Australien zu Hause ist, entziehen der Umwelt übermäßig viel Wasser.

Auf die Frage, in welcher Jahreszeit der Reichtum der Flora am besten zu erleben ist, gibt es keine eindeutige Antwort, da irgendeine Pflanzenart immer blüht. Der Frühling (August bis November) mit seiner Überfülle an Blüten ist aber zweifellos ein besonderes Erlebnis. Neben der freien Natur bieten aber auch Botanische Gärten, vor allem Kirstenbosch in Kapstadt, ferner in Betty's Bay, Bloemfontein, Caledon, Durban, Nelspruit, Pietermaritzburg, Roodepoort, Worcester u. a. sehenswerte Flora.

Rechts: Diamantengrabung in Südafrika, nach einem Holzstich von 1872.

Foto: Archiv für Kunst und Geschichte, Berlin

DIAMANTEN, GOLD UND ANDERE BODENSCHÄTZE

Diamanten sind unter extrem hohem Druck und hohen Temperaturen im Kimberlit entstanden. Dieses Vulkangestein (blau-grüner *Blue Ground*, der zu gelbbraunem *Yellow Ground* verwittert) durchschlug vor etwa 140-80 Mio. Jahren aus dem Erdinneren in engen Schloten die Erdkruste. Der Anteil von Diamanten im Kimberlit ist äußerst gering, er beträgt im Mittel etwa 1 Karat je 5 Tonnen; ein großer Teil der Kimberlit-Schlote enthält überhaupt keine dieser kostbaren Steine. Diamanten, die in Flüssen und an der Küste gefunden werden, stammen aus der Verwitterung und Auswaschung von diamanthaltigen Kimberlit-Schloten.

In dem kleinen Ort Hopetown, 120 km südwestlich des heutigen Kimberley, waren 1866 Diamanten gefunden worden, darunter einer von 83,5 Karat, der später als „Stern von Südafrika" bekannt wurde und zuletzt 1974 auf einer Auktion in Genf für 552 000 US$ den Besitzer wechselte. Als 1869 auch in den Flussschottern des Vaal solche Steine entdeckt wurden, setzte ein wahrer Diamantenrausch ein. Schatzsucher aus aller Welt strömten in diese abgelegene Gegend; aus ihrem Lager Klipdrift entstand etwas nördlich von Kimberley das heutige Barkly West.

Wirtschaftsaufstieg und Reichtum Südafrikas begannen aber mit einem Diamanten, der 1869 in der Mauer eines Farmhauses unweit des heutigen Kimberley gefunden wurde.

Diamantensucher wurden im Jahr 1871 im Gebiet des heutigen Kimberley auf der Farm der Brüder De Beers fündig, dann auf einem benachbarten Hügel, der in kürzester Zeit völlig abgetragen wurde.

Das Gebiet gehörte zum Oranje Freistaat, wurde aber auch von den Griqua, einem Hottentottenstamm, sowie von der Burenrepublik Transvaal beansprucht, bis die Briten 1871 das Gebiet kurzerhand als Kronkolonie Griqualand-West annektierten und später der Kapkolonie einverleibten. Schließlich

Foto: Erhard Pansegrau

Foto: Kristallmuseum Riedenburg

entstand an dieser Stelle der größte je von Menschenhand geschaffene Krater, das *Big Hole*. Hier waren zunächst 700 Schürfgebiete (*Claims*) abgesteckt, wobei den Schwarzen das Schürfrecht verwehrt wurde. Die Arbeit wurde immer schwieriger und gefährlicher, je mehr es in die Tiefe ging.

Bei Zusammenschlüssen benachbarter Claims legten die beiden Briten Cecil Rhodes und Barney Barnato den Grundstein zu ihrem Reichtum. Barnato, der aus dem Londoner East End stammte, hatte als Bauer, Barmann und Schauspieler in der Music Hall angefangen. Er begann dann mit Diamanten zu handeln und kaufte schließlich im Big Hole die meisten Anteile auf.

Cecil Rhodes, der 1870 aus gesundheitlichen Gründen nach Südafrika gekommen war, beteiligte sich bereits 1871 am Diamantengeschäft. Er erwarb Claims von den Brüdern De Beers und gründete 1880 die *De Beers Mining Company*. 1888 übernahm Rhodes gegen einen Scheck von 5 338 650 Pfund Sterling den gesamten Minenbesitz von Barnato. Somit kamen alle Diamantenminen Südafrikas unter Rhodes Kontrolle. Die Firma *De Beers Consolidated Mines* wurde zum größten Unternehmen des Diamantenbergbaus und beherrscht heute 80 % des Welthandels. Auch in der Entwicklung der Tiefsee-Diamantenindustrie vor der Westküste Südafrikas und Namibias ist De Beers führend. Cecil Rhodes war 1890-1896 Premierminister der Kapkolonie.

Nur wenige Jahre nach den ersten Diamantenfunden wurden am Witwatersrand, dem heutigen Johannesburg, die ersten goldführenden Adern entdeckt. Der Goldbergbau, der daraufhin begann, hat seither einen ungeheuren Aufschwung genommen. Das Metall ist im Gestein größtenteils in mikroskopisch kleinen Mengen enthalten; aus einer Tonne Erz werden im Durchschnitt nur 15 g Gold gewonnen. Dazu wird das geförderte Gestein zerkleinert und

Oben: In der Diamantenmine von Cullinan heute. Oben rechts: Ein geschliffener Diamant. Rechts: Ein Goldbarren in seiner Rohform.

zu Pulver zermahlen. Das daraus durch chemische Aufbereitung gewonnene Metall wird dann geschmolzen und in Barren gegossen, die noch ungefähr 8 % Silber und 3 % weitere Metallbestandteile enthalten.

In Germiston, südöstlich von Johannesburg, bringt man in der größten Goldraffinerie der Erde das Gold auf einen Reinheitsgehalt von mindestens 99 %. Zur Produktion einer Feinunze Gold benötigt man – neben den kostspieligen Anlagen – im Durchschnitt 3,3 Tonnen Erz, 39 Arbeitsstunden, 5441 Liter Wasser, 572 Kilowattstunden Strom, 12 Kubikmeter Pressluft, ferner Sprengstoffe, Chemikalien u. a. Eine große Mine verarbeitet jährlich etwa 8 Mio. Tonnen Erz.

Die meisten Minen am zentralen Witwatersrand sind inzwischen erschöpft, der Goldbergbau hat sich nach Osten (Evander) und vor allem in die Goldfelder des Freistaats verlagert. Viele Schächte sind nicht mehr rentabel; die tiefsten Schachtanlagen erreichen heute mehr als 3800 m unter der Erdoberfläche. Die Produktion an Feingold, im Durchschnitt der vergangenen Jahre noch bei etwa 600-700 t, fiel mittlerweile auf weniger als 400 t.

Zu den Schätzen Südafrikas zählen die riesigen Vorkommen von Eisen- und Manganerz in der Provinz Nord-Kap. In den Lagerstätten des Bushveld-Komplexes, Provinz Nord-West (westlich von Pretoria) finden sich 78 % der Reserven der Welt an Platin, 72 % der Weltreserven an Chrom, die größten bekannten Vorkommen der Welt an Vanadium, die drittgrößten an Flussspat. Auch Andalusit, ein Aluminiumsilikat, das in der Industrie als feuerfestes Material wichtig ist, wird hier gewonnen; Südafrika verfügt über die größten Vorkommen der Welt und stellt 59 % der Welterzeugung.

Im Vulkanschlot von Phalaborwa fördert man vor allem Kupfererz, Phosphate und Vermiculit (wichtig als feuerfestes Isoliermaterial und feuchtigkeitsspeichernder Katzenstreuzusatz). Die

Foto: Erhard Pansegrau

Antimon-Mine bei Gravelotte (westlich von Phalaborwa) hat allein einen Anteil von etwa 5 % an der gesamten Weltförderung an Antimonerz.

Kohlevorkommen aus erdgeschichtlich jüngerer Zeit finden sich in den Provinzen Limpopo (Nord), Mpumalanga, KwaZulu-Natal und Freistaat. Der Großteil der hochwertigen Kohle liegt in geringer Tiefe und ist kostengünstig abzubauen. Das Land steht mit seiner Förderung an fünfter Stelle der Welterzeugung. Ein Viertel wird exportiert (v. a. über den Kohlehafen Richards Bay). Vom Eigenverbrauch dienen 25 % der Herstellung von synthetischem Benzin, 61 % der Stromerzeugung in Kohlekraftwerken, die die Umwelt belasten.

Vor der Küste von Mossel Bay wird von Petro SA Erdgas gefördert und zu Treibstoff verarbeitet.

Zu den Reichtümern des Landes gehören auch Halbedelsteine (Tigerauge, Jaspis, Achat, Chalcedon, Amethyst u. a.) sowie seltene, sehr begehrte Mineralien wie Zirkon und die Titanverbindungen Ilmenit und Rutil.

Foto: Hartmuth Friedrichsmeier

SÜDAFRIKANISCHE WEINE

Im Weinland an der Südwestecke Afrikas herrscht ein Klima, das dem der Länder rund um das Mittelmeer ähnelt. Die Winter sind mild mit ausreichenden Niederschlägen, die Sonnenscheindauer ist hoch. Die vielgestaltige Landschaft des Kaplands mit schroffen Gebirgen und grünen, fruchtbaren Tälern sowie regional unterschiedlichen Böden und Kleinklimata bietet ideale Voraussetzungen für den Weinbau, der sich heute vom Gebiet um Kapstadt nach Norden, parallel zur Atlantikküste, bis in das fruchtbare Tal des Olifants River, nach Osten bis in die Kleine Karoo erstreckt. Reben wachsen auch im Bewässerungsgebiet am Oranje River um Upington; aus den meisten Trauben werden hier aber Sultaninen gemacht. Die Weinlese in Südafrika beginnt im Januar und dauert bis April.

Oben: Südafrika produziert viele anspruchsvolle Weine für den Export (Weinkeller des Neethlingshofs bei Stellenbosch).

Sieben Jahre nach der Ankunft Jan van Riebeecks am Kap war am Tafelberg, bei Wynberg und Constantia, der erste Wein gekeltert worden. Die Besiedlung des Gebiets um Stellenbosch wenige Jahre später eröffnete dem Weinbau ungeahnte Möglichkeiten. Die nachziehenden Siedler, neben Deutschen vor allem Hugenotten aus Frankreich, die Kenntnisse und Erfahrungen in der Kellereitechnik mitbrachten, erzeugten vorzügliche Weine, die an den Fürstenhöfen Europas geschätzt waren.

Einen großen Aufschwung nahm die Weinwirtschaft nach dem Zweiten Weltkrieg mit der Einführung neuer Rebsorten und der Verbesserung der Verarbeitungstechniken.

Auch seit dem Ende der Apartheid 1994 gab es in der Weinwirtschaft große Veränderungen. Vorher waren auf 84,5 % (1990) der Fläche weiße Trauben angebaut worden. Diese Zahl ging bis 2012 auf 55 % zurück. Die Fläche für rote Trauben jedoch ist (1990-2012) von 15,4 % auf 44 % enorm angestiegen. Während der Pro-Kopf-Verbrauch der

Südafrikaner von 7,3 l in der Weltstatistik nur an 35. Stelle steht (hinter USA), ist der Wein-Export (1991-2012) von 25 Mio. Liter auf über 400 Mio. Liter gestiegen, und viele südafrikanische Weine haben mittlerweile einen hervorragenden Ruf.

Vor 1994 wurde das Weingeschäft von der 1918 gegründeten Winzergenossenschaft der südafrikanischen Weinproduzenten (Ko-operative Wijnbouwers Vereeniging) in Paarl dominiert. Sie wurde 1997 in eine private Gesellschaft umgewandelt, die als **KWV International** (seit 2002 AG) global tätig ist (bes. Großbritannien, USA, Europa, Kanada, Japan). Weine und Brandys, jetzt durch Markenzeichen kenntlich gemacht, sind oft preisgekrönt. KWV besitzt in Paarl die größte und eine der modernsten Weinkellereien der Welt und bietet hervorragende, preisgekrönte Weine an. Zur KWV gehört auch das **KWV House of Brandy** in Worcester (s. S. 174).

An der Spitze der **Weißweine** stand lange der *Chenin Blanc* (Rebsorte aus dem Loire-Tal), dessen Umsatzanteil allerdings wegen Mittelmäßigkeit von 31 % auf 15 % zurückging. Aufsteiger ist der *Chardonnay* (8 %), dessen Traube aus Burgund und der Champagne kommt. Die ebenfalls französische Sorte *Sauvignon Blanc* gedeiht am Kap ausgezeichnet und erfreut sich weltweit zunehmender Beliebtheit.

Viele der besten **Rotweine** des Landes (18 %) liefert die *Cabernet Sauvignon*-Rebe aus Bordeaux, die schon seit den 1920er Jahren hier heimisch ist; ihre Weine benötigen jedoch eine relativ lange Reifezeit. Schneller reifen *Shiraz* (9,7 %) und *Merlot* (6,5 %), die ebenfalls ausgezeichnete Weine ergeben, aber häufig mit Cabernet verschnitten werden. Die zweitgrößte südafrikanische Anbaufläche für Rotwein nimmt die ursprünglich aus dem Rhône-Tal stammende *Hermitage*-Rebe (heute *Cinsault*) ein, die mit der *Pinot-Noir*-Rebe aus Burgund im Jahr 1920 gekreuzt wurde und als *Pinotage* (6,5 %) die einzige eigenständige Rebsorte Südafrikas mit internationalem Erfolg ist.

Nur etwa 50 % der Traubenernte wird zu Wein verarbeitet. Große Bedeutung hat auch Tafelobst und die Herstellung von **Brandy** und von **Likörweinen**. Dazu gehören *Jerepigo* (mit Alkohol verstärkter süßer Traubensaft), *Muscadel* und *Hanepoot*. Schwerpunkte für *Port* und *Sherry* sind Robertson und Kleine Karoo. Schaumwein (*Sparkling Wine*) wird auch aus Rosé- oder Rotweinen hergestellt.

Der Alkoholgehalt liegt wegen der starken Sonneneinstrahlung meist etwas höher als bei europäischen Weinen. Im Inland ist eine Abweichung von der Angabe um 1% erlaubt, für den Export in Länder der Europäischen Union ist jedoch nur ein Spielraum von 0,5% gegeben.

Bei der Angabe der Restsüße gibt es auf der Weinkarte zwischen den trockenen (*dry*; bis 4 g/l) und halbtrockenen (*semi dry*; 4-12 g/l) Weinen auch solche mit der Bezeichnung *off-dry*, bei denen der Restzuckergehalt zwischen dem der beiden anderen liegt; bei *Semi Sweet*-Weinen beträgt er 4-30 g/l. Bei den Spätlesen (*Late Harvest*; 20-30 g/l) ist der Reifegrad der Trauben bei der Lese entscheidend, ebenso bei *Special Late Harvest* und *Noble Late Harvest*. Bei *Noble Late Harvest* liegt die Restsüße bei mehr als 50 g/l. *Late Harvest* ist die Bezeichnung für Spätlese (20-30 g Zucker je Liter).

Bei *Fortified Wines* darf der Alkoholgehalt durch Zugabe von Alkohol auf 15 % erhöht werden.

In jedem Jahr gibt es Wettbewerbe, bei denen Preise und Auszeichnungen für besonders qualitätvolle Weine verliehen werden. Wer mehr über das Thema wissen will, kann sich bei *John Platter: South African Wine* informieren (das Buch erscheint jedes Jahr neu und ist in Buchhandlungen und Weingeschäften zu finden; www.platterwineguide.go.za).

Foto: dpa

Oben: Nadine Gordimer, die große südafrikanische Schriftstellerin, freut sich über den Literatur-Nobelpreis (1991).

LITERATUR UND KUNST

Zur eigenständigen Literatur Südafrikas gehören Werke in Afrikaans, der vorherrschenden Sprache der Weißen und Coloureds; in Englisch, das auch die verbreitete Literatursprache ist; und in Bantu-Sprachen, die eigenes literarisches Gewicht erlangt haben; ein Fünftel der in Südafrika publizierten Titel erscheint in afrikanischen Sprachen.

Literatur in Afrikaans

Die ersten literarischen Werke (v. a. Versdichtungen) in Afrikaans, das erst 1875 zur Schriftsprache entwickelt wurde, entstanden um 1900. Die bedeutendsten Schriftsteller dieser Zeit waren C. L. Leipoldt (1880-1947) und C. J. Langenhoven (1873-1932), der Dichter der Nationalhymne der Weißen: *Die Stem van Suid-Afrika*. N. P. van Wyk Louw (1906-1970), der zur Dichtergruppe der *Dertiger* gehörte hat meisterhafte historische Dramen geschaffen (*Dias*, 1952; *Germanicus*, 1956 u. a.). Ebenfalls herausragend: die Dramen von Uys Krige (1910-87; *Alle paaie gaan na Rome*, 1949), dem Romantiker dieser Literatengruppe.

Die soziale und politische Situation der Coloureds fand ihren ersten eigenständigen dichterischen Ausdruck durch S. V. Peterson (geb. 1914); ihm folgte Adam Small (geb. 1936) mit seinen Gedichten der Befreiung und dem Schauspiel *Kanna hi kô hystoe* (1965; Kanna kehrt heim), in dem es um die Bewohner des 1966 zerstörten Wohnbezirks District Six in Kapstadt geht.

Als bedeutendster Dichter der liberalen Sechziger-Generation gilt der 1939 geborene Breyten Breytenbach, der zunächst in Afrikaans schrieb. 1959 ins Exil getrieben und von Frankreich aus aktiv am Apartheid-Widerstand beteiligt, wurde er auf einer illegalen Südafrikareise verhaftet und als Terrorist zu 7 Jahren Gefängnis verurteilt. In der

Folge wechselte er ins Englische und veröffentlichte 1983 sein bedeutendstes Werk *The True Confessions of an Albino Terrorist* (Wahre Bekenntnisse eines Albino-Terroristen): Das eigene „Schuldbekenntnis" verkehrt sich zum vernichtenden Schuldspruch über die burische Rassenpolitik, aber auch den weißen Liberalismus, den er „Verachtung hinter einer gönnerhaften Maske" nennt.

Der gleichen Autorengruppe der *Sestiger* wird André Brink zugeordnet. 1978 schrieb er den später verfilmten Roman *N'droe Wit Seisoen* (Weiße Zeit der Dürre) vor dem Hintergrund des Soweto-Aufstands von 1976.

Literatur in Englisch

Das klassische Werk angloafrikanischer Literatur ist *Geschichte einer afrikanischen Farm* (The Story of an African Farm) von Olive Schreiner (1855-1920) aus dem Jahr 1883. Nicht zuletzt die Tatsache, dass sie es unter einem männlichen Pseudonym publizieren musste, formte die Autorin zu einer frühen Kämpferin für die Gleichberechtigung der Frau.

In dem Jugendbuch *Jock of the Bushveld* (1907) beschreibt Percy Fitzpatrick (1862-1931) anhand der Lebensgeschichte seines Hundes das Leben der Transportreiter im nachmaligen Krüger-Nationalpark.

Der Reiseschriftsteller Laurens van der Post (1906-1996) wurde nicht zuletzt als Freund von Prinz Charles und Taufpate von Prinz William bekannt. Bedeutend ist sein Thriller *Flamingo Feather* (Flamingofeder) von 1955, der die Rassenproblematik vor faszinierenden Landschaften und Stammesleben beleuchtet. *The Heart of the Hunter* (1961; Das Herz des kleinen Jägers) gibt Einblick in das kaum verstandene und immer noch unterschätzte Denken der Buschleute.

Mit der politischen und sozialen Situation Südafrikas setzt sich das Werk der auch international sehr bekannten Autoren Alan Paton und Nadine Gordimer auseinander. Der erste Roman von Alan Paton (1903-88), *Cry the Beloved Country* (1948; Denn sie sollen getröstet werden) wurde in viele Sprachen übersetzt, dramatisiert und verfilmt. Er schildert das Schicksal eines Schwarzen, der aus einer kleinen ländlichen Siedlung in die von Weißen dominierte Großstadt Johannesburg kommt. Auch der Roman *Too late the Pharalope* (1953; Aber das Wort sagte ich nicht) behandelt die Problematik der Rassentrennung, für deren Beseitigung sich Paton auch politisch einsetzte. Der 1981 erschienene Roman *Ah, But your Land is Beautiful*, der erste Teil einer Trilogie, spielt im Südafrika der 50er-Jahre des 20. Jh. Kurzgeschichten von Paton erschienen als *Tales from a Troubled Land* (1961; Und Deinen Nächsten wie Dich selbst).

Als erste südafrikanische Autorin erhielt die 1923 geborene Nadine Gordimer im Jahr 1991 den Nobelpreis für Literatur. Ihrem ersten Roman *The Lying Days* (1953; Entzauberung) folgte u. a. 1979 *Burger's Daughter* (Burgers Tochter). Ihr Roman *July's People* (1981; Julys Leute) schildert eine fiktive Situation, in der sich die Rollen der Rassen und ihre Abhängigkeit voneinander ins Gegenteil verkehren. Ihr jüngsten Werke sind der Roman *Get a life* (2005; Fang an zu leben) und *No Time Like the Present* (2012; Keine Zeit wie diese). Die größte Stärke von Nadine Gordimer sehen Kritiker auf dem Gebiet der Kurzgeschichte, z. B. *Six Feet of the Country* (1956; Clowns im Glück). Gordimer starb 2014 in Johannesburg.

Leser und Literaturpäpste sind gleichermaßen begeistert von den Romanen von John M. Coetzee (1940), u. a. *The Life and Time of Michael K.*, (1983; Leben und Zeit des Michael K., 1997), *Boyhood* (1997; Der Junge), *Disgrace* (1999; Schande) oder *Slow Man* (2005; Zeitlupe). Der Autor erhielt 2003 den Nobelpreis für Literatur.

Lewis Nkosi (1936-2010) schildert in dem Gefängnisroman *Mating Birds*

(Weiße Schatten) von 1986 die tödlichen Konsequenzen, die gemischtrassige Beziehungen während der Apartheid für Schwarze hatten.

Eine authentische Schilderung der schwarzen Mentalität und des Stadt-Land-Konflikts im modernen Johannesburg liefert Phaswane Mpe (1970-2004) in *Welcome to our Hillbrow* (2001).

Auch auf Deutsch erschienen sind Romane von Zakes Mda: *The Madonna of Excelsior* (2002; Die Madonna von Excelsior) und *The Whale Caller* (2005; Der Walrufer). In seinem Historienroman *The Sculptors of Mapungubwe* setzt er diesem um 1150 florierenden Königreich ein literarisches Denkmal.

Kriminalroman

Die internationale Krimi-Leserschaft verschlingt derzeit die Bestseller von Deon Meyer (schreibt auf Afrikaans; geb. 1958; *Dreizehn Stunden, Das Herz des Jägers, Weißer Schatten, Rote Spur u. a.*) und Roger Smith (geb. 1960, *Kap der Finsternis, Blutiges Erwachen u. a.*), die die Gewaltkriminalität in Südafrika thematisieren und auch deren soziale Ursachen aufzeigen. Sie erhellen so gesellschaftliche Zusammenhänge, die Touristen und Tageszeitungslesern ansonsten verschlossen bleiben.

Literatur in Bantu-Sprachen

Die schwarzen Völker hatten zunächst keine Schriftsprachen, aber eine reiche, Jahrhunderte alte mündliche Überlieferung literarischer Texte. Die Übersetzungen, die Missionare aus dem Englischen anfertigten, wie von J. W. Colenso in Zulu und von R. Moffat in Tswana, waren die ersten schriftlichen Zeugnisse in diesen Sprachen. Das Erbauungsbuch des Engländers John Bunyan, *The Pilgrim's Progress* (1678-84), wurde im Jahr 1866 als erstes Werk der Weltliteratur zunächst in Xhosa, und im Lauf von 100 Jahren dann in nahezu alle afrikanischen Sprachen übersetzt.

Das erstes Werk der schwarzafrikanischen Literatur war 1925 der Roman *Chaka Zulu* von Thomas Mofolo (1875-1948, in Sotho-Sprache). Er wurde 1931 ins Englische, 1953 ins Deutsche übersetzt und steht am Anfang einer eigenständigen Literatur der Schwarzen. Viele Werke sind ins Englische, bislang nur wenige ins Deutsche übertragen worden.

Einen guten Einblick in die Vielfalt der Literatur Südafrikas gibt der Kurzgeschichtenband *Südafrika*, in der Reihe Moderne Erzähler der Welt, 1977 von P. Sulzer herausgegeben. Die Geschichten von literarischem Rang – deutsche Übersetzungen aus Afrikaans, Englisch und Bantu-Sprachen – vermitteln nachhaltige Eindrücke von dem so unterschiedlichen Denken und Fühlen, von Lebensweise und Lebensgefühl der Völker Südafrikas.

Kunst

Der größte Schatz an Werken der Bildenden Kunst und zugleich ihre frühesten Zeugnisse sind Felsbilder – Malereien und Gravuren, die man in vielen Gebieten des Landes an Felsüberhängen oder in Höhlen bewundern kann.

Malereien finden sich vorwiegend auf Quarzsandstein, am häufigsten in den Gebirgen (Drakensberge, Kapketten, insbesondere in den Cedarbergen). Sie stammen von den ersten Bewohnern des Landes, den Khoi Khoin, und vor allem von den Buschleuten.

Gravuren (Ritzzeichnungen) finden sich meist auf niedrigen glatten Felsblöcken aus Dolerit oder ähnlich feinkörnigem Gestein (v. a. auf Hochflächen, Provinz Nord-Kap, Große Karoo). Nach Augenzeugenberichten des 18. und 19. Jh. haben Buschleute die neueren Felsbilder geschaffen. Es gilt aber als sicher, dass auch die meisten älteren Bilder

Rechts: Archaischer Jagdzauber von Wildbeutern – der Beginn südafrikanischer Kunst sind die Felsmalereien und -gravuren der Buschmänner (San).

Foto: Touristikbüro Südafrika (South African Tourism SATOUR)

von Buschleuten stammen. Bei den Gravierungen überwiegt die Darstellung von Tieren, die meist leicht identifiziert werden können, am häufigsten Elenantilopen, Elefanten und, nördlich des Gariep, Giraffen. In der Malerei sind häufig auch Menschen dargestellt. Die heutige Forschung deutet sie hauptsächlich als Medizinmänner, die ihre Rituale ausführen. Als Farben, vor allem Rot und Braun, auch Schwarz und Weiß, wurden Metall- und Pflanzenfarben sowie eine Mischung aus gebranntem Kalk und Blut verwendet. Die Malereien variieren nach Stil und Inhalt regional erheblich, die vielerorts erstaunlich gut erhalten gebliebenen Darstellungen sind oft von hohem künstlerischem Rang.

Die Bildende Kunst der weißen Südafrikaner, v. a. von Großbritannien und den Niederlanden beeinflusst, ist in Europa wenig bekannt geworden. Einen Überblick über ihre Werke liefern die Kunstmuseen, z. B. in Pretoria, Johannesburg und Kapstadt.

Die nach dem 2. Weltkrieg vor allem in den Townships entstandene eigenständige Kunst der Schwarzen hat als *Township Art* auch international Beachtung und einen Absatzmarkt gefunden.

Ein großes Kompendium an Zeitgenössischer Kunst des schwarzen Südafrika ist in der De Beers Art Gallery in Fort Hare zu bewundern. Über Südafrika hinaus bekannt wurden u. a. die Maler Mslaba Dumile und Leonard Matsoso, der Grafiker Azaria Mbatha mit eindrucksvollen Linolschnitten sowie die Bildhauer Sydney Kulmalo und Lucas Sithole.

Von der Volkskunst und dem Kunsthandwerk der Schwarzen, die stark mit ihren Traditionen verbunden waren, ist in den Städten heute nur wenig zu spüren. Noch lebendig ist sie in ländlichen Gegenden, wenn Bindungen an die Tradition erhalten geblieben sind; das gilt z. B. für die Bemalung der Ndebele-Häuser. Die Venda, die im Norden der Provinz Limpopo siedeln, fertigen ausgezeichnete handaufgebaute Keramik an, ebenso die Zulu. Eine große Rolle spielten v. a. bei den Nguni-Völkern Perlenarbeiten; sie waren Teil der Bekleidung,

Foto: Friedrich Schmidt

Schmuck, Statussymbole und wichtige Ornamente bei Riten und Zeremonien. Die Swazi und Zulu vermittelten mit Perlenstickereien Botschaften, vor allem Liebesbekundungen. Ursprünglich wurde der Schmuck aus natürlichen Materialien wie Muscheln, Straußeneierschalen oder Samen gefertigt. Die durch den Handel mit Europäern ins Land gebrachten Glas-, später auch Kunststoffperlen, eröffneten viele neue künstlerische Möglichkeiten. Kunstvolle Webereien, Töpfer- und Flechtarbeiten werden heute vielfach für die Touristen hergestellt.

Architektur

Einen eigenständigen Beitrag zur Architektur hat Südafrika mit dem kapholländischen Baustil geleistet, der besonders eindrucksvoll in Stellenbosch, Tulbagh und Graaff-Reinet vertreten ist. Die ursprünglich schlichten, rechteckigen strohgedeckten Häuser der frühen Siedler hatten dicke, weiß getünchte Mauern. Im Lauf der Zeit wurde der charakteristische Mittelgiebel eingefügt. Er wurde, ebenso wie die Seitengiebel, unter dem Einfluss des europäischen Barock schwungvoll gestaltet und mit Reliefornamenten und Skulpturen geschmückt; europäische Künstler wie der französische Architekt Louis-Michel Thibault (1750-1815) und der deutsche Bildhauer Anton Anreith (1755-1822) haben dazu beigetragen.

In den Bauten des 19. Jh. zeigt sich zunehmend britischer Einfluss mit klassizistischen und neugotischen Stilelementen. Der viktorianische Baustil wurde ab Anfang des 20. Jh. vom britischen Architekten Sir Herbert Baker (1862-1946) bevorzugt, der u. a. die Union Buildings in Pretoria und das Rhodes Memorial in Kapstadt schuf.

Moderne Gebäude, die seit der Mitte des 20. Jh. die Silhouetten der Großstädte prägen, stammen überwiegend von ausländischen Architekten, z. B. von den Deutschen Helmut Jahn (Diagonal Street 11 in Johannesburg) und H. Hentrich (Harry Oppenheimer Building in Kimberley) sowie den Amerikanern Skidmore, Owings und Merrill (Carlton Centre in Johannesburg).

Die neuen Stadien für die Fußball-WM 2010 setzten in Kapstadt, Durban und Soweto auch städtebauliche Akzente.

Musik

Bis vor nicht langer Zeit gehörte die Musik in Südafrika zwei Welten an. Die Weißen pflegten seit ihrer Ankunft Musik europäischen Ursprungs. Die Musik der Schwarzen entsprang ihrer ethnischen Tradition, in der Musik und Tanz eine zentrale Rolle spielen; die Menschen besitzen quasi eine angebo-

Oben: Perlarbeiten und Töpferei sind von hoher kunsthandwerklicher Qualität. Rechts: Weiß gekalkte, strohgedeckte Häuser mit geschwungenen Giebeln sind Kennzeichen der kapholländischen Architektur (hier: Weingut „Meerlust“ bei Stellenbosch).

Foto: Hans-Georg Roth

rene Musikalität, mit großer Begabung zum Gesang und einem ausgeprägten Rhythmusgefühl.

Begegnungen zwischen beiden Welten gab es schon seit längerem, allerdings nur auf dem Gebiet der Chormusik. Nach afrikanischer Tradition singt man im Chor ohne instrumentelle Begleitung, aber mit rhythmischer Bewegung. Ein Lied, das von allen Südafrikanern begeistert gesungen wird, ist „Shosholoza", ein traditionelles Arbeiterlied.

„Kwela" oder Pennywhistle-Musik entstand in den 1950er-Jahren in den Townships. Berühmte Gruppen sind *Amapondo, Ladysmith Black Mambazo* und *Mahotella Queen*. Sehr beliebt ist auch Johnny Clegg. Unter „Kwaito" versteht man elektronische Rhythmen mit Sprechgesängen, die vom Leben in den Townships erzählen. Hier zählt *Mandoza* zu den großen Stars.

Miriam Makeba (1932-2009), die nach 31 Jahren im Exil – u. a. in Amerika – 1991 nach Südafrika zurückkehrte, war 1967 durch ihren Hit *Pata-Pata* (mit Harry Belafonte) zum Weltstar geworden. Sie sang sowohl afrikanische Folklore als auch Pop- und afroamerikanische Musik mit Blues- und Jazzelementen. International bekannte Musiker sind außerdem der Jazzpianist Abdullah Ibrahim und der Jazztrompeter Hugh Masekela.

Heute wächst das Interesse an Bands der schwarzen Townships – wie z. B. *Harari* oder *Bayete* –, die mit ihrem vom globalen Einheits-Musikgeschmack unbeeinflussten, ursprünglichen Sound rasch die internationale Musikszene begeisterten.

Tanz und Theater

Tanz ist schon immer ein wesentliches Element des afrikanischen Lebensgefühls gewesen. In vergangenen Jahren waren Aufführungen des Protesttheaters eng mit Gesang, Bewegung und Tanz verbunden. Dazu gehören Musicals der Autoren Hugh Masekela und Mbongeni Ngema wie *Sarafina* (1987, in New York, 1992 mit Miriam Ma-

Foto: Erhard Pansegrau

keba verfilmt) oder *Maria Maria* (1997 in Wiesbaden uraufgeführt).

In Kapstadt gründete man 1801 das erste Theater, 1826 die erste Musikakademie, an der 1831 mit Carl Maria von Webers *Freischütz* die erste Oper in Südafrika aufgeführt wurde.

Im klassischen Ballett haben am Staatstheater Pretoria und am Artscape in Kapstadt zwei professionelle Truppen mit hohem Niveau ihre Stammhäuser. Auch das Sand du Plessis Theatre in Bloemfontein und das Natal Playhouse in Durban bieten Oper, Schauspiel und Ballett.

Der bedeutendste englischsprachige Bühnenautor der Gegenwart ist wohl der 1932 geborene Athol Fugard, der auch als Regisseur und Schauspieler tätig ist. Er behandelt in seinen sozialkritischen Stücken, die auch im Ausland gerne und oft inszeniert werden, vor allem die Rassenproblematik, wie in *The Blood Knot* (1962; Mit Haut und Haar), *Boesman and Lena* (1969; Boesman und Lena) und *Sizwe Bansi is dead* (1974; Sizwe Bansi ist tot). Die Verfilmung seines Romans *Tsotsi* gewann 2005 den Auslands-Oscar. Fugard hat viel für die Förderung des Theaters der Schwarzen in den Townships getan.

Ein schöner Beleg für die erfolgreiche Transformation der Gesellschaft auch im kulturellen Bereich ist die Eröffnung des Soweto Theatre im Jahr 2012 im Stadtteil Jabulani.

Bekanntestes Privattheater in Kapstadt ist das Baxter Theatre; im Market Theatre in Johannesburg, das von Anfang an keine Rassenschranken kannte, hatte das Protesttheater der Schwarzen seine wichtigste Plattform.

Heute ist das Festival in Grahamstown die größte Zusammenkunft von Künstlern in Afrika.

Einen Namen als Satiriker, Schauspieler und Kabarettist hat sich Pieter-Dirk Uys gemacht, der in Darling ein eigenes Theater mit Restaurant betreibt.

Oben: Das Market Theatre in Johannesburg war die Plattform für das Protesttheater der Schwarzen. Rechts und rechts außen: Rasen-Bowling und Forellen-Angeln sind beliebte Sportarten in Südafrika.

Foto: Erhard Pansegrau

Foto: Touristikbüro Südafrika (South African Tourism SATOUR)

SPORT

Die guten klimatischen Bedingungen machen Südafrika zu einem Sportlerparadies. Fußball (*Soccer*) nimmt als Nationalsport den ersten Platz ein; seit 1992 gehört Südafrika wieder dem Internationalen Fußballbund an und richtete 2010 die Fußballweltmeisterschaft aus – die erste in Afrika. Sie machte die ohrenbetäubenden Vuvuzelas der südafrikanischen Fans weltbekannt.

Rugby ist vor allem der Lieblingssport der Buren; Cricket hingegen stammt aus der britischen Tradition, ebenso wie Golf; die südafrikanischen *Greens* zählen zu den besten und schönsten der Welt. Viele neue Golfplätze sind in letzter Zeit entstanden.

Ein großes Volksfest ist der *Comrades Marathon*. Der 90-km-Lauf findet seit 1921 Ende Mai zwischen Durban und Pietermaritzburg (und umgekehrt) statt. An dem Ultramarathon nehmen 25 000 Aktive teil, Millionen säumen die Strecke: Die Bestzeit liegt bei 5:20!

Höhepunkte im Pferdesport sind das *Rothman's July Handicap* am ersten Juli-Samstag in Durban sowie das Südafrikanische Derby im April in Turffontein bei Johannesburg und das „Met" in Kapstadt.

Motorradrennen gibt es auf der Rennstrecke Kyalami bei Johannesburg.

Entlang der 3000 km langen Küste finden Surfer und Windsurfer beste Voraussetzungen. An der Atlantikküste sind Wind und Wellen an der Langebaan-Lagune ebenso ideal wie an der Küste der Kap-Halbinsel. Sensationell sind die Wellen in Hout Bay (the Dungeons) und Jeffrey's Bay, ebenso in der Algoa Bay bei Port Elizabeth, in Durban und entlang der Küste von KwaZulu-Natal.

Weltruf hat für Taucher das Riff *Aliwal Shoal* in KwaZulu-Natal, 3 km vor der Hibiskus-Küste bei Umkomaas. Hervorragend tauchen und schnorcheln kann man auch im Tsitsikamma National Park sowie an der Sodwana Bay.

Ein sportlicher Höhepunkt ist jedes Jahr in Kapstadt die *Cape Town Cycle Tour*, das größte Amateurradrennen der Welt mit über 35 000 Teilnehmern.

Foto: Erhard Pansegrau

LAND UND LEUTE

GEOGRAFIE

Südafrika ist ein so faszinierendes wie vielfältiges Reiseland. Es gibt hier weite, wellige Hochflächen und schroffe Gebirge, breite Sandstrände und und zerklüftete Felsküsten, fruchtbares Ackerland und wüstenhafte Trockengebiete, Städte wie das traditionsreiche Kapstadt und das relativ junge Johannesburg. Die einzigartige Tier- und Pflanzenwelt ist in zahlreichen Nationalparks, Wild- und Naturreservaten geschützt.

Mit all dem und vielen freundlichen Menschen unterschiedlichster Herkunft und Kultur bietet sich Südafrika dar als „Eine Welt in einem Land".

Oberfläche

Die Gesamtfläche Südafrikas ist mit 1,22 Millionen km^2 etwa dreieinhalbmal so groß wie Deutschland, hat aber nur knapp zwei Drittel so viele Einwohner (49,9 Mio.). Von Johannesburg nach Kapstadt ist es weiter als von Frankfurt am Main nach Rom. Durban auf der Südhalbkugel hat in etwa den gleichen Abstand zum Äquator wie Kairo auf der Nordhalbkugel.

Südafrika umschließt das Gebiet des Königreichs Lesotho, grenzt im Nordwesten an Namibia, im Norden an Botswana und Simbabwe, und im Nordosten an Mosambik und Swaziland. Die ungefähr 3000 km lange Küste ist im Westen vom Atlantischen, im Osten vom Indischen und im Süden vom Antarktischen Ozean umgeben. Entlang der Ostküste zieht der aus Äquatornähe kommende warme Agulhas-Strom nach Südwesten, vor der Westküste der von der Antarktis kommende kalte Benguela-Strom nordwärts.

Links: Frauen in der ehemaligen Transkei, die heute in die Provinz Ost-Kap integriert ist.

Den weitaus größten Teil des Landes nimmt das Innere Plateau mit weiten, ebenen oder welligen Hochflächen ein. Kern ist das *Highveld* (Hochveld), das sich 1200-1800 m ü. M. über die Provinzen Freistaat, Nord-West und Gauteng sowie Teile der Provinzen Nord-Kap, Mpumalanga und Limpopo (Nord-Provinz) erstreckt. Seine Ebenen werden nur gelegentlich durch Täler und einzelne kleine Rücken oder Tafelberge unterbrochen. Nach Westen geht es in die ziemlich ebene steinige Halbwüste der Oberen Karoo über. Nördlich des Oranje (Gariep) senkt sich das Hochveld allmählich zur Kalahari ab. Sie ist ebenfalls eine Halbwüste, gekennzeichnet nicht durch ein großes Defizit an Niederschlägen, aber an Oberflächenwasser. Wasser im Untergrund macht jedoch überwiegend Grasland mit vereinzelten Bäumen möglich. Die eintönigen Ebenen sind großenteils von rotem Sand bedeckt, den – vor allem im Südwesten – die vorherrschenden Winde zu mächtigen Dünenwällen zusammengeweht haben.

Das Innere Plateau wird im Westen, Süden und Osten begrenzt vom *Great Escarpment* (Große Randstufe), der auffallendsten Erscheinung im Landschaftsbild Südafrikas. Sie ist, je nach Gesteinsart, mehr oder weniger steil ausgestaltet und trennt das Landesinnere scharf von den Küstengebieten, die den gesamten Hochlandblock umgeben. Am eindrucksvollsten ausgeprägt ist sie in den Drakensbergen, die auf etwa 1000 km Länge den Ostrand des Hochlands bilden; im nördlichen Teil sind sie vor allem aus Quarzit und Dolomit aufgebaut und erreichen im Mount Anderson (bei Lydenburg) die Höhe von 2284 m ü. M. In KwaZulu-Natal entlang der Grenze zu Lesotho ist die Stufe Rand eines ursprünglich riesigen Basaltplateaus und in Lesotho bis 3482 m ü. M. hoch. Im Gebiet von Beaufort West (851 m ü. M.) ist sie auf eine Länge von 80 km wie verschwunden: Diese Öffnung wird von der National-

Foto: Johann Scheibner

straße 1, der Hauptverkehrsachse des Landes genutzt, die Johannesburg und Kapstadt verbindet. Westlich davon, im Kap-Faltengebirge, werden wieder bis zu 2325 m, parallel zur Westküste 1000-1700 m ü. M. erreicht.

Die Randgebiete, die das *Escarpment* (Randstufe) umgeben, werden im Nordosten vom 150-600 m hoch gelegenen, fruchtbaren *Lowveld* (Niederveld) Mpumalangas; im Südosten von den Hügeln der Natal Midlands; vom Zululand und dem Osten der Provinz Ost-Kap eingenommen. Das südliche und südwestliche Randgebiet prägen die Kapketten; fast parallel verlaufende, stark gefaltete Gebirgszüge.

Auf die Kapketten folgt im Nordwesten, jenseits des Olifants River, das extrem trockene (im Süden flache, nach Norden zu hügelige) Namaqualand, das sich nach Norden in der Provinz Nord-Kap fortsetzt.

Oben: An der großen Randstufe im Lowveld Mpumalangas. Rechts: Eisenoxide geben den Sandsteinfelsen der Cedarberge ihre leuchtende Farbe.

Die Küsten sind nur wenig durch Buchten gegliedert, die – wie in Kapstadt, Durban und Port Elizabeth – Möglichkeiten für natürliche Häfen boten. Eine ausgedehnte Küstenebene mit Lagunen, Seen und z. T. hohen Dünen bietet das Land nur im Osten, nördlich von Richards Bay.

Geologie

Erdgeschichtlich ist Südafrika Teil eines sehr alten stabilen Blocks der Erdkruste. Magmatische und metamorphe Gesteine, vor allem Gneise und Granite, die mit etwa 3,8 Milliarden Jahren zu den ältesten der Erde zählen, finden sich im Nordosten des Landes (z. B. bei Barberton); ähnliche, „nur" 1-1,8 Milliarden Jahre alte, trifft man im Namaqualand und im Osten von KwaZulu-Natal.

Sedimentgesteine, vor allem Sandstein, Quarzite, Schiefer und Dolomite, lagern in verschiedenen Becken über dem Grundgestein. Sie enthalten den Reichtum des Landes an Bodenschätzen, so am Witwatersrand die größten

Foto: Erhard Pansegrau

Goldvorkommen der Erde sowie bedeutende Uranmengen und, westlich davon, reiche Eisen- und Manganerzlager. Im Bushveld-Komplex, der sich nördlich von Pretoria über ein Gebiet von etwa 70 000 km^2 erstreckt, sind vor fast 2 Milliarden Jahren unterhalb der Erdoberfläche ungeheure Mengen glutflüssiger Gesteinsschmelzen (Magma) in das alte Gestein eingedrungen. Bei der Erstarrung entstand eine der größten Erzlagerstätten der Erde mit reichen Vorkommen vor allem an Platin und Chrom, aber auch an Zinn, Wolfram, Molybdän, Kupfer u. a. An Bodenschätzen reich ist auch der etwa zur gleichen Zeit entstandene Vulkanschlot von Phalaborwa. Hier, im Lowveld von Limpopo, gibt es vor allem Kupfer, Phosphate, Eisenerz (Magnetit) und Glimmer (Vermiculit).

Im jüngsten Abschnitt des Erdaltertums, vor etwa 300 Millionen Jahren, wurden im Karoo-Becken, das 75 % des zentralen südlichen Afrika einnimmt, Schichten mit den bedeutendsten Kohlevorkommen des Landes abgelagert (Norden von KwaZulu-Natal, Freistaat, Mpumalanga). Diese Sedimente sind durchsetzt von vulkanischen Gängen, die als Dolerit-Kappen auf Rücken, Kuppen und Tafelbergen die Oberflächenformen bestimmen. Damals hing Afrika noch mit Südamerika, Indien, Australien und der Antarktis als Teil des Festlandblocks Gondwanaland zusammen. Mit dessen Auseinanderbrechen entstand der Kontinent Afrika in seiner heutigen Form. Reste der dabei aus dem Erdinneren empordringenden ungeheuren Lavamassen sind z. T. als Basaltdecke in den Drakensbergen und in Lesotho erhalten.

Im Erdmittelalter (vor etwa 200 Millionen Jahren) wurden bei der erdgeschichtlich jüngsten Gebirgsbildung im südlichen Afrika die schon im Erdaltertum abgelagerten Schichten zu den Kapketten aufgefaltet. Sehr viel später (vor 140-80 Millionen Jahren) drang das Vulkangestein Kimberlit in die Erdkruste ein, was Südafrika seinen Reichtum an Diamanten bescherte. In der Neuzeit der Erdgeschichte, seit etwa

65 Millionen Jahren, ist das geologische Geschehen in Südafrika, abgesehen von Küstenhebungen und Terrassenbildungen, von fortschreitender Abtragung geprägt. Dadurch wurde die Große Randstufe herausgebildet, die durch rückschreitende Erosion immer weiter landeinwärts verlegt wird; bedingt durch unterschiedliche Härte der Basalt-, Sandstein- und Quarzitschichten ist so eine Schichtstufenlandschaft entstanden (s. Bild S. 10).

Klima

Da Südafrika auf der Südhalbkugel liegt, steht die Sonne hier im Dezember am höchsten (und mittags im Norden!), die Jahreszeiten sind also denen in Europa entgegengesetzt: der Sommer beginnt kurz vor Weihnachten. Die Lage südlich des Wendekreises, die angrenzenden Meere sowie die Höhenlage des Binnenlandes bestimmen das Klima des Landes. Es ist überwiegend gemäßigt, nur die Randgebiete im Osten haben subtropisches Klima, im Südwesten herrscht Mittelmeerklima vor.

Obwohl sich das Land über 13 Breitengrade erstreckt, sind die Temperaturen relativ einheitlich; im Binnenland sind sie wegen der Höhenlage niedriger als es ihrer größeren Nähe zum Äquator entsprechen würde. So ist im Jahresmittel die Temperatur in Pretoria, das viel nördlicher, aber 1369 m ü. M. liegt, mit 17,5 °C nur unwesentlich höher als die von Kapstadt (17 °C). Durch den Einfluss der warmen Meeresströmung ist es an Ost- und Südküste erheblich wärmer als an der vom Benguela-Strom gekühlten Westküste. Im Sommer können Tagestemperaturen zwischen 30 und 40 °C vorkommen, gelegentlich auch darüber. Nachts gehen sie im Binnenland aber merklich zurück. Von Winter in unserem Sinne kann man kaum sprechen.

Rechts: Der Olifants River durchzieht das Lowfeld im Krüger-Nationalpark (in der Nähe des Olifants Camp).

Die Tage sind dann im größten Teil des Landes sonnig; es kann tagsüber um 20 °C werden, aber nachts wird es empfindlich kühl. Im Binnenland gibt es in klaren Winternächten (im Juli) auch Frost, die Küstengebiete sind jedoch praktisch frostfrei. Im Jahresdurchschnitt scheint die Sonne in Kapstadt täglich 8,7 Stunden, in Pretoria 8,9, in Durban 6,3 Stunden (zum Vergleich: Madrid 7,9, Rom 6,5, Paris 4,8, Frankfurt am Main 4,2 Stunden).

Südafrika ist ein sehr trockenes Land. Im Jahresmittel fallen nur 464 mm Niederschlag (in Deutschland 700 mm). 65 % der Gesamtfläche erhalten weniger als 500 mm (die Menge, die als notwendig gilt, um ohne Bewässerung Ackerbau treiben zu können). Am meisten regnet es an der Küste von KwaZulu-Natal und an der östlichen Großen Randstufe, am wenigsten in der Großen Karoo und der Kalahari; hier kann der Regen auch jahrelang ausbleiben. Gelegentlich wird Südafrika, wie fast alle Länder dieser geografischen Breite nördlich und südlich des Äquators, von Dürrekatastrophen heimgesucht (zuletzt 1995). Die Niederschläge fallen im größten Teil des Landes im Sommer, und zwar als kurze heftige Gewitterregen, meist am Spätnachmittag. Im südlichen Küstengebiet, westlich von Port Elizabeth, sind die Regenfälle über das ganze Jahr verteilt, im Südwesten der Provinz West-Kap regnet es im Winter. Schnee fällt auf den Höhen der Drakensberge, gelegentlich auch auf einigen Gipfeln der Kapketten.

Die relative Luftfeuchtigkeit ist im Binnenland äußerst gering, in den Küstengebieten kann sie jedoch 85-90 % erreichen; vor allem an der warmen Ostküste ist es im Sommer sehr schwül. An der kühlen Westküste entsteht dagegen im Sommer häufig Nebel, der sich nachts 30 bis 35 km landeinwärts erstrecken kann, sich bei Tageserwärmung aber auflöst. Nebel entwickelt sich häufig auch an der östlichen Großen Randstufe.

Foto: Marianne Fries

Gewässer

Wegen der hohen Verdunstung erreichen nur 9 % aller Niederschläge das Meer (weltweit sind es 31 %). Die Abflussmenge aller Flüsse Südafrikas ist insgesamt nicht größer als die des Rheins bei Rotterdam.

Der Gariep (Orange River, Oranje), mit 2250 km Länge der fünftgrößte Strom Afrikas, entwässert mit seinen Nebenflüssen etwa die Hälfte des Landes. Dank ergiebiger Niederschläge in seinem Quellgebiet führt er das ganze Jahr Wasser, ist aber wegen stark schwankender Wasserführung und vieler Katarakte und Klippen nicht schiffbar. Staudämme machen ihn vor allem für Bewässerung, in geringem Umfang auch für Wasserkraftwerke, nutzbar. Er ist – wie der Nil – ein Fremdlingsfluss, der die Kalahari ohne Zufluss durchquert. Im Unterlauf, westlich von Upington, hat er sich tief in den hier anstehenden Granit und Gneis eingeschnitten. Sein grandioser Wasserfall ist im Augrabies Falls National Park (s. S. 213) zu bewundern. Bis zu seiner Mündung in den Atlantik bei Oranjemund bildet er die Grenze zu Namibia. Ebenso intensiv genutzt wird der Vaal, mit 1251 km größter Nebenfluss des Gariep.

Wichtigste Flüsse zum Indischen Ozean sind der durch KwaZulu-Natal fließende Thukela und der Limpopo, der die Nordgrenze zu Simbabwe bildet und in Mosambik mündet. Ständig Wasser führen die vielen kurzen Flüsse aus der östlichen Randstufe, die zahlreiche Wasserfälle bilden. Auch die Flüsse aus den Kapketten im Süden und Südwesten dienen der Bewässerung, v. a. der 300 km lange Olifants River. Nördlich davon sowie im westlichen Landesinneren (auf der Hälfte der Fläche) findet man nur Trockenflüsse, die hier *Riviere* heißen; sie können sich bei Starkregen in reißende Ströme verwandeln.

Natürliche Seen gibt es in Südafrika kaum, lediglich zeitweise mit Wasser gefüllte Salzpfannen (*Pans*). Neben den großen Stauseen findet man, besonders im Südwesten, viele kleine Staubecken (*Dam*), die vor allem der Bewässerung

Foto: Archiv für Kunst und Geschichte, Berlin

dienen. Die „Seen" genannten Gewässer in der Nähe der Küsten (z. B. im Wilderness National Park, Lake St. Lucia) sind in Wirklichkeit ehemalige Lagunen.

VÖLKER UND SPRACHEN

Völker

Die heute rund 49,9 Millionen Einwohner sind anthropologisch und kulturell sehr verschieden. Nach Hochrechnungen 2011 auf Basis des Zensus 2006 gehörten 79,5 % der Bevölkerung zur vielfältigen Gruppe der Schwarzen (lange Zeit nur „Blacks", heute amtlich „African Blacks" genannt), 9 % zu den Weißen, 9 % zu den Farbigen (Coloureds), 2,5 % zu den Indern / Asiaten.

Bei Ankunft der Europäer lebten im südwestlichen Afrika Buschleute und „Hottentotten" (d.h. San und Khoikhoin), die anthropologisch als *Khoisanide*, ihre Sprachen als Khoisan-Sprachen zusammengefasst sind. Die Khoikhoin, Hirten mit Rinder- und Schafherden, sind bis auf die kleine Gruppe der Nama in der Provinz Nord-Kap ausgestorben oder in der Gruppe der Mischlinge aufgegangen. Restgruppen der Buschleute leben als Jäger und Sammler noch in der Kalahari.

Oben: Hottentottenfrau, Kupferstich, 18. Jh. Rechts: Das Hugenotten-Museum in Franschhoek.

Die Schwarzen gehören ethnologisch zu den Negriden, ihre Sprachen gehören zur Familie der Bantu-Sprachen, die weit über das südliche Afrika hinaus reichen. Die neun größten negriden Völker sind Zulu, Xhosa, Tswana, Sotho, Tsonga/Shangaan, Swazi, Pedi, Venda und Ndebele. Sie haben jeweils eigenständige Kulturen und Traditionen und sind in zahlreiche Stämme aufgegliedert. Viele Tswana, Shangaan, Süd-Sotho und Swazi leben außerhalb Südafrikas; sie bilden jeweils das Staatsvolk der Nachbarländer Botswana, Mozambique, Lesotho und Swaziland.

In der Tradition der Bantu-Völker war Viehhaltung, vor allem von Rindern, aber auch von Schafen und Ziegen, die Wirtschaftsgrundlage. Der Ackerbau diente in erster Linie der Selbstversorgung. Feldarbeit war Aufgabe der Frauen, Vorratswirtschaft unbekannt. Herdentiere waren mehr Statussymbol als Nutzvieh. Rinder waren aber auch notwendig zur Entrichtung von *Lobola*, dem Preis, mit dem bei der Heirat die Familie der Braut für den Verlust an Lebenskraft zu entschädigen ist. Diese Sitte ist noch immer lebendig; an die Stelle der Rinder sind heute vielfach Geldzahlungen getreten.

Das Steuersystem der Weißen machte die Umstellung auf Geldwirtschaft nötig, was die Landwirtschaft bei raschem Bevölkerungswachstum, zunehmender Erschöpfung der Böden und traditionellen Wirtschaftsmethoden kaum leisten konnte. Die Abwanderung vor allem der Männer in die Bergbau- und Industriebetriebe der Ballungszentren löste die Bindungen zu Großfamilie, Dorfgemeinschaft oder Stamm nachhaltig auf.

Foto: Marianne Fries

Religiöse Riten wie Ahnenverehrung, Glaube an Hexen, Magie u. a. sind vor allem in ländlichen Gebieten noch weit verbreitet. Die etwa 4000 unabhängigen Kirchen der Schwarzen (*African Independent Churches*) stellen mit mehr als 10,8 Mio. Mitgliedern die größte Religionsgruppe des Landes, ihre Anhängerschaft nimmt ständig zu. 30 % der Schwarzen gehören anderen christlichen Konfessionen an. Viele der auch als „Zionistische Kirchen" zusammengefassten Religionsgemeinschaften entstanden unter dem Einfluss der Pfingstmission aus Zion City, USA.

Die größte unter ihnen ist die Zion Christian Church (gegr. 1910) mit dem Zentrum in Zion City Moria bei Polokwane (Pietersburg), Provinz Limpopo. Zu Ostern – Höhepunkt des Jahres – und im September versammeln sich hier mehr als eine Million Mitglieder.

Die bedeutende Nazareth Baptist Church wurde 1911 in Ekuphakameni (KwaZulu-Natal) von dem Zulu *Jesaiah Shembe* gegründet; Shembe genießt heute als Messias göttliche Verehrung.

Die Weißen bestimmten bis 1994 das politische, wirtschaftliche und kulturelle Leben des Landes. Mehr als die Hälfte von ihnen sprechen Afrikaans; sie stammen von Niederländern, Deutschen und Franzosen ab, die sich nach 1652 in Südafrika niederließen. Weil sie meist Bauern waren, wurden sie „Buren" genannt. Vor allem die französischen (Hugenotten) und deutschen Einwanderer haben zur Entwicklung des Landes beigetragen und überall, auch in Familien- und Ortsnamen, Spuren hinterlassen. Weitere Einwanderer waren Portugiesen, Italiener, Griechen und Juden. Die englischsprachigen Weißen sind Nachkommen der Briten, die seit 1795 nach Südafrika kamen und nach langen Auseinandersetzungen die Vorherrschaft, vor allem in gewinnträchtigen Wirtschaftsbereichen (Gold- und Diamantenbergbau), gewannen. Zwar waren seit 1910 alle Ministerpräsidenten Buren, die politische Macht im Land ging aber erst 1948 vollständig an die burische Nationalpartei über.

Zur Gruppe der Farbigen, manch-

Foto: Hans-Georg Roth

mal nicht ganz korrekt „Mischlinge" genannt, zählen neben den Mischlingen von Europäern, Hottentotten und Buschmännern, Sklaven aus Indonesien oder Madagaskar sowie Angehörigen der Bantu-Völker. Dazu kamen die Griqua, eine Restgruppe der Hottentotten, sowie die rund 200 000 Kap-Malaien im Gebiet von Kapstadt, Nachkommen von Malaien, die von der Niederländisch-Ostindischen Kompanie als Sklaven nach Südafrika gebracht worden waren. Als strenggläubige Muslime werden sie von ihrer Religion, aber auch von ihrer lebendigen Tradition als eigenständige Gemeinschaft zusammengehalten. Dass eines ihrer Wohngebiete, der kosmopolitische, vor Leben sprühende District Six, durch die Apartheid-Gesetze 1966 zum „weißen" Wohngebiet erklärt und planiert wurde, erregte weltweit Empörung; das Gebiet (*Zonnebloom*) ist noch immer unbebaut, bis auf einige neue Reihenhäuser. Die meisten Farbigen leben in den Kap-Provinzen. In Kultur und Lebensweise sind viele den Weißen stark angepasst; rund 85 % sprechen Afrikaans und sind Christen.

Oben: Die Kap-Malaien sind strenggläubige Muslime. Rechts: Das Taal Monument in Paarl erinnert an die Etablierung des Afrikaans als eigene Sprache.

Die Asiaten in Südafrika sind überwiegend indischer Herkunft. Sie waren seit 1860 für die Arbeit auf den Zuckerrohrplantagen nach Natal geholt worden. Nach Ablauf ihrer Verträge blieb ein Großteil der Inder in Südafrika, und andere, vor allem Händler, folgten. Auch unter den Indern, die größtenteils in der Provinz KwaZulu-Natal leben, gibt es große sprachliche und kulturelle Unterschiede. In der jüngeren Generation wird zunehmend englisch gesprochen. Die traditionelle Kleidung, die früher das Straßenbild in Durban beherrschte, ist stark zurückgegangen. 70 % der Asiaten sind Hindu, 20 % Muslime und 10 % Christen.

62 % der Gesamtbevölkerung leben in Städten, wobei nur Johannesburg, Durban, Kapstadt, Pretoria, Port Elizabeth tatsächlich Millionenstädte sind. Die seit dem Ende der Apartheid ver-

Foto: Hartmuth Friedrichsmeier

stärkte Landflucht sowie der Zustrom illegaler Einwanderer haben hier das Slumwachstum vorangetrieben.

Sprachen

Nach der südafrikanischen Verfassung gibt es 11 gleichberechtigte Amtssprachen: Afrikaans, Englisch und neun afrikanische Sprachen, die zu den vier Hauptgruppen der Bantu-Sprachen gehören – *Nguni:* IsiZulu (Zulu), IsiXhosa (Xhosa), Siswati (Swazi), IsiNdebele (Ndebele). *Sotho:* SePedi (Pedi), SeTswana (Tswana), SeSotho (Sotho). *Venda:* TshiVenda (Venda). *Tsonga:* XiShangaa (Tsonga).

23,8 % der Bevölkerung sprechen IsiZulu (v. a. in KwaZulu-Natal, Mpumalanga, Gauteng), 17,6 % IsiXhosa (v. a. in Ost-Kap, Nord-West-Provinz, Freistaat, West-Kap), das Klicklaute aus Hottentotten- und Buschmannsprachen übernommen hat. IsiZulu, das fast *Lingua franca* geworden ist, wird zunehmend auch von anderen Bantu-Völkern verstanden und gesprochen.

Afrikaans, die jüngste Sprache der Welt, sprechen 13 % der Bevölkerung (v.a. *Coloureds* und Weiße). Bei der Entwicklung der Sprache der niederländischen Siedler blieben Wörter erhalten, die es heute im Niederländischen nicht mehr gibt, andere haben ihre Bedeutung geändert. Wörter aus malaiischen und afrikanischen Sprachen, der Seemannssprache und dem Englischen kamen dazu. Ein Lehrer aus Paarl schuf eine Grammatik und ein Wörterbuch und gab 1876 die erste Zeitung in Afrikaans heraus, das 1925 das Niederländische offiziell ablöste. Englisch, das nur für 8 % der Bevölkerung Muttersprache ist (v.a. für Inder und Weiße), wird fast überall im Land verstanden.

Fanakalo wurde als Umgangssprache für die Minenarbeiter (auch für die aus den Nachbarländern) geschaffen. Es basiert auf dem Wortschatz von Zulu, Englisch und Afrikaans. Zur Verständigung und damit zur Sicherheit, vor allem unter Tage, muss Fanakalo von allen, die in Südafrikas Minen arbeiten, beherrscht werden.

Foto: Touristikbüro Südafrika (South African Tourism SATOUR)

GESCHICHTE

Vor- und Frühgeschichte

Zahlreiche fossile Knochen, die vor allem in Transvaal gefunden wurden, beweisen, dass schon vor etwa 3,5 Millionen Jahren im südlichen Afrika hominide Frühformen des Menschen gelebt haben. In Taung, nördlich von Kimberley, wurde 1924 ein Kinderschädel gefunden, der das von Charles Darwin vorhergesagte Bindeglied (*Missing Link*) zwischen Primaten und Hominiden darstellt. Er erlangte Weltruhm und gilt als erster Beweis für die heute allgemein anerkannte These, dass der Ursprung der Menschheit in Afrika liegt. Nach weiteren wichtigen Funden 1936 in Sterkfontein und 1947 in Makapansgat wurden 1998 bei Sterkfontein das dreieinhalb Millionen Jahre alte, fast vollständig erhaltene Skelett eines *Australopithecus* entdeckt. Der Fund gilt als der wichtigste, der bisher zur Entwicklungsgeschichte des Menschen gemacht worden ist.

Oben: Bis zehntausend Jahre alte Felsbilder bezeugen die Lebensweise der Buschmänner als Jäger und Sammler. Rechts: Jan van Riebeeck gründete Kapstadt im 17. Jahrhundert.

Im südlichen Afrika lebten vor über 10 000 Jahren Buschleute (*San*), steinzeitliche nomadische Jäger und Sammler; Zeugnisse ihrer Kultur sind zahlreiche Felsbilder, vor allem in den Drakensbergen sowie den Provinzen West-Kap und Freistaat. Etwa um die Zeit von Christi Geburt trafen sie mit den von Norden vordringenden Khoikhoin, nomadisch lebenden Hirten, zusammen. Beide Völker, heute wissenschaftlich als San und Khoikhoin bezeichnet, sind genetisch verwandt; ihre ebenfalls verwandten Sprachen, in denen Klicklaute vorkommen, werden als Khoisan-Sprachen zusammengefasst.

Siedlungen von bäuerlichen Völkern mit eisenzeitlicher Kultur, die etwa um das 3. Jh. n. Chr. aus Zentralafrika langsam nach Süden vorgedrungen waren und die als Vorfahren der heutigen Bantu-Völker Südafrikas gelten, sind im Osten des Landes nachgewiesen. Mapungubwe und Thulamela in der Provinz Limpopo waren nach neuen archäologischen und historischen Forschungen Vorläufer der eisenzeitlichen Kultur von Groß-Simbabwe, das um 1250-1450 den Handel mit den islamischen Niederlassungen an der Küste Ostafrikas kontrollierte. Andere schwarze Völker breiteten sich in der späten Eisenzeit (14./15.Jh.) im offenen Grasland aus. Sie trieben Ackerbau, waren Viehhirten und beherrschten die Bearbeitung von Eisen und Kupfer.

Das Zeitalter der europäischen Entdeckungen

Seit dem 15. Jh. versuchten die Portugiesen, entlang der Küste Afrikas einen Seeweg nach Indien zu finden. Bartolomëu Diaz erreichte im Jahr 1488 das „Kap der Stürme", später in „Kap der Guten Hoffnung" umbenannt. 1497 kam Vasco da Gama auf diesem Weg erstmals nach Indien. Die Seefahrer füllten in der Tafelbucht ihre Wasservorräte auf und kauften Vieh von den Hottentotten. Gegen Ende des 16. Jh. erwuchsen den Portugiesen bei Handel und Seefahrt Rivalen in den Holländern, Engländern und Franzosen, die Handelskompanien und Stützpunkte in Süd- und Südostasien gründeten.

Am 6. April 1652 landete der Niederländer Jan van Riebeeck mit drei Schiffen in der Tafelbucht am südlichen Ende der Atlantikküste Afrikas. Er gründete im Auftrag der Niederländisch-Ostindischen Kompanie eine Versorgungs- und Reparaturstation für die Schifffahrt nach Süd- und Südostasien und ein Hospital für kranke Seeleute. Aus dem bald ausgebauten und befestigten Stützpunkt entwickelte sich, obwohl der Naturhafen ungeschützt und im Winter recht gefährlich war, das heutige Kapstadt.

1657 wurde einigen Beschäftigten erlaubt, sich als Bauern anzusiedeln. Die Zahl der „Freibürger" wurde allmählich durch holländische, deutsche und französische Einwanderer verstärkt. Dazu kamen Sklaven aus West- und Ostafrika, aus Madagaskar und den südostasiatischen Kolonien Hollands, die sich mit Weißen, Hottentotten und auch untereinander vermischten.

Foto: Hartmuth Friedrichsmeier

Unter der Herrschaft des Gouverneurs Simon van der Stel und seines Sohnes (1679-1707) entwickelte sich die Niederlassung schwunghaft. Während man im Kapland früher vor allem Ackerbau betrieben hatte, begannen die ins regenarme Innere vordringenden und das Siedlungsgebiet damit allmählich erweiternden Siedler („Trekburen") jetzt auch mit der Viehwirtschaft.

Die Zahl der Weißen, die zu Beginn des 18. Jahrhunderts nur etwa 2000 betragen hatte, war um das Jahr 1800 bereits auf rund 20 000 angewachsen. Die durch eingeschleppte europäische Krankheiten stark dezimierten Hottentotten verloren zunehmend Weideland an die immer weiter vordringenden Siedler und hatten bis 1900 ihre Identität als eigenständiges Volk weitgehend verloren.

Foto: Klaus Minges

Die Bantu-Völker

Mit der Ausweitung ihres Siedlungsgebiets nach Osten stießen die weißen Siedler im 18. Jh. erstmals mit Bantu-Völkern zusammen, die in den Süden bis Natal vorgedrungen waren. 1779-1781 kam es im Gebiet zwischen Großem Fischfluss und Buschmann Rivier zur ersten kriegerischen Begegnung zwischen Weißen und einem Bantu-Volk, den Xhosa, der bis 1878 acht weitere blutige Zusammenstöße folgten.

Die politischen und sozialen Strukturen der Bantu-Völker im Südosten Afrikas erfuhren eine weitreichende Wandlung, als etwa um 1815 eine Reihe blutiger Stammeskriege begann. Die wichtigste Persönlichkeit in diesen Auseinandersetzungen war Shaka, Herrscher der Zulu, eines damals kleinen Stammes der Nguni-Sprachgruppe. Doch Shaka, der „Napoleon Afrikas", war ein bedeutender Militärstratege. Er unterwarf mit großer Grausamkeit andere Nguni-Stämme und schloss sie zu einer militärisch starken Nation zusammen, die schließlich den Namen seines Stammes erhielt. Mit der Ausdehnung seiner Eroberungen bis in die Gebiete von Transvaal, Botswana und in das nordöstliche Kapland begann eine große Völkerverschiebung, die bis Mitte des 19. Jh. andauerte und das Hochveld vorübergehend verwüstete und entvölkerte. Plündernde Soldaten, Eroberer und Flüchtlinge vagabundierten in alle Richtungen bis über die Grenzen des heutigen Südafrika hinaus. Alte Sozialstrukturen wurden zerstört, es entstanden neue, machtvolle und gut organisierte Gemeinschaften von Bantu-Völkern, so die der Ndebele, der Süd-Sotho (heute Staatsvolk von Lesotho), der Swazi (heute Staatsvolk von Swaziland) und andere.

Shaka – 1828 von seinen Halbbrüdern, darunter sein direkter Nachfolger Dingane, ermordet – wurde zum Helden der Zulu.

Oben: Das Green Point Lighthouse in Kapstadt, von den Briten 1824 eröffnet, war der erste solide Leuchtturm Südafrikas.

Buren und Briten

Um den für sie wichtigen Seeweg nach Indien zu schützen, setzten sich die Briten im Kapland fest, das sie 1795 eroberten. 1814, nach dem Ende der Napoleonischen Kriege, endete die Herrschaft der Niederländisch-Ostindischen Kompanie; das Gebiet wurde formell an Großbritannien abgetreten. Führend in Verwaltung, Rechtswesen und Handel waren nun die Briten. 1820 wurden rund 5000 britische Einwanderer im östlichen Grenzgebiet, am Great Fish River, angesiedelt. Britische Missionare richteten erstmals staatliche Schulen ein. Englisch wurde 1825 einzige Amtssprache und 1828 auch Gerichtssprache. 1828 verbesserten die Briten die Situation der farbigen Arbeitskräfte und hoben 1833 – gegen den heftigen Widerstand der Buren – die Sklaverei auf.

Aus Protest gegen diese Situation verließen von 1835 an Tausende von Buren Haus und Hof und zogen im „Großen Treck" mit ihrem Vieh und all ihrer Habe nordwärts. Sie überquerten zunächst den Oranje, eine Gruppe auch die Drakensberge, andere zogen weiter nach Norden über den Vaal. Die von ihnen neu gegründeten Burenstaaten wurden von den Briten zunächst annektiert (Natal) oder vorübergehend besetzt, die Unabhängigkeit der Burenstaaten Transvaal (seit 1853 Südafrikanische Republik) und 1854 Oranje Freistaat aber anerkannt.

1857 wurden Angehörige der Deutschen Legion, die auf britischer Seite im Krim-Krieg gegen Russland gekämpft hatten, im Gebiet um East London angesiedelt. 1860 kamen viele Inder als Arbeitskräfte für die Zuckerrohrplantagen nach Natal; die meisten ließen sich nach Ablauf ihrer Arbeitsverträge als Siedler im Land nieder.

Für Auswanderer aus Europa, die zu dieser Zeit in großer Zahl ihre Heimat verließen, war das wirtschaftlich rückständige, arme Südafrika wenig attraktiv, bis 1871 die ersten Diamanten gefunden wurden. Glückssucher aus aller Welt strömten nun hierher. Damit bahnte sich ein großer wirtschaftlicher und politischer Wandel an. Anspruch auf die Schürfrechte erhoben neben Buren und Briten auch das Bantuvolk der Tswana, ferner die Griqua, eine Gruppe von Hottentotten, die im 17. Jh. unter dem Druck der weißen Siedler aus dem Kapland hierher ausgewichen war. Am Ende besetzten die Briten die Diamantenfelder. Das Gebiet wurde 1884 als Kronkolonie Griqualand West der Kapkolonie angegliedert.

Burenkrieg und Zusammenschluss Südafrikas

Das verstärkte Engagement Großbritanniens – in der Kapkolonie herrschte seit 1890 Cecil Rhodes – führte zum Versuch, die britischen Kolonien im südlichen Afrika mit den Burenrepubliken unter britischer Vorherrschaft zusammenzuschließen. Das Gebiet der Zulu wurde 1887 britische Kolonie und 1897 Natal einverleibt. Transvaal, das stärkste Hindernis auf dem Weg zur Einheit, war nicht länger nur ein Farmland der Buren. Am Witwatersrand war 1886 mit dem Abbau der reichsten Goldvorkommen der Erde begonnen worden. Johannesburg, das aus einem Goldgräbercamp entstand, entwickelte sich rasch zur Großstadt, die nach 1890 durch Eisenbahnlinien mit Häfen in Natal und der Kapkolonie verbunden wurde. Britenfurcht und -hass der Buren nahmen zu.

Die Burenstaaten, angeführt durch den Präsidenten Paul Krüger, erklärten schließlich am 11.10.1899 Großbritannien, vertreten durch den Premier der Kapkolonie, Cecil Rhodes, den Krieg. Nach anfänglichen Erfolgen leisteten sie der ständig wachsenden britischen Übermacht zähen Widerstand, mussten aber schließlich 1902 aufgeben.

Dieser „Burenkrieg" war hart und grausam geführt worden. Auf britischer

Seite gab es etwa 22 000 Tote, von den Buren waren 7000 gefallen. In den „Konzentrationslagern" der Briten (die den Begriff damals erfanden), wo 120 000 Farmbewohner zusammengepfercht waren, starben rund 28 000 burische Frauen und Kinder; von den ebenfalls in Lager gebrachten Schwarzen verloren etwa 14 000 ihr Leben. Durch die britische Taktik der verbrannten Erde war das Land verwüstet und die Ernte und das Vieh der Buren vernichtet worden.

Der Friedensvertrag von Vereeniging (am 31.5.1902 in Pretoria unterzeichnet) sicherte die britische Vorherrschaft im südlichen Afrika. Transvaal und Oranje Freistaat erhielten 1906/07 innere Autonomie; durch Zusammenschluss mit der Kapkolonie und Natal entstand 1910 die Südafrikanische Union als Dominion des Britischen Empire mit 1,2 Mio. weißen und 4,6 Mio. nichtweißen Einwohnern. An der Verfassung hatte der Burengeneral J. C. Smuts mitgearbeitet, der dann im Ersten Weltkrieg Mitglied des britischen Kriegskabinetts wurde, Südafrika auf der Versailler Friedenskonferenz vertrat und wesentlichen Anteil an der Gründung des Völkerbundes hatte. Von 1919-1924 und erneut 1939-1948 war er Ministerpräsident der Südafrikanischen Union.

1931 erhielt die Südafrikanische Union volle Souveränität im Rahmen des Commonwealth. Nach einer Volksabstimmung der Weißen wurde Südafrika 1961 Republik und trat aus dem Commonwealth aus.

Zwischen den beiden Weltkriegen, an denen Südafrika an der Seite Großbritanniens teilnahm, begann langsam der Aufbau einer Industrie, der sich nach dem 2. Weltkrieg mit beeindruckendem Tempo und Erfolg fortsetzte. Nach 1946 wurden neue Bodenschätze entdeckt und der Bergbau intensiviert.

Rechts: Schwarze und Weiße müssen die Probleme Südafrikas gemeinsam lösen. Nelson Mandela und Frederik W. de Klerk erhielten dafür den Friedensnobelpreis.

Die Apartheid und ihr Ende

Die seit 1948 regierende Nationalpartei verschärfte die schon in der Kolonialzeit begonnene Politik der Rassentrennung, die *Apartheid*, die Südafrika weltweit isolierte. In Afrikaans bedeutet Apartheid „Trennung". Die Schwarzen waren seit der Verfassung von 1910 vom Wahlrecht ausgeschlossen. Ein Gesetz von 1913 (*Natives Land Act*) erklärte 7 % (seit 1936: 13 %) der Gesamtfläche zu Territorien der Schwarzen (*Homelands*). Allen Nichtweißen waren bestimmte Wohngebiete zugewiesen. Schon seit dem frühen 19. Jh. waren alle nichtweißen Männer (seit 1952 auch Frauen) gezwungen, ständig einen Pass bei sich zu haben. Weitere Gesetze und Verordnungen verboten Mischehen, schlossen Schwarze von vielen Berufen aus, verordneten getrennte Ausbildung und setzten schließlich die Rassentrennung auch im Alltag durch, bis hin zu getrennten Verkehrsmitteln, Parkbänken, Stränden etc.

Der 1912 gegründete *African National Congress* hatte versucht, die Schwarzen im gewaltlosen Widerstand gegen das Apartheidsystem zu vereinigen; ihr Präsident 1952-1967, Albert Luthuli, erhielt 1961 den Friedensnobelpreis. 1959 spaltete sich ein radikaler, militanter Flügel (*Pan African Congress*) ab. Nach blutigen Unruhen in Sharpeville 1960 wurden beide Organisationen verboten. ANC-Vizepräsident Nelson Mandela gründete 1961 die militante Untergrund-Organisation *Spear of the Nation*; er wurde 1963 verhaftet und zu lebenslanger Freiheitsstrafe verurteilt. Als Jugendliche 1976 in Soweto gegen die Einführung von Afrikaans als Schulsprache protestierten, wurden mehr als 600 Menschen von Sicherheitskräften erschossen, was den inneren den Widerstand und den Druck des Auslands mit Sanktionen und Boykotts verstärkte. Das weiße Südafrika begriff sich allmählich als Paria der Welt; die sportbesessenen Südafrikaner bedrückte der

Foto: dpa

Ausschluss von allen internationalen Sportereignissen.

Einen ersten Schritt in Richtung Annäherung tat Präsident Botha – unter internationalem Druck – mit der Aufhebung der Passgesetze und des Verbots der Mischehen. Der Durchbruch erfolgte unter F. W. de Klerk, Staatspräsident seit 1989. Er hob 1990 das Verbot aller Oppositionsparteien auf und verfügte die Entlassung Nelson Mandelas aus dem Gefängnis. Es gelang, alle Parteien in die Vorbereitung der ersten freien Wahl für alle und die Ausarbeitung einer Verfassung einzubinden.

1993 erhielten Mandela und de Klerk gemeinsam den Friedensnobelpreis. Die Wahlen am 27. April 1994, bei der 92 % der Wahlberechtigten ihre Stimme abgaben, wirkten wie eine große Befreiung. Der ANC erhielt 62,7 % der Stimmen, Nelson Mandela wurde der erste schwarze Staatspräsident Südafrikas. Nach der Verfassung hat Südafrika ein föderales Regierungssystem. Die Homelands wurden aufgelöst; die neun neuen autonomen Provinzen sollten eine Machtkonzentration der Zentralregierung verhindern.

Die folgenden Wahlen gewann der ANC mit Zweidrittelmehrheit, womit sich das Land de facto zum Einparteienstaat entwickelte. Nachfolger Mandelas wurde 1999 Thabo Mbeki. 2009 gelangte der populäre Jacob Zuma (ANC) an die Macht. Er war schon unter Mbeki Vizepräsident, hatte dieses Amt aber wegen Korruption verloren.

Südafrika konnte mit der Ausrichtung der Fußball-WM 2010 zwar seinem Wirtschaftsaufschwung eine Krone aufsetzen. Doch Probleme wie Armut, Arbeitslosigkeit, AIDS und Kriminalität überschatten weiterhin die Lebenswelt der Mehrheit des Volkes. Zudem verlor der Rand von 2011 bis 2015 rund 43 % seines Werts. Andererseits machte der schwache Rand Südafrika für ausländische Besucher attraktiver.

Keine Erfolgsgeschichte ist die Umverteilung weißen Farmlands an schwarze Kleinbauern; mangels Knowhow verfallen viele der vormals profitablen weißen Farmen und Plantagen.

Die Ndebele-Frauen entwickeln große Kreativität bei der Bemalung ihrer Häuser

Johann Scheibner

Erhard Pansegrau

Goldschmelze in Randfontein

Sun City, Pilanesberg Nat. Park (ca. 80 km), Madikwe G.R.
Brits
Stephanus
De Wildt
Akasia
Onderstepoort Nat. Res.
Bon Accord
Wonderboom Airport
Siyabuswa
Roodeplaat Dam
1525
Mooka
PRETORIA
(TSHWANE)
Mamelodi
Denneboom
Silverton
Cullinan
Jacksontuin
Hartbeespoort
Hartbeespoort Dam
Swartspruit
1705
MAGALIESBERG
Kosmos
Oberon
Atteridgeville
Loftus Versfeld Stadium
Pretoria Nat. Botanical Gardens
Skeerpoort
Damsig
Broederstroom
Erasmia
Vortrekker Monument
Valhalla
Middelburg
BRONBERGE
Lynkloof
Lesedi Cultural Village
Hennopsrivier
Hennops
CENTURION
RIETFONTEINRAND
Die Moot
Crocodile
Irene
Doornrandjies
Jan Smuts House
Tierpoort
Skeerpoort
WITWATERSBERG
Lanseria Intl. Airport
Pinedene
Clayville
Rietvlei Nat. Res.
Heia Safari Ranch
Kyalami Race Track & SA Nat. Equestrian Centre
Midrand
Grand Central
1603
Olfantsfontein
Sterkfontein Caves
Nooitedag
Halfway House
Bapsfontein
Oaktree
Muldersdrif
TEMBISA
Krugersdorp Game Res.
Randburg
Birchleigh
Honeydew
Sandton
Modderfontein
Sesfontein
KRUGERSDORP
Little Falls
KEMPTON PARK
Petit
Battery
Millsite
Rosebank
Alexandra
Oliver Tambo International Airport
Putfontein
ROODEPOORT
JOHANNESBURG
Edenvale
Elandsfontein
Daveyton
RANDFONTEIN
Florida
Ellis Park Stadium
Bedfordview
Orlando East
FNB Stadium
GERMISTON
BENONI
Geduld
Mohlakeng
SOWETO
Gold Reef City/Apartheid Museum
Rand Airport
BOKSBURG
BRAKPAN
SPRINGS
Bekkersdal
Suurbekom
Eldorado Park
ALBERTON
Waterworks
Lenasia
Katlehong
Kwa-Thema
Lawley
Van Wyksrust
Eikenhof
Klip
Mapleton
Tsakane
Vosloorus
Lawley Estate
1841
Tokoza
1801
Anglers
Walkerville
Duduza
Jagfontein
Ennerdale
Randwater
Glenroy
Grasmere
GAUTENG
Natalspruit
Driemanskap
NIGEL
Kliprivier
Suikerbosrand Nat. Res.
Cardoville
Stretford
Kaydale
Daleside
1902
Evaton
Henley on Klip
Heidelberg
De Deur
Sebokeng
Eatonside
Meyerton
Rietspruit
Kwaggastroom
Kookrus
Ratanda
1624
Riversdale
Blesbokspruit
Houtheuwel
Rothdene
Kleigrond
Burtholm
Vlakplaas
Redan
1585
1718
VEREENIGING
Sharpeville
Makouvlei
Goeiehoek
VANDERBIJLPARK
Viljoensdrif
GAUTENG
0 5 10 15 km
© Nelles Verlag GmbH, München

GAUTENG

JOHANNESBURG
PRETORIA (TSHWANE)
AUSFLUG ZU DEN NDEBELE
AUSFLUG NACH SUN CITY
AUSFLUG IN DIE PROVINZ NORD-WEST

GAUTENG

Die Provinz Gauteng (Sotho: „Platz des Goldes") ist mit 17 010 km² (1,4 % der Gesamtfläche) die kleinste Provinz Südafrikas. Sie hat aber mit 11,3 Mio. die höchste Bevölkerungszahl (22,4 % der Gesamtbevölkerung) und mit 665 Einw./km² die größte Bevölkerungsdichte des Landes. 21,5 % der Bewohner sprechen Zulu, 14,4 % Afrikaans, 13,1 % SeSotho und 12,5 % Englisch (das weithin verstanden wird).

Nach Beginn des Goldbergbaus 1886 entwickelte sich hier das überragende Wirtschaftszentrum Südafrikas. In Gauteng wird 36,3 % des Bruttosozialprodukts Südafrikas erwirtschaftet, sind 27 % aller Arbeitsplätze des Landes konzentriert, ist das Pro-Kopf-Einkommen das höchste des Landes.

Die Provinz umfasst vor allem den Ballungsraum entlang dem Höhenzug Witwatersrand sowie im Süden das Zentrum der Schwerindustrie um Vereeniging und Vanderbijlpark. Dominierende Zentren sind Johannesburg mit den angrenzenden Townships – von denen Soweto im Südwesten die weitaus größte ist – und Pretoria (Tshwane), die Hauptstadt Südafrikas.

JOHANNESBURG

Die Hauptstadt Gautengs, **Johannesburg**, ist die größte und wichtigste Stadt Südafrikas. Sie entstand am Witwatersrand, kurz Rand genannt, wo 1886 – 20 Jahre nach den ersten Diamantenfunden in Kimberley – ein australischer Goldsucher einen goldführenden Gang entdeckt hatte. In kürzester Zeit strömten Tausende von Goldgräbern und Geschäftemachern hierher. Johannes Rissik und Christian Johannes Joubert, Bevollmächtigte der Regierung, gründeten auf einem Farmgebiet eine Ortschaft, die sie nach ihren Vornamen Johannesburg nannten. Sie war bereits drei Jahre später die größte Stadt im südlichen Afrika und schon 1892 per Eisenbahn mit der Kapkolonie verbunden. Die Einwohnerzahl überschritt 1960 die Millionengrenze, heute hat der Großraum um 6 Mio. Einwohner.

Die von den Schwarzen *Egoli*, „Stadt des Goldes", und im ganzen Land kurz *Joburg* oder *Jozi* genannte Stadt liegt 1763 m ü. M. Die meisten der führenden Wirtschaftsunternehmen des Landes haben hier ihren Sitz. Die bereits ein Jahr nach dem ersten Goldfund gegründete Börse ist Zentrum des Kapitalmarkts für das gesamte südliche Afrika. So wurde Johannesburg auch zum Verkehrszentrum des Landes. Durch den **Oliver Tambo International Airport**

» Karte S. 58, Stadtplan S. 62, Info S. 74-75

Foto: Pieter Albers

(s. S. 67), 24 km östlich des Stadtzentrums, ist Südafrika mit allen Kontinenten verbunden; im *International Arrivals Concourse* befindet sich die **Gauteng Tourism Authority** (s. S. 74).

Das Stadtzentrum *(Business District JBD)* ist schachbrettartig angelegt, es wird von Hochhäusern dominiert. Seit Ende der 1980er verfiel es jedoch allmählich, die weißen Bewohner der Innenstadt ebenso wie Banken, Behörden, Firmen, Geschäfte und Hotels wanderten in die nördlichen Vororte ab, ganz besonders nach Sandton. Inzwischen wohnt in den Apartmenthäusern der Innenstadt die schwarze Mittelschicht, während die Bewohner der Townships versuchen, sich mit dem Betrieb von Sammeltaxis oder mit Straßenhandel ihre Existenz zu sichern.

Touristen trauten sich füher aufgrund der hohen Kriminalität kaum noch in die Stadt. Da die City heute lückenlos durch **Überwachungskameras** und die *Metro Police* gesichert wird, ist die Kriminalität zurückgegangen, auch wenn weiterhin Vorsicht geboten ist (s. S. 247). Wer einen Eindruck von den gravierenden sozialen und ökonomischen Gegensätzen in den Städten Südafrikas gewinnen will, sollte sich die moderne City von Johannesburg und als Kontrastprogramm Soweto (s. S. 65) anschauen.

„Joburg" ist gut geeignet als Basis für **Flugsafaris** zum Krügerpark, Okawango-Delta (Botswana) oder den Viktoriafällen (Simbabwe/ Sambia).

Oben: Nächtliche Skyline von Johannesburg. Rechts: Studenten in Johannesburg.

Innenstadt

Der im Zentrum gelegene **Hauptbahnhof** ① *(Park Station)*, an der Kreuzung Rissik / de Villiers St., gilt als größter Afrikas. Der Eingang liegt an der Südseite, am Ende der Eloff Street. Die **Rotunda** ② nordwestlich des Bahnhofs, Ecke Leyds / Loveday St., ist Terminal des *Airport Bus.* Vom benachbarten **Park City Centre** fahren die Fernbusse *(TransLux, Greyhound, Intercape / Mainliner)* ab.

» Stadtplan S. 62, Info S. 74-75

Foto: Touristikbüro Südafrika (South African Tourism SATOUR)

Zwei Straßen östlich erstreckt sich der **Joubert Park**. Dort zeigt die ★**Johannesburg Art Gallery** ③ neben Werken von Künstlern aus Südafrika auch niederländische Malerei (Eingang: Klein Street). Südlich von King George und Klein Street trifft man an der Jeppe / Kruis Street auf die 1935 gebaute **Hauptpost** ④ (*Main Post Office*).

Die Kruis Street führt nach Süden zur Commissioner Street, wo das **Carlton Centre** seinen früheren Glanz als Einkaufszentrum eingebüßt hat; das einstige Luxushotel ist geschlossen. Aber noch immer lohnt eine Fahrt mit dem Lift in den 50. Stock, wo das ★**Top of Africa** ⑤ in 202 m Höhe einen schönen Rundumblick gewährt.

Etwas weiter westlich, vom **Gandhi Square** ⑥, wo Mahatma seine Kanzlei hatte, fahren *Metro-Busse* in die meisten Stadtteile und nach Pretoria ab. 1000 m östlich, Main St/ Ecke Berea, bringt das Projekt **Maboneng** mit dem Künstlerkomplex **Arts on Main** neues Szeneleben in die Innenstadt; sonntags von 10-15 Uhr ist Straßenmarkt.

Bauwerke aus den Anfängen der Stadt sind kaum noch vorhanden. Zu den wenigen Ausnahmen gehören das ★**Rissik Street Post Office** ⑦, ein Ziegelbau von 1897 (heute Nationaldenkmal), der 2009 ausbrannte und nun restauriert werden soll; ferner der **Gerichtshof** ⑧ (Supreme Court). Im 1910-1915 erbauten **Rathaus** ⑨ (*City Hall*) tagt heute das Provinzparlament.

Überraschend ist manchmal der Kontrast zwischen älteren und supermodernen Bauten, so zum Beispiel in der ★**Diagonal Street** ⑩, der einzigen Straße der Innenstadt, die das Schachbrettschema durchbricht. Die Häuser in diesem Gebiet sind meist noch zweistöckig, mit kleinen, häufig von Indern betriebenen Läden. **Kwa Zulu Muti** in Nr. 14 verkauft traditionelle Kräuter, wie sie der *Sangoma* (Medizinmann) benutzt.

In der facettenreichen Fassade des Bürohochhauses Diagonal Street 11, auch **Diamond Building** genannt (Architekt Helmut Jahn), spiegelt sich die Umgebung, es war früher einmal der Sitz des Diamantenkonzerns *De Beers*.

» **Stadtplan S. 62, Info S. 74-75**

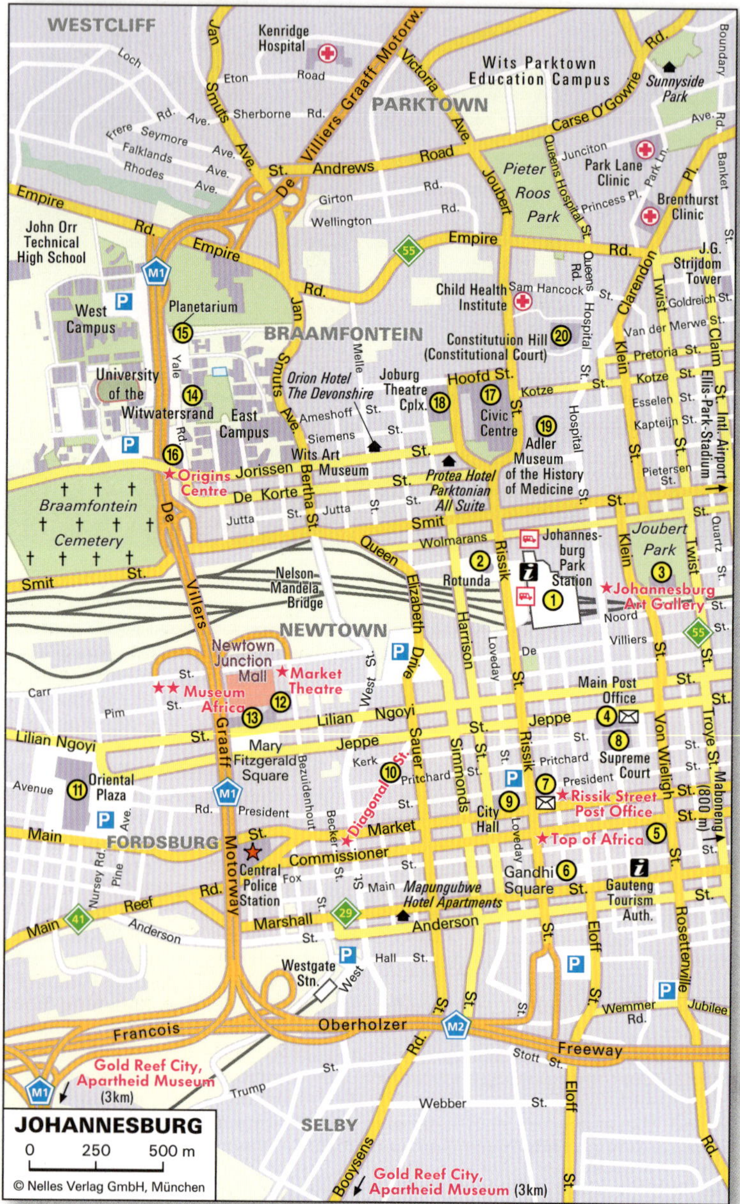
WESTCLIFF
Kenridge Hospital
Eton
Road
Sherborne Rd.
Jan Smuts Ave.
De Villiers Graaff Motorw.
Victoria Ave.
PARKTOWN
Wits Parktown Education Campus
Sunnyside Park
Boundary Rd.
Carse O'Gowrie Rd.
Loch
Frere Rd.
Seymore Ave.
Falklands Ave.
Rhodes Ave.
Ave.
St. Andrews Road
Girton Rd.
Wellington Rd.
Pieter Roos Park
Joubert
Queens Hospital St.
Junciton
Park Lane Clinic
Park Ln.
Princess Pl.
Brenthurst Clinic
Pl.
Banket St.
Empire Rd.
Empire
John Orr Technical High School
M1
55
Child Health Institute
Sam Hancock St.
Queens Rd.
Clarendon
J.G. Strijdom Tower
Goldreich St.
West Campus
Planetarium
15
BRAAMFONTEIN
Jan Smuts Ave.
Melle
Constitutuion Hill
(Constitutional Court)
20
Hospital St.
Van der Merwe St.
Pretoria St.
Kotze St.
Esselen St.
Kapteijn St.
Pietersen St.
Klein St.
Twist St.
Claim St.
Intl. Airport
Ellis-Park-Stadium
University of the Witwatersrand
Yale Rd.
14
East Campus
Orion Hotel The Devonshire
Joburg Theatre Cplx.
18
Hoofd St.
17
Civic Centre
Kotze
19
Adler Museum of the History of Medicine
Ameshoff St.
Siemens St.
Wits Art Museum
16
Origins Centre
Jorissen St.
Bertha St.
De Korte St.
Protea Hotel Parktonian All Suite
Braamfontein Cemetery
Jutta St.
Smit St.
Wolmarans
Queen
Johannesburg Park Station
2
Rissik
Rotunda
1
Joubert Park
3
Johannesburg Art Gallery
Quartz St.
Noord St.
Villiers St.
55
Smit St.
Nelson Mandela Bridge
NEWTOWN
Elizabeth Drive
Harrison
Loveday
De
Newtown Junction Mall
Market Theatre
Museum Africa
12
13
West St.
Carr
Pim
St.
De Villiers Graaff Motorway
Main Post Office
4
Jeppe
8
Supreme Court
Lilian Ngoyi
Lilian Ngoyi St.
Mary Fitzgerald Square
Jeppe
Kerk
Diagonal St.
10
Pritchard
Sauer
Simmonds St.
Pritchard
President
7
Rissik Street Post Office
Von Wielligh St.
Troye St.
Maboneng (800 m)
Avenue
11
Oriental Plaza
Ave.
Rd.
President
Bezuidenhout
M1
City Hall
9
Main
FORDSBURG
Becker St.
Market
Top of Africa
5
Central Police Station
Commissioner
Fox
Main
Gandhi Square
6
Gauteng Tourism Auth.
Nursey Rd.
Pine
Reef Rd.
Mapungubwe Hotel Apartments
41
Main
Anderson
Marshall
29
Anderson
Eloff St.
Rosettenville
Westgate Stn.
West
Hall St.
Jubilee
Wemmer Rd.
Francois
Oberholzer
M2
Freeway
Stott St.
Eloff
Rd.
Gold Reef City, Apartheid Museum (3km)
M1
Trump
St.
Webber St.
SELBY
Booysens
Gold Reef City, Apartheid Museum (3km)
Rd.
JOHANNESBURG
0 250 500 m
© Nelles Verlag GmbH, München

Im Stadtteil **Fordsburg**, westlich der Innenstadt, kann man auf dem ehemals Indischen Markt am **Oriental Plaza** ⑪ um gute Preise für Waren aus dem Orient – Gewürze, aber auch Kleider, Stoffe und Schuhe – feilschen.

Nicht weit davon wurde im Stadtteil **Newtown**, in der ehemaligen Markthalle von 1913, das **★Market Theatre** ⑫ eingerichtet. Schon zur Zeit der Apartheid gab es hier Theater der Schwarzen sowie experimentelles Theater. Hier fanden die Uraufführungen der Musicals „Sarafina" und „Woza Albrecht" statt. Zum Theater gehören drei Bühnen, eine Kunstgalerie und der Jazz-Keller **Kippie's**. In **Nikis Oasis** gegenüber treffen sich junge Leute.

In diesem Kulturzentrum ist außerdem das **★★Museum Africa** ⑬ ansässig, in dem das Leben im südlichen Afrika von der Steinzeit bis ins Atomzeitalter auf den Gebieten Geologie, Archäologie, Kunstgewerbe und Geschichte dokumentiert ist. Das angeschlossene **Bensusan Museum of Photography** informiert sowohl über die Geschichte der Fotografie als auch über neueste Geräte und Techniken. Zahlreiche südafrikanische Felsbilder sind außerdem im **Museum of South African Rock Art** konserviert und ausgestellt.

Nördlich des Bahngeländes beginnt der Stadtteil **Braamfontein**. Entlang der M1 (De Villiers Graaff) stehen auf beiden Seiten Bauten der renommierten **University of the Witwatersrand** ⑭, (kurz: **„Wits"**), der größten englischsprachigen Universität des Landes mit etwa 28 000 Studenten. Nelson Mandela hat hier 1943-49 Jura studiert.

Auf dem *East Campus*, der östlichen Seite des Unigeländes, steht an der Yale Road das **Planetarium** ⑮, in dem man Interessantes über den südlichen Sternenhimmel erfährt.

Am südlichen Ende der Yale Road erhellt das prähistorische Forschungsmuseum **★Origins Centre** ⑯ die Entstehung von Tierwelt und Menschheit mittels Installationen aus Paläontologie und Anthropologie. Die globale Bedeutung Südafrikas als „Wiege der Menschheit" ist hier auf modernste Art zusammengefasst. Neben der Kultur der Buschleute ist auch die eisenzeitliche Bantu-Kultur erstklassig erläutert.

Foto: Bodo Bondzio

Oben: „Diamond Building", ein Beispiel moderner Architektur in Johannesburg.

300 m östlich zeigt das neue **Wits Art Museum** (2012) eine spannende Mischung avantgardistischer und traditioneller Kunst aus ganz Afrika.

Im modernen **Civic Centre** ⑰ residiert die Stadtverwaltung. Das benachbarte **Joburg Theatre** ⑱ ist mit vier Bühnen eines der wichtigsten Theater Johannesburgs. Östlich des Civic Centre liegt in der York Road das **Adler Museum of the History of Medicine** ⑲. Es zeigt neben historischen Einrichtungen auch den Kräuterladen eines Medizinmannes (*Sangoma*).

Nördlich davon erhebt sich **Constitution Hill** ⑳. Ein 1892 hier auf einem Hügel gebautes **Fort** war zur Überwachung der Goldgräber bestimmt. Seit

» Stadtplan S. 62, Info S. 74-75

Foto: Erhard Pansegrau

dem Burenkrieg diente es als **Gefängnis**, in dem auch Gandhi und Mandela zeitweise inhaftiert waren. Mit dem 2004 eröffneten **Constitutional Court** (Verfassungsgerichtshof) und Ausstellungen wurde der Komplex zu einer Touristenattraktion (geführte Touren).

Sehenswertes außerhalb des Zentrums

Im Norden Johannesburgs liegen parkähnliche Gartenvorstädte wie **Rosebank ❶** und **Sandton ❷**. Neben luxuriösen Einkaufszentren gibt es hier Kaufhäuser, Banken und Börse, ferner gute Hotels und Restaurants, in denen man vorzüglich isst. Im **Rosebank Mall and Crafts Market** findet man gutes afrikanisches Kunsthandwerk.

Wer sich für Gold und seine Gewinnung interessiert, kann **★Gold Reef City ❸** besuchen, das im Südwesten der Stadt über die M1 erreichbar ist.

Oben: Jazzclub Kippie's (Market Theatre). Rechts: Wild Water Run in Gold Reef City.

Um eine alte Goldmine herum wird, ein wenig in Disneyland-Manier, versucht, einen Eindruck vom Johannesburg vor 100 Jahren zu vermitteln. Die Mitarbeiter tragen Kostüme der Zeit, Besucher werden mit Kutschen oder einem alten Dampfzug befördert. Außerdem locken Unterhaltungs- und Einkaufsmöglichkeiten, Bars, Restaurants, Geschäfte und ein Hotel. In einem Theater werden Stammestänze vorgeführt. Wer in den stillgelegten Schacht 14 der **Crown Mines**, einst eine der reichsten Goldminen der Welt, einfährt, kann Wissenswertes über Goldbergbau erfahren.

Interessanter ist die Besichtigung einer noch in Betrieb befindlichen Goldmine. (Auskunft und Anmeldung bei *Refentse Mining Tours* c/o Chamber of Mines, Tel. 027/837 782 577, www.refentseminingtours.co.za; frühzeitig anmelden!)

Im scharfen Kontrast zu Gold Reef City steht das nahe, sehr sehenswerte **★Apartheid Museum**, das die schwere Zeit von 1948-1994 aufarbeitet. Dank gelungener Museumskonzeption führt

» Karte S. 58, Info S. 74-75

Foto: Touristikbüro Südafrika (South African Tourism SATOUR)

es die Willkür und Absurdität der Rassentrennung eindrucksvoll vor Augen.

Im Süden der Stadt liegt das einstige Minengebiet, das heute weitgehend erschöpft ist. Entlang der ehemals goldführenden Gänge (*reefs*) lagen kleine Teiche (Wasser, das aus den Minen abgepumpt wurde). Die ehemaligen Abraumhalden *(dumps)*, die früher für das Stadtbild charakteristisch waren, bestanden meist aus mehlfeinem Gesteinsstaub, dessen goldgelbe Farbe von den zur Goldgewinnung benutzten Chemikalien stammte. 1977 begann man damit, das Material erneut aufzubereiten, um mit verbesserten Methoden noch restliches Gold, aber auch Uran zu gewinnen. Die neuen Halden wurden bepflanzt.

Soweto

Kurz vor Gold Reef City zweigt von der N1 nach Westen die M70, der *Soweto Highway*, ab. Er führt in die älteste, größte und weltweit bekannteste der für Schwarze errichteten Wohnstädte Südafrikas. **Soweto** ❹, eine Kurzform der Bezeichnung **So**uth **We**st **To**wnships, erstreckt sich 15 km südwestlich von Johannesburg auf einer Fläche von 120 km². Die Einwohnerzahl wird auf etwa 3 Mio. geschätzt. Hunderttausende Menschen pendeln von Soweto nach Johannesburg oder anderen Städten. Um das Verkehrsproblem zu lösen, wurde 2009 die erste Achse eines neuen Bus Rapid Transport (BRT)-Systems zwischen Soweto und dem Zentrum in Betrieb genommen. Es empfiehlt sich, Soweto nicht auf eigene Faust, sondern mit einer **geführten Tour** zu besuchen (z. B. Jimmy's Face to Face Tour; Info, S. 75).

Weil es die Tradition der Schwarzen nicht erlaubt, über den Köpfen anderer Menschen zu leben, sind fast alle Häuser nur einstöckig. Am Rand von Soweto entstanden in jüngster Zeit mehrstöckige Mietshäuser, die von der jüngeren, weniger traditionsgebundenen Generation angenommen werden.

Neben liebevoll gepflegten oder aber sehr tristen kleinen Häuser gibt es

Foto: Friedrich Schmidt

in Soweto auch Villenviertel, in denen Prominente, wohlhabende Aufsteiger und Geschäftsleute wohnen. Die Slumgebiete sind großteils beseitigt; inzwischen entwickelt sich Soweto zu einer vollwertigen Millionenstadt mit Einkaufszentren und Banken, aber auch mit Kleinbetrieben und Werkstätten. Theater- und Musikveranstaltungen oder „Sheebeens" (Kneipen) laden zum Besuch ein, Restaurants wie **Robbys Place** gegenüber dem Golfplatz des **Soweto Country Club** servieren afrikanische Spezialitäten. Am **Walter Sisulu Square** entstanden Büros, eine Mehrzweckhalle, Restaurants, Geschäfte und ein Holiday-Inn-Hotel.

Das 1948 gegründete **Chris Hani Baragwanath Hospital** ist mit 3200 Betten eines der größten der Welt und führend in der AIDS-Forschung.

Oben: Die Mzumba-Tänzer auf der Heia Safari Ranch werden begleitet von Gesang und mitreißenden Trommel-Rhythmen. Rechts: Im Melrose House wurde 1902 das Ende des Burenkriegs besiegelt.

Umgebung von Johannesburg

Nordwestlich von Soweto liegt die Gartenstadt **Roodeport ❺**. Im **Walter Sisulu National Botanic Garden** ist die typische Vegetation und Vogelwelt des Hochvelds zu sehen.

Vom unweit nördlich davon gelegenen **Krugersdorp Game Reserve ❻** kommt man zur **Cradle of Humankind** mit den **★Sterkfontein Caves ❼**, großen Tropfsteinhöhlen, die seit 1999 UNESCO-Welterbe sind. In den verbundenen Grotten wurden bedeutende, bis über 3 Mio. Jahre alte menschliche Schädel- und Knochenfunde gemacht. Ein Teil davon ist im **Maropeng Visitor Centre** zu sehen.

Ein beliebtes Ausflugsziel am Sonntag ist die **Heia Safari Ranch ❽**, etwa 35 km nordwestlich von Johannesburg, über die M18 und auf der M5 Richtung Honeydew zu erreichen. Die Lodge im hügeligen Hochveld verfügt über reetgedeckte, luxuriös eingerichtete Rondavels. Auf dem Gelände weiden Strauße, Springböcke, Impalas, Blessböcke und

» Karte S. 58, Info S. 74-75

Zebras, die auch schon mal am Swimmingpool herumspazieren. Man kann am Hauptvergnügen vieler Südafrikaner, dem *Braai* (Grillen), teilhaben und nach dem Lunch den Vorführungen einer Gruppe von schwarzen Tänzerinnen und Tänzern (*Mzumba*) zusehen, die mit Gesang und Trommelbegleitung faszinierende Tänze verschiedener Völker des südlichen Afrikas darbieten.

Auf halbem Weg zwischen Sandton und Pretoria entstand **Midrand ❾**, die am schnellsten wachsende Stadt des Landes. Dazu gehört, auf der M71 zu erreichen, der **Kyalami Race Track ❿**, auf der früher die Formel-1 und Motorrad-WM gastierte. In der Nähe gibt das **South African National Equestrian Centre** jeden Sonntag Dressurvorführungen mit Lipizzanern. Sie wurden nach dem 2. Weltkrieg aus Ungarn eingeführt und werden nach dem Vorbild der Spanischen Hofreitschule in Wien trainiert.

Im Westen, nahe der N14, liegt der für Inlandflüge bedeutende Flughafen **Lanseria Airport ⓫**. Wichtigster Flughafen des Landes ist aber der **O. R. Tambo International Airport ⓬**, benannt nach dem langjährigen Präsidenten des ANC, in **Kempton Park**. Er ist seit 2010 durch ein gigantisches Schnellbahnsystem namens **Gautrain** mit den Zentren Gautengs verbunden.

PRETORIA (TSHWANE)

Anders als Johannesburg, das mit Hilfe von britischem Kapital und Menschen aus aller Herren Länder vor 125 Jahren beim Goldrausch quasi „über Nacht" entstand, spiegelt das 1855 gegründete Pretoria (in der Metropolregion Tshwane) die organische Entwicklung von der ländlichen Metropole des Burenstaats *Transvaal* zur heutigen Hauptstadt und zum Forschungs- und Bildungszentrum des Industriestaats Südafrika wider, in der Altes und Neues harmonisch miteinander vereint sind. Ausgedehnt über 648 km² ist sie die flächenmäßig größte Stadt des Landes.

Foto: Klaus Minges

Sie hat rund 1,5 Mio. Einwohner (Groß-Pretoria hat mit angrenzenden Orten wie Centurion, Mamelodi u. a. ungefähr 2,3 Millionen).

Umgeben von langgezogenen Bergrippen liegt Pretoria mit 1363 m ü. M. mehr als 400 m tiefer als Johannesburg und hat daher mildere Winter, aber auch heißere Sommer – zusammen mit ausreichenden Sommerregen ideale Voraussetzungen für die üppige subtropische Vegetation der Gartenstadt.

Einen zauberhaften Anblick, vor allem von den angrenzenden Höhen aus, bietet die Stadt im Frühling (Oktober/November); sie scheint dann von den etwa 80 000 **Jacaranda-Bäumen**, mit denen 500 Straßenkilometer gesäumt sind und die auch in vielen Gärten zu finden sind, in ein zartlila Blütenmeer getaucht zu sein. Die ersten der ursprünglich in Argentinien heimischen Jacarandas kamen 1888 in die Stadt. Touristen, die der Hektik Johannesburgs entgehen wollen, werden gern das ruhigere Pretoria als Ausgangspunkt für Touren nutzen.

» Karte S. 58, Stadtplan S. 69, Info S. 74-75

Foto: Johann Scheibner

Oben: Church Square, Pretoria, mit Paul- Krüger-Denkmal und Old Raadsaal.

Innenstadt

Kern der im Schachbrettmuster angelegten Innenstadt ist der **Church Square** ① mit einem Standbild des Präsidenten Paul Krüger. Hier kreuzen sich die beiden Hauptstraßen, Paul Kruger Street, die vom Hauptbahnhof im Süden nach Norden führt, und Church Street, die sich in Ost-West-Richtung über 18 km durch die Stadt zieht. Vorbild für seine Südseite mit dem **Old Raadsaal** (Regierungssitz der Republik Transvaal, 1860) war der Trafalgar Square in London, für die Nordseite mit dem **Justizpalast** die Place de la Concorde in Paris.

Südlich vom Church Square liegt an einer schönen Gartenanlage die **City Hall** ②, in deren Turm ein Glockenspiel mit 32 Glocken hängt. Im gegenüberliegenden **Ditsong Museum of Natural History** ③ (ehem. Transvaal Museum) zeigt die naturkundliche Sammlung in der **Austin Roberts Bird Hall** eine einzigartige Ausstellung aller 887 im südlichen Afrika vorkommenden Vogelarten, die Roberts in seinem 1940 erschienenen, bis heute von Ornithologen geschätzten Buch *Birds of Southern Africa* klassifizierte und beschrieb. Das anschließende **Museum of Geological Survey** besitzt eine sehenswerte geologische und mineralogische Sammlung. Unweit davon findet man an der Skinner Street den modernen Bau des **Museum for Science and Technology** ④.

An der Ecke Bosman/Visagie St. sind im Gebäude der Alten Münze (*The Mint*) die bedeutenden kulturgeschichtlichen Sammlungen des **National Cultural History Museum** ⑤ zu besichtigen.

Etwas weiter südöstlich, gegenüber **Burgers Park**, dem ältesten Park in Pretoria, steht das 1886 erbaute viktorianische **Melrose House** ⑥, in dem 1902 das Ende des Burenkrieges mit der Unterschrift unter den *Vertrag von Vereeniging* besiegelt wurde.

Westlich vom Church Square steht in der Church Street das einfache **Wohn-**

» Stadtplan S. 69, Info S. 74-75

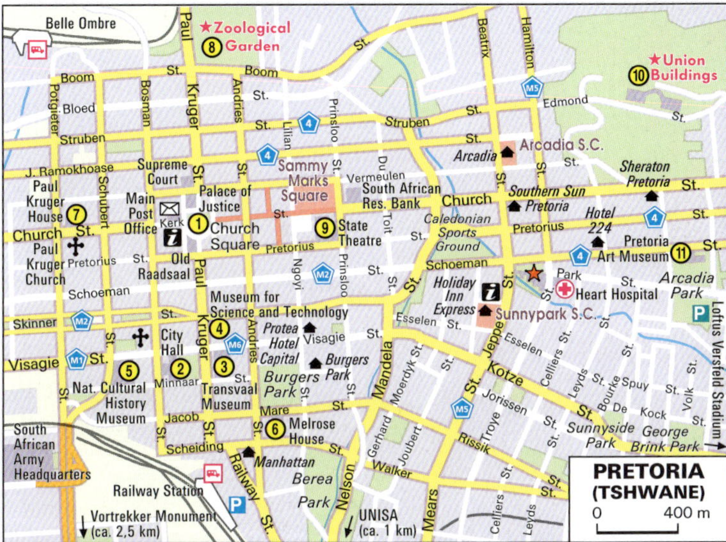

haus Paul Krügers ⑦, wo er während seiner Präsidentschaft 1883-1900 lebte. Es ist heute Nationaldenkmal und Museum.

Vom Church Square führt die Paul Kruger Street nordwärts zum ★**Zoologischen Garten** ⑧, dem ältesten und bedeutendsten in Südafrika mit Aquarium, Volière und Reptilienpark. Eine Seilbahn erlaubt ungewöhnliche Ausblicke auf die Tiere in ihren Freigehegen.

Östlich des Church Square wurde an der Church Street 1981 das **Staatstheater** ⑨ (*State Theatre*) mit Opern- und Schauspielbühne eingeweiht (www.statetheatre.co.za). Das benachbarte Hochhaus der **South African Reserve Bank**, mit 150 m eines der höchsten Bauwerke der Stadt, setzt mit seiner Fassade aus schwarz glänzendem Granit und Glas einen markanten Akzent.

Im Nordosten überragen die ★**Union Buildings** ⑩ Pretoria, die der englische Architekt Sir Herbert Baker 1910-1913 als Sitz der Regierung auf einem Hügel errichtete. An ein säulengeschmücktes Halbrund, beiderseits von Türmen mit Kuppeldach flankiert, schließen sich an jeder Seite zwei identische Flügel an. Vom Vorplatz des Gebäudes aus hellem, orange-rotem Sandstein mit rotem Ziegeldach, 275 m lang, hat man einen großartigen Blick auf die Stadt. Bis herab zur Church Street ziehen sich Terrassengärten und große Rasenflächen.

Südlich davon liegt im Arcadia Park das **Pretoria Art Museum** ⑪. Es enthält v. a. Werke südafrikanischer Künstler.

Umgebung von Pretoria (Tshwane)

Etwa 40 km nordwestlich von Pretoria schlug vor 220 000 Jahren ein Meteorit in die Erdkruste ein. Der **Tswaing Meteorite Krater** ist etwa 100 m tief und hat einen Umfang von 1,13 km. In seinem einzigartigen Ökosystem wurden früher Salz und Soda abgebaut.

Nahe der Kreuzung von N1 und N4 im Osten der Stadt trifft man auf den **Pretoria National Botanic Garden** ⓭. Pflanzen aus ganz Südafrika sind hier nach Klima- und Vegetationszonen des Landes zusammengestellt.

» Stadtplan S. 69, Info S. 74-75

Foto: Bodo Bondzio

Östlich von Pretoria erreicht man auf der R513 nach etwa 23 km **Cullinan**. 1905 wurde hier der mit 3106 Karat größte jemals gefundene Diamant entdeckt. Er wurde zerlegt; ein Teil davon, der „Stern von Südafrika" (530 Karat), ziert die britischen Kronjuwelen. Ein Besuch der **Premier Diamond Mine** ist nach Anmeldung möglich (s. S. 75).

Bevor man Pretoria auf der N14 von Süden erreicht, ist auf der linken Seite das imposante ★**Voortrekker Monument** ⓮ zu sehen, das die Umgebung weithin sichtbar überragt. Es gilt als „Heiligtum" der Buren. Der massive, 40 m hohen Granitbau auf einem 40 x 40 m großen Sockel, 1938 begonnen, wurde 1949 eingeweiht. Eine Kuppelhalle zeigt auf 27 Marmorfriesen die Geschichte des Großen Trecks von 1835. Durch eine Öffnung im Fußboden sieht man in der darunter liegenden Halle auf einen symbolischen Grabstein aus poliertem Granit mit der Inschrift *Ons vir jou, Suid-Afrika* („Wir für Dich, Südafrika"). Das Denkmal ist von einer Mauer aus 64 steinernen Ochsenkarren umgeben, die eine „Wagenburg" symbolisieren. Vom Dach bietet sich ein herrlicher Blick auf Pretoria.

Oben: Die „Wagenburg" des Voortrekker Monuments. Rechts: Kopfbedeckung und Halsschmuck einer Ndebele-Frau zeigen ihren sozialen Status an. Rechts außen: Eine Ndebele-Frau kocht für ein Fest.

Fährt man aus südlicher Richtung auf der R21 nach Pretoria, z. B. vom Flughafen aus, passiert man die seit 1972 erbauten und immer wieder erweiterten Gebäude der 1918 gegründeten **Uni**versity of **S**outh **A**frica (**UNISA**). Die renommierte, weltgrößte Fernuniversität, an der mehr als 250 000 Studenten eingeschrieben sind, kennt seit ihrer Gründung keine Rassenschranken.

AUSFLUG ZU DEN NDEBELE

Die **Ndebele** gehören, wie die Zulu und Xhosa, zur Nguni-Sprachgruppe. Anders als die Ndebele im Matabele-Land Simbabwes, die im Verlauf des *Mfecane* dorthin auswichen, sind die Ndebele hier seit Jahrhunderten ansäs-

» Karte S. 58, Info S. 74-75

Foto: Erhard Pansegrau

Foto: Erhard Pansegrau

sig, seit dem 16. Jh. in zwei Gruppen geteilt. Die nördlichen Ndebele, im Osten der Provinz Mpumalanga, haben sich zum Teil den umwohnenden Tswana und Sotho angepasst. Den südlichen Ndebele ist es besser gelungen, ihre Kultur und Sprache zu bewahren. Sie gelten als das künstlerisch kreativste Volk im südlichen Afrika. Ihre Behausungen, ursprünglich bienenkorbförmige, grasgedeckte Hütten, waren in einem offenen Hof um dem Rinderkraal angeordnet und mit einer Mauer umgeben. Die Verwendung von Lehm seit Anfang des 20. Jh. ermöglichte die vielfältige Gestaltung von Eingängen, Mauern und plastischem Schmuck.

Seit Ankunft der Missionare werden auch rechteckige Häuser errichtet. Die Bemalung von Hauswänden und Mauern mit abstrakten Formen und Motiven ist Sache der Frauen. Der großen Leuchtkraft und besseren Haltbarkeit wegen werden gern Acrylfarben verwendet. Die Freude an Farben und Formen zeigt sich auch beim Schmuck: Der mit Perlen bestickte Wulst aus verflochtenem Gras ist Symbol der verheirateten Frau. Hat ihr Mann ein Haus gebaut, trägt sie dazu – je nach Wohlstand – einen oder mehrere abnehmbare Metallreifen um den Hals. Kopfputz, Schurz oder Bekleidung sind farbenfroh und kunstvoll verziert.

Ein **Open Air Museum** in **Botshabelo** (s. S. 91), nahe Middelburg, Mpumalanga, zeigt neben der Entwicklung der Bauweise auch Weiteres aus der Kultur dieses künstlerisch so talentierten Volkes.

Fährt man von Pretoria auf der R573 (Richtung Marble Hall) nach Nordosten, wird man, wenn man neugierig auf Kunst und Kultur der Ndebele ist, zunächst enttäuscht: Nur selten zeigt ein Haus die charakteristische Bemalung. Hat man jedoch **Siyabuswa**, den Hauptort des ehemaligen Homelands (abseits der R573) im Nordwesten der Provinz Mpumalanga, erreicht, wird man fündig: Am Sitz des Häuptlings (**Court of the King**), an einer **Kirche** und anderen Bauten ist eindrucksvolles traditionelles **Dekor** zu bewundern.

Foto: Erhard Pansegrau

AUSFLUG IN DIE PROVINZ NORD-WEST

Die nordwestlich von Johannesburg und Pretoria gelegene **Provinz Nord-West** – 1977-1994 das „unabhängige" Bophuthatswana – ist fast noch ein Geheimtipp. Sie umfasst 9,5 % der Fläche Südafrikas, ist größer als Bayern und Baden-Württemberg zusammen, hat aber nur 4,5 Millionen Einwohner. Ihre Bewohner gehören überwiegend zu den Setswana sprechenden Tswana. Wichtigster Wirtschaftsfaktor ist der Bergbau. Gewonnen werden v. a. Platin, Gold, Diamanten und Uran. Sonnenblumen, Mais und Erdnüsse gedeihen auf den Feldern, auch Rinderzucht wird hier betrieben. Hauptstadt ist Mafikeng.

Beliebt bei Ausflüglern, Wassersportlern und Anglern ist der Stausee **Hartbeespoort Dam** ⓯ westlich von Pretoria (N4). Östlich der Staumauer geht eine **Seilbahn** (400 m hoch) hinauf zur **Magaliesberg-Kette** (1852 m ü. M., 120 km lang) mit großartiger Aussicht. Auf der Höhe gibt es Möglichkeiten zum Wandern, in der Umgebung zum Drachen- und Segelfliegen sowie für Safaris im Heißluftballon.

Oben: Ausflug per Heißluftballon. Rechts: Ein Gepard im Pilanesberg National Park.

Südlich der Staumauer bietet das **Lesedi Cultural Village** ⓰ Einblicke in die ethnische Vielfalt Südafrikas. Besucher erleben traditionelle Architektur, Tänze, Musik und Gesang.

★Sun City und Pilanesberg

Das legendäre Vergnügungszentrum **★Sun City**, das „Las Vegas Südafrikas", wurde 1978 von einem Hotelkonzern 132 km westlich von Pretoria erschaffen und bietet alle erdenklichen Einrichtungen für Unterhaltung und Erholung. 1992 entstand das Luxushotel **★Palace of the Lost City**, zu dem die Legende der „Verlorenen Stadt" den Hintergrund lieferte. Es gilt als eines der exklusivsten Hotels der Welt. Für reine Tagesbesucher gibt es Führungen. Der Komplex mit Luxushotels, Restaurants, Imbiss-

» Karte S. 58, Info S. 74-75

Foto: Bodo Bondzio

stuben und Bars ist umgeben von Parks, die unter Nutzung einer starken Quelle in das Trockengebiet gezaubert wurden. Künstliche Gewässer ermöglichen Wassersport, in der **Roaring Lagoon** branden meterhohe Wellen an einen Palmenstrand; es gibt Pools sowie Anlagen für Tennis, Golf, Squash, Bowling etc. Man kann reiten, in der Sauna schwitzen, sich im Schönheitssalon verwöhnen lassen, in Boutiquen oder Juweliergeschäften einkaufen und in Diskos tanzen. Im Casino locken Glücksspiele, in Spielhallen einarmige Banditen. Im Theater mit 8000 Plätzen finden Popkonzerte und Sportevents statt.

Direkt nördlich von Sun City erstreckt sich der **Pilanesberg National Park** in hügeligem, landschaftlich schönem Busch- und Grasland. Er liegt in einem einst riesigen, erloschenen Vulkan bis 1682 m ü. M. Mehr als 12 000 Wildtiere wurden hier heimisch gemacht: Löwen, Leoparden, Elefanten, Büffel, Nashörner, Antilopen sowie über 300 Vogelarten. Geologisch Interessierte sehen Spuren von 1,3 Milliarden Jahre altem Vulkanismus: in konzentrischen Ringen angeordnete **Magmahügel** – das Ganze hat einen Durchmesser von 25 km! Auf fast 200 km Straßen kann man diesen Nationalpark per PKW erkunden.

Madikwe und Barberspan

Viel Großwild wurde im **Madikwe Game Reserve** am Rand der Kalahari, an der Grenze von Botswana, 20 km südwestlich von Gaborone, wieder heimisch gemacht. Wie in Pilanesberg stehen komfortable bis luxuriöse Unterkünfte zur Verfügung, Wild sieht man an den Straßen oder bei Safaris. Es gibt ein Restaurant und Picknickplätze.

Für Vogelfreunde empfiehlt sich der Besuch des **Barberspan Nature Reserve**, Südafrikas größtem Vogelschutzgebiet. Die 11 km lange und bis 3 km breite Salzpfanne liegt 300 km westlich von Johannesburg an der N14. Der nördliche Teil ist den Wasservögeln vorbehalten, im südlichen Teil ist Segeln und Bootfahren erlaubt, im Südosten darf man auch angeln.

» Karte S. 58, Info S. 74-75

Gauteng Tourism Authority, Convention Bureau, 124 Main Street, Johannesburg, Tel. 011/085 2500, www. gauteng.net. **Info-Africa Office**, Arrival Hall des Internationalen Flughafens (Tel. 011/390 3614).

South African National Parks, Tel. 012/343 19, www.sanparks.org.

North West Parks & Tourism Board, PO Box 4488, Mmabatho 2735, Tel. 018/386 1225, Fax 386 1158, www.tourismnorth west.co.za.

Automobile Association (AA), Kyalami G P Circuit, Midrand, Allandale Rd., Tel. 011/799 10 00 (Panne: 083 843 22), www.aa.co.za.

Wetterbericht, Tel. 082/231 1659.

Chamber of Mines, 5 Hollard Street, Tel. 498 7100, Fax 838 425.

***BAHN**:* Zwischen dem Johannesburger Flughafen OR Tambo und Pretoria verkehrt der Hochgeschwindigkeitszug *Gautrain* im 20-Minuten-Takt, mit Stopps in Sandton, Midrand u. Centurion. Johannesburg u. Pretoria sind Stationen des *Blue Train* (www.bluetrain.co.za) und der Fernzüge der Staatsbahn *Shosholoza Meyl (Spoornet*, www.spoornet.co.za). Für den *Rovos Rail* (www.rovos.co.za), der in Pretoria am Capital Park (3 km nördl. des Zentrums) einen eigenen Bahnhof hat: Transfer vom Victoria Hotel.

***BUS**:* Intercity-Fernbusse (*Greyhound-GH, Intercape-IM, TransLux-TL, The BAZ Bus-BB)* fahren von Pretoria (Bahnhof) und Johannesburg (Rotunda-Busbahnhof) ab und bedienen Inlandsziele sowie Malawi (Blantyre IM, TL), Mosambik (Maputo IM,TL), Namibia (Windhoek IM), Sambia (Lusaka IM, TL) und Simbabwe (Bulawayo, Harare GH, TL).

***FLUG**:* **O. R. Tambo International** (Tel. 011/921 6262) ist der wichtigste internat. Flughafen. Von hier pendeln Minibusse, Taxis und der schnelle „Gautrain" nach Johannesburg. Weiterer Zubringer: Airport Link (Tel. 011/794 8300); Magic Bus (Tel. 011/394 6902). *South African Airways* (mit Tochtergesellschaften *SA-Airlink* und *SA-Express*) fliegt von Johannesburg alle wichtigen Inlands-Flughäfen an. *British Airways* fliegt nach Kapstadt, Port Elizabeth, Durban, Harare, Vic-Falls, Windhoek. Zwischen Johannesburg u. Sun City fliegt *SA Airlink* tägl. außer Sa; ferner Flugverbindungen mit Bulawayo, Harare, Maseru, Manzini. *Lanseria* bei Randburg/Midrand (Tel. 011/367 0300) etabliert sich als Charter-Flughafen, immer mehr aber für Linienflüge direkt in die Hauptstadt Pretoria. Zur Zeit bedienen ihn neben *SA Airlink* die Billiglinien *Kulula* und *Mango* von Kapstadt und Durban.

JOHANNESBURG UND UMGEBUNG

Telefon-Vorwahl: 011, Postleitzahl: 2000

Johannesburg Tourism Info Centre, Park Station., Tel. 333 148-6, -7, -8, 0860/333 999, www.joburgtourism.com.

Linger Longer, internationale Gourmetküche, zudem Gerichte mit asiatischem Touch, Sa mittag und So geschl., 58 Wierda Rd. West, Sandton, Tel. 884 0465.

Moyo, angenehmes, beliebtes Lunchlokal im Afrika-Stil am Zoo-See (Bootsverleih), am Park, mit guter afrikanischer Küche, öfter Live-Musik, Tische draußen und drinnen, Prince of Wales Drive 1, Tel. 6460058.

Weitere Restaurants im Online-Führer „Eat Out", www.eatout.co.za.

Top of Africa, täglich 8-19 Uhr, Tel. 308 1331.

Adler Museum of the History of Medicine, Mo-Fr 9-16 Uhr.

Museum Africa mit **Bensusan Museum of Photography**, und **Museum of South African Rock Art**, Di-So 9-17 Uhr, Tel. 833 5624.

Planetarium (Braamfontein), Tel. 717 1392.

Origins Centre, Mo-Sa 9-17 Uhr, www.origins.org.za.

Johannesburg Art Gallery, Di-So 10-17 Uhr, Tel. 725 3130.

Gold Reef City, Di-So täglich 9.30-17 Uhr, afrikanische Tänze zweimal (am Wochenende dreimal) täglich, Tel. 248 6800, www.goldreefcity.co.za.

Apartheid Museum, Di-So 10-17 Uhr, Tel. 309 4700, www.apartheidmuseum.org.

Maropeng, täglich 9-17 Uhr, www.maropeng.co.za.

Sterkfontein Caves, täglich 9-17 Uhr, Führungen halbstündlich.

Equestrian Centre, Lipizzaner-Dressur-Vorführungen So 11 Uhr (zu buchen über Computicket).

Rondebult Bird Sanctuary, täglich 8-17 Uhr.

Witwatersrand National Botanic Gardens, täglich 8-17 Uhr, Malcolm St., Roodepoort, Tel. 958 1750.
Snake Park, Mo-Sa 9-17.30 Uhr, So 9-16.30 Uhr, Halfway House (1 km südlich).

NACHTBARS: Konzentrieren sich v.a. in der **Seventh Avenue** in Melville.
JAZZ: **Kippie's Jazz Club**, Mo-Sa abends ab 18 Uhr, im Market Theatre Complex, Bree Street, Newtown, Tel. 836 1805.
THEATER: **Market Theatre**, Tel. 832 1641, www.markettheatre.co.za.
Joburg Theatre, vier Bühnen, www.joburg-theatre.com. **Soweto Theatre**, eröffnet 2012 in spektakulärem Neubau, www.soweto.co.za/soweto-theatre.html.

TAXI: Tel. 403 0000, 403 9625, www.rose-taxis.com.

AUSFLÜGE: Stadtrundfahrt: **Joburg City Tours** in offenem Doppeldecker-Bus, www.citysightseeing.co.za. Ausflüge nach Soweto: **Jimmy's Face to Face Tours**, Tel. 331 6109, www.face2face.co.za.

PRETORIA (TSHWANE) UND UMGEBUNG

Telefon-Vorwahl: 012, Postleitzahl: 0001.

Tshwane Tourism, Church Square, Old Netherlands Bank Building, Tel. 258 1135, www.tshwanetourism.co.za.

BUS: Neben dem Gautrain nach Johannesburg hat Pretoria einen guten öffentlichen Nahverkehr; Auskunft (Tel. 313 0839) und Abfahrt der Busse: Südostecke des Church Square.
TAXI: Tel. 325 8072, 320 7513, 21 5742.

Hackleberrys, leichte Küche, Pizza, tgl. 7.30-22 Uhr, hübsch im Magnolia Dell Garden, Tel. 346 4588.
La Pentola, Afro-Parisian-Fusionsküche des Kochbuchautors Shane Sauvage, So geschl., Riviera Galleries, 97 Soutpansberg Road/Well St., Tel. 329 4028.
La Madeleine, Gourmetlokal, französische, japanische u. Fusion-Küche, Mo geschl., 122 Priory Rd., Lynnwood Ridge, Tel. 361 3667.
Zemara, originelle afrikan.-muslim. Küche, moderate Preise, Arcadia Park Galleries, Park St./Wessel St., Arcadia, Tel. 344 1526.

Ditsong Museum und **Geoscience Museum**, Mo-Sa 9-17, So 11-17 Uhr. **Science and Technology Museum,** Mo-Fr 8-16 Uhr, Sa 14-17 Uhr.
Melrose House, Di-Sa 10-17, So 12-17 Uhr.
National Cultural History Museum, täglich 8-16 Uhr. **Paul Kruger House Museum**, Mo-Fr 8.30-16 Uhr, Sa und So 9-16 Uhr.
Pretoria Art Museum, Di-Sa 10-17 Uhr, So 12-17 Uhr, Mi 10-20 Uhr.
Vortrekker Monument, täglich 8-17 Uhr, südlich von Pretoria.
Cullinan Premier Diamond Mine, nordöstlich von Pretoria, Untertage-Touren Mo-Fr 10.30, Sa 7.30 (mind. 16 Jahre); Übertage-Touren Mo-Fr 10, 12, 14.30, Sa-So 10 und 12 Uhr. africa-adventure.org/c/cullinantours.

NATUR: **National Zoological Gardens**, tägl. 8-17.30, im Winter 8-17 Uhr, Paul Kruger / Boom St., Tel. 328 3265, www.nzg.ac.za.
National Botanical Garden, tägl. 8-18 Uhr, Cussonia Avenue im Stadtteil Brummeria, www.sanbi.org.

NORD-WEST

North West Parks & Tourism Board, Heritage House, Mafikeng, Tel. 0861/111 866, www.tourismnorthwest.co.za.
Sun City Information Centre, Tel. 041/552 2116, www.suncity.co.za.
Mafikeng Tourism Information & Development, Tel. 018/381 3155.
Pilanesberg Information & Community Development Centre, Tel. 014/5555351, www.pilanesberg-game-reserve.co.za.
Hartbeespoort Information Shop, Tel. 012/253 0266, www.hartebeespoortonline.co.za.

NATUR: **Madikwe Game Reserve**, Tel. 083/0298282, www.madikwe-game-reserve.co.za.

Johann Scheibner

Tomatenernte in der Provinz Limpopo

Foto: Erhard Pansegrau

LIMPOPO (NORD-PROVINZ)

WATERBERGE
VON POLOKWANE (PIETERSBURG) INS LOWVELD
SOUTPANSBERGE
LAND DER VENDA

LIMPOPO (NORD-PROVINZ)

Die nördlichste Provinz Südafrikas, Limpopo (*Northern Province),* grenzt an Botswana, Simbabwe und Mosambik. Sie umfasst 10,2 % der Fläche und 11 % der Bevölkerung des Landes. 52 % der Bewohner sprechen Pedi, 22 % Tsonga, 16 % Venda. Eine Folge von Becken, Plateau-Landschaften, Inselbergen und Gebirgsketten wird von tief eingeschnittenen Tälern durchzogen. Nordwärts nimmt mit abnehmender Meereshöhe die Temperatur zu, die Niederschläge (Sommerregen) werden – außer im Bergland – geringer.

Neben der Subsistenzwirtschaft werden für den Markt Sonnenblumen, Mais, Baumwolle und Erdnüsse angebaut, ferner Tee, Kaffee, Bananen, Zitrusfrüchte. Das Buschveld der Provinz ist das bedeutendste Jagdrevier in Südafrika.

Limpopo ist zwar reich an Bodenschätzen (Kupfer, Eisen, Platin, Diamanten, Gold, Kohle), aber es gibt kaum Industrie; die Arbeitslosenquote ist hoch und das Pro-Kopf-Einkommen sehr gering. Hauptstadt ist Polokwane (Pietersburg).

Wer Freude an fast unberührter Natur hat und den Spuren der legendären Abenteurer, der alten Elfenbeinjäger und Goldhändler, folgen will, kann das auf der **African Ivory Route** tun. Für die rund 2000 km im Osten, Norden und Westen der Provinz sind zum Teil Geländefahrzeuge notwendig. An dieser Route sind bisher 10 Camps für jeweils zehn Gäste verfügbar. Von dort aus bieten ausgebildete Guides Safaris in der Umgebung an (www.african ivoryroute.co.za).

Auf der N1 erreicht man von Johannesburg nach etwa zwei Autostunden, westlich der N1, **★Bela-Bela (Warmbath)**: mit Thermalquellen (50 °C) gegen rheumatische Erkrankungen ist es ein Gesundheits-, aber auch ein Freizeitparadies für die ganze Familie. Unweit davon bietet die komfortable **Mabula Game Lodge** Pirschfahrten im offenen Geländewagen durch ein wildreiches Gebiet an (www.mabula.com).

Links: Polokwane – das Eselsdenkmal erinnert an die zähen Last- und Zugtiere der Vortrekker.

★★WATERBERGE

Bei Touristen bisher noch kaum bekannt sind die **★★Waterberge**, ein eindrucksvolles, von vielen Flüssen durchzogenes Bergland, das Naturfreunde, Wanderer, Bergsteiger und Reiter begeistert. Es erstreckt sich von der Bergbaustadt **Thabazimbi** (Eisenerz) etwa 150 km weit nach Nordosten und erreicht im Südwesten eine Höhe

» Karte S. 80-81, Info S. 87

von 2088 m ü. M. Im **Marakele National Park** ❶ sind seit 1996 viele Tiere wieder angesiedelt worden. Es gibt ein einfaches, aber gut ausgestattetes Zelt-Camp. Der Park ist Teil des rd. 45 000 km² großen Waterberg Savannah Biosphere Reserve. Dazu gehören auch das wildreiche **Mokolo Nature Reserve** ❷ am Rand eines Stausees sowie das ★★**Lapalala Wilderness Game Reserve** ❸ im Tal des Phalala River. Hier findet man eine faszinierende Wildnis mit reicher Flora und Fauna, Buschmann-Felsbilder und Reste eisenzeitlicher Siedlungen.

Etwa 18 km nordöstlich von **Mokopane** (Potgietersrus) ergaben paläontologische und archäologische Forschungen mit einzigartigen Funden, dass eine **Höhle** des **Makapan's Valley** ❹, eine der bedeutendsten Fundstätten des Landes, schon vor 3,3 Millionen Jahren von Hominiden genutzt wurde. Besichtigung ist nur nach Anmeldung bei der Mogalakwena Bushveld Tourism Association (Tel. 015/491 8458, E-Mail: sabek@mweb.co.za) möglich.

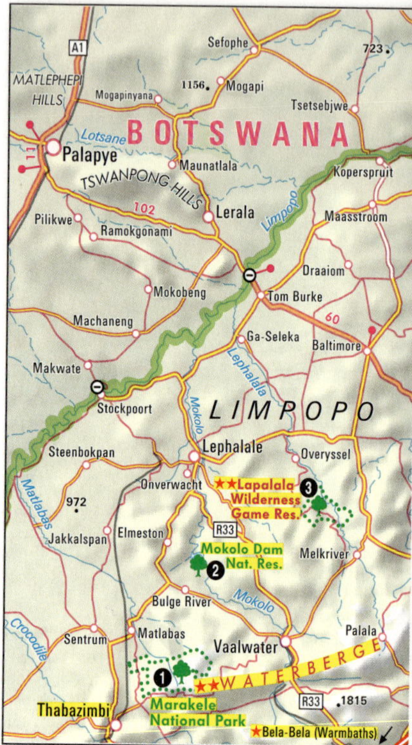

VON POLOKWANE INS LOWVELD

Von der modernen Provinzhauptstadt **Polokwane** (Pietersburg) ❺ (261 km ab Pretoria), die 1886 durch Vortrekker 1280 m ü. M. auf einem Grasplateau gegründet wurde, woran das **Eselsdenkmal** erinnert, erreicht man auf der R37 (9 km nach Süden) das Freilichtmuseum ★**Bakone Malapa** ❻, das die Lebensweise der zu den Nord-Sotho gehörenden Bakoni zeigt.

Von Polokwane gelangt man ostwärts auf einer besonders reizvollen Strecke über Tzaneen zum Krüger-Nationalpark: Man verlässt die Stadt auf der R71, passiert in **Turfloop** (24 km) die **University of the North**, die 1970 als damals größte Universität für Schwarze in Südafrika entstand, und trifft nach weiteren 10 km auf **Zion City Moria** ❼, das Zentrum der *Zion Christian Church*, einer der größten eigenständigen Kirchen der Schwarzen. An Ostern versammeln sich hier alljährlich mehr als eine Million Gläubige. In **Haenertsburg** gabelt sich die Straße. Die R 71 steigt nach etwa 10 km durch den ★★**Magoebaskloof** ❽, eine der großartigsten Schluchten Südafrikas, ins Lowveld ab. Auf einer Strecke von 6 km überwindet sie einen Höhenunterschied von 600 m. Sie führt durch üppige subtropische Vegetation, prachtvolle einheimische Baumbestände, vorbei an Wasserfällen und Kaskaden. Im Sommer kann es hier heiß und feucht, auch neblig sein. Da auch die Fahrt von Haenertsburg durch das Tal des Letaba River (R528) sehr reizvoll ist, bietet sich eine Rundfahrt an (auch als Tagesausflug von Polokwane).

Bei **Tzaneen** ❾ lädt nach 15 km süd-

» Karte S. 80-81, Info S. 87

lich das ★**Coach House** ein, mehrfach als bestes Landhotel Südafrikas ausgezeichnet, malerisch umgeben von hoch aufragenden Bergen, Feldern mit tropischen und subtropischen Früchten und von ausgedehnten Forsten.

Nördlich von Tzaneen liegt, eingebettet in Nadelwälder, der **Tzaneen Dam**, ein reizvoller Stausee. Durch den Ort **Modjadjiskloof** (Duiwelskloof) – unterwegs ist ein Abstecher zum 1000-jährigen **Sunland Big Baobab** mit Baumbar möglich – wird das 305 ha große ★**Modjadji Nature Reserve** ❿ erreicht. Ein einzigartiger Wald von Modjadji-Cycaden (Palmfarnbäumen) ist hier in seiner Ursprünglichkeit erhalten. Dieser Baum (*Encephalartos transvenosus*), eine der größten der 29 Cycadenarten, wird 5 bis 8 m, gelegentlich auch 13 m hoch; die Zapfen erreichen ein Gewicht bis zu 34 kg. Cycaden gehören zu den ältesten Pflanzen der Erde. Das Schutzgebiet liegt 29 km nordöstlich von Duiwelskloof im Gebiet des zu den Nord-Sotho gehörenden Lobedu-Stammes. In Modjadji residiert die Nachfolgerin der legendären Regenkönigin, einer Prinzessin, die im 16. Jh. mit einigen Getreuen hierher floh und das Geheimnis des Regenmachens mitbrachte, das bis heute weitervererbt wird. Sie regte den englischen Schriftsteller Henry Rider Haggard zu seinem 1887 erschienenen Roman *She* an (in deutscher Übersetzung „Sie", als Taschenbuch im Benu

Foto: Erhard Pansegrau

Verlag). Der Cycadenwald ist ungefähr 2 km vom Kraal der Königin entfernt.

Verlässt man Tzaneen auf der R71 in östlicher Richtung, führt nach 30 km eine Abzweigung nach Nordosten zum ★**Hans Merensky Nature Reserve** ⓫, benannt nach dem Geologen deutscher Abstammung, der großen Anteil an der Entdeckung der Bodenschätze des Landes und an der Entwicklung des Bergbaus in Phalaborwa hatte. In der Parklandschaft wurde seit 1954 viel Wild wieder angesiedelt, ein nachgebauter **Tsonga-Kraal** wurde als Freilichtmuseum eingerichtet; um eine heiße Quelle entstand ein Ferienzentrum.

Die erst 1957 angelegte Stadt **Phalaborwa** ⓬ macht mit ihren großen Erholungs- und Freizeiteinrichtungen einen erstaunlich grünen und freundlichen Eindruck. Ihren Reichtum verdankt die Stadt einem Vulkanschlot, dessen Bodenschätze – darunter Kupfererze, Phosphate und die reichsten Vermiculit- (ein Tonmineral) Vorkommen der Erde – hier mit Hochtechnologie im Tagebau gewonnen werden. Den beeindruckenden Blick auf das **„Big Hole"** von Phalaborwa, das einen Durchmesser von 2 km und eine Tiefe von etwa 450 m erreicht hat, sollte man sich nicht entgehen lassen.

3 km östlich der Stadt liegt das **Phalaborwa Gate**, der Eingang zum zentralen Teil des Krüger-Nationalparks.

Oben: Kraal der Nord-Sotho im Freilichtmuseum Bakoni Malapa. Rechts: Rappenantilopen im Hans Merensky Nature Reserve.

★SOUTPANSBERGE

Nördlich von Polokwane führt die N1 langsam abwärts, verlässt das Plateau und quert nach 60 km inmitten verstreuter Granitkuppen und großer Euphorbien den **Wendekreis des Steinbocks**, der 23° 27' südliche Breite markiert. An einer Stele auf der linken Straßenseite erläutert eine Tafel seine Bedeutung.

Ein günstiger Ausgangspunkt für Ausflüge und Wanderungen ist, nach weiteren ca. 50 km, **Louis Trichardt** ⓭ (945 m ü. M.), in einem reichen Landwirtschaftsgebiet am Fuß der ★**Soutpansberge**. Dieser Gebirgszug, 130 km lang, bis 1753 m ü. M., hat seinen Namen von einer im Nordwesten gelegenen großen Salzpfanne, die der Bevölkerung seit prähistorischer Zeit Salz liefert. Das fruchtbare Hochplateau ist seit frühester Zeit besiedelt. Reiche Niederschläge (bis 2000 mm im Jahr) haben in jüngerer Zeit die starke Aufforstung mit Nadelhölzern, Eukalyptus und Akazien begünstigt. Wegen des im Sommer feuchtwarmen Klimas wird Malaria-Prophylaxe empfohlen.

Hinter Louis Trichardt steigt die N1 langsam am dicht bewaldeten Bergzug empor. Nach 4 km führt links die Zufahrt nach **Clouds End**, ein in einem parkartigen Garten gelegenes gemütliches Hotel. Hinter der Passhöhe (1524 m ü. M.) geht es abwärts in das zentrale Tal des Gebirges. Die Straße durch den eindrucksvollen Pass ★**Wyllie's Poort** ⓮,

» Karte S. 80-81, Info S. 87

Foto: Touristikbüro Südafrika (South African Tourism SATOUR)

eine enge Schlucht mit steilen Felsklippen, wurde 1958 durch einen Erdrutsch zerstört. Der Verkehr geht jetzt (seit 1961) durch die beiden **Verwoerd-Tunnel** (247 und 457 m lang). Von einer Ausweichstelle zwischen den beiden Tunneln an der linken Straßenseite kann man einen Teil der alten Passstraße und ihre wilde Umgebung bewundern.

Die leicht wellige Savanne wird allmählich immer trockener. Neben den immergrünen Mopane-Bäumen bestimmt zunehmend der **Baobab** (Affenbrotbaum, *Adansonia digitata*) das Landschaftsbild. Er wird meist nur 15 m hoch, sein Stamm kann aber einen Umfang von etwa 30 m erreichen. Moderne Methoden der Altersbestimmung haben ergeben, dass ein Baobab mit einem Stammdurchmesser von 5 m etwa 1000 Jahre alt ist. Aus dem dicken Stamm heraus wachsen relativ wenige und kurze Äste. Wenn der Baum seine Blätter abgeworfen hat, sieht er fast so aus, als seien die Äste das Wurzelwerk. Der Stamm kann bis zu 400 % Feuchtigkeit speichern. Daher bohren Elefanten in Trockenzeiten Löcher in die Stämme und fressen das feuchte Holz. Die glockenförmigen, wachsartigen weißen Blüten mit einem Durchmesser von 20 cm und einem unangenehmen Geruch blühen zwischen Oktober und Dezember nur 24 Stunden, sie werden von Fledermäusen und Buschbabys (nachtaktiven Halbaffen) bestäubt. Das Mark der 15-20 cm langen Früchte ist essbar und sehr reich an Vitamin C. Über den Baobab, der in Südafrika unter Naturschutz steht, gibt es viele Legenden; die Buschleute etwa glauben, dass Gott ihn zur Strafe verkehrt herum eingepflanzt hat.

Nördlich des Verwoerd-Tunnels führt die R525 nach Osten zum **Honnet Nature Reserve**. Es umfasst auch **Tshipise** ⑮, eine heiße Mineralquelle, die mit 65 °C aus dem Boden kommt. Sie ist den Venda seit Jahrhunderten heilig. Das hier entstandene Heilbad wird gegen Rheumatismus genutzt und ist eine grüne Oase im trockenen Buschveld mit Akazien, Flamboyants, Frangipanis und Bougainvilleas. Von hier führt die R525

» **Karte S. 80-81, Info S. 87**

Foto: Friedrich Schmidt

nach Osten (103 km) zum **Pafuri Gate**, dem nördlichsten Tor des Krügerparks, nach Norden erreicht die R508 (ebenso wie im Westen die N1) nach 37 km **Musina** ⓰. Die nördlichste Stadt Südafrikas, 600 m ü. M. gelegen, hat ihren Namen nach dem Bantu-Wort für Kupfer (*Musina*), das in der Umgebung neben Eisenerz, Magnesit und Graphit vorkommt. Schon in vorgeschichtlicher Zeit haben hier lokale Bergleute Erze gewonnen und geschmolzen. Die Weißen begannen erst nach dem Burenkrieg mit dem Kupferbergbau; die Stadt entwickelte sich nach dem Bau der Straße durch die Soutpansberge ab 1907.

In der Umgebung – 6 km südlich der Stadt – wurde auf 5000 ha das ★**Musina Nature Reserve** zum Schutz der zahlreichen Baobabs geschaffen, einer der Bäume ist 25 m hoch und hat einen Stammumfang von 16 m. Auf einem 23 km langen Rundweg kann man außer Baobabs auch viele Tiere sehen: Neben Giraffen leben hier vor allem Antilopen (Kudu, Elen-, Rappenantilopen u. a.), ferner viele Reptilien und Vögel. Das Reservat ist für Privatfahrzeuge täglich von 7.30 bis 16 Uhr geöffnet.

16 km nördlich von Musina führt die N1 auf einer modernen Straßenbrücke – neben der „historischen", 1929 erbauten, 471 m langen **Beit Bridge** – über den **Limpopo-Fluss**, der die Nordgrenze der Provinz bildet, nach Simbabwe.

Die weitere Umgebung von Musina ist reich an Felsbildern und anderen Zeugnissen früherer Völker. Ca. 60 km westlich von Musina, am Zusammenfluss von Shashe River und Limpopo, entstand um einen felsigen Hügel der nördlichste Nationalpark Südafrikas: der **Mapungubwe National Park** ⓱. Hier lag das Zentrum einer bedeutenden Kultur (900-1290; seit 2003 Weltkulturerbe). Von hier aus trieb man Handel mit Chinesen, Indern und Arabern. Zu den bedeutenden Funden gehören auch großartige Goldarbeiten. Im Park (5356 ha) gibt es neben einer Luxus-

Oben: Für die mächtigen alten Baobabs wurde das Musina Nature Reserve eingerichtet. Rechts: Typisches Dorf im Land der Venda.

» Karte S. 80-81, Info S. 87

Foto: Marianne Fries

Lodge vier Standard-Camps (Selbstversorgung). Der Park soll in Zukunft mit den benachbarten Naturschutzgebieten von Botswana und Simbabwe zu einem grenzüberschreitenden „Peace Park" zusammengeschlossen werden (www.peaceparks.org).

LAND DER VENDA

Von der N1 zweigt kurz hinter dem nördlichen Verwoerd-Tunnel nach Osten die R523 ab, die entlang üppig grüner Teepflanzungen durch das Land der Venda nach Osten führt.

Die **Venda**, ein ethnisch einheitliches Bantu-Volk mit verwandten Stämmen in Simbabwe, sind hier seit dem 12. Jh. in Wellen aus dem Nordosten eingewandert. Ihr Homeland war 1979-94 – nur von Südafrika anerkannt – „unabhängig". Sie leben vielfach noch in traditionellen Dörfern und haben viel von ihrer überlieferten Kultur bewahrt. Ihre Sprache, die keine Untergruppen kennt wie andere Bantu-Sprachen, wurde erst zu Beginn des 20. Jh. von Missionaren der Berliner Missionsgesellschaft aufgezeichnet. Sie ist eher verwandt mit Sprachen, die in Simbabwe und Ostafrika gesprochen werden (z. B. Suaheli).

Die Venda und die unter ihnen lebenden Lemba, eine isolierte Gruppe mit eigener Sprache und Abstammung, sind fähige Holzschnitzer, Korbflechter, Metallbearbeiter und Töpfer. Von den umfangreichen und komplizierten Initiationsfeiern, die sich über mehrere Monate hinziehen können, wurde besonders der Phyton-Tanz (*Domba*) bekannt, den Mädchen nach ihrer Initiation aufführten.

Die noch weit verbreitete Subsistenzwirtschaft (Eigenversorgung mit Mais, Hirse, Erdnüssen, Gemüse und Zitrusfrüchten sowie begrenzter Schaf- und Ziegenhaltung) geht langsam zugunsten des Anbaus von Marktprodukten zurück. Das subtropische, frostfreie Klima mit Niederschlägen von durchschnittlich 1500 mm, die vor allem im Sommer fallen, sowie äußerst fruchtbare Böden erlauben den Anbau von Tee, Kaffee, Bananen, Papayas, Pecca- und

» Karte S. 80-81, Info S. 87

Foto: Erhard Pansegrau

Macadamia-Nüssen sowie anderen Früchten, die auch exportiert werden. Bodenschätze (Kohle, Kupfer, Zinn) sind zwar bekannt, werden aber bis jetzt noch wenig genutzt.

Fährt man auf der R524 von Makhado (Louis Trichardt) am Südfuß der Soutpansberge entlang ins Venda-Land, trifft man nach 63 km links auf das **Ditike Craft Centre** ⓲, ein Ausstellungs- und Verkaufszentrum für die schönen handwerklichen und künstlerischen Arbeiten der Venda.

Hier gibt es auch ein **Informationsbüro**, in dem man Ausflüge mit Kleinbussen oder Geländewagen buchen kann. Wenn man das Land kennen lernen und etwas vom kulturellen Erbe der Venda erfahren will, empfiehlt es sich, hier einen ausgebildeten Guide zu engagieren.

Nach 3 km zweigt von der R524 nach links die Straße ab zur einstigen Hauptstadt **Thohoyandou** (2 km) und dem benachbarten **Sibasa**. Hier findet man einige Geschäfte und auch die Universität.

Oben: Venda-Frauen bieten Früchte der Region zum Verkauf an.

Das Land der Venda ist vom Tourismus noch wenig berührt. Es bietet reizvolle, abwechslungsreiche Landschaft mit interessanter subtropischer Flora, zahllosen Flüssen, heißen Quellen und Wasserfällen. Man findet interessante Reste der Vergangenheit, wie die Ruinen von **Dzata** ⓳, Überreste des königlichen Kraals aus der Zeit um das Jahr 1400.

Viele Plätze sind mit Mythen der reichen Venda-Tradition verbunden; so der durch einen Erdrutsch entstandene heilige See **Lake Funduzi**.

65 km nördlich von Thohoyandou (einfacher von Tshipise aus zu erreichen) liegt das **Nwanedi Nature Reserve** ⓴. An einem der beiden Stauseen des Parks liegt die komfortable Unterkunft **Nwanedi Resort** (Chalets und Restaurant). Von hier aus sind sowohl das **Pafuri Gate** als auch das **Punda Maria Gate** zum Krüger-Nationalpark zu erreichen.

» Karte S. 80-81

LIMPOPO (NORD-PROVINZ)

Polokwane (Pietersburg), Limpopo Tours & Parks Board, Tel. 015/296 8262, www.golimpopo.com.

The African Ivory Route, Tel. 015/295 3025, www.africanivoryroute.co.za.

BAHN: Ein Fernzug fährt täglich außer Sa von Johannesburg über Polokwane (Pietersburg) – Makhado nach Musina.

BUS: Überlandbusse (*Greyhound, Translux*) verkehren zwischen Johannesburg und Musina (und weiter nach Harare und Bulawayo in Simbabwe) mit Halt in Mokopane, Polokwane und Makhado, *Greyhound* auch in Bela-Bela (Warmbaths) und Modimolle (Nylstroom).

FLUG: Polokwane (Pietersburg) und Phalaborwa sind durch **SA-Express** (www.flyexpress.aero) mit Johannesburg, Kapstadt und Sun City verbunden.

GRENZÜBERGÄNGE: Der Grenzübergang **Beitbridge** nach **Simbabwe** ist tägl. 6-22 Uhr geöffnet.
Nach **Botswana** führt die N11, zur Grenzstation **Grobler's Bridge** nach Martin's Drift.

WANDERN: Soutpansberge und Magoebaskloof sind besonders beliebte Wandergebiete.

WATERBERGE

Waterberg Tourism Resource Centre, Tel./Fax 014/736 4328, www.golimpopo.com.

NATUR: **Marakele National Park**, Tel. 014/777 6929, 6928, 6931

Lapalala Wilderness Game Park, von der N1 nach Nordwesten, R33 über Modimolle (Nylstrom) – Vaalwater – nach Nordosten, vor Melkrivier nach Norden abbiegen, Tel. 014/755/4065, www.lapalala.com.

VON POLOKWANE (PIETERSBURG) INS LOWVELD

Mogalakwena Bushveld Tourism Association (früher Potgietersrus Tourism), nordwestlich von Mokopane, Tel. 015/491 8458; hier müssen Besuche im Makapans-Tal angemeldet werden.

Magoebaskloof Tourist Association, Tel. 015/276 4972, www.magoebaskloof.com.

Tzaneen Tourism, Tel. 015/307 1933, www.tzaneeninfo.com.

Phalaborwa Tourism, Tel. 015/781 0111

Bakoni Malapa Northern Sotho Open-air Museum, geöffnet Mo 8-12.30, 13.30-15.30 Uhr, 9 km südlich von Polokwane, Tel. 015/295 2867.

PHALABORWA: Besichtigung des **Big Hole** und des **Foskor Mine Museum**, Tel. 015/789 2024.

NATUR: **Magoebaskloof**, www.magoebasklooftourism.com. **Modjadji Nature Reserve**, Palmfarn-Wald (Cycaden, *Encephalartos*) nordöstlich von Duiwelskloof (18 km von Tzaneen).
Hans Merensky Nature Reserve, nordöstlich von Tzaneen (R529).
Krüger-Park (nördlicher Teil), SANParks (s. S. 246).

SOUTPANSBERGE UND LAND DER VENDA

Soutpansberg Tourist Office, Tel. 015/516 0040, www.soutpansberg-tourism.co.za.

NATUR: **Mapungubwe National Park**, südlich des Limpopo, mit der Bergfestung von Mapungubwe und Museum, www.sanparks.org/parks/mapungubwe.
Musina Nature Reserve, Baobabs.
Nwanedi National Park, www.golimpopo.com, Tel. 015/539 0723.

Marianne Fries

An Wasserstellen sollte man Distanz zu Elefantenherden wahren, sie dulden hier keine Störung

Foto: Friedrich Schmidt

MPUMALANGA

WEGE INS LOWVELD
DIE PANORAMA-ROUTE
DER KRÜGER-NATIONALPARK
PRIVATE WILDSCHUTZGEBIETE

MPUMALANGA

Die zweitkleinste Provinz Südafrikas besitzt zwar nur einen Anteil von 6,5 % an der Gesamtfläche und 7,3 % der Bevölkerung, steht aber hinsichtlich der Wirtschaftskraft der Provinzen an vierter Stelle. Grundlage ist die hoch entwickelte Landwirtschaft, die mehr als 20 % aller Erwerbstätigen beschäftigt. Das Durchschnittseinkommen ist dreimal so hoch wie etwa in der Provinz Limpopo (Nord-Provinz). Von den rund 3,6 Mio. Einwohnern sprechen 30 % Swazi, 24 % Zulu, 11 % Ndebele. Den größten Teil der Provinz nimmt das Hochveld ein. Es hat gemäßigtes Klima, während das Lowveld östlich der Großen Randstufe feuchtwarmes subtropisches Klima hat. Die Hauptstadt ist Nelspruit (Mbombela).

WEGE INS LOWVELD

Für die Fahrt nach Mpumalanga verlässt man Johannesburg über die Market Street; die Fortsetzung, R24, geht noch im Stadtgebiet in die Autobahn N12 über. Sie führt zunächst durch das dicht bebaute und besiedelte Industriegebiet der westlichen Provinz Gauteng,

Links: Ein Impala beobachtet skeptisch seinen Fotografen.

und trifft östlich von eMalahleni (Witbank) auf die aus Pretoria kommende Autobahn N 4, die wie die parallel verlaufende Bahnlinie bei Komatipoort die Ostgrenze des Landes erreicht. Riesige Kohlevorkommen, die dicht unter der Erdoberfläche liegen und in 22 Gruben abgebaut werden, haben **eMalahleni (Witbank)** ❶ zum Kohlebergbauzentrum Südafrikas gemacht. In einer großen Anlage wird Vanadium gewonnen; außerdem arbeiten hier – wie im benachbarten **Middelburg** ❷ (178 km ab Johannesburg) – die größten Stahlwerke Südafrikas und mehrere Großkraftwerke.

In Middelburg zweigt nach Norden die N11 ab, an der man nach etwa 8 km auf das ehemalige **Fort Merensky** trifft, 1865 als Missionsstation errichtet von Alexander Merensky (Berliner Missionsgesellschaft), Vater des Geologen Hans Merensky, der eine Reihe bedeutender Bodenschätze des Landes entdeckt hat. Es ist heute Teil des **Botshabelo-Freilichtmuseums** ❸ mit einem rekonstruierten Ndebele-Dorf. Das ★**Loskop Dam Nature Reserve** ❹, 45 km weiter nördlich, liegt wunderschön ruhig inmitten charakteristischer Buschveld-Vegetation mit vielen Vögeln und Wild, das hier wieder angesiedelt wurde.

Östlich von Middelburg steigt die N4 allmählich an bis **Belfast (eMakhazeni)** ❺, das 2025 m ü. M. liegt und einer der

» Karte S. 92-93, Info S. 105

kältesten Orte Südafrikas sein soll.

39 km östlich stürzt der Elands River bei **Waterval Boven** ❻ (alter Tunnel der Bahnlinie nach Mosambik) über den Rand des *Escarpment* 90 m in die Tiefe. Die Straße führt über **Waterval Onder** ins Lowveld nach Nelspruit (92 km).

Bei Belfast geht nach Norden die R540 nach Lydenburg (93 km) ab; sie verläuft am Fuß der Steenkampsberge, die 2331 m ü. M. erreichen. Auch auf der R36, die 29 km hinter Belfast von der N4 nach Norden führt, kommt man nach **Mashishing (Lydenburg)** ❼ (58 km). Die 1849 im Zusammenhang mit einer verheerenden Malaria-Epidemie gegründete Stadt war elf Jahre Hauptstadt einer gleichnamigen Republik.

Von hier überwindet nach Osten die R37 nach Sabie auf 56 km Länge die Drakensberge Mpumalangas im ★**Long Tom Pass** ❽ (Scheitelhöhe 2150 m), benannt nach einer Kanone, die im Burenkrieg wichtig war. Die Straße folgt einer alten Voortrekker-Route, die seit 1871 von Lydenburg nach Lourenço Marques (heute Maputo/Mosambik) ging.

Die Strecke entlang des **Long Tom Pass** und **Mauchsberg** (2174 m) bietet mit Steigungen und langgezogenen Kurven großartige Panoramen über das größtenteils bewaldete, oft regenreiche Land, und erreicht nach 53 km das 1109 m ü. M. auf einer Terrasse gelegene **Sabie** ❾. Der wichtige Fremdenverkehrsort ist auch ein Zentrum der Holzindustrie (Papier- und Zellstoff-Fabrikation); 1895-1950 wurde hier Gold abgebaut. Im Norden von Sabie erhebt sich der **Mount Anderson** (2284 m).

61 km führt die R537 von Sabie aus nach Süden über White River nach **Nelspruit (Mbombela)** ❿, an der N4 gelegen und heute Hauptstadt der Provinz. Die attraktive Stadt mit ihren üppigen blühenden Gärten liegt im breiten, fruchtbaren Tal des Crocodile River. Sie ist das Zentrum eines bedeutenden Landwirtschaftsgebiets, in dem vor allem Zitrusfrüchte, Lychees, Avocados, Mangos, Bananen, Nüsse, Gemüse u. a.

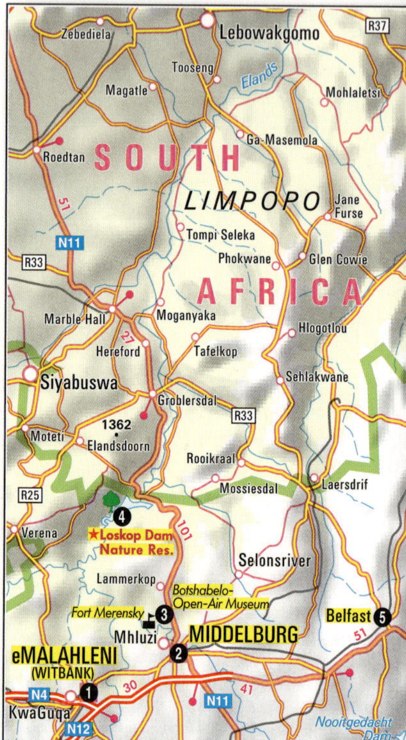

angebaut werden. Da das Gebiet frostfrei ist, liefert es im Winter Gemüse und Obst für das ganze Land. Architektonisch interessant ist das zur Fußball-WM 2010 errichtete farbenfrohe **Mbombela-Stadion** westlich der Stadt, dessen Pylone an Giraffen erinnern.

Nördlich des Zentrums liegt der 154 ha große Botanische Garten, ★★**Lowveld Botanical Gardens** ⓫. Wenigstens 500 der vorkommenden Pflanzenarten sind im Gebiet um Nelspruit heimisch; auf 22 ha wurden Pflanzen aus allen Teilen des Lowvelds und von den Hängen der Drakensberge angesiedelt.

Östlich der nach Norden führenden Straße (R40) entstand der Kruger Mpu-

» Karte S. 92-93, Info S. 105

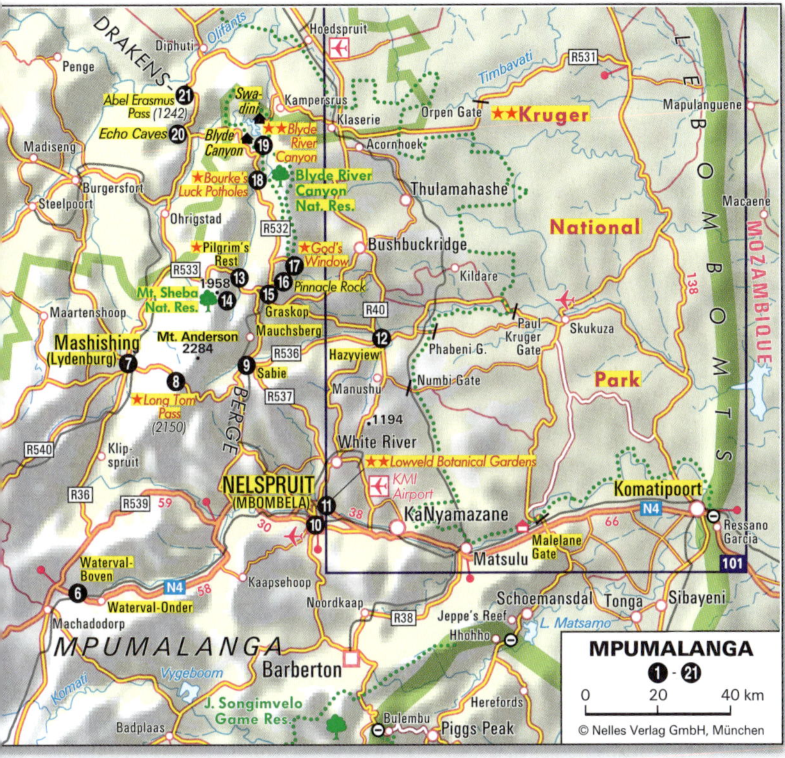

malanga International Airport (KMIA). Nach Osten erreicht die N4 nach 63 km das **Malelane Gate** des Krüger-Parks, nach weiteren 44 km **Komatipoort**, den Grenzübergang nach Mozambique.

Die landschaftlich reizvolle R536 führt von Sabie nach Nordosten durch das Tal des Sabie River ins Lowveld nach **Hazyview** ⓬ (44 km), von wo aus der Krüger-Nationalpark (durch das Numbi Gate, Paul Kruger Gate oder Phabeni Gate, siehe Seite 75) zu erreichen ist.

DIE ★★PANORAMA-ROUTE

Sabie ist ein guter Ausgangspunkt für die ★★**Panorama-Route**, eine beliebte Touristenstrecke. Sie umschließt einen großen Teil der **nördlichen Drakensberge**, die als Große Randstufe das Hochveld vom 1000 m tiefer gelegenen Lowveld trennen. Flüsse haben die Randstufe durchbrochen, tiefe Schluchten in die Hänge gegraben und Wasserfälle gebildet. Die Gesteine, größtenteils Dolomit und Quarzit, sind viel älter als die der südlichen Drakensberge in KwaZulu-Natal und oft mit vielfarbigen Flechten bewachsen. Die Route führt durch Aufforstungen und durch Gebiete mit vielfältiger ursprünglicher Vegetation. Das Wetter ist von Juni bis September kühl und trocken, Frost ist möglich; von September bis April, der sommerlichen Regenzeit, herrscht oft Nebel. Günstigste Zeit für Wanderun-

» Karte S. 92-93, Info S. 105

Foto: Erhard Pansegrau

gen ist April/ Mai. Die Panorama-Route ist oft Bestandteil organisierter Touren, z. B. zum Krüger-Park.

Von Sabie führt die R532 nach Norden und trifft nach 24 km auf die R533. Folgt man ihr 11 km nach Westen, erreicht man ★**Pilgrim's Rest** ⓭, ein Dorf, das zum Nationaldenkmal erklärt wurde. 1873 war ein Goldsucher hier am Pilgrim's Creek fündig geworden und hatte beschlossen, sich hier niederzulassen. Die Folge war ein Goldrausch, der durch einen kleinen, aber stetigen Bergbau abgelöst wurde, der erst im Jahr 1972 seinen Betrieb einstellte. Heute fasziniert die restaurierte Goldgräberstadt die Besucher mit viktorianischen Wohnhäusern und Läden, einer Bank, dem authentisch nachgebauten **Royal Hotel** und einem kleinen Museum. An der Straße nach Graskop stimmt ein „**Goldgräbercamp**" in das Leben der Pioniere ein; man kann sich hier auch selbst an der Goldpfanne üben.

Oben: Alter Friedhof der restaurierten Goldgräberstadt Pilgrim's Rest. Rechts: Bizarre Potholes (Strudellöcher) in Bourke's Luck.

Etwa 15 km weiter westlich führt nach Süden eine Straße zum **Mount Sheba Nature Reserve** ⓮, 1600 m ü. M. auf einem Plateau am Hang des 1958 m hohen Mount Sheba gelegen. Hier sind Reste des ursprünglichen Waldbestandes erhalten; neben 100 verschiedenen Baumarten wurden über 1000 Pflanzenarten, darunter zahlreiche Orchideen, gezählt. Das komfortable **Mount Sheba Hotel** macht das Gebiet noch anziehender.

Von **Graskop** ⓯, einem hübschen Städtchen mit großem Unterkunftsangebot, 16 km östlich von Pilgrim's Rest, führt die R532 nach Norden am Rand der Großen Randstufe entlang. Ein nach 3 km beginnender kleiner Umweg lohnt wegen der großartigen Aussicht auf das Lowveld, zuerst bei **Pinnacle Rock** ⓰, einem freistehenden, säulenartigen Quarzitfelsen. Ein 1829 m ü. M. gelegener Aussichtspunkt verdankt seinen Namen ★**God's Window** ⓱ dem unvergleichlichen, „göttlichen" Blick, den er bietet. Hier endet die bei Sabie begin-

» Karte S. 92-93, Info S. 105

Foto: Erhard Pansegrau

nende Wanderroute, der **Fanie Botha Hiking Trail** (79 km, 5 Tage), hier ist auch der Ausgangspunkt des sogar für ungeübte Wanderer empfehlenswerten **Blyderivierspoort Hiking Trail** (65 km, 5 Tage).

Am Zusammenfluss von Treur und Blyde River (43 km ab Graskop) hatte der Prospektor Tom Bourke Glück (*luck*) und fand Goldnuggets, die der Treurfluss angespült hatte. Vom Wasser mitgeführte Geröll- und Sandmassen haben in den Felswänden der tief eingeschnittenen Flussläufe bizarre Strudellöcher (Kolke, englisch *potholes*) geschaffen. Wege und Brücken führen zu Aussichtspunkten, von denen ★**Bourke's Luck Potholes** ⓲ mit ihren vielen Formen und Farbschattierungen zu bewundern sind.

Auf seinem Weg nach Norden zum Olifants River hat sich der Blyde River auf 20 km bis 700 m tief in den Fels der Großen Randstufe gegraben: Der ★★**Blyde River Canyon** ⓳ gehört zu den imposantesten Naturerscheinungen Südafrikas. Er wird überragt von drei wie Rundhütten geformten Felsen, den **Three Rondavels**. Am Zusammenfluss mit dem Ohrigstad River entstand durch einen Damm ein eindrucksvoller See. Der Blick über die flechtenbewachsenen Felsen, den **Stausee** in der Tiefe und das Lowveld im Hintergrund ist überwältigend und unvergesslich.

Der Canyon ist Mittelpunkt des 26 000 ha großen **Blyde River Canyon Nature Reserve**. Auskunft über lohnende Wanderungen erhält man bei SAFCOL (s. S. 105). Zur Vogelwelt des Gebiets gehören neben Adlern, Fischadlern und Kormoranen auch die in dichten Waldgebieten lebenden südafrikanischen Loeris (*Turakos*) sowie der seltene Southern Bald Ibis (Kahlkopfrapp). Der Blumenfreund findet sieben Erica- und sechs Protea-Arten, darunter die sehr seltene, erst vor wenigen Jahren hier entdeckte *Protea leatens*. Im Herbst und Winter leuchten die korallenroten Blüten der Bergaloe (*Aloe arborescens*).

Unweit der Straße (R532, 56 km ab Graskop) liegt die gut ausgestattete Unterkunft **Blyde Canyon**. Eine weitere,

Swadini, liegt in der Nähe des Stausees und ist vom Lowveld her zugänglich.

Wo die R532 auf die von Lydenburg kommende R 36 trifft, führt etwas südlich ein Abzweig zu den **Echo Caves** ⓴, Tropfsteinhöhlen im Dolomit-Fels. Archäologische Funde sind in einem kleinen Museum ausgestellt.

Nach Norden steigt die R36 um 335 m bis zur Scheitelhöhe des **Abel Erasmus Pass** ㉑ (1242 m ü. M.) an und führt dann durch eine enge Schlucht fast 800 m abwärts in das Tal des Olifants River. Am Ende des 132 m langen **J. G. Strijdom Tunnels**, dem Ende der Passstraße, hat man das Lowveld mit völlig anderer Vegetation vor sich. Die R36 geht nach Norden weiter nach Tzaneen (88 km); den Krüger-Park erreicht man über Klaserie (Orpen Gate, 91 km) oder Hoedspruit (Phalaborwa Gate, 107 km).

Oben: Der Canyon des Blyde River. Rechts: Wildbeobachtung vom offenen Geländewagen aus ist ein faszinierendes Erlebnis.

★★KRÜGER-NATIONALPARK

Kaum ein Besucher Südafrikas lässt diesen Park, eines der größten Wildschutzgebiete der Erde, aus. Der ★★**Krüger-Nationalpark**, 1926 aus dem 1898 gegründeten Sabie-Wildschutzgebiet entstanden, ist seit 1927 öffentlich zugänglich. Während sich im ersten Jahr die Besucher auf nur drei Fahrzeuge beschränkten, zählt er heute jährlich eine Million Gäste, und 1500 Mitarbeiter sorgen für das Wohlergehen von Tieren und Touristen. Vor **Malaria**, übertragen durch nachtaktive Mücken, sollte man sich hier dennoch selbst schützen! (s. S. 244)

Im Krügerpark leben 147 Säugetierarten, inklusive der **Big Five**, außerdem rund 500 Vogelarten und 118 Reptilienarten – die größte **Tiervielfalt** Afrikas. Am häufigsten sieht man Impala, Zebra, Büffel, Streifengnu, Elefant, Giraffe, Kudu, Krokodil, Warzenschwein, Wasserbock, Breitmaulnashorn, Löwe, Flusspferd, Hyäne und Leopard.

Der Park erstreckt sich im Lowveld

» Karte S. 92-93 u. S. 101, Info S. 105

Foto: Bodo Bondzio

Mpumalangas und der Provinz Limpopo (Nord-Provinz) vom Crocodile River im Süden bis zum Limpopo, dem Grenzfluss im Norden, über 350 km; die mittlere Ost-West-Ausdehnung beträgt mehr als 65 km. Mit 19 485 km² ist der Park etwa so groß wie das deutsche Bundesland Rheinland-Pfalz. Das überwiegend ebene Gebiet mit Höhen um 300 m ü. M. ist mit einzelnen Inselbergen durchsetzt (im Südwesten 839 m ü. M.). Die Lebombo-Berge im Osten erreichen Höhen bis 497 m ü. M. Der Untergrund besteht größtenteils aus magmatischem Gestein (Rhyolit, Basalt, im westlichen Teil Granit).

Das **Klima** ist subtropisch mit Sommerregen, die von Nord nach Süd zunehmen. Die Nordhälfte des Parks bis zum Olifants River erhält jährlich nur etwa 400 mm Regen; die Menge nimmt nach Süden bis etwa 700 mm zu. Die Niederschläge schwanken jedoch stark; neben extrem trockenen gibt es auch überdurchschnittlich feuchte Jahre.

Die **Regenzeit** beginnt gewöhnlich im September/Oktober; die meisten Niederschläge fallen im Dezember, Januar und Februar; Juni, Juli und August sind im Allgemeinen niederschlagsfrei. Die Temperaturen können im Sommer 40 °C übersteigen. Die trockenen Wintertage sind meist mild (um 20 °C), nachts kann es aber empfindlich kühl werden. Frost ist allerdings selten.

Sieben größere Flüsse durchqueren den Park in Ost-West-Richtung. Die meisten führten bis vor kurzem ganzjährig Wasser. Zunehmende Wasserentnahme durch Minen, Land- und Forstwirtschaft sowie die wachsende Bevölkerungszahl führen zu Wassermangel, zugleich wächst die Belastung der Flüsse mit Schadstoffen.

Auch die **Vegetation** ist, abhängig von Untergrund und Klima, vielfältig. Das nördliche Gebiet, etwa zwischen Olifants River und Limpopo, ist Mopane-Land, im Westen mit stattlichen Bäumen, im Osten als niedrige, verkümmerte Büsche. Im Gebiet von Pafuri bis zum Limpopo finden sich eindrucksvolle Baobabs (Affenbrotbäume). Im Südteil wechseln Marula-, Akazien-,

Foto: Johann Scheibner

Combretum- und andere Bäume mit weiten Grasflächen. Die Flussläufe sind gesäumt von teilweise üppigen Galeriewäldern. Zudem hat man künstliche Wasserstellen und Weidemöglichkeiten geschaffen.

Die Population mancher Tierarten hat stark zugenommen. Da die Elefanten bereits begannen, ihren eigenen Lebensraum zu zerstören, wurde zur Erhaltung des ökologischen Gleichgewichts begonnen, Tiere in den grenzüberschreitenden **Great Limpopo Transfrontier Park** (35 000 km^2) umzusiedeln, an dem Krüger-Park (58 %), Limpopo National Park (Mosambik; 24 %) und Gonarezhou National Park (Simbabwe; 18 %) Anteil haben. Dramatisch zugenommen hat die **Wilderei**, der jedes Jahr allein im Krüger-Park Hunderte Nashörner wegen ihres Horns zum Opfer fallen; die Übeltäter kommen oft aus Mosambik. Die Position der Nashörner im Nationalpark wird deshalb – im Gegensatz zu den anderen vier der Big Five – nie auf Schildern angegeben.

Oben: Artenvielfalt im Krüger-Park. Rechts: Selbstversorger im Honey Guide Camp am Rand des Krüger-Parks.

Besuch des Krüger-Nationalparks

Von Johannesburg aus erreicht man über die teils als Autobahn ausgebaute Nationalstraße 4 (N4) die beiden südlichen Eingänge **Malelane** (432 km) und **Crocodile Bridge** (497 km); zweigt man in Nelspruit von der N4 ab, kommt man zum **Numbi Gate** (410 km), zum **Paul Kruger Gate** (450 km) und dazwischen – östlich von Hazyview – seit 2002 das **Phabeni Gate**.

Benutzt man die mautpflichtige N1 bis Polokwane (Pietersburg), ist über Tzaneen das **Phalaborwa Gate** (544 km), von Makhado (Louis Trichardt) über Tohoyandou das **Punda Maria Gate** (590 km) zu erreichen.

Flüge zum Krüger-Park gibt es von Johannesburg nach Marulaneng/Hoedspruit und zu dem zwischen Mbombela und White River gelegenen **Kruger Mpumalanga International Airport**

» Karte S. 101, Info S. 105

Foto: Peter Hinze (Freelance Press)

(KMIA). Von dort ist der Krüger-Park durch Numbi Gate (20 km), Phabeni Gate (47 km), Kruger Gate (82 km) oder Malelane Gate (63 km) schnell zu erreichen. Für alle Nationalparks wird anstelle von Eintrittsgeld eine „Naturschutzabgabe" erhoben (siehe auch Info S. 105 und S. 246).

Bus-Touren zum Krüger-Park mit großen oder Kleinbussen (bis 8 Personen, z. B. von Welcome Tours) werden von Johannesburg, Durban u. a. Städten angeboten. Im Preis sind Transport, Unterkunft und Verpflegung eingeschlossen. Eine solche Tour empfiehlt sich für alle mit wenig Zeit, die in der Beobachtung von Wild und Vögeln ungeübt sind oder sich in Flora und Fauna Südafrikas noch nicht auskennen. Der kundige Leiter macht unterwegs auf Sehenswertes aufmerksam; er kennt meist aus langer Erfahrung auch die „richtigen" Stellen. Mit seiner Hilfe lernt man, die verschiedenen Antilopenarten auseinanderzuhalten und in den Flüssen Krokodile oder Hippos von Sandbänken und Felsen zu unterscheiden. Der höhere, klimatisierte Bus bietet außerdem eine sehr viel bessere Übersicht als ein Pkw.

Fortgeschrittene **Selbstfahrer** können im Krügerpark gut auf eigene Faust mit dem **Mietwagen** auf Fotopirsch gehen: viele Straßen sind geteert. Unter Kennern der afrikanischen Wildnis gilt der nördliche, weniger erschlossene, ursprünglichere Teil des Parks als besonders reizvoll.

Die größeren **Restcamps** bieten Aktivitäten an, die jeweils an der Rezeption zu buchen und zu bezahlen sind, so z. B. Morgen- oder Nachtfahrten im offenen Parkfahrzeug – Pirschfahrt (**Game Drive**) zum Sonnenuntergang oder Morgensafari mit Brunch im Busch –, oder vierstündige Buschwanderungen (für max. 8 Personen) unter Führung von erfahrenen und bewaffneten Rangern (Teilnahme auf eigenes Risiko).

Wer die Wildnis hautnah erleben möchte, kann an einer der Wildnis-Wanderungen (**Wilderness Trails**) teilnehmen, die unter Schutz und Führung erfahrener Wildhüter veranstaltet werden. Bei jeder Wanderung (8-15 km)

Foto: Anke van Wyk (Dreamstime)

wird in einem eigenen Basislager zweimal übernachtet. Die Teilnehmerzahl ist auf acht, das Alter auf 12-60 Jahre begrenzt. Ausrüstung und Verpflegung werden gestellt. Da die Nachfrage groß ist, empfiehlt sich rechtzeitige Anmeldung (bei South African National Parks, 13 Monate im voraus).

Der Park ist ganzjährig geöffnet. Allgemein gelten die trockenen Wintermonate, vor allem **Juli/ August**, als günstigste Zeit, da dann die Beobachtung der Tiere durch die Vegetation am wenigsten eingeschränkt ist und sich viel Wild an den **Wasserstellen** einfindet. Frühling und Sommer bieten die Üppigkeit der subtropischen Pflanzenwelt. Die große Vogelvielfalt ist dann durch die Zugvögel aus Europa noch verstärkt; außerdem besteht die Chance, Tiere mit ihren Jungen zu sehen.

Wenigstens drei Tage sollte man für einen Besuch einplanen. Die frühen Morgenstunden und der späte Nachmittag sind die beste Zeit für Ausflüge im Park, da sich in der warmen Jahreszeit das Wild zur Mittagshitze in den Schatten zurückzieht und dort meist nicht auszumachen ist. Auch für die Besucher ist dann eine Siesta zu empfehlen.

Oben: Der König der Tiere im Krüger-Nationalpark.

Der Park verfügt über rund 2500 km **Straßen** (etwa 1000 km geteert), **Unterkünfte** (12 Restcamps mit 4000 Betten, die zu Schulferienzeiten meist ausgebucht sind; in jedem Camp gibt es Tankstellen), Picknickplätze und Campingplätze. Die Straßen verbinden die Camps, führen zu Aussichtspunkten und Picknickplätzen sowie zu Wasserlöchern und Tränken. Sie sind alle gut beschildert; die Geschwindigkeit ist begrenzt auf 50 km/h, auf Schotterstraßen 40 km/h (Radarmessung!).

Das Aussteigen ist streng verboten (die scheinbar friedlichen Flusspferde etwa sind äußerst gefährlich!), selbst aus dem Fenster oder Dach darf man sich nicht hinauslehnen. Diese Vorschrift gilt dem Schutz der Besucher und dem der Tiere, die nicht gestört werden sollen – an die Fahrzeuge sind

» Karte S. 101, Info S. 105

sie gewöhnt – und die selbstverständlich nicht gefüttert werden dürfen. Bei Zuwiderhandlung drohen empfindliche Strafen. Nur in den Camps, an Picknickplätzen und markierten Aussichtspunkten ist das Aussteigen erlaubt.

Zur Orientierung kauft man am besten am Eingang eine der ausgezeichneten **Karten** (auch auf Deutsch; auch in den Läden der Camps erhältlich).

Fahrt durch den Krüger-Park

Nur wenige Besucher durchfahren den Park in seiner ganzen Länge, wobei die Unterschiede zwischen dem nördlichen und dem südlichen Teil beeindruckend sind. Aber es ist ebenso faszinierend, von einem Camp als Standquartier aus ein etwas kleineres Gebiet gründlicher zu erkunden und sich mehr Zeit und Muße für die Beobachtung der Natur zu nehmen. Für Frühstück und Lunch bieten sich auch andere Camps an. Bei der Planung müssen die großen Entfernungen bedacht werden, ebenso wie die geringe mögliche Durchschnittsgeschwindigkeit auf manchen Straßen, Geschwindigkeitsbeschränkungen, Wildwechsel, Stopps zur Beobachtung etc. Erreicht man das Camp, nachdem es geschlossen ist, muss ein kräftiges Bußgeld gezahlt werden.

Die von den meisten Besuchern benutzten Eingänge sind **Numbi Gate** ㉒, **Phabeni Gate** ㉓ und **Paul Kruger Gate** ㉔, von dem das größte Camp **Skukuza** ㉕ (zugleich Verwaltungszentrum des Krüger-Parks und fast eine kleine Stadt) 12 km entfernt liegt. Obwohl die Anlage sehr schön ist – es gibt einen Golfplatz und ein Schwimmbad –, mögen so manchem Gast die Dimensionen (mehr als 600 Betten) nicht sonderlich behagen.

Südlich davon gibt es mehrere Camps: **Pretoriuskop** ㉖, das älteste, liegt in parkähnlicher Landschaft, etwas höher als die übrigen, ist daher etwas kühler und – auch wegen seines Schwimmbads – besonders im Sommer

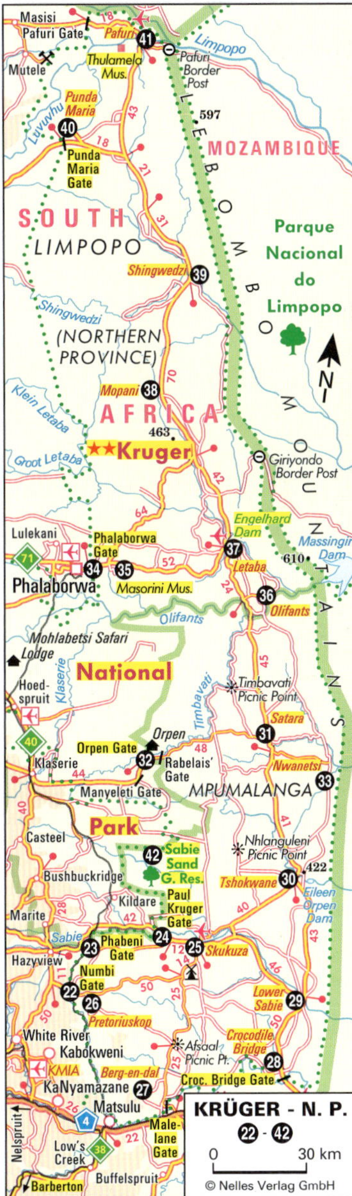

beliebt. In der üppig grünen Umgebung sammeln sich viele Tiere. **Bergen-Dal** ㉗, im äußersten Südwesten, bietet in bergiger Landschaft moderne Chalets und ebenfalls ein Schwimmbad.

Crocodile Bridge ㉘, im Südosten, klein und ohne Restaurant, ist lohnend für Freunde von Flusspferden und Krokodilen, die sich im Crocodile River tummeln. **Lower Sabie** ㉙, ein mittelgroßes Camp (mit Pool), liegt schön am Sabie River; der Fluss und die üppige Vegetation ziehen viele Tiere an.

Die von hier nach Norden führende Straße trifft nach 40 km auf den Picknickplatz **Tshokwane** ㉚, wo man aussteigen darf. Mittelpunkt ist ein riesiger Leberwurstbaum (*sausage tree*), dessen große, grau-braune und wurstähnliche Früchte bis 1 m lang und 10 kg schwer werden können. Manche Vögel sind hier sehr zutraulich, vor allem der Glanzstar (*cape glossy starling*) mit metallisch glänzendem, dunkelblau-grünem Gefieder und gelben Knopfaugen.

Oben: Ein Glanzstar (links) und ein Gelbschnabeltoko (Hornbill). Rechts: Giraffen im Nordteil des Krüger-Parks, beim Camp Punda Maria.

Satara ㉛, 48 km östlich des **Orpen Gate** ㉜, ist das zweitgrößte und eines der modernen Camps. Nimmt man von Tshokwane nicht die Hauptstraße nach Norden, sondern biegt nach Osten ab und fährt auf der S 35 / S 37 nach Norden, erreicht man nach 44 km, nahe der Grenze zu Mosambik, **Nwanetsi** ㉝, ein Private Camp und Picknickplatz. Die Aussicht von einer steilen Klippe über den Fluss lohnt den Umweg besonders für Fotografen, vor allem am Spätnachmittag. Bis Satara sind es noch 22 km.

An der Straße vom **Phalaborwa Gate** ㉞ nach Osten, 10 km vom Tor entfernt, ist im **Masorini-Freilichtmuseum** ㉟ das Dorf eines eisenzeitlichen Stammes rekonstruiert. (Lokaler Führer vor Ort.)

Das mittelgroße **Olifants Camp** ㊱ (ohne Camping), auf einem Felsenkliff 100 m über dem Olifants River gelegen, bietet einen überwältigenden Blick über das weite Lowveld; die Sonnenauf- und -untergänge sind ein unvergessli-

» Karte S. 101, Info S. 105

Foto: Karel Gallas (Dreamstime)

ches Erlebnis. Viele Kilometer des Flusslaufs sind von einem Aussichtspunkt auf einem Felsvorsprung in der Nähe des Camps zu überblicken; mit dem Fernglas kann man das reiche Tierleben an den Ufern beobachten.

Nach Norden wird die Vegetation auf ärmeren Böden und bei geringeren Niederschlägen merklich karger. Die hier dominierenden Mopane-Bäume können bei übermäßiger Sonneneinstrahlung ihre schmetterlingsförmigen Blätter, Lieblingsspeise der Elefanten, an der Mittelrippe zusammenfalten und so stärkere Verdunstung vermeiden. Die ebenfalls von Mopane-Blättern lebenden schwarzgelben Raupen (*mopane worms*) sind – getrocknet oder geröstet – bei den Schwarzen eine beliebte Delikatesse. Üppig bleibt jedoch die Vegetation entlang der Flussläufe.

Für die Fahrt nach Letaba sollte man die Schotterstraße entlang des Letaba River nehmen, der östlich von Letaba zum **Engelhard Dam** gestaut ist – der Umweg lohnt sich!

Letaba 37, an der großen Nord-Süd-Straße über einer Flussbiegung, gilt mit seiner Blumenpracht und hohen, schattigen Bäumen als eines der schönsten Camps des Krüger-Parks. In diesem Camp befindet sich eine **Elefantenhalle**, wo Stoßzähne und Schädel der berühmtesten Bullen des Parks ausgestellt sind.

Mopani 38, 74 km nordöstlich des Phalaborwa Gate, eines der modernsten Camps (mit Schwimmbad), liegt am Ufer des **Pioneer Dam**, 12 km südlich vom Wendekreis des Steinbocks. Es gibt hier keine Camping-Möglichkeit. 63 km nördlich erreicht man am gleichnamigen Fluss **Shingwedzi** 39, das ebenfalls ein Schwimmbad hat und berühmt ist für seine Bäume, die prächtigen rosa und weißen Impala-Lilien, sowie seine Vogelvielfalt. In der Umgebung sind in einer Wildnislandschaft zunehmend Baobabs zu finden; hier lebt ein großer Teil der im Krüger-Park vorkommenden Leoparden.

Das nordwestlich gelegene, attraktive kleine Camp **Punda Maria** 40, 8 km vom gleichnamigen Gate, ist die nörd-

Foto: Touristikbüro Südafrika (South African Tourism SATOUR)

lichste Unterkunft im Park. Hier sind Ranger zum Schutz der Elefanten und Nashörner vor Wilderern stationiert. Das Gebiet nördlich vom Camp ist dicht bewaldet mit Mopane und Baobab, Fieberbaum, Mahagoni, Ebenholz, Sykomore und anderen Baumarten.

Die Straße nach Norden führt durch fast unberührte Wildnis nach **Pafuri** ㊶, einen Picknickplatz am Luvuvhu River. In diesem Gebiet treffen verschiedene afrikanische Ökosysteme zusammen: Feuchtgebiete mit Trockensavannen, Wälder mit offenen Ebenen; es gibt Felsen und Sand, weite Lavaflächen, tiefe Schluchten und hohe Felsrippen – ein grandioses Naturerlebnis.

In der Nähe haben Archäologen Steinruinen und andere Funde aus der späten Eisenzeit freigelegt, die beweisen, dass dieses Gebiet vom 15. bis 17. Jh. besiedelt war. Die Fundstätte – jetzt **Museum Thulamela** – kann in geführten Gruppen besichtigt werden.

Oben: Im Sabie Sand Game Reserve kann man – mit Glück – Leoparden im Geäst erspähen.

Weiterfahrt und Ausflüge

Vom Süden des Krüger-Parks (Malelane Gate oder Crocodile Bridge Gate) kann man auf der N4 nach Johannesburg zurückkehren, oder die landschaftlich reizvolle R38 nach **Barberton** nehmen. Die Stadt war vor der Gründung Johannesburgs das Zentrum des Goldabbaus und einst der Sitz der ersten Börse. Ein beschilderter Rundgang erklärt die historischen Bauten dieser Zeit.

Für einen **Abstecher nach Swasiland** gibt es neben den im Info-Kasten auf Seite 105 aufgeführten Grenzübergängen auch die landschaftlich herrliche Strecke über **Josefsdal** (auf südafrikanischer Seite geteert, in Swasiland 20 km nur mit Geländewagen).

PRIVATE WILDSCHUTZGEBIETE

An der Westgrenze des Krüger-Parks, zwischen den Eingängen Phalaborwa und Paul Kruger Gate, liegen verschiedene private Wildschutzgebiete (Klaserie, Umbabat, Timbavati, Manyeleti, Sabie Sand u. a.). Von deren Unterkünften (*Game Lodges*) aus werden, geschützt von erfahrenen, bewaffneten Rangern, zu Fuß oder in offenen Geländewagen, Buschtouren auch abseits der Wege unternommen. Auf Nachtpirschen werden im Scheinwerferlicht nachtaktive Tiere beobachtet. Die Lodges sind zum Teil sehr luxuriös eingerichtet, meist riedgedeckt, klimatisiert und mit schönen Gartenanlagen umgeben. Die Verpflegung ist erstklassig, das Abendessen wird in der Regel im Freien – unter dem südlichen Sternenhimmel am offenen Feuer der Boma – eingenommen.

Die bekanntesten und teuersten Lodges sind im **Sabie Sand Game Reserve** ㊷ (am südwestlichen Parkrand): **Mala Mala**, **Singita**, **Londolozi**; preisgünstiger sind in der Provinz Limpopo z. B. **Garonga Safari Camp** oder **Mohlabetsi Safari Lodge**.

» Karte S. 101

MPUMALANGA

Mpumalanga Tourism Authority, Tel. 013/752 7001, www.mpumalanga.com.
Mpumalanga Parks Board, Halls Gateway an der N4, Mbombela, Tel. 013/755 3733, Fax 755 3928.

BAHN: Täglich außer samstags Verbindung Johannesburg – Komatipoort – Johannesburg (ca. 12 Stunden, über Mbombela). ***BUS***: Von Johannesburg nach Mbombela (ca. 4,5 Std.) fahren täglich Busse von *Intercape*, *Greyhound* und *TransLux* (weiter nach Komatipoort und Maputo/Mosambik).
FLUG: Von Johannesburg nach Hoedspruit / Marunaleng KMI-Airport und Phalaborwa (mit SA-Airlink), täglich von Kapstadt und täglich außer samstags von Durban zum KMI-Airport.

GRENZÜBERGÄNGE: **Nach Mosambik**: Lebombo (bei Komatipoort, N4) / Ressano Garcia.
Nach Swaziland: Border Gate / Mananga (R571). Jeepe's Reef / Matsamo (R570). Josefsdal / Bulembu (südl. von Barberton, R40). Oshoek / Ngwenya (N17). Nerston / Sandlane (R65). Piet Retief (N2) / Mahamba (an der R543 zwischen Piet Retief und Nhlangano). Die Grenzstationen sind ab ca. 7-8 Uhr geöffnet und schließen um ca. 16-22 Uhr. Saisonale Änderungen sind möglich.

WEGE INS LOWVELD

Hayzyview Tourism Association, Main Street, Tel. 013/737 7414, www.big5country.co.za.
Mbombela Publicity Association, Crossing Centre, Tel. 013/755 1988. www.lowveld tourism.com.
Barberton Community Tourism, Tel. 013 712 2880 oder 086 622 7518; www.barberton.co.za

NATUR: **Loskop Dam Nature Reserve**, 53 km nördlich von Middelburg an der N11. Vorher, nach 12 km, sieht man von der N11 das Eingangstor zu **Botshabelo**, zugleich ein Museum und ein beeindruckendes Dorf der Ndebele mit traditionell bemalten Häusern.

PANORAMA-ROUTE

NATUR: **Blyde River Canyon Nature Reserve**, Silverton, Tel. 012/481 3615.
Krüger-Nationalpark (südlicher Teil), s. SANParks, S. 243. **Bourke's Luck Potholes**, eindrucksvolle Gesteinsauswaschungen am Zusammenfluss von Blyde River und Treur River an der R532. **Lowveld National Botanic Garden**, Nelspruit, www.sanbi.org.

Pilgrim's Rest, Freilichtmuseum eines alten Goldgräberstädtchens, an der R533; Auskunft: **Pilgrim's Rest Information Centre**, Tel. 013/768 1060, www.pilgrimsrest.org.za.

KRÜGER-NATIONALPARK

Der **Eintritt** in den Krüger-Nationalpark kostet für ausländische Tagesbesucher erheblich mehr als für Einheimische (Ermäßigungen auf die „Conservation Fee" nur für Südafrikaner). Besucht man noch weitere Nationalparks, empfiehlt sich der Erwerb einer „Wild Card" (gilt nicht für die Provinz KZN). Die Übernachtungspreise staffeln sich je nach Art der Unterkunft und Beliebtheit des Camps. Neben den großen Camps gibt es auch kleine, naturnahe Wilderness Camps, die nur als Ganzes zu mieten sind (eine oder mehrere Familien), wobei Koch und Führer gestellt werden. Da der Krüger-Park die Besucherzahlen begrenzt und Übernachtungsgäste Vorzug haben, sollte man für Tagesbesuche frühzeitig am Tor sein; Tagesbesuchern wird empfohlen, die Eintrittskarte bereits im Voraus zu buchen, um keine Enttäuschung zu erleben. Näheres unter www.sanparks.org.
In den größeren Camps werden täglich vier **geführte Touren** angeboten: Frühtour (early morning), Vormittagstour (mid-morning tour), Sonnenuntergangstour (sunset tour) und Nachttour (night drive). Alle Touren können zusammen mit den Unterkünften gebucht werden. Angeboten werden auch geführte Wanderungen. Fahrer von Geländewagen haben die Möglichkeit, den Krüger-Nationalpark auf vier Adventure Trails (Pisten) zu erkunden, zu buchen am Shingwedzi Camp, Phalaborwa Gate, Satara Camp und Pretoriuskop. Auskunft: williamm@southparks.org.

Die Marine Parade, Durbans „Goldene Meile“ mit Vergnügungspark

ris Fourie / iStockphoto

Foto: Hans-Georg Roth

KWAZULU-NATAL

DURBAN
KÜSTEN UND STRÄNDE
ZULULAND UND SEINE WILDSCHUTZGEBIETE
MIDLANDS UND BATTLEFIELDS
DRAKENSBERGE

KWAZULU-NATAL

An den Indischen Ozean im Südosten des Landes grenzt eine der kleinsten Provinzen, die zugleich die zweitgrößte Bevölkerungsdichte aufweist: Auf 7,6 % der Fläche leben hier 21,4 % seiner Bevölkerung, von denen 79 % Zulu und 16 % Englisch sprechen. Die traditionsbewussten und stolzen Zulu haben in der Verfassung durchgesetzt, dass ihr Land als Monarchie anerkannt wird. Wirtschaftlicher Schwerpunkt ist der Anbau von Zuckerrohr; er deckt den Eigenbedarf und ist ein wichtiger Exportfaktor. Bedeutend sind der Bergbau (Kohle und Eisenerz) im Norden und die Industrie um den Hafen Richards Bay.

Große Bedeutung hat der Tourismus. Landschaftliche Vielfalt und Naturschönheiten, subtropische Vegetation und mildes Klima, das an den Küsten ganzjährig das Baden erlaubt, die grandiose Berglandschaft der Drakensberge sowie großartige Wild- und Naturschutzgebiete machen die Provinz zu einem der wichtigsten Feriengebiete Südafrikas. Hauptstadt ist Pietermaritzburg.

Links: Ein Spielchen in der Mittagspause vor der City Hall in Durban.

DURBAN

Die größte Stadt der Provinz, zugleich die drittgrößte Südafrikas, deren Zuluname **eThekwini** lautet, liegt an einer als Hafen sehr geeigneten Bucht des Indischen Ozeans, die der portugiesische Seefahrer Vasco da Gama am Weihnachtstag (portugiesisch: *Natal*) 1497 entdeckt hat. Drei Jahrhunderte lang war *Port Natal* Zuflucht für Schiffbrüchige und Seeräuber, Sklavenhändler und Kaufleute. 1824 entstand eine Ansiedlung von weißen Händlern aus der Kapprovinz, nach deren britischem Gouverneur sie 1835 ihren heutigen Namen erhielt. Die in der Umgebung lebenden Zulu tolerierten die Ansiedlung wegen der für sie vorteilhaften Handelsbeziehungen. 1838 machte eine Gruppe von Voortrekkern die Siedlung zu einem Teil ihrer kurzlebigen Burenrepublik *Natalia*, die nach Belagerung durch britische Truppen 1843 britische Kolonie wurde. Damit begann Durbans Aufstieg als Hafen und Tor zum Inneren Südafrikas.

Durban ist gemessen am Warenwert heute der bedeutendste Hafen Afrikas. Als wichtigstes Ferienziel für Südafrikaner – beliebt besonders bei den Johannesburgern – zieht es mit seinem subtropischen Klima, guten Stränden und (dank dem Agulhasstrom) Meerestemperaturen von 20-24 Grad zwei Millio-

» Stadtplan S. 110, Info S. 134-135

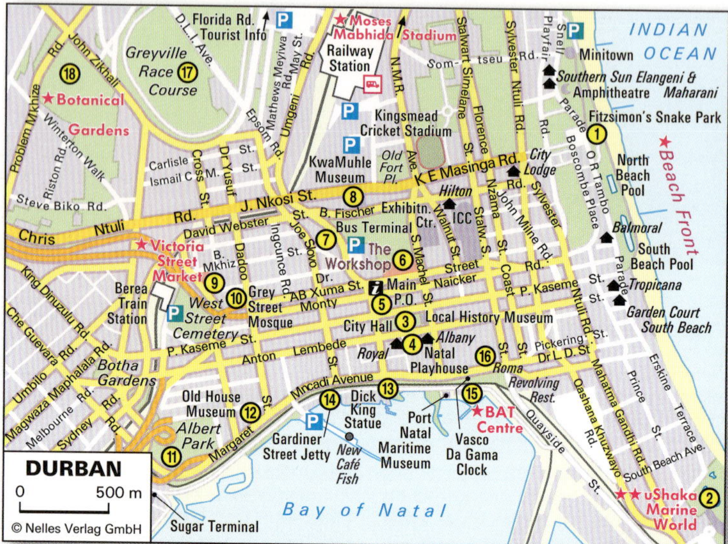

nen Urlauber pro Jahr an. Die großzügig angelegte 3,5-Mio.-Einwohner-Stadt ist teils orientalisch geprägt durch ihre 500 000 indischstämmigen Bewohner. Ihr Bevölkerungsanteil betrug in den 1980ern fast die Hälfte, heute nur noch 16 %, da der Anteil der Schwarzen (v.a. Zulu) auf 73 % gestiegen ist.

Das **Berea Plateau**, das die Stadt im Westen überragt, ist ein dicht bebautes, attraktives Wohngebiet mit üppigen Gärten. Das weithin sichtbare **Memorial Tower Building** der Universität am südwestlichen Ende des Höhenzugs bietet einen prachtvollen Blick über Hafen und Stadt (Bus nach Manor Garden oder Howard College).

Der für Touristen attraktivste Teil der Stadt, die ★**Beach Front** mit ihrem wunderschönen breiten **Sandstrand**, gegen den unaufhörlich die Brecher des Indischen Ozeans rollen, erstreckt sich über 8 km, von der Blauen Lagune im Norden bis zur Hafeneinfahrt im Süden.

Rechts: Eine der vielen exotischen Schönheiten im Schlangenpark von Durban.

Der Strand ist abschnittsweise mal für Schwimmer, mal für **Wellenreiter** freigegeben, denen man von weit ins Meer hinaus gebauten Piers zuschauen kann. Die den Strand begleitende **Marine Parade** (nach Norden **Snell Parade**) mit **Casino**, Hotels, Ferienwohnungen und Restaurants, bildet Durbans berühmte ★**Goldene Meile**. Das Gebiet zwischen Hotels und Strand ist ein bunter, turbulenter Fußgängerbezirk mit einem **Vergnügungspark**. In der Nähe haben noch immer die viel fotografierten schwarzen **Rikscha-Fahrer** mit ihren fantasievollen Kopfbedeckungen, bunten Kostümen und reich geschmückten Fahrzeugen ihren Stand. Ein Zuckermagnat brachte 1893 die Anregung dafür aus Japan mit. Heute sind nur noch ein paar als Touristenattraktion übriggeblieben. Im **Fitzsimon's Snake Park** ①, dem Schlangenpark am Nordende der Goldenen Meile, kann man, neben Hunderten anderer Reptilienarten, 80 der 140 in Südafrika vorkommenden Schlangenarten kennen lernen.

Die *Golden Mile* verlief sich bisher an

» Stadtplan S. 110, Info S. 134-135

Foto: Bodo Bondzio

einem riesigen Krankenhaus, nun wird das verkommene Hafenviertel dahinter, mit wertvollen viktorianischen Industriebauten, saniert und umgenutzt. Die **Promenade** selbst wird vom neuen Besuchermagneten ★★**uShaka Marine World** ② wirkungsvoll abgeschlossen. Die Anlage mit bedeutendem **Aquarium** in einem nachgebauten Schiffswrack, **Delfinarium**, **Robbenschau** und **Landschaftsbad** wird von einem touristischen Einkaufszentrum mit Restaurants flankiert.

Die ANC-Stadtverwaltung ist seit der Wende bemüht, die altbekannten **Straßennamen** aus Apartheid- und Kolonialzeit zu ändern – allerdings gegen den Widerstand der Bevölkerung, die gerichtlich gegen die Umbenennungen vorgeht. Die Hauptstraßen des Stadtzentrums sind die beiden parallel – etwa Ost-West – verlaufenden breiten Einbahnstraßen **P. Kaseme (West) Street** und **A. Lembede (Smith) Street**, mit modernen Geschäftshochhäusern, dazwischen Bauwerken im viktorianischen Stil sowie Bauten, die ausgeprägt indischen Charakter tragen. Zwischen beiden Straßen steht das Rathaus, die 1910 fertiggestellte, von einer kupfergedeckten Kuppel überragte **City Hall** ③, heute Nationaldenkmal. Sie enthält außer den städtischen Ämtern und einer Bibliothek auch das **Natural Science Museum** mit einer beachtlichen naturkundlichen Sammlung sowie das Kunstmuseum **Durban Art Gallery**. Im angrenzenden früheren Gerichtsgebäude erinnert heute das **Local History Museum** an die Frühzeit Natals und des Zululands.

In der Anton Lembede (Smith) Street entstand 1986 gegenüber dem Rathaus der Theater-Neubau **Natal Playhouse** ④ mit fünf Bühnen.

Das imposante Gebäude auf der gegenüberliegenden Seite der Dr Pixley KaSeme (West) Street, 1885 als Rathaus fertiggestellt, ist seit 1910 **Hauptpostamt** ⑤ (*Main Post Office*) und heute ein Nationaldenkmal. Eine Bronzeplakette erinnert an Winston Churchills Rede nach seiner Flucht aus der Kriegsgefangenschaft im Burenkrieg 1899.

» Stadtplan S. 110, Info S. 134-135

Foto: Hans-Georg Roth

Das frühere Hauptbahnhofsgelände wurde mit Bauten und Einrichtungen für Messen, Ausstellungen und Kongresse erschlossen; in einer ehemaligen Eisenbahnwerkstatt entstand das Einkaufszentrum **The Workshop** ⑥.

Unweit davon liegt der **Busbahnhof** ⑦ (*Bus Terminal*). Durban hat ein besucherfreundliches Bussystem; für Touristen günstig sind der **People Mover** (Innenstadt und Goldene Meile) und die **Mynah Shuttles**, die vom nördlichen (North Beach) und südlichen (South Beach) Strand über Anton Lembede (Smith) Street – zurück über Dr Pixley KaSeme (West) Street bis zum Botanischen Garten fahren.

Das jüngste Museum der Stadt, das sehenswerte **Kwa Muhle Museum** ⑧, nördlich des Kongress-/Messegeländes an der Bram Fisher (Ordinance) Road, thematisiert die soziale Entwicklung der schwarzen Bevölkerung im 20. Jh.

Oben: Indischer Gewürzstand im Victoria Street Market – ein Genuss für Augen und Nase. Rechts: Die Vasco da Gama Clock mit viktorianischer Ornamentik.

Am Ostende der Bertha Mkhize (Victoria) Street lockt der ★**Victoria Street Market** ⑨, der allerdings nicht die Pracht und Größe des legendären, vor Jahren abgebrannten Indischen Marktes erreicht. Der Handel wird hier oft auch von Schwarzen betrieben. Der Trubel und die teils noch vorhandene orientalische Atmosphäre beeindrucken, ebenso das reiche Angebot an Obst und Gemüse, die Korb- und Messingarbeiten, Schmuck und Silberwaren, Holzschnitzereien und andere Souvenirs. Erstaunlich ist die enorme Vielfalt an Curry-Mischungen mit fantasievollen Namen.

Die **Grey Street Mosque** ⑩ (*Juma Mosque*), an der Ecke Dr Yusuf Dadoo (Grey) Street/ Denis Hurley (Queen) Street, von indischen Einwanderern 1890 im indosarazenischen Stil erbaut, gilt als die größte und prächtigste Moschee der südlichen Hemisphäre. Ihr Marmor-Beetsaal darf auch von Nichtmuslimen besichtigt werden.

An der Somtseu Road steht der **Ala-**

» Stadtplan S. 110, Info S. 134-135

yam-Hindu-Tempel, der älteste, größte und schönste Durbans.

Südlich des **Albert Park** ⑪ begleitet die breite, von einem baumbestandenen Grünstreifen flankierte **Margaret Mncadi Avenue** (Victoria Embankment) das **Hafenbecken**. An dessen Westseite führt die **Maydon Wharf** nach Süden zum großen **Sugar Terminal**, dessen Lager 520 000 t Zucker fassen (es werden täglich Führungen angeboten). Am **Fishing Jetty** am Ende von Maydon Wharf hat die Tiefsee-Fischereiflotte ihren Liegeplatz.

Das **Old House Museum** ⑫, nahe der Margaret Mncadi Avenue (Victoria Embankment), ist ein Wohnhaus aus der Mitte des 19. Jh.

Am Ende der Dorothy Nyembe (Gardiner) Street steht in der Grünanlage die **Dick King Statue** ⑬, ein Denkmal aus der lokalen Geschichte.

Im Hafen werden vom **Gardiner Street Jetty** ⑭ Hafenrundfahrten und Hochseeausflüge veranstaltet.

Am Ende der Samora Machel (Aliwal Street) lockt das **Port Natal Maritime Museum** mit Museumschiffen. Nebenan bietet das moderne Kulturzentrum **★The Bat Centre** ⑮ Künstlern, Kunsthandwerkern, Musikern, Schauspielern und Tänzern ein Forum. Sie können ihre Arbeiten ausstellen und verkaufen, neue Techniken ausprobieren und proben. Veranstaltet werden Konzerte, Aufführungen, Ausstellungen, Workshops etc. Die **Vasco da Gama Clock** nahebei, eine glockenförmige, von einer Uhr gekrönte Eisenkonstruktion, ist ein Geschenk Portugals zur Erinnerung an die Entdeckung Natals 1497. Am Ende der Margaret Mncadi Avenue (Victoria Embankment) dreht sich das **Roma Revolving Restaurant** ⑯ im 32. Stock und bietet bei vorzüglichem italienischem Essen eine schöne Aussicht über den Hafen und die Stadt.

Auf der Pferderennbahn **Greyville Race Course** ⑰ ist alljährlich das *July Handicap* ein sportliches und gesellschaftliches Großereignis.

Foto: Erhard Pansegrau

1000 m nördlich der Rennbahn, in der Florida Street, hält das Infobüro **Tourism Junction**, mit *Tourism KwaZulu-Natal* und *Durban Afrika* Infomaterial für Besucher bereit.

Der **★Botanische Garten** ⑱, weiter östlich am Rand des Berea-Plateaus (mit Mynah Shuttle zu erreichen), ist berühmt für sein Orchideenhaus und die vielen Cycaden- (Palmfarn-) Arten.

Nördlich davon steht auf einer Anhöhe das ehemalige Domizil des Zuckermagnaten Sir Marshall Campbell (Gladys Mazibuko /Marriot Rd. Ecke Stephen Dlamini/Essenwood Rd.). Es beherbergt die **Campbell Collections**, eine wertvolle Sammlung afrikanischer Kunst und Völkerkundeliteratur, und das **Mashu Museum of Ethnology** mit Zulu-Volkskunst (Anmeldung nötig: 031-207 3432).

An der Bram Fisher (Ordnance) Road liegt das große **Kongresszentrum** (**ICC**) mit der neuen Veranstaltungshalle **ICC Durban Arena**, in der öfter Weltstars auftreten. Von hier nordwärts führt die autobahnähnliche M4, vorbei am zur WM 2010 gebauten, spektakulären ★**Moses Mabhida Stadion** – mit **SkyCar**, **Adventure Walk** und **Aussichtsplattform** auf dem hoch darüber gespannten Bogen – nach Umhlanga und weiteren Ferienorten an der North Coast.

KÜSTEN UND STRÄNDE

Wer einen kleineren, ruhigeren Ort dem Trubel der Großstadt vorzieht, findet an den für den Tourismus gut erschlossenen Küsten KwaZulu-Natals sicher etwas Passendes.

Der ehemals verträumte Küstenort **Umhlanga** ❶ (Aussprache: *Umschlanga*), nur 16 km nördlich von Durban, hat sich zu einer Touristenhochburg entwickelt. Ein langer, schöner **Sandstrand** bietet ideale Voraussetzungen zum Baden, Wellenreiten und Angeln. Der Ort ist Sitz des **Natal Sharks Board**, einer Zentrale für Hai-Forschung, die zum Schutz der Strände Hainetze und Drumlines (große Angeln an verankerten Bojen mit frischen Ködern) betreibt, aber auch nachhaltigere Methoden erprobt, um den Konflikt zwischen Mensch und Hai zu verringern. Das Zentrum bietet ein **Hai-Museum** mit Multimedia-Show. Am 1. Sonntag im Monat wird vor Publikum ein Hai seziert. Die Hainetzgegner argumentieren, dass es in Südafrika bei 2000 km Küstenlänge zwar einen tödlichen Haiunfall pro Jahr, aber 600 Ertrunkene gäbe.

An der sich bis zur Thukela-Mündung nach Norden anschließenden ★**Dolphin Coast** – benannt nach den sich vor der Küste tummelnden Delfinen – ist der wunderschöne saubere Sandstrand mit kleinen Felsenbuchten durchsetzt. Die Ferienorte **Umdloti Beach**, **Ballito**, **Umhlali**, **Shaka's Rock**, **Salt Rock** u. a. sind sehr viel ruhiger und preiswerter als die Seebäder südlich von Durban. Den Gästen stehen auch hier vielerlei Unterkunfts-, Sport- und Erholungseinrichtungen zur Verfügung, auch Gezeitenschwimmbäder.

Rechts: Die Strände in und um Durban gelten als Paradies für Wellenreiter.

Die von Durban nach Süden führende N2 ist bis Ramsgate fast ganz als Autobahn ausgebaut; die alte R102 ist aber, wo sie näher an der hier ★**Hibiscus Coast** genannten Küste verläuft, interessanter. Das Küstengebiet, etwa 170 km von Durban bis Port Edward, wird großenteils von einem etwa 2 km breiten Saum immergrünen tropischen Waldes mit Palmen und Bananenstauden begleitet; zahllose Flüsse und Bäche bilden vor ihrer Mündung Lagunen und bieten damit zusätzliche Möglichkeiten zum Bootfahren und Angeln. Hier reiht sich ein Ferienort an den anderen: kleine, anspruchslose Siedlungen, in denen die Unterkünfte durch die verschwenderisch wuchernde Vegetation voneinander getrennt sind, und größere, dicht bebaute Städte mit Einrichtungen für Sport und Unterhaltung.

Der großen Bedeutung als Feriengebiet der Südafrikaner entspricht das Angebot an Unterkünften. Dabei überwiegen Ferienwohnungen (Flats, Bungalows, Chalets), Caravan Parks und Campingplätze. Aber auch kleinere Hotels (ein bis drei Sterne) sowie Bed and Breakfast sind in den meisten Orten zu finden. Allen gemeinsam ist das ganzjährig warme Klima und das Meer, in dem auch im Winter das Baden möglich ist. Die Strände sind in den Ferienorten vor Haien gesichert, viele werden außerdem von Rettungsschwimmern überwacht. Gezeitenschwimmbäder, Tennisplätze, Squash- und Bowling-Anlagen sind in den meisten Orten vorhanden, in vielen gibt es gepflegte, immergrüne Golfplätze.

Ein spannendes Erlebnis, nicht nur für Angler, ist im Juli der alljährliche **Sardinenzug**. Große Schwärme der sonst in den kalten Gewässern vor der südlichen und westlichen Küste der Provinz West-Kap lebenden Sardinen ziehen dann zum Laichen in die wärmeren Gewässer vor Mozambique. Die Strömung bringt

 » Karte S. 117, Info S. 134-135

Foto: Peter Hinze (Freelance Press)

sie zwischen Port St. John's (Wild Coast) und Durban dicht an die Küste heran; in ihrem Gefolge tummelt sich eine große Zahl von Raubfischen, Robben und Vögeln.

Folgt man von Durban der Küste nach Süden, erreicht man nach 27 km **Amanzimtoti**, das noch als Wohnvorort von Durban gilt. Für Golffreunde bietet **Umkomaas** ❷ (44 km) einen der vielen schönen **Golfplätze** an dieser Küste. Das Gebiet ist vor allem bei Tauchern bekannt durch das wenige Kilometer vor der Küste liegende Riff **Aliwal Shoal** und das etwas schwierigere Tauchgebiet der **Protea Bank**. Boote bringen die Taucher durch die Brandung zu der faszinierenden Unterwasserwelt.

An der Mündung des Mzimkulu River liegt **Port Shepstone** ❸ (120 km ab Durban), älteste Stadt (1867), Verwaltungs- und Handelszentrum dieses Gebiets. 1882 ließen sich hier 246 norwegische Siedler nieder, die die Land- und Forstwirtschaft im Hinterland entwickelten. An die Bahnlinie von Durban, die hier endet, schlossen sie 1917 ein 122 km langes Schmalspurgleis an, auf der später der *Banana Express*, von einer Dampflok gezogen, Touristen ins Hinterland bis zur Endstation **Harding** (900 m ü. M.) brachte. Die Fahrt war ein Erlebnis, denn die Trasse wandt sich durch die tropische Vegetation des Küstenstreifens, Bananen- und Zuckerrohrplantagen in die Höhe und passierte viele Zulu-Dörfer. 2006 beendete die Staatsbahn die Kooperation mit der Initiative, die die Touristenbahn sehr erfolgreich betrieb, und 2008 machten Sturzflutschäden an den Brücken die Strecke wohl endgültig unbefahrbar.

Ein Besuch des ★**Oribi Gorge Nature Reserve** ❹ ließe sich gut mit dieser Fahrt verbinden (buchbar bei Veranstaltern wie Welcome Tours). Eine Fahrt durch die grandiose, 24 km lange, 5 km breite, fast 400 m tiefe **Oribi-Schlucht**, die der Umzimkulwana River in den Fels erodiert hat, ist für Naturfreunde wie für Fotografen ein Erlebnis. Ezemvelo KZN Wildlife unterhält ein schönes Camp (voll eingerichtet; Lebensmittel müssen mitgebracht werden).

» Karte S. 117, Info S. 134-135

Foto: Per-André Hoffmann

Für Autofahrer geht es ab Port Shepstone auf der N2 landeinwärts Richtung Harding; nach 9,5 km folgt eine Abzweigung nach rechts, von der nach 12,6 km links eine Straße zum **Oribi Gorge Hotel** (*Fairacres Estate*) führt. Das Gelände ist Privatbesitz, aber der geringe Eintritt lohnt, weil der Ausblick in die Schlucht überwältigend ist.

Südlich von Port Shepstone ist die Küste klimatisch begünstigt, die Temperaturen sind nicht mehr so hoch und die Luftfeuchtigkeit ist geringer als weiter nördlich. Bei **Uvongo** ❺ stürzt der Ivungu River kurz vor seiner Mündung in einem malerischen **Wasserfall** 23 m tief in eine Lagune.

Das größte und beliebteste Ferienziel der südlichen Küste ist **Margate** ❻. Der Ort hat außer einem besonders schönen Sandstrand auch ein Riesenangebot an Entertainment. Wer sich amüsieren will, wird hier sicher fündig. Während der Ferienzeit gibt es tägliche Flugverbindung mit Johannesburg sowie Busverbindungen mit Durban.

Oben: Zulufrauen schmücken sich mit kunstvollen Kappen und reichem Perlenschmuck.

Geruhsamer ist es im südlich anschließenden **Ramsgate**. Lagunen bieten hier, wie im benachbarten **Southbroom**, viele Möglichkeiten zum Wassersport. Südlichster der Küstenferienorte KwaZulu-Natals ist **Port Edward**.

Am Umthamvuna River erstreckt sich das **Umthamvuna Nature Reserve** (3257 ha) mit unberührter, botanisch sehr interessanter Landschaft, in der auch Fischadler und Kapgeier nisten.

Jenseits des Flusses, an der Grenze zur Provinz Ost-Kap, liegt das Hotel **Wild Coast Sun Casino**. Die Felsküste ist hier durchsetzt mit Kalksteinhöhlen, die überreich sind an Fossilien; die gigantischen fossilen Bäume, die etwas weiter südlich bei Ebbe sichtbar werden, sind als **Mzamba Fossil Beds** bekannt.

Südlich davon führt die R61 – die Fortsetzung der Küstenstraße N2 ab Port Shepstone – an die Wild Coast bei Port St. Johns und nach Mthata.

IM LAND DER ZULU

Die **Zulu**, das mit rund 11 Millionen zahlenmäßig stärkste Volk Südafrikas, gehören – wie Xhosa, Ndebele und Swazi – zur Nguni-Sprachgruppe. Sie sind traditionell Rinderhirten und bauen zur Selbstversorgung Mais und Gemüse, zur Erzeugung des nahrhaften Biers auch Hirse an. Rinder sind in erster Linie Statussymbole und dienen nur am Rand der Ernährung. Rinder waren auch der traditionelle Brautpreis, *Lobola*, den die Familie des Bräutigams an die Familie der Braut zu zahlen hatte. An Stelle der Rinder sind heute Geldzahlungen getreten, an Stelle der traditionellen bienenkorbartigen, mit Gras gedeckten Behausungen findet man zunehmend Rondavels mit kegelförmigen Dächern oder einfache Hütten.In ihrer überlieferten Religion spielt die Verehrung der Ahnengeister eine große Rolle, ebenso der *Sangoma*, der Zauberer und Medizinmann, dem man gelegentlich in sei-

» Karte S. 117, Info S. 134-135

Ermelo
R65
R33
Sandlane
Malkerns
Manzini
SWAZILAND
MOZAMBIQUE
L. Piti
N2
Sheepmoor
Amsterdam
Sidvokodvo
Siphofaneni
Big Bend
Zitundo
Vaal
105
Iswepe
Mantola 1392
Ndlozane
Sitobela
MR8
Tembe Elephant G. Res.
100
Ndumo G. Res.
Ndumo
Amersfoort
Piet Retief
Hlatikulu
Maloma
Nsoko
Kosi Bay N. Res.
Nhlangano
Mhlosheni
Ingwavuma
Pelindaba
Rocktail Beach Camp
N11
MPUMALANGA
732
46
R22
R33
N2
Hluti
Golela
Mseleni
Hully Point
Volksrust
Wakkerstroom
Frischgewaagd
99
Kortnek
Lake Sibaya
Paulpietersburg
Pongola
Pongola
Jozini
Mbazwana
BALELESBERG
2277
Ithala Game Res.
953
Pongolapoort
Mkuze G. Res.
Sodwana Bay Nat. P.
Utrecht
R69
Louwsburg
Mkuze
Mkuze
MADADENI
Ngobeni
49
R34
Vryheid
SOUTH
Phinda Pr. Game Res.
iSimangaliso Wetland P.
NEWCASTLE
Osizweni
Blood River
Nongoma
86
Leven Point
Dannhauser
Emondlo
KwaCeza
False Bay Park
Hluhluwe
R66
Hilltop Camp
Lake St Lucia
Ntshingwayo Dam
R33
Dundee
Battlefield Blood River 1838
R34
B. Umfolozi
Hluhluwe/ Umfolozi G. Res.
Hlabisa
Mem. Gate
Cape Vidal
Glencoe
Battlefield Talana 1899
Nhlazatshe
Nyalazi Gate
ELEPHANT COAST
N11
Nqutu
Battlefield Isandhlwana 1879
Dinganes Kraal
Ulundi
Cengeni Gate
101
St. Lucia
79
Wasbank
Buffalo
R68
Ondini
Mtubatuba
Maphelane Nat. Res.
LADYSMITH
Pomeroy
Mahlaba
138
Battlefield, Siege of Ladysmith, 1899-1900
Nkandla
Melmoth
Kwambonambi
KWAZULU-
1323
Nkwalini
Colenso
Empangeni
Richards Bay (Umhlathuze)
Weenen
AFRICA
Shakaland
Eshowe
R74
R33
NATAL
Esikhaleni
Kranskop
R66
N2
Estcourt
Mooi
Greytown
Tugela
Gingindlovu
Wagendrift Nat. Res.
Sundumbili
Mvoti
81
Mooi River
Darnall
Harold Johnson Nat. Res.
Mpumulwane
N3
Dalton
KwaDukuza (Stanger)
Redcliffe
Howick Falls
80
DOLPHIN COAST
Wartburg
Shakaskraal
Umhlali
Midmar Nat. Res.
Tongaat
Salt Rock
PIETERMARITZBURG
Shaka's Rock
Mpophomeni
62
Verulam
Ballito
Phoenix
Umdloti Beach
Elandskop
Edendale
65
Kwa-Mashu
Umhlanga
MPUMALANGA
DURBAN
Mariannhill
Donnybrook
Richmond
QUEENSBURGH
INDIAN
UMLAZI
Mkomazi
R56
Kingsburgh
Creighton
Amanzimtoti
Ixopo
Umkomass
Kenterton
121
Highflats
Scottburgh
R56
Umzinto
HIBISCUS COAST
Pennington
Bisi
Goba
Ifafa Beach
Mtwalume
OCEAN
Harding
Oribi Gorge Nat. Res.
Hibberdene
N2
Southport
Paddock
Port Shepstone
Uvongo
Bizana
Margate
Ramsgate
Southbroom
R61
Palm Beach
Umtamvuna Nat. Res.
Port Edward
KWAZULU-NATAL
1 - 29
0
50 km
© Nelles Verlag GmbH, München

Foto: Touristikbüro Südafrika (South African Tourism SATOUR)

ner traditionellen Aufmachung begegnen kann. Daneben gewann eine der größten synkretistischen christlichen Gemeinschaften, die *Nazareth Baptist Church*, erhebliche Bedeutung; Jesaiah Shembe, der sie 1911 ins Leben gerufen hat, genießt heute als Messias göttliche Verehrung.

Als Volk spielen die Zulu erst eine Rolle, seit *Shaka Zulu* Anfang des 19. Jh. viele kleine Nguni-Stämme zu einer bedeutenden, militärisch starken Nation zusammengeschlossen hat. Die Zulu leben heute zwar über die ganze Provinz und andere Gebiete Südafrikas verstreut, aber ihre Heimat mit vielen historischen Erinnerungsstätten ist das Gebiet nördlich des unteren Thukela. Dort liegt auch der heutige Distrikt Zululand mit der Stadt Ulundi, dem Sitz des Königs Goodwill Zwelithini.

Die Straße (R102), die Durban nordwärts verlässt (Umgeni Road, am Bahnhof), führt durch ein sanft gewelltes Hügelland. Hier dehnt sich, so weit das Auge reicht, ein Meer von grünem Zuckerrohr, aus dem vereinzelt kleine Landsitze oder Dörfer auftauchen. Nach etwa 18 km geht links eine Straße ab nach **Phoenix** ❼, wo Mahatma Gandhi, der 1893 nach Südafrika gekommen war, bis 1914 auf der von ihm gegründeten Farm, dem Zentrum seiner Bewegung, lebte. In der Nähe liegt **KwaMashu**, eine der großen Wohnstädte für Schwarze.

Die Ortschaften **Verulam** und **Tongaat** mit ihren **Hindu-Tempeln** sind geprägt von ihren Bewohnern, die größtenteils indischer Abstammung sind, und der Zuckerindustrie, die hier Mitte des 19. Jh. ihren Anfang nahm.

In **KwaDukuza (Stanger)** ❽ (72 km ab Durban) wird aus Zuckerrohrsaft Zucker, aus den Fasern Papier hergestellt. Die Industriestadt entstand 1873 unweit der Stelle, an der König Shaka 1825 seine Hauptstadt *Dukuza* errichtet hatte und wo er 1828 ermordet wurde. Ein weißes Denkmal über seiner Grab-

Oben: Zuckerrohrfelder prägen das Landschaftsbild in KwaZulu-Natal. Rechts: Modell eines Zulu-Kraals in Shakaland.

» Karte S. 117, Info S. 134-135

Foto: Erhard Pansegrau

kammer erinnert im **Dukuza Memorial Garden** daran (King Shaka Street).

Auf der N2 wird nach etwa 20 km der **Thukela-Fluss** erreicht. Kurz vor der Brücke führt nach Osten eine kleine Straße zum **Harold Johnson Nature Reserve** ➒, einem Gebiet mit interessanter Küstenvegetation, darunter viele Orchideen. Hier befindet sich auch die Ruine des 1878 erbauten britischen **Fort Pearson** und der **Ultimatum Tree**, an dem der Zulu-Herrscher Cetshwayo Ende 1878 ein britisches Ultimatum entgegennahm, das Anfang 1879 den Krieg zwischen Briten und Zulu auslöste. Jenseits der Brücke beginnt das **Land der Zulu**, eine reizvolle Hügellandschaft mit üppiger subtropischer Vegetation und etlichen historischen Stätten. Das Gebiet hat mit wunderschönen Natur- und Wildschutzgebieten viel Sehenswertes zu bieten. Von November bis Februar ist mit Hitze, hoher Luftfeuchtigkeit und Regen zu rechnen, vor allem in der Küstenebene; landeinwärts und in größerer Höhe ist die Luft frischer.

Von der westlich parallel zur N2 verlaufenden R102 zweigt bei **Gingindlovu** die R66 ins Binnenland ab. Sie steigt auf einer Strecke von 25 km um rund 450 m an – bis **Eshowe** ➓. Hier ließ 1860 der Zulu-Herrscher Cetshwayo seinen Kraal errichten und erlaubte in der Nähe die Gründung einer norwegischen Missionsstation. Unter britischer Herrschaft wurde der Ort 1887 Sitz der Verwaltung des Zululandes. Das Gebiet spielte eine große Rolle in den Anglo-Zulu-Kriegen; das 1889 von den Briten errichtete **Fort Nongqai** bewahrt im **Zululand Historical Museum** die Erinnerung daran.

Etwa 14 km nördlich liegt abseits der R66 **Shakaland** ⓫, ein Zulu-Dorf, das für einen Fernsehfilm errichtet wurde und jetzt als **Museum** dient. Das Hotel in traditionellen Zulu-Hütten gehört zur Protea-Hotelkette.

Bevor man auf der R66 nach 76 km Ulundi erreicht (etwa 25 km hinter Melmoth) weist ein Wegweiser zu **Dinganes Kraal** ⓬. Die hier 1828 neu errichtete große Zulu-Hauptstadt *Mgungundlovu* bestand aus etwa 2000 Hütten, die

Foto: Erhard Pansegrau

von bis zu 7000 Menschen bewohnt waren. Hier hatte Dingane 1838 den Voortrekkerführer Piet Retief und 69 Gefolgsleute empfangen, einen Vertrag mit ihm geschlossen – und ihn anschließend ermorden lassen.

In der Nähe von **Ulundi** ⓭ hatte Cetshwayo, seit 1873 König der Zulu, seine neue Hauptstadt gegründet, die jedoch 1879 in der letzten Schlacht des Krieges zwischen britischen Truppen und den Zulu zerstört wurde; damit war die Unabhängigkeit der Zulu-Nation beendet. Ein **Denkmal** an der Straße zum Cengeni Gate des Hluhluwe-Umfolozi-Parks erinnert daran.

Ondini ⓮, der zweite Kraal von Cetshwayo, wurde originalgetreu wieder aufgebaut und ist Teil des ★**KwaZulu Cultural Museum** (Ausstellungen zu Zulu-Geschichte und -kultur).

Auf der Straße Richtung Osten trifft man nach etwa 30 km auf **Cengeni** ⓯, den Eingang zum südwestlichen Teil des Hluhluwe Umfolozi Park.

Will man zurück auf die R102 oder N2, geht es von Ulundi über die R66 und R34 bis **Empangeni** ⓰. Das Zentrum der Zuckerindustrie wurde mit **Richards Bay** ⓱ zur Verwaltungseinheit **Umhlathuze** zusammengeschlossen (289 200 Einw.). Der in einer Bucht des Indischen Ozeans 1976 eröffnete Tiefwasserhafen Richards Bay ist durch eine Bahnlinie mit dem Witwatersrand verbunden. Seine Kohleverladeeinrichtungen gehören ihrem Umschlag nach zu den weltweit größten.

An der N2 weichen nach Norden die Zuckerrohrfelder Forstgebieten mit schnell wachsenden Eukalyptusbäume für die Papierproduktion.

Nach ca. 60 km erreicht man über die N2, kurz hinter der Brücke über den Umfolozi River, **Mtubatuba** ⓲. Der Ort, früher eine Bahnstation, hat sich zu einem lebhaften Wirtschafts- und Verwaltungszentrum entwickelt; er ist bestens als Startort für Ausflüge ins Zululand geeignet.

Nördlich von Mtubatuba erreicht die R168 nach Nordwesten (30 km) **Nyalazi Gate** ⓳, einen der Zugänge zum Hluhluwe-Umfolozi Park. Gen Westen führt sie von Mtubatuba nach St. Lucia.

★★Elephant Coast

Das sich von **St. Lucia** ⓴ nach Norden erstreckende Gebiet bis zur Grenze nach Swaziland und Mosambik wird ★★**Elephant Coast** genannt, weil es früher Lebensraum wild lebenden Elefanten war.

Das Kerngebiet ist der ★★**Isimangaliso Wetland Park** ㉑ (vormals **Greater St. Lucia W. P.**), ein großartiges Naturreservat (*Isimangaliso* = Wunder). Es geht zurück auf das 1895 am **St.-Lucia-See** gegründete **St. Lucia Game Reserve**, das 1999 von der UNESCO zum Weltnaturerbe ernannt wurde. Der von Inseln durchsetzte See ist 380 km^2 groß, 40 km lang, 3 bis 8 km breit (im Norden

Oben: Höckerente am St. Lucia-See. Rechts: Brandungsangeln vor bewaldeten Dünen am Indischen Ozean.

» Karte S. 117, Info S. 134-135

Foto: Johann Scheibner

an einer Stelle 21 km) und meist nur einen Meter tief. Eigentlich ist es eine aufgestaute Flussmündung, die sich als Lagune parallel zur Küste erstreckt und durch einen 10 km langen Mündungstrichter mit dem Indischen Ozean verbunden ist. Der wechselnde Salzgehalt des Wassers ist abhängig von der Frischwasserzufuhr durch Flüsse.

Die Vielfalt der Landschaften mit Gewässern, Sumpf- und Mangrovengebieten, Bergen, flachem Grasland, Dornbuschwäldern und Felsküsten sowie mit den südlichsten Korallenriffen des Kontinents bietet den unterschiedlichsten Tier- und Pflanzenarten Lebensraum. Außer Löwen gibt es hier alle großen Säugetiere Afrikas. Besonders reich ist die mit dem Wasser verbundene Tierwelt mit Flusspferden („Hippos"), Krokodilen sowie zahllosen Vogel- und Fischarten. Die hochwertigen Titanvorkommen im Dünensand dürfen laut Parlamentsbeschluss nicht abgebaut werden.

Von der Brücke kurz vor dem Ort St. Lucia unternimmt ein **Ausflugsboot** mehrmals täglich eine zweistündige Bootsfahrt – eine einzigartige Möglichkeit, Hippos, Krokodile und Vögel vom Wasser aus zu beobachten. Angeboten werden auch geführte, zum Teil mehrtätige Wanderungen in verschiedenen Teilen des Parks. Taucher, Schnorchler (nur im Meer) und Angler, für die der See und der Indische Ozean reiche Beute bieten, finden hier ebenfalls ein Paradies. Schwimmen im See ist dagegen nicht erlaubt (Krokodile!).

Unterkünfte aller Art findet man im Ort **St. Lucia**, wo es auch Läden, Tankstellen, Restaurants und andere Einrichtungen gibt. In den Parkcamps Maphelane, Charter's Creek, Fani's Island und Cape Vidal stehen Campingplätze zur Verfügung. Im **St. Lucia Crocodile Centre**, nördlich der Brücke, kann man vieles über Krokodile erfahren und sie im Freigehege beobachten.

Vom Ort St. Lucia führt eine Stichstraße durch den Isimangaliso Wetlands Park bis nach Cape Vidal. Seitlich führen Fahrwege zu **Aussichtspunkten** mit Blick über Lagune oder Küste. Auch ge-

» Karte S. 117, Info S. 134-135

Foto: Peter Hinze (Freelance Press)

führte Wanderungen erschließen dieses Gebiet.

Cape Vidal, 35 km nördlich von St. Lucia, bietet einfache Unterkünfte und Campingmöglichkeiten. Am Strand kann man schwimmen, angeln, schnorcheln, sporttauchen und wandern.

26 km nördlich liegt, nahe der N2, der Ort **Hluhluwe** ㉒ (sprich: *Schluschlue*). Nach Osten kommt man zum **False Bay Park**, einer der wenigen direkten Seezugänge. Drei je etwa 8 km lange Wege laden zum Wandern ein.

★★Hluhluwe Umfolozi Park

Von Hluhluwe nach Westen fährt man etwa 15 km bis zum **Memorial Gate**, dem Haupteingang des **★★Hluhluwe Umfolozi Park** ㉓. Er entstand aus den schon 1895 gegründeten Wildreservaten Hluhluwe und Umfolozi, die heute über den „Korridor" verbunden sind. Der Park umfasst 960 km². Eingerichtet wurden die Schutzgebiete für die bedrohten Nashörner. Inzwischen hat die Zahl der **Breitmaulnashörner** wieder so zugenommen, dass Tiere an andere Wildschutzgebiete und Zoologische Gärten abgegeben werden können. Die Zahl der **Spitzmaulnashörner** ist jedoch noch immer gering. Neben den *Big Five* sind auch Gepard, Wildhund, Giraffe, Zebra, viele Antilopen- und andere Säugetierarten sowie eine reiche Vogelwelt vertreten.

Das reizvolle, üppig grüne Hügelland von Hluhluwe (80-536 m ü. M.) wird vom tief eingeschnittenen **Hluhluwe River** und anderen Flüssen durchflossen. Es ist in den Tälern dicht bewaldet, sonst überwiegt parkähnliche Savanne. Das trockene, offene Buschveld von Umfolozi wird von den Tälern der Flüsse **Black** und **White Umfolozi** durchzogen. Das große Wildnisgebiet südlich davon kann man (geführt) durchwandern (diverse *Wilderness Trails:* z. B. drei

Oben: Hluhluwe und Umfolozi wurden zum Schutz der vom Aussterben bedrohten Nashörner gegründet. Rechts: Zulu-Frauen auf dem Heimweg von der Feldarbeit. Rechts außen: Ein Zulu-Rondavel am Fuß der Lebombo-Kette.

» Karte S. 117, Info S. 134-135

Foto: Marianne Fries

Foto: Marianne Fries

Tage und vier Nächte, vier Teilnehmer; Esel fürs Gepäck, Verpflegung).

Den ganzen Park durchziehen mehr als 200 km Straßen (die meisten sind ungeteert). Von den Unterkünften hat nur das wunderschön auf der Höhe gelegene ★**Hilltop Camp** (Hluhluwe) ein Restaurant. In einem Curio Shop kann man Basisverpflegung einkaufen. Das Reservat verfügt zudem über mehrere abgelegene, preislich moderate **Bush Lodges** mit je etwa 4 Chalets, in denen Familien oder Kleingruppen in privater Atmosphäre von einem Ranger betreut werden. Die mitzubringenden Lebensmittel bereitet dann ein Koch zu.

Von Hluhluwe aus führt parallel zur N2 eine ungeteerte Straße nach Norden, auf der man nach wenigen Kilometern das 170 km² große private ★**Phinda Private Game Reserve** erreicht, in dem die „Big Five“ und viele andere Tiere zu Hause sind. Das Gebiet umfasst unterschiedliche Ökosysteme. Die Unterkunft in einer der sieben luxuriösen Lodges und die faszinierenden Wildbeobachtungsfahrten (auch nachts) bescheren ein unvergessliches Erlebnis. Trotz höherer Kosten sollte man sich diesen Luxus für ein oder zwei Tage gönnen (www.phinda.com).

★Mkhuze Game Reserve

Zurück auf der N2 gelangt man, 35 km nördlich von Hluhluwe, in das ★**Mkhuze Game Reserve**, das zum **Isimangaliso Wetland Park** gehört. Das rund 400 km² große, reizvolle Gebiet kann nur 110 Besucher (in drei Camps) beherbergen. Ein kleiner Schnellimbiss sorgt für die Verpflegung.

Das Reserve liegt zwischen den **Lebombo-Bergen** im Westen und dem **Mkhuze River** im Osten und Süden. In dem vielseitigen Gelände wechseln Waldgebiete mit offener, parkähnlicher Landschaft ab – mit Baum-Glyzinien, Schirmakazien und anderen Arten. Dazu kommen Sümpfe, Uferwälder und Sandwälder. Etwa 100 km Straße führen durch das Areal. Tiere, die zum Trinken an die Wasserstellen kommen, sind von vier verschiedenen Beobachtungs-

hütten mühelos zu sehen. Es gibt zwar keine Löwen, man kann aber Elefanten, Nashörnern, Leoparden, Giraffen, Zebras, Warzenschweinen, Gnus, Kudus sowie anderen Antilopen begegnen. Für Vogelliebhaber ist Mkhuze ein Paradies: Mehr als 430 Vogelarten gibt es hier.

Nördlich von Mkhuze zweigt von der N2 nach Osten eine Straße ab. Sie erlaubt bei **Jozini** Ausblicke auf den **Pongolapoort Dam** ㉔, Kern eines der größten Bewässerungssysteme Südafrikas, das auf 80 000 ha Land den Anbau von Zuckerrohr, Reis, Kaffee und subtropischen Früchten ermöglicht.

★Ndumo Game Reserve

Nach 84 km erreicht die (geteerte) Straße hinter dem Ort **Ndumo** die Grenze des ca. 100 km^2 großen **★Ndumo Game Reserve** ㉕ und nach weiteren 8 km ein einfaches **Camp** mit sieben Chalets mit je zwei Betten und Einrichtungen zur Selbstversorgung. Hinzu kommt eine neuere, private, komfortable **Lodge** (mit Swimmingpool).

Oben: Warzenschweine suhlen sich im Ndumo Game Reserve. Rechts: Ein kilometerlanger unverbauter Sandstrand bildet das Umfeld des Rocktail Beach Camp.

Das im Norden an Mosambik grenzende Schutzgebiet gilt manchen als eines der ursprünglichsten und schönsten der Provinz KwaZulu-Natal, Besucher schwärmen von ihm nur in Superlativen. Eindrucksvoller, zum Teil dichter Baumbestand in außerordentlicher Artenvielfalt (über 200) gedeiht vor allem entlang der Flüsse, darunter die besonders markanten gelben Fieberbäume.

Das Wild (diverse Antilopenarten, Nashörner, Buschschweine, Zebras, Giraffen) ist im Dickicht oft schwer auszumachen. Hippos und Krokodile sieht man in den Flüssen sowie in zahlreichen Schwemmebenen und Pfannen. Unter den ca. 430 vorkommenden Vogelarten leben tropische Vögel hier am Südrand ihres Verbreitungsgebiets. Man kann mit einem Ranger Fahrten mit dem Geländewagen unternehmen oder geführte Wanderungen buchen.

» Karte S. 117, Info S. 134-135

Foto: Touristikbüro Südafrika (South African Tourism SATOUR)

Tembe Elephant Park

Der benachbarte **Tembe Elephant Park** ist auch auf einer (geteerten) Straße (R22) über **Mbazwane** und **Pelindaba** zu erreichen (ab Durban etwa 4 Stunden). Man muss angemeldet sein und wird am Parkzaun mit dem Geländewagen abgeholt, der eigene Wagen bleibt während des Aufenthaltes auf einem gut bewachten Parkplatz.

Für den Schutz der Artenvielfalt sorgt die Naturschutzbehörde von KwaZulu-Natal. Das Gebiet aber gehört den **Tembe**, die im alten Afrika über die Elfenbein-Route zwischen Mosambik und dem Zulu-Gebiet wachten. Auf dem 300 km² großen Gebiet leben jetzt etwa 180 Elefanten, sie sind die größten der Alten Welt. Auch die vier anderen der „Big Five" gibt es hier, außerdem Giraffen und viele Antilopenarten.

Die private, kleine und komfortable **Tembe Lodge** (mit Swimmingpool) bietet geführte Touren mit offenen Safari-Fahrzeugen zu den *Big Five* an (www.tembe.co.za).

Traumstrände am Indischen Ozean

Um zum nördlichsten Küstenabschnitt Südafrikas zu gelangen, folgt man der Teerstraße (R27) durch den Ort Hluhluwe nach Nordosten ins Gebiet von Kozi Bay. Von dieser Straße ist auch **Mkhuze** (s. S. 123) über einen östlichen Eingang erreichbar. Bei **Sodwana Bay** erreicht man den Ozean, der hier mit imposanter Brandung begeistert; wo das Wasser etwas ruhiger ist, kann man oft Wale, Haie und Delfine beobachten. Dank der reichen Meeresfauna ist Sodwana Bay einer der besten Orte des Landes für Sporttauchen und Schnorcheln. Aber auch Angler oder Bootsfahrer kommen auf ihre Kosten. Am **Strand** legen zwischen November und Februar die seltenen **Meeresschildkröten** (Unechte Karettschildkröte – *loggerhead turtle* und Lederschildkröte – *leatherback turtle*), die bis 2 m lang und bis 916 kg schwer sein können, ihre Eier ab (Führungen möglich). Die bis 180 m hohen **Dünen** sind bewaldet, die Bäume ragen bis zu 20 m hoch auf.

» Karte S. 117, Info S. 134-135

Foto: Robert Harding (mauritius images)

Nördlich von Sodwana Bay quert nach links eine Straße die Dünen. Sie trifft nach 13 km in **Mbazwana** auf die Straße, die nach Süden Richtung Hluhluwe, nach Norden bis Pelandabe (Tembe) führt. Nordwärts erreicht man auch den **Lake Sibaya**, mit ca. 50 km^2 Südafrikas größter Süßwassersee, der einst mit dem Meer verbunden war. Hier gibt es Flusspferde, Krokodile und Vögel, aber auch Schlangen.

Fährt man zurück zur Küste und weiter nach Norden über einen langen, einsamen Strand, trifft man auf das luxuriöse **Rocktail Beach Camp** – perfekt für einen traumhaften Urlaub (www.wilderness-safaris.com).

Im nördlichsten Teil des **Maputalandes** wird das **Kosi Bay Nature Reserve** (26) erreicht, das die meisten Besucher – Naturfreunde, Angler und Taucher – wohl weniger mühsam über die N2 und durch Jozini auf einer Straße ansteuern, die bis **KwaNgwanase** geteert ist. In dem kleinen Ort gibt es Unterkünfte, Läden und eine Tankstelle, bei der man sich über den restlichen schwierigeren Weg (10 km) erkundigen kann. Auch vom Lake Sibaya aus ist Kosi Bay über KwaNgwanase zu erreichen.

Die Tonga, die hier im Maputaland bis zur Grenze nach Mosambik seit Jahrhunderten leben, sind berühmt für ihre traditionelle Fischfangtechnik mit Fallen in der Kosi-Mündung.

Das Kosi Bay Nature Reserve bietet einen Komplex von vier Seen, bewaldeten Dünen, Mangrovensümpfen und dem größten Vorkommen von Raphia-Palmen in Südafrika. Besucher können Boot fahren und wandern, an den Korallenriffen gibt es beste Schnorchelgelegenheiten. Es wird auch eine viertägige Wanderung (44 km) angeboten (*Wilderness Trail* mit Führung und Selbstversorgung). Sie führt durch bewaldetes Gebiet und zur Mündung des Kosi, wobei in Camps übernachtet wird. Im Kosi Bay Nature Reserve gibt es Lodges und Campingplätze.

Oben und rechts: Giraffen und Burchell-Zebras im Ithala Game Reserve.

» Karte S. 117, Info S. 134-135

★★Ithala Game Reserve

Fährt man zurück wieder über Jozini auf die N2, trifft man in Richtung Norden nach 8 km auf die Provinzstraße R 69. Diese führt über Louwsburg nach 115 km von Ngobeni zum Eingang des **★★Ithala Game Reserve** ㉗. Das 300 km² große Reservat an der **Großen Randstufe** besteht seit 1973, ist aber noch fast ein Geheimtipp. Es erstreckt sich südlich des Pongola River, in den hier neun kleinere Flüsse münden. Dank der geologischen Vielfalt des zerklüfteten Gebietes gibt es hier Höhen von 400 m (im Norden) bis 1450 m ü. M. (im Süden). Die ältesten Gesteine sind 3 Milliarden Jahre alt. Im Gelände finden sich unterschiedlich gefärbte Felsen – Granit, Sandstein, Dolerit und Quarz. Entsprechend vielfältig ist die Flora.

Das Gebiet war stark überweidet, als die Naturschutzbehörde Natals die Verantwortung übernahm. Seither ist viel erreicht worden. Der Bestand am Tieren wurde stark vergrößert. Auf Löwen wurde bisher zwar verzichtet, weil das in der Nähe des Eingangs wunderschön gelegene **★Ntshondwe Camp** nicht eingezäunt ist. Aber Nashörner, Giraffen, Elefanten, Zebras, Büffel, Warzenschweine sowie viele Antilopenarten und zahllose Vögel sind hier vertreten.

Die reetgedeckten komfortablen 67 Chalets sind unterschiedlich groß (mit oder ohne Küche, 1 bis 4 Schlafzimmer). Das Camp hat einen Pool. Es gibt ein großes Restaurant und einen Laden für Lebensmittel und Getränke. Im westlichen Teil des Reservats liegen zwei Busch-Camps (mit Selbstversorgung) sowie ein Campingplatz.

Im Ntshondwe Camp kann man mit Rangern bei Fahrten im Geländewagen Wild beobachten (auch bei Nacht), aber auch an geführten Wanderungen, von März bis Oktober auch an *Wilderness Trails*, teilnehmen. Es gibt gut markierte Wanderwege und Fahrstraßen, die auch mit dem eigenen Fahrzeug benutzt werden können.

Foto: Richard Du Toit/Minden Pictures (Arco Images)

An einem dicht bewachsenen Berghang bietet die luxuriöse **Ntshondwe Lodge** einen großartigen Blick über das Gelände. Für die drei Zweibettzimmer stehen ein eigener Koch sowie ein eigener Ranger für Exkursionen zu Fuß oder mit dem Geländewagen zur Verfügung; die Preise sind entsprechend!

MIDLANDS UND BATTLEFIELDS

Auf der Fahrt von Durban nach Pietermaritzburg lohnt der Umweg auf der **R103** (nördlich parallel zur N3) über das **Valley of 1000 Hills**, mit Ausblicken über ein herrlich naturnahes Tal mit Zuludörfern. Es gibt dort, entlang der Old Main Road, einen viktorianischen **Heritage Market**; das beliebte Aussichtsrestaurant **Pot & Kettle** und das Zulu-Kulturdorf **PheZulu** mit Zulu-Folkloreshow, Krokodil- und Schlangenpark.

Die **Natal Midlands** entstanden durch Rückverlagerung der Großen Randstufe. Dabei wurde uralter Granit freigelegt, durch den Umgeni River und seine Zuflüsse zerschnitten und durch

» Karte S. 117, Info S. 134-135

Foto: Per-André Hoffmann

Schalenverwitterung gerundet.

Das Gebiet überragt der **Natal Table Mountain** (960 m ü. M.), der einen spektakulären Blick bis zum Indischen Ozean und den Drakensbergen bietet.

★**Pietermaritzburg** ㉘, 1838 von den Voortrekkern gegründet, erhielt seinen Namen nach den beiden Anführern, Piet Retief und Gert Maritz. 1843 übernahmen die Briten die Stadt und machten sie 1856 zur Hauptstadt ihrer Kolonie Natal. Die stark englisch geprägte Stadt ist ein Verwaltungszentrum sowie Sitz eines Teils der Universität von KwaZulu-Natal. Das Bild der Stadt mit breiten Straßen und prächtigen, für ihre Azaleen berühmten Parks ist geprägt von historischen, meist aus Backstein errichteten Bauwerken aus viktorianischer Zeit.

Die **City Hall** von 1900, mit 47 m hohem Glockenturm, gilt als größter Backsteinbau südlich des Äquators. Im gegenüberliegenden Bau des **Old Supreme Court** von 1871 ist die ★**Tatham Art Gallery** untergebracht (www.tatham.org.za). Vor dem Altar der 1857 geweihten anglikanischen **St. Peter's Church** ist Bischof Colenso (1814-83) beigesetzt, der erste Bischof der Diözese Natal. Er hatte sich die Zuneigung der Zulu erworben und war wegen seines Eintretens für sie exkommuniziert und seines Amtes enthoben, nach Klage vor einem britischen Gericht aber rehabilitiert worden. Aus den Anfängen der Stadt ist nur das **Old Voortrekker House** von 1847 mit Decken aus Yellowwood und gefliesten Fußböden erhalten. Kulturhistorische und naturkundliche Sammlungen hat das **KwaZulu-Natal Museum** in der Jabu Ndlovu Street (www.nmsa.org. za). 3 km südwestlich der Stadt liegt der **Botanische Garten**.

Etwa 18 km nordwestlich ist im **Midmar Public Resort Nature Reserve** (2844 ha) der Umgeni River zu einem 1822 ha großen See gestaut, ein Naturschutz- und Erholungsgebiet mit Sportmöglichkeiten und Campinggelegenheiten. Nordöstlich davon stürzt

Oben: Die beeindruckenden Drakensberge sind auch ideal zum Wandern.

» Karte S. 117, Info S. 134-135

der Fluss in den ★**Howick Falls** ㉙ über eine Doleritschwelle 95 m in die Tiefe.

In **Estcourt**, 95 km nordwestlich von Pietermaritzburg, beginnt die ★**Battlefields Route**. Sie führt in das hügelige Gebiet der nordwestlichen Midlands, das im 19. Jh. Schauplatz vieler blutiger Schlachten zwischen Buren, Zulu und Engländern war. Wer Interesse an Geschichte hat, erfährt – vor allem bei einer geführten Tour zu einigen der mehr als 50 damaligen Schlachtfelder – viel über die leidvolle Historie des Landes, etwa in **Isandlwana**, wo 25 000 Zulu die britischen Streitkräfte besiegten, oder am **Blood River**, wo eine Gruppe von Buren eine Zulu-Armee schlug. Die **Museen**, etwa in **Talana** bei Dundee, dem Ort der ersten Schlacht 1899 zwischen Buren und Engländern, oder in **Ladysmith**, das 1899/1900 über 118 Tage von den Buren belagert wurde, vermitteln manches über die zwielichtige Rolle der Europäer in dieser Zeit.

★★DRAKENSBERGE

Im Westen von KwaZulu-Natal erreicht die Große Randstufe Südafrikas an der Grenze nach Lesotho ihre größte Höhe. Nach den schroffen Bergspitzen nannten die Zulu das Gebirge *uKhahlamba* – „Wall aufwärts gerichteter Speere". Den Voortrekkern erschien der gezackte Rand wie der Rücken eines Drachen, sie nannten den Gebirgszug daher „Drakensberg" (Drachenberg). Das Gebiet von Cathedral Peak bis südlich von Bushman's Nek zählt zum UNESCO-Welterbe. Neuerdings bildet der südafrikanische uKhahlamba Drakensberg National Park (s. unten) zusammen mit dem lesothischen Sehlathebe National Park den grenzüberschreitenden **Maloti-Drakensberg Park.**

Von Osten bieten die Drakensberge den Anblick einer gigantischen Mauer, deren fast horizontaler Rand nur von einigen scharfen Graten und Spitzen unterbrochen wird. Höchste Erhebung ist der **Thabana Ntlenyana** in Lesotho mit

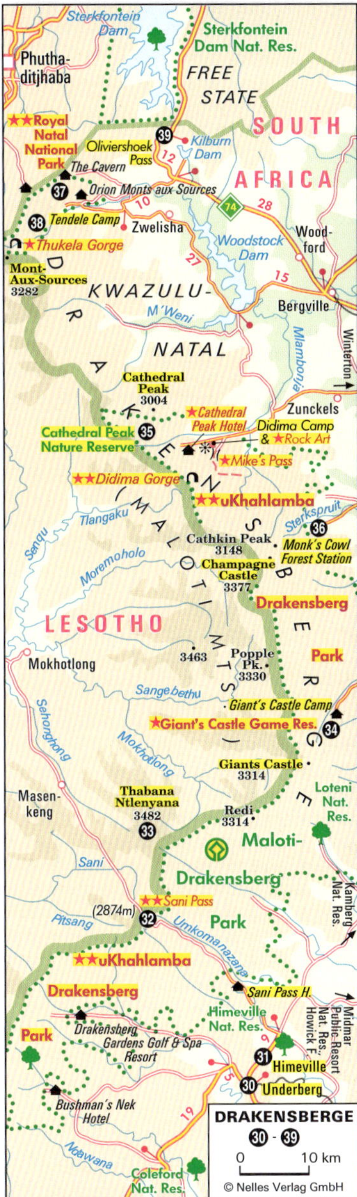

Foto: Touristikbüro Südafrika (South African Tourism SATOUR)

3482 m ü. M. Zwischen Bushman's Nek im Süden und Royal Natal National Park im Norden gibt es auf 250 km Länge nur eine Passstraße (Sani Pass, s. S. 132), obwohl dieser Abschnitt eines der wichtigsten Urlaubsgebiete Südafrikas ist.

Nicht nur Geologen imponieren die mächtigen Ablagerungen der **Karoo-Formation**, die hier sichtbar sind, überlagert von einer mächtigen Basaltdecke, die einst bis an die Küste reichte und nur noch in den Drakensbergen und in Lesotho erhalten ist. Die vor dem Gebirgswall liegenden Vorberge (**Little Berg**; 1500-1800 m ü. M.) bestehen aus Resten der Basaltdecke und teils gefärbten Sedimentgesteinen (Sandstein, Schiefer, Tonstein), die unter dem dunklen Basalt ein kontrastreiches Farbenspiel bieten. Bäche und Flüsse haben hier tiefe Täler und spektakuläre Schluchten geschaffen und bilden große und kleine Wasserfälle.

Oben: Ein Kampfadler. Rechts: Höhlen mit Buschmann-Felsbildern finden sich in den Drakensbergen (Rekonstruktion in Giant's Castle, Main Cave).

Die Witterung ist vor allem im Sommer extrem wechselhaft, mit Tagestemperaturen zwischen 15 und 33 °C. Die schweren Gewitter, die sich meist nachmittags mit grandiosen Wolkengebirgen bilden, sind kurz, begleitet von Temperaturrückgang und oft heftigen Regenfällen, die Flüsse und Bäche anschwellen lassen und sie unpassierbar machen können. Der Himmel wird danach rasch wieder klar. 50 % der jährlichen Niederschläge (1000-1700 mm) fallen als Gewitterregen, 85 % von Oktober bis März. Im Sommer kann in höheren Gebieten plötzlich Nebel einfallen. In den Wintermonaten (April / Mai bis Sept.) sind die Tage gewöhnlich sonnig, die Temperaturen können 20 °C übersteigen, bei Nacht jedoch rasch unter den Gefrierpunkt fallen. Die Luft ist dann frisch und es regnet kaum, in großen Höhen kann auch Schnee fallen.

Die Flora ist überaus artenreich. Durch den vorherrschenden Grasbewuchs erscheint das Gebirge im Sommer wie mit einem grünen Teppich bedeckt. Über 2800 m ü. M. (afro-alpine

» Karte S. 129, Info S. 134-135

Foto: Erhard Pansegrau

Zone) wächst niedriges Gestrüpp aus Erica-Arten, Immortellen und Strohblumen, unter 2000 m ü. M. Büschelgras, Hartlaubgewächse und Proteen. Diese Zone wird regelmäßig von durch Blitzschlag verursachten Lauffeuern heimgesucht. In Tälern und Schluchten sind z. T. dichte Waldbestände erhalten, darunter Bergzypressen, Baumfarn und Yellowwood. Unter den 800 Blütenpflanzenarten sind 63 Orchideenarten.

Zur Bergfauna gehören 12 Antilopenarten; gelegentlich sieht man Leopard, Schakal und Pavian, öfters Kleinsäuger wie Klippschliefer. Bemerkenswert unter den Vögeln sind der sehr seltene Lämmergeier (Flügelspannweite ca. 3 m) und der Schwarze Adler.

In den Drakensbergen findet man **★★Felsmalereien und -zeichnungen von Buschleuten (San)**, die schon vor Jahrtausenden das Gebiet durchstreiften – meist Tier- und Menschendarstellungen in Höhlen, die als Behausungen dienten, oder an Felsüberhängen, wie in der berühmten Didima-Schlucht (siehe Cathedral Peak).

Alle Naturschutzgebiete dieses Gebiets, mit insgesamt 243 000 ha, wurden zusammengefasst zum *Natal Drakensberg Park*, der im Jahr 2000 als **★★uKhahlamba Drakensberg Park** dank seiner einzigartigen Geomorphologie, der Flora und Fauna sowie der etwa 35 000 Felsbilder der Buschleute als UNESCO-Welterbe – das vierte in Südafrika – gelistet wurde. Er wird von Ezemvelo KZN Wildlife (in Cascades/ Pietermaritzburg) verwaltet. Dort und in den Reservaten erhält man auch Auskünfte und Karten für Wanderungen und Bergtouren aller Schwierigkeitsgrade, für die man in der grandiosen Landschaft viele Gelegenheiten findet.

Hauptzufahrt zu den Drakensbergen ist die als Autobahn ausgebaute N3, die Durban mit Johannesburg verbindet. Von ihr führen Stichstraßen, meist ohne Querverbindung, zu den Ferienstätten. Parallel zum Gebirgsrand verlaufende Straßen bieten schöne Ausblicke, sind aber meist unbefestigt und bei Regen schwierig zu befahren; bei Dunkelheit sollte man sie meiden.

» Karte S. 129, Info S. 134-135

Underberg und ★★Sani Pass

Südlich von Howick zweigt die R617 ab nach **Underberg** ㉚, wie **Himeville** ㉛ (mit kleinem **Nature Reserve** und sehenswerten **Museum**) 1560 m ü. M. in den Vorbergen gelegen. Über dem Agrarland erhebt sich imposant der Wall der Drakensberge.

Von Himeville führt eine im oberen Bereich noch ungeteerte, abenteuerliche Straße (derzeit Straßenbau) in Haarnadelkurven hinauf zum **★★Sani Pass** ㉜ (2874 m ü. M.), wo das höchste Pub Afrikas steht. Unten, am Fuß des Passes, organisiert das **Sani Pass Hotel** (Pool, Golf, Tennisplatz, Reiten) Fahrten mit **Geländewagen** (Fahrzeuge ohne Allrad sind noch nicht erlaubt) über den Pass bis nach **Lesotho**, mit Blick auf den 3482 m hohen, besteigbaren **Thabana Ntlenyana** ㉝ (Reisepass mitnehmen!)

★Giant's Castle

Zum größten der Drakensberg-Reservate, **★Giant's Castle Game Reserve** ㉞ (34 638 ha), fährt man von der N3 bei Estcourt nach Südwesten. Zwischen Champagne Castle (3377 m) im Norden und Giant's Castle (3314 m) im Süden erstreckt sich der imposanteste Teil der Drakensberge: eine 35 km lange Basaltmauer, vor der sich auf einem Plateau das Naturreservat erstreckt.

Das besonders schöne **Camp** liegt in einem Blumengarten, Vögel kann man praktisch vor der „Haustür" betrachten; zur Beobachtung der hier brütenden **Lämmergeier** wurde ein Versteck angelegt, auch eine Herde **Elenantilopen** ist hier zu Hause. Markierte Wanderwege aller Schwierigkeitsgrade durchziehen das Gebiet; größere Ausflüge müssen zur eigenen Sicherheit angemeldet werden. Geführte Wanderungen werden auch von Rangern veranstaltet.

Zahlreiche Buschmann-Felsbilder lassen sich, 2 km vom Camp relativ leicht erreichbar, in den **★★Main Caves** bewundern, wo rd. 500 Malereien und das **Bushman Site Museum** locken.

Im sehr einfachen **Hillside Camp**, 30 km vom Hauptcamp, kann man Pferde mieten. Für Naturfreunde attraktiv ist das **Injisuti Camp** am Nordrand des Reservats, 1470 m ü. M. in einem tief eingeschnittenen, bewaldeten Flusstal, überragt von Champagne Castle und Cathkin Peak. Ein Wanderweg führt zur **Battle Cave** (750 Buschmann-Bilder).

Rechts: Wolkenschatten über den Drakensbergen – Vorboten eines Gewitters?

Cathedral Peak

Von Winterton aus (25 km ab Abfahrt N3) erreicht man das 32 000 ha große **Cathedral Peak Nature Reserve** ㉟, inmitten herrlicher Landschaft 1450 m ü. M. gelegen. Unterkünfte bieten ein Campingplatz und das private **★Cathedral Peak Hotel**, das viele Aktivitäten anbietet. Der Aufstieg auf den 3004 m hohen **Cathedral Peak** ist von hier aus möglich (10 km), die Aussicht ist überwältigend! Kurz bevor man das Hotel erreicht, zweigt nach einer Kontrollstelle links die Straße zum neuen Buschmann-Museum **★Didima Rock Art Centre** ab, neben dem eine ebenso neue Lodge, das **Didima Camp** (www.didima.info), mit spektakulärer Aussicht aufwartet.

Nur mit Geländewagen ist die landschaftlich großartige Fahrt hinauf zu **★Mike's Pass** erlaubt (das Permit dafür gibt es im Didima Camp).

Die geteerte R600 führt von Winterton durch das **Champagne Valley** (mit Hotels u. a. Unterkünften, Restaurants, Supermarkt etc.). Ein Campingplatz am Ende der Straße führt zur **Monk's Cowl Forest Station** ㊱ (Tel. 036/468 1103), wo man die Erlaubnis z. B. für die dreitägige Tour zur **★★Didima-Schlucht** erhält. Allein in der **Sebayeni-Höhle**, dieser unter Historikern berühmten, 5,5 km langen Schlucht, finden sich fast 1100 Einzeldarstellungen, die (oft mehrfarbig) **Felsbildkunst** in höchster Vollendung zeigen.

» Karte S. 129, Info S. 134-135

Foto: Johann Scheibner

★★Royal Natal National Park

Einer der Höhepunkte in der grandiosen Drakensberge-Landschaft ist der 1916 eröffnete ★★**Royal Natal National Park** 37, so benannt nach dem Besuch der britischen Königsfamilie 1947. Von Norden erreicht man ihn auf der R64 von Harrismith (68 km), von Süden auf der R74 (Abfahrt N3 in Frere) über Winterton/Bergville (91 km).

Der spektakulärste Teil ist das schon von weitem beeindruckende ★★**Amphitheater** (s. Bild S. 10). Da hier die Vorberge fehlen, erhebt sich von der Basis (1220 m ü. M.) fast 1800 m hoch eine bogenförmige Basaltmauer, flankiert im Westen vom **Sentinel** (3165 m), im Osten vom **Eastern Buttress** (3047 m). Auf dem angrenzenden Hochplateau entspringen fünf Flüsse, darunter der Khubedu, einer der Quellflüsse des Oranje (Gariep). Die Szenerie kann man auch von oben bewundern: Vom **Mont-aux-Sources** (3282 m) genießt man eine fantastische Aussicht (**Sentinel Hiking Trail**, s. S. 231).

Im beliebten **Tendele Camp** 38 des Nationalparks, 1580 m ü. M. wunderschön gelegen, gibt es Einrichtungen zur Selbstversorgung (früh anmelden!). In einer etwas abseits erbauten luxuriösen Lodge bereiten Köche die Mahlzeiten zu; Lebensmittel gibt es im Laden des Camps. Eine gute Unterkunft ist auch das Hotel **Orion Mont-aux-Sources** vor dem Parkeingang.

Sehr lohnend ist eine Wanderung durch die 14 km lange ★**Thukela Gorge**. Die Hälfte des Wegs ist problemlos; oben in der engen bewaldeten Schlucht muss der Fluss mehrfach durchquert werden, was nur bei Hochwasser schwierig ist. Ein 60 m langer Tunnel am Ende kann auf einer Kettenleiter umgangen werden. Überwältigend ist der Blick auf die Wand des Amphitheaters, über die der Thukela in spektakulären **Wasserfällen** 648 m tief herabstürzt.

Richtung Johannesburg überwindet man die Große Randstufe auf dem **Van Reenen Pass** (1680 m; N3) oder über den ebenso reizvollen **Oliviershoek Pass** 39 (1740 m ü. M.; R74).

KWAZULU-NATAL

Tourism Durban, Florida Road 90, Tel. 031/322 4165.

Tourism KwaZulu-Natal, 160 Monty Naicker Road (Pine Street), Tel. 031/366 7500, www.durban.kzn.org.za, www.zulu. org.za.

Ezemvelo KZN Wildlife, Auskunft und zentrale Buchungsstelle für die Natur- und Wildschutzgebiete der Provinz KwaZulu-Natal, Cascades/ Pietermaritzburg 3202, Reservierungen unter Tel. 033/845 1000, www.kznwildlife.com.

Automobile Association, Shop 255, The Pavilion, Spine St., Westville 3611, Tel. 031/265 0437.

***BAHN**:* Zugverbindungen (zeitraubend!) zwischen Johannesburg – Durban – Johannesburg (ca. 13 Std.), So von Kapstadt nach Durban, Mi von Durban nach Kapstadt (ca. 36 Std.).

***BUS**:* Von Durban fahren regelmäßig Busse (s. S. 238) nach Johannesburg über Pietermaritzburg, ca. 8 Stunden, Kapstadt (über Bloemfontein) ca. 22 Stunden, nach Johannesburg über Swineburne 7,5 Stunden, nach Kapstadt über Knysna – East London ca. 23 Stunden, nach Johannesburg über Empangeni – Piet Retief ca. 13 Stunden. Weitere Busverbindungen mit Margate und dem Wild Coast Sun Casino (im *Margate Mini Coach*).

***FLUG**:* Der 2010 eröffnete **King Shaka International Airport**, 35 km nördlich bei La Mercy, ersetzte den alten Flughafen Durbans und wird von allen wichtigen Flughäfen Südafrikas bedient; internationale Direktflüge gehen nach Mozambique, Dubai und Mauritius. KSIA liegt günstig an der N2 nach Norden, verfügt aber noch nicht über öffentlichen Nahverkehrsanschluss. **Transfers** werden angeboten von Magic Bus (www.magicbus.co.za, 031/263 2647) und Margate Services (www.margate.co.za, 039/312 1406).

DURBAN

Telefon-Vorwahl: 031,
Postleitzahl: 4000

Kulinarische Spezialität der Stadt sind neben *Seafood* vor allem indische *Curries*.

***INDISCH**:* **Silverani's**, preiswerte, bekannt gute, südindisch angehauchte Speisen wie z.B. Chicken and Prawn Curry, leckere Bunny Chows; Silvervause Center, Silverton Road, Berea, Tel. 201 5088.

***INTERNATIONAL**:* **Christina's Restaurant**, gehört zu den 10 besten Lokalen in Natal, mit Kochschule, 124 Jan Hofmeyer Road, Westville, Tel. 267 4700.

***ITALIENISCH**:* **Roma Revolving Restaurant**, in 105 m Höhe mediterran speisen mit toller Dreh-Aussicht, Mo-Sa 12-14.30 u. 18-22.30 Uhr, 32nd Floor, John Ross House, Margaret Mncadi Avenue (Victoria Embankment), Tel. 337 6767.

***PORTUGIESISCH**:* **Coimbra Restaurant & Bar**, unter anderem Bacalhau, Austern, opulente Seafood-Platte, mosambikisch angehaucht, 36 Newport Av., Glenashley, Tel. 5621415.

***FISCH**:* **New Café Fish**, entspannte Atmosphäre, frischer Fisch, gute Cocktails, Hafenblick, 12-15/18.30-22.30 Uhr, an der Jacht-Mole, Margaret Mncadi Avenue (Victoria Embankment), Tel. 305 5062.

Durban Art Gallery, **Durban Natural Science Museum**, **Local History Museum** und **Old House Museum**, Mo-Fr 8.30-16 Uhr; So 11-16 Uhr.

Kwa Muhle Museum, Mo-Sa 8.30-16, So 11-16 Uhr, Tel. 311 2237.

Sugar Terminal, Besichtigungstermine und Anmeldung: Tel. 365 8100.

Maritime Museum, Mo-Sa 8.30-16.30 Uhr, So 11-16 Uhr, Tel. 311 2231.

The Campbell Collections, Besichtigung nur nach Anmeldung, 220 Marriott Rd., (*Mynah Bus* bis Musgrave oder Marriott Rd.) Tel. 031/207 3432.

African Art, qualitativ hochwertige traditionelle und zeitgenössische Zulu-Kunst und Xhosa-Kunst sowie auch Kunsthandwerk, Mo-Fr 8.30-17 Uhr, Sa 9-13 Uhr, 94 Florida Road, Tel. 312 3804.

Bat Centre, Mo-Fr 8.30-16.30 Uhr, Sa 10-15.30, So 10-14 Uhr, 45 Maritime Place, Tel. 332 0451.

***NATUR**:* **Durban Botanical Gardens**, geöffnet täglich 9.30-12.30 u. 14-17 Uhr, der Eintritt ist frei, Sydenham Road, Musgrave, Durban 4001, Tel. 031/322 4021.

Fitzsimon's Snake Park (Schlangenpark), täg-

lich geöffnet von 9-16.30 Uhr, Tel. 031/337 6456.
uShaka Marine World, Tel. 031/328 8222. www.seaworld. org.za.

KÜSTEN UND STRÄNDE

Umhlanga Publicity Association, Tel. 031/ 561 4257, www.umhlanga-rocks.com.
KwaDukuza-Dolphin Coast Publicity Association, Tel. 032/946 1997, www.dolphincoast. kzn. org.za.
Tourism Scottburg Coast & Country, Tel. 039/976 1364.
Hibiscus Coast Tourism, Tel. 039/316 6139, www. southcoast.kzn.org.za.

Natal Sharks Board, Vorträge und eine Multi-Media-Schau zum Thema Hai, Mo-Fr von 8-16 Uhr, So 12-16 Uhr (an Feiertagen geschlossen), 1a Herrwood Drive, Umhlanga. Tel. 031/566 0400, www.shark. co.za.

NATUR: **Oribi Gorge Nature Reserve**, für Naturfreunde, Wanderer und Fotografen ein Erlebnis. Auskunft und Anmeldung: Ezemvelo KZN Wildlife (s. S. 246).

ZULULAND UND WILDSCHUTZGEBIETE

Hluhluwe Tourism, Tel. 035/562 0353, Fax 562 0351, www.zululand.kzn.org.za.
St. Lucia Tourism, Tel. 035/590 1247, Fax 590 1467.
Mkuze Tourism, Tel. 035/573 1328.
Ulundi Tourism Association, Tel. 0035/874 5607.

KwaZulu Cultural Museum, Mo-Fr 8-16 Uhr, am Cetshwayo Highway, Ulundi, Tel. 035/870 2052.
Zululand Historical Museum, täglich geöffnet von 9-16 Uhr, Nongqai Rd., Eshowe, Tel. 035/870 2051.

NATUR: Für Auskunft und Buchung in Bezug auf **Hluhluwe Imfolozi**, **Isimangaliso (Greater St. Lucia) Wetland Park**, **Sodwana Bay National Park**, **Mkhuze Game Reserve**, **Ndumo Game Reserve**, **Tembe Elephant Park** (nur mit Allradantrieb zu befahren) und für **Ithala Game Reserve** ist *Ezemvelo KZN Wildlife* zuständig, www.kznwildlife.com.
Sodwana Bay und **Kosi Bay**: *Maputaland Tourism*, Mkhuze, Tel. 035/573 1439.
Phinda Private Game Reserve gehört zu *Conservation Corporation Africa*, Tel. 011/809 4515, www.ccafrica.com.

MIDLANDS UND BATTLEFIELDS

Pietermaritzburg Tourism, Tel. 033/345 1348, www.pmbtourism.co.za.
Dundee, ein Zentrum des Kohlebergbaus, ist für an Geschichte Interessierte ein guter Ausgangspunkt für eine Tour zu den Battlefields. Auskunft: **Tourism Dundee**, Victoria St., Civic Garden Dundee, Tel 034/212 2121, www.tourdundee.co.za.
Midlands Meander, Tel. 033/330 8195, www.1000.hills. kznorg.za, www.midlands-meander co.za.
Battlefields Route, Murchison St., Ladysmith, Tel./Fax 082/802 1643, www.battlefields.kzn. org.za.

PIETERMARITZBURG: **Tatham Art Gallery**, Di-Sa 10-18 Uhr.
KwaZulu-Natal Museum, Mo-Sa 9-16.30 Uhr, So 14-17 Uhr.
DUNDEE: **Talana-Museum**, Mo-Fr 8-16.30 Uhr, Sa 10-16.30 Uhr, So 12-16.30 Uhr, Tel. 034/212 2654, www.talana.co.za.

DRAKENSBERGE

Drakensberg Tourism, Bergville, Tel. 036/448 1557, www.drakensberg.org.za.
Southern Berg Escape, Underberg, Tel. 033/701 1471, www.drakensberg.org. Sani Pass Border: Tel. 033/702 1169.

Touristikbüro Südafrika (South African Tourism SATOUR)

Charakteristische „Koppies“ in der Großen Karoo

Foto: Per-André Hoffmann

OST-KAP

LAND DER XHOSA
WILD COAST
EAST LONDON
SUNSHINE COAST UND GRAHAMSTOWN
PORT ELIZABETH
DIE GROSSE KAROO

OST-KAP

Die Provinz Ost-Kap (*Eastern Cape*), die 13,9 % der Landesfläche und 13,5 % der Bevölkerung Südafrikas umfasst, trägt nur 8,2 % zum Bruttosozialprodukt des Landes bei. Die Bevölkerung der Provinz weist die höchste Kindersterblichkeit und die geringste Lebenserwartung des Landes auf; die größte Armut findet sich in den ehemaligen Homelands Transkei und Ciskei. Die Landwirtschaft prägt das Gebiet traditionell, überwiegend in Form von Schaf- und Rinderzucht. Bei nach Osten zunehmenden Niederschlägen wird Futtergetreide angebaut, im Küstengebiet auch Ananas. Um Port Elizabeth/Uitenhage sowie um East London sind industrielle Ballungsräume entstanden. Hauptstadt ist **Bisho**.

Das Gebiet ist landschaftlich außerordentlich vielgestaltig. Klimatisch geht hier die Region mit ganzjährigen Niederschlägen in die östliche Zone des Sommerregens über, die Vegetation ändert sich entsprechend vom mediterranen (Fynbos) zum eher afrikanischen Typus (Gras- und Buschveld; in den Tälern Wald). Historisch war dies der Raum, in dem sich Europäer und schwarze Südafrikaner zum zweiten Mal begegneten. Die damit verbundenen Konflikte eskalierten zu langen, blutigen Auseinandersetzungen der Buren und Briten mit den Xhosa, der am weitesten südwärts vorgedrungene Gruppe der schwarzen Bantu-Völker.

Links: Eine Xhosa-Frau mit turbanähnlicher Kopfbedeckung.

LAND DER XHOSA

Der Great Kei River war namengebend für das Siedlungsgebiet der Xhosa: „Jenseits des Kei" entstand das Homeland Transkei, „diesseits des Kei" das Homeland Ciskei; dazwischen verblieb ein schmaler Korridor der Kapprovinz. Die beiden Homelands erhielten von der Apartheit 1976 und 1981 staatliche „Unabhängigkeit", die außer von Südafrika von niemand anerkannt wurde; seit 1994 gehören sie wieder zur Republik Südafrika.

Die **Xhosa** (vereinfachte Aussprache Koßa, das X steht für einen Schnalzlaut), das zahlenmäßig zweitgrößte, aus mehreren Stämmen zusammengesetzte Bantu-Volk Südafrikas, gehören zur Nguni-Sprachgruppe. Die erste Gruppe kam im 17. Jh. von Norden und traf zunächst auf Khoikhoin. Aus deren Sprache übernahmen sie viele Klicklaute in die ihre. Das Xhosa, das mehrere Dialekte kennt, ist heute auch eine der offiziellen Amtssprachen Südafrikas und wird von 83,4 % der Ost-Kap-Bevölkerung

» Karte S. 140-141, Info S. 156-157

(von 23,7 % in der Provinz West-Kap) gesprochen.

Bei der Ausweitung ihres Weidelands nach Süden gegen Ende des 18. Jh. stießen die Xhosa mit den nordwärts vorrückenden weißen Siedlern zusammen. Nach neun schweren, zum Teil äußerst blutigen Grenzkriegen, zunächst mit Buren, dann auch mit Engländern, wurde die Region 1879 der britischen Kapkolonie einverleibt. Das ganze Gebiet, vor allem in der ehemaligen Ciskei, ist durchsetzt mit Erinnerungsstätten an die *Frontier Wars*. Aber auch untereinander führten die Xhosa blutige Stammeskriege.

Großes Verderben brachten ihnen außerdem eigene Propheten; zum Verhängnis wurde ihnen die Prophezeiung des Mädchens Nongqawuse. Sie hatte geweissagt, am 18. Februar 1857 würden zwei blutrote Sonnen aufgehen, ein Wirbelsturm würde die Weißen ins Meer treiben, neues Vieh und reiche Ernte würden wachsen, die gefallenen Krieger ins Leben zurückkehren. Die Geister der Ahnen hätten gefordert, als Zeichen des Glaubens das gesamte Vieh zu töten und die ganze Ernte zu vernichten, was nach einigem Zögern die Angehörigen der meisten Stämme auch taten. Eine Katastrophe folgte: Zehntausende verhungerten, viele flüchteten in die Kapkolonie, um dort eine Überlebensmöglichkeit zu finden. Die Bevölkerungszahl ging in den betroffenen Gebieten von 105 000 auf 37 000 zurück.

Viele Xhosa leben heute in industriellen Ballungsgebieten, wo sie die Bindung an die alte Kultur verlieren, die sich jedoch in ihrem Stammland noch erhalten hat.

Allen Stämmen gemeinsam ist Form und Anordnung der Rundhütten (*Rondavels*), deren Wände meist aus Stein, Lehmziegeln und Holzpfählen erbaut sind. Sie sind farbig getüncht und tragen kegelförmige Grasdächer; die Türen sind nach Osten gerichtet. Neben den verstreut im offenen Gelände, meist auf Höhen errichteten Hütten findet sich ein Viehkraal, häufig auch ein Gemüsegarten. Begrenzungen gibt es nicht, alles Land ist Gemeinbesitz. Die meisten Xhosa tragen heute moderne Kleidung; selten sieht man noch ältere Frauen mit den charakteristischen orangefarbenen Gewändern, turbanähnlicher Kopfbedeckung und der langen Tabakpfeife, dem Statussymbol der verheirateten Frau. Das Land ist mittlerweile stark überweidet und zeigt schwere Erosionsschäden (*Dongas*). Da die Landwirtschaft trotz sonst relativ günstiger Voraussetzungen die rasch wachsende Bevölkerung kaum ernähren kann, gehen viele Xhosa als Wanderarbeiter in entwickeltere Gebiete.

» Karte S. 140-141, Info S. 156-157

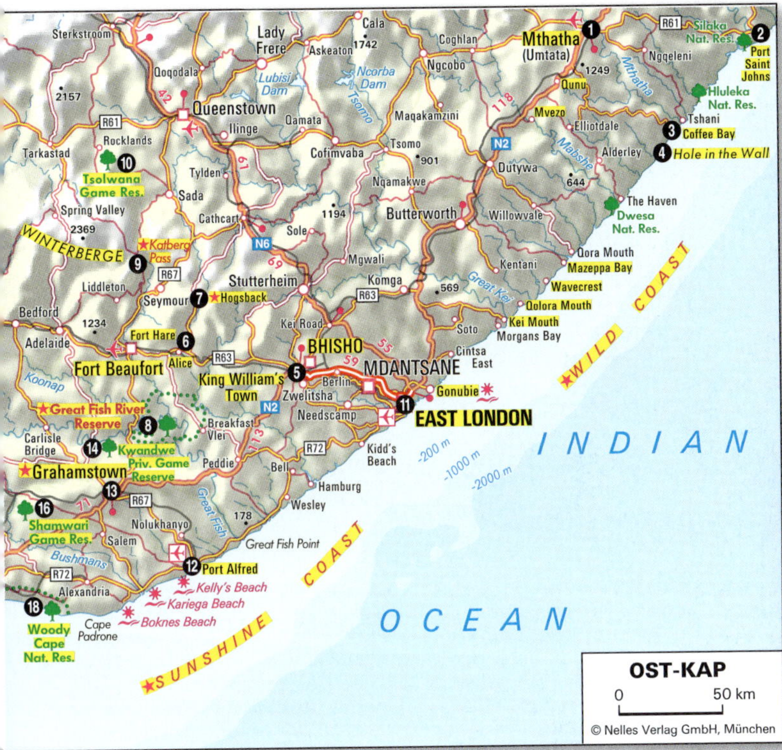

★WILD COAST

Die Küste der ehemaligen Transkei, die **★Wild Coast**, gehört zu den schönsten des südlichen Afrikas. Felsige, oftmals sehr steile Klippen wechseln sich mit sanften grünen Kuppen, kleine einsame Buchten mit prächtigen breiten und sauberen Sandstränden ab; Mangrovensümpfe erreichen hier die Südgrenze ihres Verbreitungsgebiets. Für geologisch, zoologisch (vor allem ornithologisch) und botanisch Interessierte, für Künstler und Fotografen, für Wanderer und – dank der zahlreichen Flussmündungen bzw. Riffe – auch für Angler bzw. Hochseefischer ist dies ein wahres Eldorado: ein Stück noch unzerstörter Natur. Entlang der Küste, von der aus man mit Glück Delfine und im Frühjahr Wale beobachten kann, gibt es viele Möglichkeiten zum Wandern (auch per Mountain Bike oder Pferd), auch Mehrtages-Trails über 6 Tage / 5 Nächte mit Übernachtung in Hotels oder Privatunterkünften. (Info: Eastern Cape Tourism Board / Wild Coast Region, Mthatha; (s. S. 156).

Mthatha ❶ (Umtata), die ehemalige Hauptstadt der Transkei (mit etwa 120 000 Einwohnern) entstand 1879 aus einer Missionsstation, liegt rund 700 m ü. M. am Umtata River und an der N2. Das Rathaus und das ehemalige Parlamentsgebäude (*Bunga*) stammen aus der Kolonialzeit, der Gebäudekom-

Foto: Volkmar E. Janicke

plex der 1976 gegründeten Universität steht am südlichen Stadtrand. An drei historischen Orten ist jeweils ein **Nelson Mandela Museum** entstanden: in **Mvezo**, wo Mandela 1918 geboren wurde, in **Qunu** (20 km südwestlich von Umtata), wo er den größten Teil seiner Kindheit und Jugendzeit verbrachte, sowie im ehemaligen Parlamentsgebäude in **Mthatha** – hier sind unter anderem die Geschenke ausgestellt, die Mandela nach seiner Freilassung und als Staatspräsident erhielt.

Von der N2 zweigen die Straßen zu den Ferienorten an der Küste ab. Sie sind, bis auf die Zufahrten nach Port St. John's und nach Coffee Bay, nicht geteert und mit Vorsicht zu befahren; nicht nur wegen ihres Zustands, sondern auch wegen des Viehs, das mangels Zäunen frei in der Gegend herumläuft. Besonders schwierig zu befahren sind die Straßen bei Regenwetter, für Caravans / Wohnmobile sind sie nicht geeignet.

Oben: Das ehemalige Homeland Transkei gehört zu den ärmsten Regionen Südafrikas. Rechts: Am Strand von Port St. John's.

Port St. John's ❷, ca. 90 km östlich von Mthatha der nördlichste Ferienort der Wild Coast, liegt an der Mündung des **Umzimbuvu River**, der hier zwischen zwei wildromantischen, bis 360 m aufragenden Felsen den Indischen Ozean erreicht. Das Wetter ist das ganze Jahr über ideal, das Baden im Meer auch im Winter möglich. Die üppige Vegetation mit Palmen und anderen subtropischen Bäumen reicht bis an die **Strände**. Der noch immer sehr ursprüngliche Ort zog schon früher Künstler und Rucksacktouristen an. Gute Unterkunft bieten die komfortablen, modernisierten **Umngazi River Bungalows**, die am Fluss, 100 m von der Küste entfernt, in nahezu unberührter Landschaft liegen.

Coffee Bay ❸, weiter südlich an der Küste gelegen (Abzweigung von der N2 bei Jojweni), soll seinen Namen von einem havarierten Schiff haben, dessen Ladung von Kaffeebohnen hier angeblich an den Strand gespült worden ist.

» Karte S. 140-141, Info S. 156-157

Foto: Erhard Pansegrau

Das **Hotel Ocean View** ist eines der am leichtesten zu erreichenden Hotels an der Wild Coast. Es liegt auf einer Anhöhe mit weitem Blick auf die kleine Bucht mit ihrem schönen, breiten Sandstrand.

Lohnendes Ziel für eine Wanderung ist das **Hole in the Wall ❹**, eine vor der Küste im Meer liegende Felsklippe, in die die Brandung ein großes Loch gefräst hat. Unablässig rollen und tosen die Wellen durch diese Öffnung. Nahebei sind in jüngerer Zeit ein Hotel und Ferienwohnungen entstanden.

Weitere reizvolle Ferienorte an der Küste sind unter anderen **Kei Mouth**, **Qolora Mouth**, **Wavecrest** und **Mazeppa Bay**.

Amatola Mountains und Winterberge

Wer das andere Wohngebiet der Xhosa, die ehemalige **Ciskei**, besuchen will, erreicht dies über die Provinzhauptstadt **Bisho** und das benachbarte **King William's Town ❺**. Die ehemalige Missionsstation wurde 1846 Hauptstadt der kurzlebigen Kolonie Britisch-Kaffraria. Das **Südafrikanische Missionsmuseum** in einer alten Missionskirche gibt einen Überblick über Leben und Arbeit von Missionaren verschiedener Glaubensrichtungen. Das 1884 eingerichtete Kaffrarian Museum, heute **★Amathole Museum**, enthält eine der vollständigsten Sammlungen afrikanischer Säugetiere. Als Kuriosität steht hier auch – ausgestopft – *Huberta*, das berühmte Flusspferd, dessen Wanderung über 800 km von der Küste Natals bis hierher 1930 Schlagzeilen machte. Außerdem zeigt das Museum eine sehenswerte anthropologische Ausstellung zur Kultur der Xhosa (www.museum.za.net).

Von King William's Town aus bieten sich lohnende Abstecher in das noch wenig berührte Landesinnere an. Besonders empfehlenswert ist eine Fahrt auf der R63 bis kurz vor **Alice** (55 km) und weiter auf der R345 nach Norden. Unweit von Alice liegt an der R63 die Universität von **Fort Hare ❻**, die 1916 als College für Schwarze gegründet und seit 1923 von der *UNISA* (*University of*

South Africa) betreut wurde. Seit 1970 besitzt sie eigenen Universitätsstatus. Hier hat nicht nur Nelson Mandela sein Jura-Studium begonnen, auch Erzbischof Tutu, der frühere Präsident von Zambia, Kenneth Kaunda, und andere Prominente haben hier studiert. Der Universität gehört eine großartige Sammlung afrikanischer Kunst, die in der ★**De Beers Centenary Gallery** ausgestellt ist.

Nach ca. 28 km ist ★**Hogsback** ❼ erreicht. Das reizvolle Städtchen liegt 1300 m ü. M. am Westrand der dicht bewaldeten **Amatola Mountains** und ist im Sommer wie im Winter ein faszinierenden Ferienziel. Die heimischen Bergwälder mit zahlreichen Wasserfällen sind ein Paradies für Wanderer.

Südlich von Alice wurden die diversen Natur- und Wildschutzgebiete zwischen Großem Fischfluss und Kat River zum ★**Great Fish River Reserve** ❽ (45 000 ha) zusammengeschlossen.

Oben: Flusspferde (Hippos) im Great Fish River Reserve. Rechts: Ananas-Ernte bei East London.

In der Buschveld-Vegetation hat man etliche früher ausgerottete Wildtiere, im Fluss auch Hippos, wieder angesiedelt. Hier ist in steinzeitlichen Siedlungsresten, in Felsbildern der San und in britischen Forts die Historie gegenwärtig. Im nordöstlichen Teil gibt es komfortable Unterkünfte (Lodges, Chalets).

Von der R63 zweigt nach 23 km in **Fort Beaufort** die R67 nach Norden ab, auf der man weiter nördlich die Zufahrt zum gemütlichen **Katberg-Hotel** am Fuß des ★**Katberg Pass** ❾ (1800 m ü. M.) in der **Winterberg-Kette** erreicht. Die Umgebung bietet gute Möglichkeiten zum Wandern, eine Fahrt über den Pass (die sich bei heftigem Regen oder gar Schnee schwierig gestalten kann) bietet bei gutem Wetter unvergleichliche Ausblicke.

Das 1979 gegründete **Tsolwana Game Reserve** ❿, 40 km nördlich, 8500 ha groß, mit Breitmaulnashörnern, Giraffen, Bergzebras und Antilopen, ist noch ohne großen Andrang von Touristen. Es bietet Unterkunft in vier komfortablen Lodges mit voller Bewirtschaftung, ge-

» Karte S. 140-141, Info S. 156-157

führte Wanderungen und Wildbeobachtungen mit dem Geländewagen an.

East London

East London ⓫ ist heute mit King William's Town, Berlin und Mdantsane ein Teil von **Buffalo City**. East London entstand 1848 als Flusshafen an der Mündung des **Buffalo River** – der einzige Fluss Südafrikas mit wirtschaftlicher Bedeutung. Von hier werden v. a. Agrarprodukte verladen (Mais, Ananas, Wolle, Zitrusfrüchte). Am Westufer hat sich Industrie entwickelt, größter Arbeitgeber ist das Mercedes-Benz-Werk. East London ist Verkehrsknotenpunkt, hier treffen die N6 von Norden aus Bloemfontein und die N2 von Nordosten aus KwaZulu-Natal, von Westen aus Kapstadt, zusammen.

Wichtigste Achse der Stadt ist die 5 km lange **Oxford Street** mit dem Hauptgeschäftsviertel und sonstigen wichtigen Einrichtungen. Sie zweigt von der R72 (Fleet Street), die küstenparallel verläuft, nach Norden ab. Die Querstraße Terminus Road führt nach rechts auf den **Bahnhof** zu. Etwas weiter nördlich liegt an der Hauptstraße die **City Hall**, an der nächsten Straßenecke die **Hauptpost**. Die **Ann Bryant Art Gallery**, kurz vor dem Ende der Oxford Street, stellt vor allem Werke südafrikanischer Künstler aus.

Das nördlich davon gelegene ★**East London Museum** ist berühmt wegen eines Fisches, des *Coelacanth*. Er gehört zur Art *Latimeria chalumnae* aus der Ordnung der **Quastenflosser**. Seine Flossen sitzen beschuppten, beinartigen Stummeln auf, was auf eine frühere amphibische Lebensweise hindeutet. Experten meinten, er sei seit 50 Mio. Jahren ausgestorben; der Fang des Exemplars vor East London 1938 erregte enormes Aufsehen. Außerdem zeigt das Museum Objekte der Xhosa-Kultur. Das Hauptgewicht der historischen Abteilung liegt auf der Geschichte der deutschen Siedler. Ihnen wurde an der

Foto: Touristikbüro Südafrika (South African Tourism SATOUR)

Esplanade, die etwa 2 km lang den Strand begleitet, das **German Settler's Memorial** errichtet. Im benachbarten **Aquarium** sind über 400 Arten von Wassertieren zu bewundern, darunter Robben, Haie, Seehunde und Pinguine. Nördlich der Mündung des Buffalo River gibt es schöne **Sandstrände**.

East London ist ein idealer Ausgangspunkt für Ausflüge in die Umgebung. Nach Nordosten werden von der N2 Richtung Mthatha (231 km) die Ferienorte an der Wild Coast erreicht. 20 km entfernt liegt **Gonubie**, ein Geheimtipp für Naturliebhaber. Nach Norden geht die N6 nach Aliwal North (369 km), nach Westen führt die N2 nach King William's Town (63 km).

★SUNSHINE COAST UND ★GRAHAMSTOWN

Die landschaftlich reizvolle R72 verläuft von East London nach Südwesten größtenteils an der Küste nach **Port Alfred** ⓬. Der an einer Lagune des Kowie River gelegene, idyllische Seebadeort

mit rund 30 000 Einwohnern ist Zentrum der ★**Sunshine Coast** (s. S. 157, „Sonnenküste") und des Anbaus von Ananas. Er bietet Strände, hohe Dünen, angenehme Unterkünfte, einen schönen Golfplatz, Möglichkeiten zum Tauchen, Surfen sowie – am Kowie River – zum Angeln, Kanu- und Bootfahren.

Von Port Alfred erreicht man auf der R67 Richtung Nordwesten nach 56 km ★**Grahamstown** ⓭. Als Zentrum des „Settler Country" ist die Stadt ein lebendes Geschichtsbuch der blutigen Auseinandersetzungen zwischen Schwarz und Weiß, die sich hier abgespielt haben. Heute ist die 1812 als Militärposten gegründete Universitätsstadt mit etwa 65 000 Einwohnern vor allem Kulturzentrum, berühmt für ihre vielen Schulen und die *Rhodes University*. Mehr als 40 Kirchen prägen das Stadtbild; die **Bischofskathedrale** (anglikanisch, 1824) am Town Square überragt mit 46 m hohem Turm das Zentrum. Von der Drostdy, dem alten Magistratsgebäude, ist nur noch das Tor vorhanden (heute Eingang zur Universität). Einige der malerischen frühen **Siedlerhäuser** sind – gut restauriert – heute unter Denkmalschutz gestellt (am **Artificer's Square**). Der 1850 angelegte **Botanische Garten** ist einer der ältesten Südafrikas. Das schon 1855 gegründete ★**Albany Museum** umfasst neben den Museen für Geschichte und Kulturgeschichte sowie für Naturkunde das **Observatory Museum**, wo man die einzige *Camera obscura* der südlichen Hemispäre in Aktion sehen kann. In der **International Library of African Music** (*ILAM*) gibt es eine vorzügliche Sammlung afrikanischer Musikinstrumente sowie aufgezeichnete traditionelle afrikanische Musik (Besichtigung nur nach Anmeldung Tel. 046/603 8557, www.ilam.ru.ac.za; Tonträger und nachgebaute Instrumente können erworben werden).

Die Stadt wird vom **Gunfire Hill** überragt. Im jahr 1836 wurde auf diesem Hügel das sternförmige ★**Fort Selwyn** in

Oben: In Grahamstown. Rechts: Schlafgewohnheiten von anno dazumal im Castle Hill Museum in Port Elizabeth.

» Karte S. 140-141, Info S. 156-157

Foto: Erhard Pansegrau

Betrieb genommen, das einen prächtigen Rundblick erlaubt.

In der daneben errichteten Gedenkstätte **1820 Settler's Monument** mit Konferenzzentrum und Theater findet alljährlich im Juli das ★**National Festival of Arts** statt, das größte Kulturereignis im südlichen Afrika – 500 Shows, 50 000 Besucher. Die Anlage ist umgeben von einem **Wild Flower Reserve**, mit Wildpflanzen des Ost-Kap und einem alten Englischen Garten, in dem Lavendel, Vergissmeinnicht und Rosen blühen.

Etwa 30 km von Grahamstown und 2 Stunden von Port Elizabeth entfernt, an der R67 nach Beaufort, entstand **Kwandwe** ⓮, ein wunderschönes privates **Wildschutzgebiet** der *Conservation Corporation*, oberhalb des tief eingeschnittenen Tals des Great Fish River. Auf 15 800 ha sind hier etliche Wildtiere (auch die „Big Five") wieder angesiedelt worden. In der Umgebung finden sich Felsbilder und auch zahlreiche Zeugnisse der einst hier ausgetragenen Grenzkriege.

PORT ELIZABETH

Port Elizabeth ⓯ liegt an der Westküste der **Algoa Bay**, die portugiesische Seefahrer erstmals im 15. Jh. besuchten. 1799 errichteten die Briten hier ein Fort und eine kleine Garnison, die 1820, nach der Landung von 4000 britischen Siedlern, nach Elizabeth, der früh verstorbenen Frau des britischen Gouverneurs Sir Rufane Donkin, ihren Namen erhielt.

Heute ist Port Elizabeth eine der fünf Millionenstädte Südafrikas, Universitätsstadt und bedeutender Hafen- und Industriestandort. Mit dem 37 km nordwestlich gelegenen **Uitenhage** (s. S. 151) ist Port Elizabeth auch Zentrum der südafrikanischen Autoindustrie (VW und GM); beide Städte gehören mit dem zwischen ihnen liegenden Industrieort **Despatch** und den umliegenden Townships zur neuen Agglomeration (*Metropolitan Municipality*) **Nelson Mandela Bay** mit etwa 1,5 Mio. Einwohnern. Am östlichen Rand ist bei Coega ein neuer Tiefseehafen entstanden. Im

» Karte S. 140-141, Info S. 156-157

sehr britisch geprägten Port Elizabeth haben sich viktorianische Bauten neben modernen Hochhäusern behauptet, aber das Stadtbild ist durch ein kreuzungsfreies Schnellstraßensystem z. T. brutal zerschnitten.

Unberührt von der Hektik der Großstadt sind die herrlichen kilometerlangen **Strände**. Hier ist das Meer das ganze Jahr über warm (21-25 °C), hat stellenweise prachtvolle Brandung (für Surfer) und bietet viele Möglichkeiten zum Angeln. Segeln ist ganzjährig möglich. Das Wassersportangebot macht Port Elizabeth für Südafrikaner zu einem beliebten Ferienziel; man sollte deshalb die Zeit der Schulferien meiden. Port Elizabeth ist für europäische Touristen nicht unbedingt ein klassisches Urlaubsziel, ist aber ein günstiger Ausgangspunkt u. a. für die Gartenroute und die Große Karoo.

Der historische Stadtkern, der Marktplatz mit dem **Rathaus** (*City Hall*), liegt auf dem schmalen Streifen, der von der Küste bis zur Main Street reicht. Vor dem Rathaus steht eine Nachbildung des Steinkreuzes, das Bartolomëu Diaz 1488 bei seiner ersten Landung in der Algoa Bay errichtete. Am anderen Ende des Platzes befindet sich die schmuckreiche **Bibliothek** von 1848, davor eine Statue der **Queen Victoria**. Vom unterirdischen **Busbahnhof** unter dem Marktplatz fahren alle städtischen Busse ab.

Von der Stadt durch die Schnellstraße getrennt, steht am Eingang zum Hafen der **Campanile**, ein historistischer Ziegelturm, 1923 zur Erinnerung an die ersten Siedler erbaut. Von der Plattform, die über eine Wendeltreppe mit 204 Stufen zu erreichen ist, hat man einen prächtigen **Blick** über Bucht und Stadt; ein **Glockenspiel** mit 21 Glocken ist dreimal täglich zu hören. Unweit davon liegt der **Hauptbahnhof**.

Hinter der Main Street (Govan Mbeki Avenue) steigt das Gelände um 60-100 m an, z. T. mit Treppen, zum **Donkin Reserve**, einem Rasenplatz mit einer Steinpyramide; er wurde zum Andenken an Elizabeth Donkin von ihrem Mann für alle Zeiten zum Freiraum bestimmt, der nicht bebaut werden darf. Im 1881 errichteten **Leuchtturm** (besteigbar) ist das Informationsbüro (**Nelson Mandela Bay Tourism**) untergebracht.

An der Nordseite sind an der steilen **Donkin Street** eine Reihe von Terrassenhäusern aus viktorianischer Zeit erhalten. Die Häuser sind restauriert und stehen unter Denkmalschutz, ebenso wie das 1859 errichtete neugotische **Old Grey Institute** an der Belmont Terrace, die das Donkin Reserve auf der Höhe begrenzt, sowie das benachbarte, ebenfalls aus britischer Kolonialzeit stammende **Hotel Edward**, das offenbar nicht mehr rentabel restaurierert werden kann und verfällt.

Gegenüber der Donkin Street liegt am unteren Ende der White Road das älteste **Opernhaus** Südafrikas, das noch in Betrieb ist, zugleich das einzige noch intakte Theater aus viktorianischer Zeit (erbaut 1892). Das älteste erhaltene Privathaus der Stadt, **No. 7 Castle Hill**, ist heute kulturhistorisches **Museum**. Belmont Terrace mit dem 1799 erbauten **Fort Frederick** erlaubt einen schönen Blick auf die Mündung des Baakens River und die südlichen Stadtteile.

Größter und ältester Park der Stadt ist der westlich des Zentrums gelegene **St. George's Park**. Am Eingang findet man das **Nelson Mandela Metropolitan Art Museum** (früher King George VI Gallery). Es enthält eine Sammlung britischer und südafrikanischer Kunst sowie orientalischer Porzellane und Miniaturen. Nicht weit davon, an der Ecke Cape Road/Russell Road, findet sich ein merkwürdiges, vielleicht einzigartiges Denkmal, das **Horse Memorial**, im Jahr 1905 errichtet zum Gedenken an die Pferde, die im Burenkrieg umgekommen sind: Es stellt ein Pferd dar, das von seinem vor ihm knienden Reiter getränkt wird.

Rechts: Das Horse Memorial für die im Burenkrieg „gefallenen" Pferde.

» Karte S. 140-141, Info S. 156-157

Foto: Volkmar E. Janicke

Folgt man der Straße entlang der Algoa Bay (M4) nach Südosten, passiert man die **Humewood Station**, von der früher einmal der *Apple Express*, ein Dampflokomotivenzug, Früchte aus dem Langkloof-Tal zum Hafen brachte. Nicht weit von Humewood Station liegt der **Flughafen**. Die nahen Strände, **King's Beach** und **Humewood Beach**, sind mit Stadtbussen zu erreichen. An der Beach Road von Humewood findet man die Attraktion **★Bayworld** mit **Port Elizabeth Museum**, **Oceanarium** und **Snake Park**. Das Ozeanarium zeigt neben Fischen und anderen Meeresbewohnern Robben und Pinguine. Das zum Schlangenpark gehörende **Tropical House** ist für Südafrika einzigartig: hier leben tropische Vögel und Reptilien in tropischer Vegetation. Das angeschlossene PE Museum präsentiert Exponate zur Natur- und Kulturgeschichte.

Etwa 2 km weiter südlich, am **Marine Drive** in Summerstrand, lockt der neue, rund um die Uhr geöffnete und Unterhaltungskomplex **★Boardwalk** mit einem Spielcasino, guten Restaurants und einigen Boutiquen.

20 km westlich lockt der kleine Wildpark **Kragga Kamma** mit Rhinos, Giraffen, Zebras, Affen, Springbucks, Gnus und Geparden; PKW-Selbstfahren erlaubt, auch organisierte Game Drives.

★★Addo Elephant National Park (Greater Addo N. P.)

Von Port Elizabeth ist über die N2 nach Osten über die N10 am Bushman River bei Paterson das private **Shamwari Game Reserve** ⑯ zu erreichen, eine luxuriöse Lodge mit geführter Wildbeobachtung (im Geländewagen oder zu Fuß). Über die R335 kommt man von Port Elizabeth, hinter dem Ort Addo (15 km), zum Gate des **★★Addo Elephant National Park** ⑰, (Greater Addo N. P.), ein mit dem undurchdringlichen immergrünen Dornengestrüpp *Albany Thicket* durchsetztes Gebiet. Hierher hatten sich gegen Ende des 19. Jh. die letzten der ehemals zahlreichen **Elefanten** der Kapprovinz zurückgezogen. Da

Foto: Touristikbüro Südafrika (South African Tourism SATOUR)

sie die intensiv bewirtschafteten Agrarflächen ringsum zerstörten, waren sie rigoros von den Farmern abgeschossen worden. Zu ihrem Schutz wurde 1931 der Nationalpark gegründet; ihre Zahl hat sich hier von anfänglich 11 auf etwa 400 erhöht. Das **Spitzmaulnashorn**, das hier früher auch heimisch, aber seit 1853 ausgerottet war, wurde 1961 mit sieben Tieren aus Kenia wieder angesiedelt. Reste der **Büffel**, die früher die Kapprovinz bevölkerten, haben im Park überlebt, da sie sich mangels Weideflächen auf Laubäsung umgestellt haben. Im undurchdringlichen Dickicht sind die Tiere schwer zu beobachten, wohl aber an Wasserlöchern. Auf nächtlichen Pirschfahrten der Parkverwaltung trifft man neben den *Big Five* (Elefanten, Nashörner, Büffel, Löwen und Leoparden) auch auf nachtaktive Tiere, die man sonst fast nie zu sehen bekommt. Es gibt zudem ein botanisches Schutzgebiet, wo Großwild ausgeschlossen ist.

Oben: Der Malachit-Eisvogel – eine Augenweide.
Rechts: Im Addo Elephant National Park.

1995 wurde dem Addo-Park der **Zuurberg Park** im Nordwesten (34 000 ha) angeschlossen. Das 250-970 m hoch gelegene Bergland, eine großartige Landschaft mit schroffen Bergen und tief eingeschnittenen Tälern, ist für Botanikfreunde von Interesse, weil es hier fünf verschiedene Vegetationstypen gibt: Fynbos und Dickicht (je etwa ein Drittel), ferner Grasland, afrikanischen Bergwald und Halbwüste. In diesem Teil sind ungeführte **Wanderungen** möglich.

Unterkunft bietet im Addo-Park das **Restcamp** (mit Restaurant und Schwimmbad) in Bungalows und Chalets, jeweils mit Dusche/WC sowie Einrichtungen zur Selbstversorgung. In zwei **Schauräumen** im Untergeschoss wird das lokale Ökosystem erläutert und der präparierte Kopf des berühmtesten Elefantenbullen des Parks, *Hapoor* (Schartenohr) ausgestellt. Im Informationsbüro erfährt man Näheres über **Wildbeobachtungsfahrten** (auch bei Nacht) oder geführte **Wanderungen**. Das **Gorah Elephant Camp** ist eine private Lodge im Bereich des National-

» Karte S. 140-141, Info S. 156-157

Foto: Michael Peak / PeakMystique (iStockphoto)

parks, die abgegrenzt und mit eigenem Zugang versehen ist; das alte **Farmhaus** von 1856 (National Monument) enthält Essensräume, Lounge, Bücherei und Shop. Eine weitere private Unterkunft, nahe dem Zuurberg Park, ist das **Zuurberg Mountain Inn**.

Durch den Anschluss des an der **Algoa Bay** gelegenen **Woody Cape Nature Reserve** ⓲ an den Elephant Park entstand ein riesiger Nationalpark, der künftig unter dem Namen **Greater Addo National Park** als Krüger-Alternative beworben werden soll und als erster die „Big Seven" zu bieten hat: die *Big Five* plus **Wale** und **Weiße Haie**. Seit neuestem gehört ein 120 000 ha großes **Marinereservat** dazu, mit **Inseln**, auf denen **Kaptölpel** und **Brillenpinguine** brüten.

DIE ★GROSSE KAROO

Für eine Begegnung mit der Großen Karoo und einen Besuch in Graaff-Reinet ist Port Elizabeth ein idealer Ausgangspunkt. Man verlässt die Stadt auf der N75, die in nördlicher Verlängerung der Main Street nach **Uitenhage** ⓳ führt. Die 1804 gegründete Stadt, die heute fast 300 000 Einwohner hat, ist Sitz bedeutender Autoindustrie (u. a. eines VW-Werks, der größten Automobilfabrik Afrikas) und Autozulieferindustrie (u. a. Goodyear) sowie einer großen Eisenbahn-Reparaturwerkstätte. Zeugnisse der Industrialisierung findet man im **Bahnhof** aus dem Jahr 1875, der zum **Eisenbahnmuseum** umgestaltet wurde, und im **Volkswagen-Museum**.

Nördlich der Stadt führt die R75 über die zum Kap-Faltengebirge gehörenden **Kleinwinterhoekberge**, von deren Höhe man die unendliche Weite der Großen Karoo vor sich liegen hat.

Wer die **★Große Karoo** auf der Hauptverkehrsader zwischen Kapstadt und Johannesburg mit der Bahn oder dem Auto durchquert, wird als ersten Eindruck den einer unendlichen Weite, großer Einsamkeit und karger Vegetation gewinnen. Manchem mag sie sogar langweilig erscheinen. Wer aber einen Sinn für den Reiz dieser einzigartigen,

Foto: Touristikbüro Südafrika (South African Tourism SATOUR)

sehr afrikanischen Landschaft hat, die Olive Schreiner in *Eine afrikanische Farm* (1883) verewigt hat, nimmt – abseits der üblichen Touristenwege – unvergessliche Eindrücke mit.

Diese 600-1300 m ü. M. hoch gelegene Halbwüste nimmt ein Drittel der Fläche Südafrikas ein. In den Untergrund aus horizontal gelagerten Sedimentschichten ist stellenweise aus der Tiefe Magma eingedrungen und zu hartem Fels namens Dolerit erstarrt. Kräftige Erosion hat weichere Gesteine ausgewaschen und durch die Freilegung der Kluften und Schlote aus schwarzem Dolerit markante Formen geschaffen, die als Kuppen, Rücken, Rippen (*Koppies, Dykes, Sills*) und Tafelberge das Landschaftsbild prägen.

Die tages- und jahreszeitlichen Temperaturschwankungen sind groß. Die ohnehin geringen Niederschläge (bis 600 mm jährlich, von Ost nach West abnehmend) fallen oft als starke Gewitterregen; in manchen Jahren bleiben sie jedoch ganz aus. Die karge Vegetation besteht aus niedrigem, holzigem Gestrüpp, durchsetzt von Sukkulenten (Aloen, Euphorbien, Mittagsblumen und Stapelien, eingeschleppt wurden auch Kakteen und Agaven). Fällt jedoch Regen, blüht eine erstaunliche Vielfalt an Blumen.

Die Trockenheit verleiht der Luft außerordentliche Klarheit. Mittags erscheinen die Konturen hart; im flirrenden Licht sind häufig Luftspiegelungen zu sehen. Gelegentlich entstehen Windhosen. Besonders am frühen Morgen, am Spätnachmittag sowie gegen Abend gewinnt die Landschaft großen Reiz mit weichem Licht, längeren Schatten und manchmal grandiosen Wolkenbildungen.

Der extrem brillante Nachthimmel machte die auf einem Plateau 1600 m ü. M. gelegene Kleinstadt **Sutherland** (110 km nördlich von Matjesfontein, in der Provinz Nord-Kap) im Nordwesten

Oben: Die vom Aussterben bedrohten Bergzebras haben sich im Mountain Zebra National Park wieder vermehrt. Rechts: Die Parsonage Street mit Reinet House in Graaff-Reinet.

» Karte S. 140-141, Info S. 156-157

Foto: Marianne Fries

der Großen Karoo weltbekannt: 13 km vor der Stadt entstand das **South African Astronomical Observatory**. Das größte seiner vier Teleskope (Durchmesser 1,9 m) vermag 80 % des Sternenhimmels darzustellen. Ein neues Riesenteleskop mit einem 11-m-Spiegel ist 2005 fertig gestellt worden; unter dem Namen **SALT** (Southern African Large Telescope) zieht es Astronomen aus aller Welt an (Führungen Mo-Fr um 10.30 und um 14.30 Uhr). Theoretisch könnte man damit selbst noch eine Kerzenflamme auf dem Mond erkennen.

Die wenigen Orte der Karoo sind Oasen, die nur mit Hilfe von künstlicher Bewässerung existieren können. An einigen der unregelmäßig wasserführenden Flüsse wurden Staubecken angelegt. Häufig sieht man Windräder, die Wasser aus der Tiefe pumpen. Sie versorgen auch die Tränken für die Viehherden, die der wichtigste Wirtschaftsfaktor in diesem Gebiet sind. Merinoschafe und Angoraziegen gedeihen hier zwar gut, benötigen jedoch riesige Weideflächen, die zu den Straßen hin abgezäunt sind. Die früher hier wandernden großen Wildherden wurden im 18. und 19. Jh. fast ausgerottet. Heute sieht man gelegentlich Springböcke, Blessböcke und andere Antilopen (*game farming*).

★★Graaff-Reinet

Wie eine Oase liegt auch, 751 m ü. M. am Südfuß der Sneeuberg Mountains, die Stadt **★★Graaff-Reinet ⑳**, benannt nach dem Kap-Gouverneur van der Graaff und seiner Frau Reinet. Als Verwaltungssitz für den neu geschaffenen, in das unruhige Grenzland vorgeschobenen Distrikt wurde 1786 eine Flussschleife des Sundays River ausgewählt, im Südwesten überragt vom markanten **Spandau Kop**, einem charakteristischen Beispiel für die *Koppies* der Karoo. Graaff-Reinet ist heute Wirtschafts- und Handelszentrum mit ca. 50 000 Einwohnern.

Die von Süden in die Stadt führende Hauptstraße, die Church Street, wird im Norden begrenzt durch die im Jahr 1866 errichtete neugotische **Grootkerk**

(Dutch Reformed Church). Dahinter liegen das Rathaus und ein Pulvermagazin von 1831. Viele der schönen alten Häuser stehen unter Denkmalschutz. Es macht Spaß, wie in einem Freilichtmuseum durch die breiten, baumbestandenen Straßen des Städtchens zu schlendern und die Atmosphäre auf sich wirken zu lassen.

In der Parsonage Street findet sich eine Reihe der sorgfältig restaurierten Baudenkmäler. Das **Reinet House**, am Ende der Straße, ist sicher eines der schönsten Beispiele kapholländischer Architektur. Um 1812 als Pfarrhaus erbaut, ist es heute kulturhistorisches Museum mit einer vorzüglichen Sammlung von Möbeln des 18. und frühen 19. Jh. Der 1870 hier gepflanzte **Weinstock** gilt als einer der ältesten des Landes; er trägt immer noch Trauben.

Das **John Rupert Little Theatre** war ursprünglich die Kirche der Londoner Missionsgesellschaft. In der früheren Missionskirche der Niederländisch-Reformierten Kirche zeigt heute das **Hester Rupert Art Museum** Werke südafrikanischer Künstler.

Im 1806 erbauten, restaurierten Gebäude der alten Landvogtei (*Drostdy*) wurde 1977 das wunderschöne, stilvolle und komfortable **Drostdy-Hotel** eingerichtet (jüngst restauriert). Die hinter dem Hotel an der wie ehedem gepflasterten Straße **Stretch's Court** gelegenen kleinen, ursprünglich für Arbeiter errichteten Häuschen wurden zu hübschen Cottages umgestaltet und bilden nun einen Teil der Hotelanlage. Das **Museum**, ehemals Bibliothek, an der Ecke Church / Somerset Street, zeigt neben Fossilien aus der Karoo eine Sammlung von Kleidungsstücken aus der Zeit um 1800.

Oben: Schroffe Felsen im „Tal der Trostlosigkeit" (Valley of Desolation). Rechts: Sukkulenten prägen die Vegetation der Großen Karoo.

Ausflüge von Graaff-Reinet

Der rings um die Stadt geschaffene, 19 400 ha große **Camdeboo National Park** ㉑ soll vor allem die einzigartige

» Karte S. 140-141, Info S. 156-157

Pflanzenwelt dieses Gebietes schützen. Es umschließt nördlich der Stadt den Stausee des Sundays River, **Van Ryneveld Pass Dam**. Ein noch eindrucksvollerer Teil ist das ★**Valley of Desolation** („Tal der Trostlosigkeit"), das seit 1935 Nationaldenkmal ist. Fußwege führen zu den Aussichtspunkten dieses Naturphänomens. Erosion hat hier in Jahrmillionen das Felsplateau der mit Dolerit bedeckten Sedimentschichten tief zerklüftet, steile Abstürze und fantastische, bis zu 120 m hohe Felspfeiler und -türme mit bizarren Formen geschaffen. Das Gestein ist reich an Fossilien, eine Fundgrube für Paläontologen. Die Aussicht nach Süden und Westen über die karge weite Ebene der Karoo, nach Osten auf das vom Sundays River umschlossene grüne Graaff-Reinet, nach Norden auf die Sneeuberg-Kette, die Teil der Großen Randstufe ist, vermittelt unvergessliche Eindrücke.

Wer sich für Kunst des 20. Jh. interessiert, sollte von Graaff-Reinet die 53 km nach **Nieu Bethesda** ㉒ fahren. Hier verblüffen die fantasievollen Skulpturen von Helen Martins im Garten des **Owl House**, in dem die exzentrische Künstlerin (1897-1976) lebte.

Folgt man der N9 weiter nach Norden, zweigt die R61 östlich ab, von der eine kleine Straße kurz vor **Cradock** nach rechts den ★**Mountain Zebra National Park** ㉓ erreicht. Er erstreckt sich über ein Bergland am Ostrand der Großen Karoo, höchster Berg ist der Spitskop (1957 m ü. M.). Der Park wurde 1937 eingerichtet, um das von der Ausrottung bedrohte Bergzebra zu schützen. Heute leben hier mehr als 260 davon, neben diversen Antilopenarten, Pavianen, Straußen und Schakalen. 37 km Schotterstraßen sowie Wanderwege erschließen die typische Karoo-Landschaft mit ihren Kuppen, Rippen und Tafeln aus Dolerit. Die Vegetation unterscheidet sich von der weniger gebirgiger Karoo-Gebiete vor allem durch die vermehrt vorkommenden Bäume, wie Wilde Olive, Sumach und Dorn-Akazie.

Foto: Klaus Minges

Daneben wachsen hier Sukkulenten, Büsche und viele Blütenpflanzen, die vor allem im April blühen. Unterkunft bietet ein Restcamp mit Chalets (mit Kochgelegenheit), Schwimmbad, Restaurant, Laden und Tankstelle.

Wer die unendliche Weite und Einsamkeit der Großen Karoo erleben möchte, sollte sie von Graaff Reinet aus auf der N9 / R61 westlich nach Beaufort West durchfahren. Auf einer Strecke von 209 km trifft man dabei nur auf die kleine Siedlung **Aberdeen** (56 km).

Beaufort West

Als Verkehrsknoten an der N1 und der Bahnlinie Kapstadt-Johannesburg, schon in der Provinz West-Kap, ist **Beaufort West**, 1820 gegründet und heute mit etwa 30 000 Einwohnern, Handelszentrum für das umliegende Merinoschafzuchtgebiet. Die frühe Einrichtung von Bewässerungsanlagen hat die Stadt zu einer Oase in der extrem trockenen Umgebung gemacht. Die Straßen sind von Birnbäumen gesäumt, sie machen

» Karte S. 140-141, Info S. 156-157

die Stadt zur Zeit der Blüte im September und Oktober sehr reizvoll. Die mittleren Temperaturen betragen im Januar 32 °C, im Juli 18 °C, es fallen hier jährlich im Durchschnitt nur 223 mm Niederschläge.

Nordwestlich der Stadt wurde auf einer Ebene und am Rand der Nuweveld Mountains, 825-1911 m ü. M., der ★**Karoo National Park** mit einer Fläche von rund 77 000 ha eingerichtet. Hier sollen die einzigartige Flora und Fauna der Trockenzone sowie die Fossilien-Schätze der Großen Karoo geschützt und erlebbar gemacht werden. Von den Tierarten, die noch Anfang des 19. Jahrhundert in großer Zahl hier lebten, sind mittlerweile etliche wieder eingeführt worden, und heute leben hier wieder **Springbock**, Bergzebra, Kap-Hartebeest, Spießböcke, Kudus, Klippspringer, Bergriedböcke und Ducker – und neuerdings sogar Löwen. Ferner gibt es im Park Spitzmaulnashörner und fünf Schildkrötenarten. Der **Kaffernadler** („Black Eagle") hat hier sein größtes Brutgebiet im südlichen Afrika. Es gibt ein Projekt zur Dedomestikation des 1870 ausgerotteten **Quagga** aus Steppenzebras.

Ein 400 m langer Weg, der **Fossil Trail**, führt durch eine große Spanne der Erdgeschichte und dokumentiert die Entwicklung der Tierwelt über einen Zeitraum von Millionen von Jahren. Das größte Interesse verdienen Reste von Lebewesen, die zwischen Reptilien und Säugetieren standen, die ***Therapsida***. Einige präparierte Fossilien sind in Glasvitrinen ausgestellt, eine Broschüre erklärt – auch für Laien sehr anschaulich – diese aufregenden Zusammenhänge. Alle Fossilien sind übrigens als National Monument geschützt, Ausgrabung oder Mitnahme werden streng bestraft!

Einen Eindruck von der faszinierenden Flora der Karoo vermittelt der 800 m lange **Bossie Trail**. Unterkunft bieten das attraktive **Karoo Main Restcamp** mit Restaurant; ein spartanischeres Camp und ein Zeltplatz.

OST-KAP

Eastern Cape Tourism Board, Head Office Beacon Bay, Tel. 043/701 9600, www.ectourism.co.za.

Eastern Cape – Wild Coast Region, Tel. 047/531 5290, www.wildcoastholidays.com.

BAHN: Von Johannesburg tägliche Verbindungen (über Bloemfontein) nach East London u. Port Elizabeth (etwa je 20 Std.).

BUS: Port Elizabeth und East London sind mit Durban, Johannesburg, Kapstadt und Mthatha durch Busse von *Translux* verbunden, mit Johannesburg und Kapstadt auch mit *Intercape*. Angefahren werden größere Orte wie Grahamstown, Cradock, King William's Town, Graaff-Reinet sowie an der Gartenroute liegende Orte.

FLUG: **South African Airways** und **SA Airlink** fliegen regelmäßig von Johannesburg, Durban und Kapstadt, nach Port Elizabeth, von East London nach Bloemfontein, Johannesburg, Kapstadt und Mthatha.

NATIONALPARKS: Für Auskünfte und Buchungen für **Greater Addo National Park**, **Mountain Zebra National Park**, **Camdeboo National Park** und **Karoo National Park** ist *SANParks* (www.sanparks.org; s. Seite 243) zuständig.

PRIVATE WILDRESERVATE: **Kwandwe Game Reserve** (am Great Fish River), Tel. 046/622 7897, www.kwandwe.com.

Shamwari Game Reserve (bei Paterson), Tel. 042/203 1111, www.shamwari.com.

Kariega Game Reserve (bei Kenton-on-Sea), Tel. 046/636 7904, www.kariega.co.za.

Auskünfte über: **Amatola Mountains**, **Hogsback**, **Tsolwana Game Reserve**, **Great Fish River Nature Reserve** erhält man bei **Eastern Cape Tourism Board** (Adresse s. o.).

AMATOLA & HOGSBACK HIKING TRAILS: **South African Hiking Trails**, Tel. 043/642 4148, www.sahikes.co.za.

Hogsback Tourism, Tel. 045/962 1340, www.hogsback.co.za.

Hogsback Visitors Information Centre, Tel. 082/962 1245, www.hogsback.com.

» Karte S. 140-141

LAND DER XHOSA

Wild Coast Holiday Reservations, Mthatha, Tel. 043/743 6181, Fax 743 6181, www.wildcoast.co.za.

Die lange Küste bietet wunderbare Wandermöglichkeiten; 4- bis 6-tägige Touren zu Fuß oder zu Pferd werden angeboten, darunter der **Strandloper Hiking Trail**, Tel. 043/841 1046, www.strandlopertrails.org.za. **Wild Coast Hiking Trails**, Tel. 082/507 2256, www.wildcoasthikes.com.

ALICE: **De Beers Centenary Gallery**, Mo-Fr 7.30-16.30 Uhr, Tel. 040/602 2277.
KING WILLIAM'S TOWN: **Amathole Museum**, geöffnet Mo-Do 8-16.30, Fr 8-16 Uhr, Albert Road. **South African Missionary Museum**, Mo-Fr 9-16.30 Uhr, Sa 9-13 Uhr, So 14-16.30 Uhr, Berkeley St.

EAST LONDON

Telefon-Vorwahl: 043,
Postleitzahl: 5200

East London Museum, Mo-Fr 9.30-17, Sa 14-17, So 11-16 Uhr.
Ann Bryant Art Gallery, Mo-Fr 9-17, Sa 9-12 Uhr. **Aquarium**, Tel. 043/705 2637.

SUNSHINE COAST UND PORT ALFRED (NDLAMBE)

Telefon-Vorwahl: 046,
Postleitzahl: 6170.

Ndlambe Municipality, Tel. 046/624 1140, ist der Zusammenschluss der Nachbargemeinden Alexandria, Bathurst, Bocknes, Bushmansrivermouth, Cannon Rocks und Kenton on Sea. Hier finden Urlauber die längste Sonnenscheindauer Südafrikas und einen idealen Sandstrand vor. www.ndlambe.co.za. Sunshine Coast, Tel. 046/648 2418, www.kenton.co.za.

An der endlosen Küste kann man wunderbar wandern, Kajak fahren und segeln.

GRAHAMSTOWN

Telefon-Vorwahl: 046,
Postleitzahl: 6140.

Tourism Makana (Grahamstown), Tel. 046/622 3241, www.grahamstown.co.za.

Museen in Grahamstown: geöffnet Di-Fr 9.30-13 und 14-17 Uhr, Sa 9-13 Uhr.

PORT ELIZABETH

Telefon-Vorwahl: 041,
Postleitzahl: 6000

Port Elizabeth Tourism, Donkin Reserve, Tel. 585 8884, www.ibhayi.com. **Automobile Association (AA)**, Greenacres Shopping Centre, Cape Road, Newton Park 2, Tel. 34 1313

Campanile, zu besteigen Di-Sa 9-17 Uhr, So 14-17 Uhr. **No. 7 Castle Hill Museum**, Mo 14-17 Uhr, Di-Sa 9-17 Uhr.
Nelson Mandela Metropolitan Art Museum, Mo-Fr 9-17, Di, Sa u. So 14-17 Uhr, 1. So im Monat 9-14 Uhr, www.artmuseum.co.za. **Bayworld**, Komplex mit Museum, Oceanarium 9-16.30 Uhr (Oceanarium 12.45-13.45 geschl.), Schlangen: täglich um 12 Uhr, Pinguin-und Robben Show: täglich um 11 und 15 Uhr.

DIE GROSSE KAROO

Graaff-Reinet Publicity Association, Ecke Church St., Tel. 049/892 4248, www.graaffreinet.co.za. **Central Karoo Information**, 25 Donkin St., Beaufort West, Tel. 023/415 1488, www.beaufortwest.net.

GRAAFF-REINET: **Reinet House** und **Old Library Museum**, Mo-Fr 8-12.30 und 14-17 Uhr, Sa 9-15 Uhr, So 9-16 Uhr. **Hester Rupert Art Museum**, Mo-Fr 9-12.30 und 14-17 Uhr, Sa und So 9-12 Uhr.

Sehr schöne Wanderwege bietet der **Camdeboo National Park** und – als Höhepunkt – das **Valley of Desolation**, 14 km vom Stadtzentrum, westlich des **Nqweba Dam**.

… Bathan (Fotolia)

Blick von der Waterfront auf Kapstadt und den Tafelberg

Foto: Per-André Hoffmann

WEST-KAP

GARTENROUTE
OUDTSHOORN, KLEINE KAROO
DAS WEINLAND
SÜDSPITZE AFRIKAS
FALSE BAY
KAPSTADT
TAFELBERG, KAP-HALBINSEL
DIE ATLANTIKKÜSTE

WEST-KAP

West-Kap (*Western Cape*), die viertgrößte Provinz Südafrikas, nimmt den Südwesten des Landes ein, umfasst 10,1 % seiner Fläche und 10,5 % seiner Bevölkerung, die 14,1 % des Bruttosozialprodukts erwirtschaften. 55 % der Bewohner, überwiegend *Coloureds*, sprechen Afrikaans, 19 % Englisch, 24 % Xhosa.

Die Kapketten (Cape fold mountains), stark gefaltete, nahezu küstenparallel verlaufende Gebirgszüge, bestimmen – mit einem Teil der Großen Karoo – im Wesentlichen das Landschaftsbild. Sie schließen breite Längstäler, wie Kleine Karoo und Breede River Valley, und große Becken (Ceres, Elgin) ein. Höchste Erhebung ist mit 2326 m ü. M. der Seweweeks Mountain in der Swartberg-Kette.

Für die ersten Siedler waren die steilen Kapketten mit ihren tief eingeschnittenen Schluchten (*Kloofs*) ein fast unüberwindliches Hindernis; sie sind heute von vielen gut ausgebauten Straßen mit zum Teil grandiosen Gebirgspässen durchzogen. In den Tälern und Becken sind die Sommer heiß und die Winter kühl und regnerisch; in Hochlagen fällt gelegentlich Schnee, der im Winter auch länger liegen bleibt. Die Westküste am kalten, fischreichen Atlantik ist kühl und extrem trocken; die Südküste am warmen Indischen Ozean mit ihrem milden Klima erhält ganzjährig Niederschläge. Im Inneren wird es nach Norden und Westen zu immer trockener und wärmer, die tages- und jahreszeitlichen Temperaturschwankungen nehmen erheblich zu.

Dank ihrer guten wirtschaftlichen Voraussetzungen hat die Provinz die geringste Arbeitslosenrate (18,6 %). Industrie ist vor allem im Ballungsgebiet um Kapstadt angesiedelt. Schwerpunkt der Landwirtschaft sind Spezialkulturen: Wein, Zitrusfrüchte, Äpfel und Gemüse; das Swartland um Malmesbury ist das wichtigste Weizenanbaugebiet Südafrikas. Die vielseitige Provinz ist auch das wichtigste touristische Zielgebiet. Provinzhauptstadt und Südafrikas Parlamentssitz ist Kapstadt.

Links: Proteen bieten ein funkelndes Farbenspiel in der Kap-Region.

★★GARTENROUTE

Die berühmteste Reiseroute in Südafrika, die **★★Gartenroute** (deren östlicher Teil bereits zum Ost-Kap gehört), verläuft nahe der Küste des Indischen Ozeans, etwa zwischen Mossel Bay im Westen und der Mündung des Storms River im Osten. Sie bietet vor der Kulisse der steil aufragenden, blauviolett schimmernden Kapketten eine Küstenebene mit reizvollen Buchten, sauberen, feinsandigen Stränden, Felsklippen und Lagunen, Flüssen in tiefen Schluchten. Hinzu kommt eine üppige, farbenprächtige Vegetation aus Buschland (Fynbos), aber auch mit dichten, ursprünglichen Waldgebieten.

Das Klima ist ganzjährig mild mit mittleren Temperaturen von 20 °C und langer Sonnenscheindauer. Die Niederschläge (etwa 900 mm) sind über das ganze Jahr verteilt. Die Wassertemperatur des Indischen Ozeans ist das ganze Jahr über ideal zum Baden. Die zahlreichen, aus den niederschlagsreicheren Gebirgen kommenden Flüsse sind meist gut geeignet zum Schwimmen, Kanufahren und Angeln. Attraktive Ferienorte bieten Unterkünfte für alle Ansprüche.

Für die meisten Südafrikaner ist dieser stets üppig grüne Landstrich – etwa im Vergleich mit der Dürre der benachbarten Großen Karoo oder der jahreszeitlichen Trockenheit im übrigen Land – ein Garten Eden, der vor allem im Dezember und Januar viele Inlandsgäste anzieht. Für Besucher aus Übersee ist er dann vielleicht aber nicht gar so verlockend.

Viele Touristen benutzen den **Flughafen Port Elizabeth** (Provinz Ost-Kap, s. Karte S. 140) als Ausgangsort für eine Fahrt auf der Gartenroute.

Ein Besuch im reizvollen **★Van Stadens Wild Flower Reserve ❶** (ca. 30 km) mit seltenen Pflanzen des östlichen Kap-Fynbos (viele Protea-Arten) lohnt vor allem im Frühjahr. Eindrucksvoll wird die Schlucht des Van Stadens River von einer 350 m langen Spannbetonbrücke (Spannweite: 198 m) überquert.

Die Küste der **St. Francis Bay ❷**, die für Wellenreiter zu den besten Surf-Gebieten der Welt gehört, erreicht man von der N2 bei **Jeffrey's Bay**, dessen feiner Sandstrand eine Fundgrube für Sammler von Muschelschalen ist. Nach einem Abstecher zum **Cape St. Francis** führt

die R330 bei **Humansdorp** wieder auf die N2. Folgt man ihr, bietet sich nach weiteren 36 km ein lohnender Abstecher an, der über die R62 nach Norden über **Kareedouw** ins **Langkloof-Tal ❸** führt. Dieses charakteristische Längstal der Kapketten erstreckt sich über rund 240 km in Ost-West-Richtung. Von ständig wasserführenden Flüssen bewässert, ist das Tal ein riesiger Obstgarten, der zu den größten Obstanbaugebieten Südafrikas (neben denen der Provinz West-Kap) zählt. Im September und Oktober verwandelt es sich in ein einziges Blütenmeer. Die 130 m tiefe **Schlucht des Storms River** wird von der N2 auf der **Storms River Bridge ❹** überquert, die in einem 192 m langen Bogen das Tal überspannt.

Nach 9 km führt von der N2 eine Straße 7 km nach Süden zum Eingang des **★★Tsitsikamma Park ❺** – Teil des **Garden Route National Park** – und von dort 2 km zum **★Storms River Mouth Camp**, mit voll eingerichteten Unterkünften (Cottages, Chalets, Ferienwohnungen), Restaurant und Laden

» Karte S. 162-163, Info S. 202-205

sowie Campingplatz. Das Schutzgebiet umfasst einen 80 km langen **Küstenstreifen**, der auch ein Meeresschutzgebiet bis 5,5 km vor der Küste einschließt. Der Meeresboden fällt so steil zur Tiefsee ab, dass kein flaches Schelf die Kraft der Brandung mildert; ruhige See ist hier selten. Bei Ebbe werden die zerklüfteten Felsen freigelegt, so dass man im verbleibenden Wasser der Gezeitentümpel vielfältiges und buntes Meeresgetier wie Korallen, Seeigel und Muscheln beobachten kann. Für Taucher ist ein **Unterwasserpfad** ausgewiesen.

Begünstigt durch die ganzjährigen Niederschläge (1200 mm; sehr wasserreich sind Mai und Oktober, sehr trocken Juni und Juli) ist die Vegetation üppig. Der **Wald** ist berühmt wegen seiner bis zu 800 Jahre alten und 50 m hohen **Gelbholzbäume** (*Yellowwood*). Mit Farnen und Blumen durchsetzt, bedeckt er wie ein grüner Wasserfall die steile Küste. Die Fynbos-Vegetation unterscheidet sich wegen der hier größeren Feuchtigkeit von jener im südwestlichen Kapland. Neben vielen Erica-Arten und Proteen wachsen hier auch Lilien und Orchideen. Der Wald ist Heimat von Pavianen, Klippschliefern und kleinen Antilopenarten. In den Waldgebieten und auf den Klippen leben viele Vogelarten, jenseits der Brandung sind manchmal Wale und Delfine zu beobachten.

Den Park kann man ohne Einschränkungen erkunden; mehrere Wanderwege sind gekennzeichnet, darunter der berühmteste südafrikanische Fernwanderweg, der ★**Otter Trail**, der vom Storms River zum **Groot River** im De- Vasselot-Abschnitt des Parks führt. Für die 42 km sind 5 Tage vorgesehen (Blockhütten unterwegs) – Zeit und Muße genug, sich an der großartigen und vielfältigen Küstenlandschaft zu erfreuen. Wegen der großen Nachfrage ist rechtzeitige Anmeldung unbedingt erforderlich und bis zu einem Jahr im voraus möglich (www.sanparks.org).

Das **Tsitsikamma-Land**, benannt nach dem Khoikhoi-Begriff für „viel Wasser", hatte lange als unpassierbar gegolten, bis 1868 Thomas Bain, der

Foto: Karel Gallas (Dreamstime)

wohl berühmteste Straßenbauer Südafrikas, die Aufgabe in Angriff nahm. Erst 1885 konnte die Strecke bis Humansdorp befahren werden. Die alte Straße R102 mit dem **Bloukrans Pass** ❻ wurde jüngst bei einem Unwetter zerstört. Die gebührenpflichtige **N2** überquert als Alternative auf der 460 m langen ★**Bloukrans-Brücke** die 216 m tiefe Schlucht des Bloukrans River, der Grenze zwischen den Provinzen Ost- und West-Kap. Mutige können von der spektakulären Bogenbrücke einen der tiefsten **Bungy-Sprünge** der Welt wagen (Tel. 042/2811 458, www.faceadrenalin.com).

Nach dem **Groot River** ❼, kurz nach der Einmündung der R102 (Nature's Valley), ist linkerhand ★**Monkeyland / Birds of Eden** ❽ ausgeschildert. Im Regenwald von Monkeyland können bei geführten Touren 30 **Affenarten** beobachtet werden, daneben bietet die größte **Voliere** Afrikas einen Rundweg durch die farbenfrohe Vogelwelt (Kombiticket oder getrennt). Unweit liegt **Tenikwa**, ein sehenswertes Gehege für **Raubkatzen**.

Das an einer breiten Lagune gelegene ★**Plettenberg Bay** ❾, das viele Sport- und Ausflugmöglichkeiten bietet, ist der beliebteste Ferienort an der Gartenroute. Er liegt zudem an einer schönen, weit geschwungenen Bucht, der die Portugiesen (1576) den Namen *Bahia Formosa* („wunderschöne Bucht") gaben. 1778 setzte der Gouverneur Joachim van Plettenberg hier auf einer kleinen Halbinsel einen Stein als Schifffahrtszeichen und benannte die Bucht nach sich selbst. Im 19. Jh. entstand eine Walfangstation, auf deren Resten das markante **Beacon Island Hotel** steht; mit *Ocean Safaris* oder *Ocean Blue* kann man dort **Walbeobachtungsfahrten** unternehmen.Beiderseits des Hotels erstrecken sich etwa 20 km schöner **Sandstrand**. Das Meer ist, vor allem nordöstlich von Beacon Island, besonders ruhig und auch für Kinder zum Ba-

Oben: Auf Walbeobachtungsfahrt in der Plettenberg Bay. Rechts: Sonnenaufgang über der Lagune von Knysna.

» Karte S. 162-163, Info S. 202-205

Foto: Hans-Georg Roth

den geeignet. Die Wassertemperaturen liegen zwischen 19 und 23 °C.

Der feinsandige Strand südlich von Beacon Island ist der ruhigere Teil der Bucht. Das anschließende, auf einer spektakulären Halbinsel gelegene **Robberg Nature Reserve** bietet neben eindrucksvollen Wanderwegen ein **Museum** in der Höhle **Nelson Cave** (mit steinzeitlichen Funden *in situ*).

Zwischen Juli und September kommen **Wale** aus der Antarktis in die geschützte Bucht, um hier zu kalben. Ursprünglichkeit, intakte Natur und große Stille machen den Besuch dieses Gebiets zum Erlebnis.

Am Hang der Outeniqua Mountains zwischen Plettenberg Bay und Knysna erstreckt sich der **Knysna Forest**, das größte noch erhaltene ursprüngliche Waldgebiet Südafrikas mit einheimischen Baumarten, die einst als begehrte Hölzer für Möbel- und Schiffbau den Reichtum des Gebiets ausmachten, jetzt aber streng geschützt sind. Einzelne der hier noch stehenden *Stinkwood-* und *Yellowwood*-Bäume sollen 600-800 Jahre alt sein. Zwischen den Restbeständen heimischer Holzarten wurden große Gebiete mit Kiefern, Eukalyptus- und Akazienarten aufgeforstet.

Ein Abstecher führt nach 10 km auf die R339. Die 1897 erbaute Passstraße, größtenteils ohne Teerdecke, steigt kurvenreich an, überquert beim **Prince Alfred's Pass ⑩** (1045 m ü. M.) die Outeniqua Mountains und erreicht (79 km ab N2) **Avontuur** im Langkloof-Tal (116 km bis Oudtshoorn). Die Fahrt auf der Passstraße erfordert etwas Zeit, doch die Großartigkeit der Landschaft entschädigt für den Aufwand.

★**Knysna ⑪** (Aussprache: *Naisna*), reizvoll am Nordufer einer 1800 ha großen Lagune gelegen und heute ein beliebter Ferienort mit historischem Flair, der zum Shoppen verführt, geht zurück auf George Rex, einen britischen Einwanderer, der sich 1804 hier ansiedelte. Er gilt als eigentlicher Gründer der Stadt, die offiziell erst 1825 entstand. Die Niederländisch-Ostindische Kompanie hatte hier schon 1776 eine Holzverladestation eingerichtet; die Lagune

wurde zum wichtigen Holzausfuhrhafen, bis er mit der Eisenbahnlinie 1928 seine Bedeutung verlor und 1953 für Handelsschiffe geschlossen wurde.

Die Stadt Knysna, an einem der schönsten Abschnitte der Gartenroute, eignet sich gut als Basis für Ausflüge und Wanderungen. In zahlreichen Möbelgeschäften kann man die Resultate der Verarbeitung heimischer Hölzer sehen, von denen *Stinkwood* das kostbarste ist. Es hat seinen Namen von dem unangenehmen Geruch des frisch geschnittenen Holzes, dessen Farbe von grau-gelb über braun bis schwarz variiert. Bei den jährlichen Auktionen werden märchenhafte Preise erzielt, denn die Bäumen müssen mindestens 200 Jahre alt werden, bevor sie gefällt und zu Möbeln verarbeitet werden können.

Oben: Im Fynbos, der Vegetation der Kap-Region, gibt es mehr als 600 Heidekraut-Arten. Oben rechts: Neugieriger Fischotter. Rechts: Die Geschichte der Seefahrt im Bartolomëu Diaz Museum in Mossel Bay.

Zwei Inseln in der ★**Knysna-Lagune** sind jeweils durch einen Straßendamm mit dem Ufer verbunden; auf **Thesen Island** wurden viele Ferienhäuser, Restaurants und ein Hotel errichtet. Der Durchlass zum offenen Meer ist von hoch aufragenden rötlichen, mit Flechten bewachsenen Sandsteinfelsen, **The Heads**, flankiert. Der westliche Felsen, 200 m ü. M., gehört zum privaten **Featherbed Nature Reserve**. Auf einem vierstündigen **Bootsausflug** kann man das Gebiet erkunden. Auf der Lagune fahren zwei **Restaurantschiffe**: die *John Benn* und ein Schaufelraddampfer (Tel. 044/382 1693, www.knysnafeatherbed.com). Der Salzgehalt des Wassers in der Lagune wird durch ständige Frischwasserzufuhr des Knysna River vermindert. Das Knysna-Ökosystem steht heute als Teil des Garden Route National Park unter Naturschutz.

Den Kern des 2009 durch Zusammenlegung von Schutzgebieten neu geschaffenen ★**Garden Route National Park** bildet der ★**Wilderness Park** ⓬ – eine Reihe von stimmungs-

» Karte S. 162-163, Info S. 202-205

Foto: Erhard Pansegrau

vollen **Seen**; ehemaligen Lagunen, die durch einen schmalen Dünengürtel von einem 28 km langen Teil der Küste getrennt sind. Nicht dazu gehört **Groenvlei**, südlich der N2 gelegen und ohne Zugang zum Meer. **Swartvlei**, der größte der Seen, hat ein Ästuar, das bei dem Ort Sedgefield das Meer erreicht. **Rondevlei**, **Langvlei** und **Eilandvlei** stehen mit dem Meer durch die Überflutungsebenen von Duiwe und Touws River in Verbindung. Das Gebiet ist reich an Wasservögeln, die ruhige Landschaft mit Möglichkeiten zum Wassersport und zum Angeln ist ein beliebtes Ferienziel.

Wilderness ⓭, ein kleiner Ort voller Blumen und beliebter Rastplatz an der Gartenroute, bietet mehrere attraktive Unterkünfte, auch Camps für Wohnmobilfahrer.

Auf der Weiterfahrt nach George passiert die N2 eine **Brücke**, die den tief eingeschnittenen **Kaaiman's River** kurz vor seiner Mündung überquert. Auch eine Eisenbahnbrücke überspannt fotogen den Fluss; nach Flutschäden auf der Strecke Knysna – George fährt der früher beliebte historische Dampfzug *Outeniqua Choo-Tjoe* jedoch nicht mehr.

George ⓮, 1811 gegründet und nach dem britischen König Georg III. benannt, liegt 8 km von der Küste auf einer Ebene (226 m ü. M.) am Fuß der Outeniqua-Berge. Die Gartenstadt mit 150 000 Einwohnern ist ein beliebter Wohnsitz für Pensionäre. Der Flughafen liegt 10 km südwestlich der Stadt.

In **Mossel Bay ⓯**, 66 km westlich von George, betrat Bartolomëu Diaz 1488 erstmals den Boden Südafrikas, 15 Jahre bevor das erste europäische Schiff in der Tafelbucht ankerte. Zur Erinnerung an den fünfhundertsten Jahrestag wurde 1988 der ★**Bartolomëu Diaz Museum Complex** eröffnet. Ein Seemann hängte 1500 hier eine Nachricht in einem Stiefel an einen Milkwood-Baum, unter dem eine Quelle die Seefahrer mit Süßwasser versorgte. Der Brief wurde später von anderen Seeleuten gefunden und mitgenommen. Daraus entwickelte sich der Brauch, über diesen – noch vorhandenen – Baum Nach-

Foto: Volkmar E. Janicke

richten zu übermitteln. Heute wird Post, die dort in einen Briefkasten geworfen wird, mit dem Stempel *Old Post Office Tree* versehen.

Der seit 1848 selbstständige Ort erhielt seinen Namen nach den vielen Muscheln, die es in dieser Bucht gibt. Obwohl immer noch ein beliebter, viel besuchter Ferienort, hat sich Mossel Bay in den letzten Jahren stark gewandelt: Er wurde zu einem wichtigen Industriestandort, seit vor der Küste Erdgas gefördert und in einer großen Raffinerie zu Treibstoff verarbeitet wird (*Petro SA*). Die Anlagen liegen jedoch außerhalb der Stadt, Mossel Bays Charakter als Hafenstädtchen blieb erhalten.

OUDTSHOORN UND DIE ★KLEINE KAROO

Die **★Kleine Karoo**, eine weite, 300 m ü. M. gelegene, vom Olifants River durchzogene Ebene, erstreckt sich etwa 100 km in Nord-Süd-Richtung und 300 km in Ost-West-Richtung. Die Kette der Swartberge trennt sie im Norden von der Großen Karoo; die Langeberg-Kette sowie die Outeniqua Mountains grenzen sie im Süden gegen den Indischen Ozean ab. Die Luft ist im Winter frisch und klar, im Sommer heiß, aber mit nur geringer Feuchtigkeit. Die wenigen Niederschläge (230 mm) fallen über das ganze Jahr verteilt. Die ausreichende Bewässerung wird gesichert durch die vielen aus den Bergen kommenden Flüsse, die ganzjährig Wasser führen. Angebaut werden Getreide, Tabak, Früchte und Wein; die Reben gedeihen v. a. auf sandigen bewässerten Schwemmlandböden und werden hauptsächlich zu Tafel-, Dessert-, und Branntweinen, aber auch zu hochwertigen Portweinen ausgebaut. Bedeutend ist auch der Anbau von Luzerne, das bevorzugte Futter für die hier gezüchteten Strauße.

Oben und rechts: Straußenzucht in Oudtshoorn, in der Kleinen Karoo.

Die Straußenzucht hat **Oudtshoorn** ⓰ weltberühmt gemacht. Die Stadt, 1847 gegründet, ist nicht nur

» Karte S. 162-163, Info S. 202-205

Foto: Hans-Georg Roth

Mittelpunkt der Kleinen Karoo, sondern auch ihr größtes und wichtigstes Zentrum, vor allem als Touristen-Stützpunkt. In **Arbeitsgenot** – heute Museum – wohnte Cornelis Jacob Langenhoven, einer der populärsten afrikaanssprachigen Schriftsteller (1873-1932). Zum **C. P. Nel Museum**, einem 1906 als Schule errichteten Bau mit prächtigem Uhrturm, gehört auch der Jugendstilbau des ehemaligen Rathauses. Es enthält vor allem Wissenswertes und Kurioses rund um die Straußenzucht, die – dank der hier optimalen Bedingungen – mit der Straußenfeder-Mode nach 1880 ihre Blütezeit erlebte. Damals gab es mehr als 750 000 Strauße; 1913 wurden 465 000 kg Federn exportiert.

Aus dieser Zeit stammen die prunkvollen Villen der neureichen „Straußen-Barone". Nach drastischem Rückgang während und nach dem Ersten Weltkrieg und in jüngerer Zeit aufgrund der immensen durch die Vogelgrippe angerichteten Schäden hat sich das Geschäft inzwischen wieder erholt; die Straußenzucht ist noch immer ein Wirtschaftsfaktor. Mit gegenwärtig etwa 300 000 Straußen ist die Zucht zu einer perfekt organisierten Industrie geworden. Neben den Federn werden auch Fleisch, Eier, Knochen und Haut (Leder) weltweit vermarktet.

Vier ★**Straußenfarmen**, die täglich Führungen (in mehreren Sprachen) veranstalten, sind eine große Touristenattraktion in der Nähe von Oudtshoorn. Auf den zweistündigen Führungen erhält man interessante Informationen über die Straußenzucht als Wirtschaftszweig. In angeschlossenen Läden werden Produkte aus Straußenleder und Souvenirs verkauft. Auf der R62/R328 erreicht man nach 4 km die **Safari Ostrich Show Farm**, auf der man Strauß-Reiten, Straußensteak essen und den prächtigen Straußen-Palast *Welgeluk* von außen bewundern kann. 6 km weiter findet man die **Highgate Ostrich Farm**. An der nach Norden führenden R328 liegt die **Cango Ostrich Farm**.

Ebenfalls am Nordrand von Oudtshoorn an der R328 findet man die **Cango Wildlife Ranch**, ein Tierpark

Foto: Touristikbüro Südafrika (South African Tourism SATOUR)

und Aufzuchtstation mit sehenswerten Großkatzen, Schlangenhaus, Flusspferdbecken und Gepardenzentrum.

Eine weitere Attraktion sind die ★**Cango Caves** ⓱, 28 km von Oudtshoorn. Von dem Höhlensystem in einem Kalksteinlager am Fuß der Swartberge sind 1200 m zugänglich; durch die riesigen Hallen und Gänge mit fantastischen Tropfsteingebilden führen stündlich Touren.

Die ★**Swartberge**, im Norden der Kleinen Karoo, sind wohl einer der eindrucksvollsten Gebirgszüge im südlichen Afrika. Sie bilden eine etwa 200 km lange und bis 2326 m hohe Barriere zwischen der Großen und der Kleinen Karoo und zeigen eine schier endlos scheinende Folge von Gipfeln, Kämmen und Kliffen, durchsetzt von tiefen Schluchten. Die bizarren, durch vielfältige starke Faltungen und Verwerfungen strukturierten Sandsteinschichten mit ihren an glimmendes Feuer erinnernden Farben bieten einen überwältigenden Anblick. Im Winter kann es bis auf 1200 m herab schneien, der meiste Regen fällt im März und August. In der Flora, die zum **Kap-Florenreich** (*Cape Floral Kingdom*) und so zum UNESCO-Welterbe gehört, finden sich sowohl Vertreter des Kap-Fynbos mit Protea-, Immortellen- und Erica-Arten als auch Karoo-Vegetation mit Dornbüschen, Aloen und Euphorbien.

Oben: Der Swartberg Pass gilt als Meisterleistung des Straßenbaus. Rechts: Wanderer in der Karoo.

Von drei Pässen, die die Swartberge queren, ist der ★★**Swartberg Pass** ⓲ mit 1568 m ü. M. der höchste und landschaftlich spektakulärste. Er gilt als Meisterleistung des Straßenbauers Thomas Bain. Die Straße, die 13 km hinter den Cango Caves beginnt, ist unbefestigt, aber bei trockenem Wetter problemlos zu befahren. Sie trifft 31 km nach der Passhöhe am Nordfuß der Kette auf den kleinen Ort **Prince Albert** ⓳, berühmt für Pfirsiche und Aprikosen. Im **Swartberg Hotel** lohnt die Übernachtung, falls man die Pass-Straße von Nord nach Süd befahren und dabei den canyonartig eingeschnittenen Anfang

» Karte S. 162-163, Info S. 202-205

Foto: Bryan Lever (iStockphoto)

mit seinen prächtigen Farben im Morgenlicht erleben kann.

Der zweite, östlichste Pass, der von Oudtshoorn über den Gebirgszug führt, der **Meiringspoort** ⑳, ist mit 716 m ü. M. der niedrigste und verkehrsreichste (N12, Oudtshoorn-Beaufort West).

Die Kleine Karoo ist abseits von Oudtshoorn, den Cango Caves und den Straußenfarmen relativ unberührt, landschaftlich sehr eindrucksvoll und eine lohnende Entdeckung. Statt in Richtung Kapstadt weiter die verkehrsreiche N2 zu nehmen, bietet sich von Oudtshoorn nach Westen die **Route 62** (R62) an (bis Montagu ca. 230 km). Sie führt durch die faszinierende, abwechslungsreiche Landschaft der Kleinen Karoo. Nach 38 km erreicht sie das kleine Städtchen **Calitzdorp** ㉑. Es spielt an der **Klein Karoo Wine Route** (www.kleinkaroowines.co.za) eine beachtliche Rolle, v. a. dank seiner Portweine, die ihm Auszeichnungen und den Titel „Südafrikas Portwein-Hauptstadt" eingebracht haben. Im kleinen, aber sehr gemütlichen **Dorpshuis** neben der Kirche ist man gut untergebracht und wird ausgezeichnet versorgt.

Nach ca. 40 km stößt man auf die Abzweigung nach Norden zum dritten der spektakulären Swartberg-Pässe, dem ★**Seweweekspoort** ㉒. Die Straße ist nicht geteert, aber gut zu befahren; sie steigt kaum an, sondern schlängelt sich als Talpass 21 km lang durch ein wildes, vielfarbiges Gebirge. Wer nicht die Anschlussstrecke nach Lainsburg (an der N1) nehmen will, sollte sich den grandiosen Eindruck trotzdem nicht entgehen lassen, sondern wenigstens einen Teil der Passstraße von Süden aus befahren und dann umkehren.

Ladismith ㉓, 1850 von Briten gegründet, liegt am Fuß der Klein-Swartberg-Kette, überragt vom 2203 m hohen **Towerkop**. Von Ladismith führt die R62 nach Westen bis Barrydale (114 km) und von dort kommt man entweder nach Süden über den großartigen ★**Tradouw Pass** auf die N2 (18 km; von hier über Swellendam bis Kapstadt 215 km), oder über den **Cogmans-Kloof Pass** ins Breede River Valley (s. S. 173).

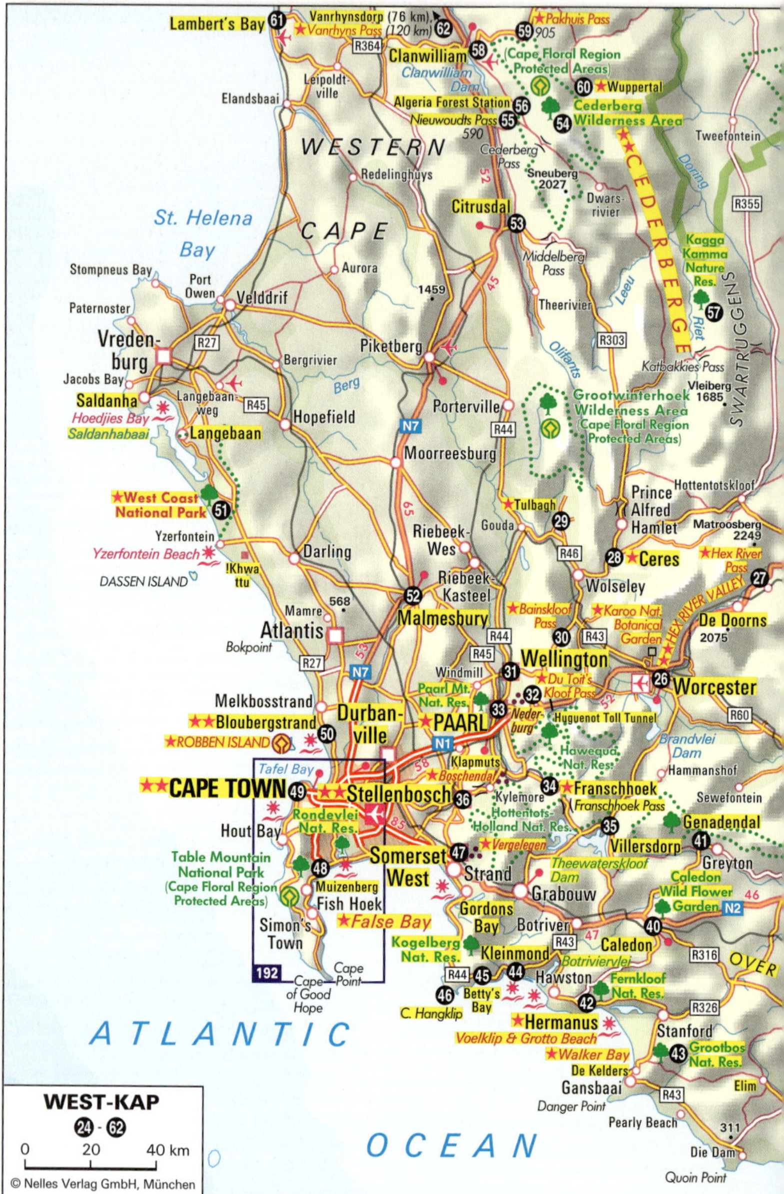

Lambert's Bay
Vanrhynsdorp (76 km)
★Vanrhyns Pass (120 km)
★Pakhuis Pass
905
Clanwilliam
Clanwilliam Dam
(Cape Floral Region Protected Areas)
★Wuppertal
Leipoldtville
Elandsbaai
Algeria Forest Station
Cederberg Wilderness Area
Nieuwoudts Pass
590
Tweefontein
WESTERN CAPE
Cederberg Pass
Sneuberg 2027
★★CEDERBERGE
Doring
Redelinghuys
Dwarsrivier
R355
St. Helena Bay
Citrusdal
Kagga Kamma Nature Res.
Middelberg Pass
Stompneus Bay
Port Owen
Aurora
Leeu
1459
SWARTRUGGENS
Velddrif
Theerivier
Riet
Paternoster
R27
R303
Vredenburg
Piketberg
Olifants
Katbakkies Pass
Jacobs Bay
Bergrivier
Vleiberg 1685
Saldanha
Langebaanweg
Berg
Grootwinterhoek Wilderness Area (Cape Floral Region Protected Areas)
Hoedjies Bay
R45
Porterville
Saldanhabaai
Hopefield
Langebaan
N7
R44
Moorreesburg
★West Coast National Park
Hottentotskloof
★Tulbagh
Prince Alfred Hamlet
Gouda
Matroosberg 2249
Yzerfontein
Riebeek-Wes
Yzerfontein Beach
Darling
R46
★Ceres
★Hex River Pass
!Khwa ttu
DASSEN ISLAND
Riebeek-Kasteel
Wolseley
HEX RIVER VALLEY
568
Mamre
Malmesbury
★Bainskloof Pass
★Karoo Nat. Botanical Garden
De Doorns 2075
Atlantis
R44
R43
Bokpoint
R45
Wellington
R27
Windmill
★Du Toit's Kloof Pass
Worcester
Melkbosstrand
Paarl Mt. Nat. Res.
Durbanville
★PAARL
Nederburg
Huguenot Toll Tunnel
R60
★★Bloubergstrand
N1
★ROBBEN ISLAND
Hawequa Nat. Res.
Brandvlei Dam
Klapmuts
Tafel Bay
★Boschendal
Hammanshof
★★CAPE TOWN
★★Stellenbosch
Kylemore
★Franschhoek
Franschhoek Pass
Sewefontein
Rondevlei Nat. Res.
Hottentots-Holland Nat. Res.
Genadendal
Hout Bay
Villersdorp
Table Mountain National Park (Cape Floral Region Protected Areas)
Somerset West
★Vergelegen
Greyton
Theewaterskloof Dam
Strand
Caledon Wild Flower Garden
Muizenberg
Grabouw
Fish Hoek
Gordons Bay
N2
Simon's Town
★False Bay
Botriver
Caledon
R43
Kogelberg Nat. Res.
Kleinmond
R316
OVER
Botriviervlei
192
Cape Point
R44
Hawston
Fernkloof Nat. Res.
Cape of Good Hope
Betty's Bay
C. Hangklip
R326
★Hermanus
Stanford
ATLANTIC OCEAN
Voelklip & Grotto Beach
★Walker Bay
Grootbos Nat. Res.
De Kelders
Gansbaai
Elim
R43
Danger Point
Pearly Beach
311
Die Dam
Quoin Point
WEST-KAP
24 - 62
0 20 40 km
© Nelles Verlag GmbH, München

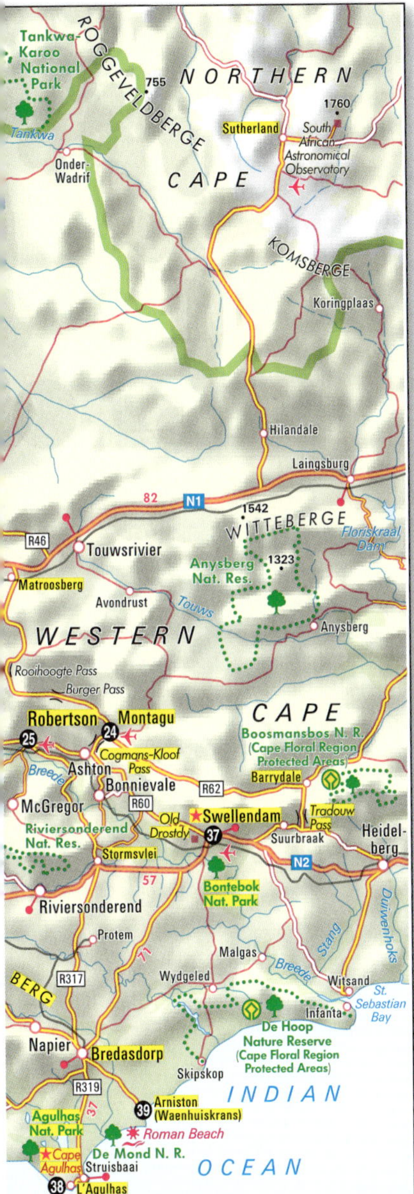

DAS WEINLAND

Die **Cape Winelands**, auch *Boland* („Hinterland") genannt, umfassen die Gebiete um Stellenbosch, Paarl und Franschhoek, Breede und Hex River Valley, Wellington, Tulbagh, Helderberg (Vergelegen) sowie Walker Bay (Hermanus). Es gibt zahlreiche Weinrouten mit Wegweisern zu Weingütern; viele sind zu besichtigen und laden zu Weinproben ein (s. S. 204).

Von Osten / Ladismith erreicht man via **Barrydale** auf der R62 **Montagu** ㉔ (114 km), einen beliebten Ferienort und das Tor zur Kleinen Karoo. Montagu, mit seinen Thermalquellen, denkmalgeschützten Häusern und einem Museum, liegt inmitten einer Obst- und Weinbaugegend mit vielen Wandermöglichkeiten.

Über den **Cogmans-Kloof Pass** kommt man nach 16 km in Robertson auf die R60, die im **Breede River Valley** nach Nordwesten bis Worcester zur N1 führt. Das breite Flusstal ist das größte Weinanbaugebiet Südafrikas.

Robertson ㉕ am Fuß der Langberge, ist berühmt für seine Weine, seine Rosengärten und Jakaranda-Bäume sowie seine rassigen Vollblutpferde. Im Sommer muss wegen der geringen Niederschläge ein Teil der Felder bewässert werden.

Worcester ㉖, 1820 gegründet, liegt verkehrsgünstig an der R60/N1 im breiten Tal des Breede River, überragt von imposanten Bergen, die im Norden bis über 2000 m ü. M. ansteigen. Eine Reihe schöner kapholländischer Häuser ist im Stadtgebiet erhalten, darunter die **Drostdy** (Landvogtei) von 1825. Das sehr interessante ★**Kleinplasie Open Air Museum** zeigt die Lebensweise der Siedler früherer Zeiten, ihr Haus mit dem traditionellen Bauerngarten, Handwerkszeug und auch die zur Farm gehörenden Tiere.

Mit nahezu 100 000 Einwohnern ist die Stadt ein wichtiges Wirtschaftszentrum für das Tal des Breede River. Der

Foto: Hans-Georg Roth

Worcester Wine District trägt etwa 20 % zur Traubenernte Südafrikas bei. Der größte Teil wird zu Brandy verarbeitet. Im **KWV House of Brandy**, der weltgrößten Anlage dieser Art unter einem Dach, sind Besucher willkommen (Besichtigung und Führung s. S. 205).

Lohnend ist auch ein Besuch des ★**Karoo National Botanical Garden** am Fuß des Brandbergs im Norden der Stadt, von der N1 leicht zu erreichen. Er ist spezialisiert auf Pflanzen aus Südafrikas Trockengebieten, die aus klimatischen Gründen im Botanischen Garten Kirstenbosch nicht gedeihen.

Das fruchtbare ★★**Hex River Valley** nordöstlich der Stadt, 22 km lang und bis zu 4 km breit, ist eine der großartigsten Landschaften Südafrikas. Es war schon ab 1709 Weidegebiet und nur von wenigen Farmern bewohnt. Das änderte sich, als 1875 mit dem Bau der Eisenbahnlinie begonnen wurde. Das im Norden vom Wall der Hex River Mountains (bis 2249 m ü. M.) begleitete Tal erhält ausreichend Winterregen und kann im Sommer aus dem Hex River bewässert werden. Es hat sich zu Südafrikas bedeutendstem Anbaugebiet für Tafeltrauben (65 % der Ernte gehen in den Export) entwickelt. Zusätzlichen Reiz gewinnt das eindrucksvolle Tal, wenn im Sommer zwischen den grünen Blättern die vollen Trauben hängen, im Herbst während der Lese, im Spätherbst und frühen Winter (Juni), wenn sich die Blätter der hier vor allem angebauten, 1909 aus Algerien eingeführten *Barlinka*-Rebe, tief rot färben.

Am **Hex River Valley Railway Pass**, einem der spektakulärsten Eisenbahnpässe der Welt, hatte die 1875 gebaute Bahnlinie die Höhendifferenz zwischen den Bahnstationen **De Doorns** (477 m ü. M.) und **Matroosberg** (959 m ü. M.) auf 25 km in zahlreichen Kurven zu überwinden. Zwischen 1948 und 1989 wurde die Strecke durch den Bau von vier Tunnels (insgesamt rund 16 km) um

Oben: Viele Wohnhäuser aus dem 18. Jh. machen Tulbagh zum architektonischen Schmuckstück. Rechts: Weinlese mit Helmlampen bis spät in die Nacht.

» Karte S. 172-173, Info S. 202-205

Foto: Hans-Georg Roth

8 km verkürzt. Für die Fahrgäste ging dadurch ein Teil der großartigen Aussicht auf der Strecke verloren. Die kann man noch von der in Richtung Große Karoo führenden Straße (N1) genießen, die auf 965 m ü. M. über den ★**Hex River Pass** ㉗ verläuft.

Kurz danach zweigt nach Norden die R46 nach ★**Ceres** ㉘ ab. Inmitten eines großen, durch mehr als 2000 m hohe Bergzüge geschützten fruchtbaren Beckens mit zahlreichen Staudämmen, liegt das wichtigste Obstanbaugebiet Südafrikas, zugleich Zentrum der Erzeugung von ungezuckerten und daher sehr beliebten Fruchtsäften. Lager, Verarbeitung und Verpackung einiger Betriebe können besichtigt werden. Die wohlhabende, hübsche Kleinstadt bietet als Ferienzentrum Möglichkeiten zum Wandern und Bergsteigen.

Etwa 36 km nordwestlich liegt ★**Tulbagh** ㉙. Die Stadt wurde 1969 durch ein Erdbeben zum Teil zerstört. Heute ist die Church Street mit 32 sorgfältig restaurierten Wohnhäusern des 18. Jh. die größte geschlossene Ansammlung von Nationaldenkmälern in Südafrika. Das ★**Paddagang Wine House** von 1821, die älteste Taverne des Kaplands, wird wegen des reizvollen Ambientes ebenso gerühmt wie für die vorzügliche Kap-Küche.

Nach Südwesten führen die Straßen von Tulbagh und Ceres (R46/R303) nach Wellington und passieren dabei einen der landschaftlich großartigsten Straßenpässe Südafrikas, ★**Bain's Kloof Pass** ㉚, 595 m ü. M., 16 km lang, von Andrew G. Bain gebaut, 1853 eröffnet. Die Straße ist sehr schmal, aber die Aussicht ist atemberaubend.

Wellington ㉛, Mittelpunkt einer eigenen Weinroute, ist auch Zentrum der südafrikanischen Trockenfrüchte-Industrie. Ein paar Kilometer weiter südlich liegt Paarl, das man von Worcester aus über die N1 (50 km) direkt erreichen kann. Man sollte aber nicht den gebührenpflichtigen, 4 km langen **Huguenot Tunnel** benutzen (*Toll Road*), der die Strecke um 11 km verkürzt, sondern über die alte Straße und den eindrucksvollen ★**Du Toit's Kloof Pass** ㉜ fahren,

Foto: Per-André Hoffmann

was schon wegen des überwältigenden Blicks in das Tal von Paarl lohnt.

Kurz vor Paarl zweigt nach Norden die R101 (Sonstraal Road) ab nach **Nederburg**, einem der angesehensten Weingüter, östlich des Berg River am Rand des Klein Drakenstein. Das 1800 im kapholländischen Stil erbaute **Herrenhaus** ist original erhalten. Nederburg-Weine sind weltbekannt. Die alljährlich hier veranstalteten Auktionen, bei denen Südafrikas große Weinerzeuger ihre Spitzenweine anbieten, sind nicht nur ein geschäftliches, sondern auch ein gesellschaftliches Ereignis. (Weinprobe mögl., Tel. 021/862 3104)

★Paarl

★Paarl ㉝ ist mit ca. 155 000 Einwohnern nach Kapstadt die größte Stadt der Provinz West-Kap. Sie erstreckt sich zu beiden Seiten des Berg River in einem breiten, fruchtbaren Tal, überragt vom **Paarl Mountain**, einem Bergmassiv, das sich mit Granitfelsen (bis 729 m ü. M.) deutlich von den rötlichen, stark gefalteten Sandsteinschichten der Umgebung abhebt. Der an Perlen erinnernde Glanz, den der Granit bei Regenwetter zeigt, verhalf der 1720 gegründeten Stadt zu ihrem Namen (Afrikaans: *paarl* = Perle).

Die **Strooidakkerk** (Strohdachkirche) von 1805, an der mit Eichen bestandenen, etwa 11 km langen **Main Street** (R45), ist eine der ältesten noch für Gottesdienste genutzten Kirchen des Landes. Das restaurierte, 1714 erbaute Pfarrhaus (**Oude Pastorie**) bewahrt als **Paarl Museum** eine schöne Sammlung von kapholländischen Antiquitäten und Gegenständen der frühen Hugenotten und der frühen afrikanischen Kultur. In der benachbarten Pastorie Lane informiert das **Afrikaans Language Museum** über die Geschichte dieser jungen Sprache.

Von der Main Street nach Westen, zu erreichen über die Plantasie Street, ist das Hotel **Grande Roche** einzigartig am Hang des Paarl Mountain gelegen. Das ehemalige Weingut mit schönem kapholländischen Haus wurde zu einem der Spitzenhotels des Landes umgebaut; das Restaurant wurde vielfach ausgezeichnet (www.granderoche.co.za).

Etwas weiter südlich hat auf der östlichen Seite der Main Street die **★KWV International** ihren Hauptsitz. Die 1918 gegründete Genossenschaft *Ko-operatieve Wijnbouwers Vereniging* war Dachorganisation der südafrikanischen Weinbauern und ist heute eine weltweit agierende Aktiengesellschaft. Sie gilt mit ihrem 24 ha großen Betrieb als eine der größten Weinkellereien der Welt. Besichtigung ist möglich (werktags um 10, 10.30, 14.15 Uhr in englischer und um 10.15 Uhr in deutscher Sprache). Weinproben montags bis samstags von 9 bis 16 Uhr, Tel. 021/807 3007, www.kwvwineemporium.co.za. KWV gehört zu den 39 Weingütern der **Paarl-Wein-**

Oben: eine fröhliche Pfadfinderin aus Paarl. Rechts: Auf 56 % der südafrikanischen Rebflächen wachsen weiße Trauben.

» Karte S. 172-173, Info S. 202-205

route (www.paarlonline.com). Zu empfehlen für Kapgerichte ist das Restaurant **Laborie** in der Taillefer Street.

Von der Westseite der Main Street führt der *Jan Phillips Drive* zu dem 1975 errichteten, 56 m hohen **Taal Monument**, einer abstrakten Konstruktion aus Granit und Beton. Es soll an die 1875 in Paarl vorgenommene Etablierung der Sprache Afrikaans erinnern, die 1925 zur zweiten Staatssprache Südafrikas wurde. Das markante Monument ist schon von weitem zu sehen.

Das von den drei Granitkuppen überragte Naturschutzgebiet **Paarl Mountain Nature Reserve** bietet bei klarem Wetter eine grandiose Fernsicht bis hin zum Tafelberg sowie schöne Wanderwege durch eine reiche Fynbos-Vegetation mit vielen Protea-Arten, die man im **Wildflower Garden** vor allem im Frühling bewundern kann.

Die R45 quert am Ortsende die N1 und geht weiter nach Franschhoek (47 km). Fährt man auf der N1 bis **Klapmuts** (Abfahrt 47) trifft man nach etwa 10 km auf **Butterfly World**, ein Glashaus, in dem man auf entsprechenden einheimischen Pflanzen farbenprächtige Schmetterlinge bewundern kann, die man in der Natur nur selten sieht (www.butterflyworld.co.za).

★Franschhoek

Die Straße zieht sich zunächst durch das weite Tal des Berg River und folgt dann dem Tal des Franschhoek River, in dem die Landschaft einen gebirgigen Charakter gewinnt. Entlang der Straße mehren sich Weingüter mit französischen Namen wie *La Motte* oder *La Provence*. Die historische Erklärung ist, dass seit 1688 in diesem fruchtbaren Tal aus Frankreich zugewanderte Hugenotten siedelten und mitgebrachte Reben anbauten. Zur Erinnerung an die Ankunft der ersten Siedler wurde 1938 in **★Franschhoek** ㉞ das **Huguenot Memorial** vor der imposanten Kulisse der Franschhoek Mountains errichtet.

Foto: Bodo Bondzio

Das **Hugenotten-Museum** (in einer aus Kapstadt hierher versetzten Villa des Duos Thibault/Anreith von 1791; www.hugenoot.org.za) erläutert die Geschichte der hugenottischen Siedler. Das **Franschoek Motor Museum** zeigt 220 Meilensteine des Automobilbaus aus aller Welt (www.fmm.co.za).

Die meisten Betriebe der 43 Weinerzeuger der **Franschhoek-Weinroute** können besichtigt werden. Hier wird auch Südafrikas Schaumwein (*Méthode Champenoise, Méthode Cap classique*) gekeltert. Ein besonders schönes Hotel mit viel Atmosphäre und guter Küche ist **Le Quartier Français**; etwas preiswerter, aber stilvoll und gemütlich mit guter Küche ist **Ballon Rouge**.

Nach Osten steigt die R45 rasch an zur Höhe des **Franschhoek Pass**, der einen einzigartigen Blick über Obst- und Weingärten und die vielen Staubecken erlaubt. Sie führt weiter zum **Theewaterskloof Dam**. Das 8 km nordöstlich gelegene **Villiersdorp** ㉟, ein geruhsamer, noch kaum vom Tourismus berührter Ort, bietet gute Wander- und

Foto: Per-André Hoffmann

Ausflugsmöglichkeiten. Das kleine **Villiersdorp Nature Reserve** an den Hängen der Aasvoel Mountains ist mit seiner Blütenpracht besonders im Frühjahr sehr reizvoll; hier gibt es allein 60 verschiedene Protea-Arten.

★Boschendal und ★★Stellenbosch

Am Fuß des Groot Drakenstein, 14 km östlich von Stellenbosch, liegt das Weingut ★**Boschendal**, das noch zur Franschhoek-Weinroute gehört. Das Haupthaus, 1812 von der seit 1715 hier ansässigen Hugenottenfamilie De Villiers erbaut, ist eingerichtet mit Mobiliar, das bis in die Zeit der Niederländisch-Ostindischen Kompanie zurückgeht. Der vollständig erhaltene Gebäudekomplex gilt als schönstes Beispiel eines Gutshofes aus kapholländischer Zeit. Wunderschön diniert man im Garten beim **Boschendal's Pique-Nique** (Mitte Okt.-Ende April). Im alten Sklavenquartier wurde **Le Café** eröffnet; hier gibt es einen Imbiss, Kaffee und Kuchen oder Desserts.

Oben: Das Weingut Boschendal ist eines der schönsten kapholländischen Häuser Südafrikas. Rechts: Weinlandschaft bei Stellenbosch.

Nach dem **Helshoogte Pass** (366 m ü. M.) führt die Straße abwärts ins Tal des Eerste River nach Stellenbosch.

★★**Stellenbosch** 36 ist so reizvoll, dass man gern verweilen möchte. Daher sollte man bei der Reiseplanung mehr als nur ein paar Stunden vorsehen, wie dies bei organisierten Bus-Touren von Kapstadt aus der Fall ist – sie werden diesem Juwel nicht gerecht. Die Stadt ist auch mit der Bahn (Vorortverkehr) von Kapstadt aus zu erreichen; dem Auto-Individualreisenden bietet sich Stellenbosch oder eines der vielen ländlichen Hotels des Weinlands als idealer Ausgangspunkt für Ausflüge an.

Simon van der Stel, achter Gouverneur der Niederländisch-Ostindischen Kompanie in Kapstadt, kam 1679 auf seiner ersten Erkundungsreise in das 50 km östlich von Kapstadt gelegene Tal des Eerste Rivier. Die Schönheit dieses geschützten, grünen Gebiets beein-

» Karte S. 172-173, Info S. 202-205

druckte ihn so, dass er es als Platz für eine neue Ansiedlung bestimmte. Diese nach ihm benannte Stadt, die zweitälteste Südafrikas hat viel von ihrem ursprünglichen Charakter bewahrt. In der großartigen landschaftlichen Kulisse entstand ein Ort, dessen Straßen mit Eichen bepflanzt und mit weiß gekalkten, strohgedeckten Häusern bebaut wurden. Trotz dreier großer Stadtbrände blieb ein Teil der frühen kapholländischen Häuser mit ihren geschwungenen Giebeln erhalten.

Die schönsten Bauten stammen aus der Zeit zwischen 1775 und 1820, viele stehen unter Denkmalschutz. Stellenbosch ist praktisch ein großes Freilichtmuseum, wirkt jedoch keineswegs museal, sondern sehr lebendig. Wein- und Obstbau bestimmen das wirtschaftliche Geschehen, andere Industrie wurde hier nicht angesiedelt; die Bevölkerungszahl wuchs auf heute 125 000. Die Stadt erhielt bereits 1682 einen Magistrat, die erste Schule entstand 1683. Aus dem 1859 gegründeten Gymnasium wurde 1866 ein College, das sich seit 1928 zu einer der angesehensten Universitäten des Landes (afrikaanssprachig) entwickelte.

Zentrum ist der ehemalige Dorfanger, **die Braak**, der ursprünglich als Parade- und Festplatz diente, umgeben von eindrucksvollen Bauten. Auf dem nördlichen Teil des Rasenplatzes liegt die kleine, strohgedeckte anglikanische Kirche **St. Mary's on the Braak** (von 1852). Das **Burgerhuis** an der den Westrand begrenzenden Bloemstreet, 1797 als Privathaus gebaut, ist ein schönes Beispiel kapholländischer Architektur. Es ist für Besichtigungen täglich geöffnet. Nebenan zweigt nach Osten die Market Street ab, an der das Büro der **Stellenbosch Tourism Organisation** liegt; hier erhält man hilfreiche Broschüren sowie weitere Auskünfte und Hilfe. An der Braak folgt nach Süden das **Kruithuis**; das 1777 erbaute ehemalige Arsenal ist heute Militärmuseum. Am Südrand der Braak steht die **Kirche der**

Foto: Hans-Georg Roth

Rheinischen Mission (*Rhenish Church*); 1823 vor allem für Sklaven und Coloureds erbaut und 1840 um ein Querhaus erweitert.

Den Ostrand der Braak bildet die Bird Street, von der am Postamt die Plein Street abzweigt. Biegt man von hier nach rechts in die Ryneveld Street ein, erreicht man den Eingang des **Dorp Museums**, eines mehr als 5000 m² großen Häuserblocks, den man mit Hilfe eines Faltblattes erkunden kann. Zu sehen sind vier Häuser aus der Zeit von 1710 bis 1850, jedes im Stil seiner Epoche eingerichtet. Sie geben, vom kleinen, einfachen *Schreuder House* von 1709 bis hin zum 1803 fertiggestellten *Grosvenor House*, einem zweistöckigen Patrizierhaus, einen Eindruck davon, wie sich Einrichtung, Mode und Lebensstil verändert haben. Selbst die zugehörigen Gärten sind der jeweiligen Zeit entsprechend angelegt.

Nicht weit davon befindet sich in der Drostdy Street die **Dutch Reformed Mother Church**; 1717-22 erbaut, erhielt sie 1863 ihre heutige Form. In der Fort-

» Karte S. 172-173, Info S. 202-205

Foto: Hans-Georg Roth

Oben: Im Kramladen Oom Samie se Winkel, Stellenbosch. Rechts: Der Leuchtturm am Südzipfel Afrikas, dem Kap Agulhas.

setzung der Plein Street (Van Riebeeck Street) liegt der kleine, interessante Botanische Garten der **Universität**, deren Gebäude sich nördlich davon, zwischen Victoria Street und Merriman Avenue, erstrecken.

Die Drostdy Street trifft am Südende auf die **Dorp Street**, die mit Eichen gesäumte, von Wasserrinnen begleitete ehemalige Fahrstraße nach Kapstadt. Eine Anzahl weiß gekalkter Häuser mit z. T. schön geformten Giebeln lohnt einen Bummel über diese stimmungsvolle, schattige Straße. In dem altmodischen Kramladen **Oom Samie se Winkel** kann man stöbern und vielleicht auch etwas kaufen, z. B. Wein (Versand nach Europa).

Der Bau an der Ecke von Dorp Street und Strand Road, **Libertas Parvas**, aus der zweiten Hälfte des 18. Jahrhunderts, wurde 1971 restauriert und zum Nationaldenkmal erklärt.

Ein Tipp für Gesundheitsbewusste: **The Hydro at Stellenbosch**, 4 km nordöstlich des Zentrums, bietet moderne Spa-Therapien und verwöhnt in herrlichem Ambiente mit Blick auf den Tafelberg (www.thehydro.co.za).

An der **Stellenbosch-Weinroute** (www.wineroute.co.za) sind über 140 Weingüter beteiligt, die meisten für Besucher geöffnet. Am Ostrand der Stadt liegt, am Anfang des Jonkershoek-Tals, **Lanzerac**, ein reizvolles Weingut; das 1830 erbaute Haupthaus ist Nationaldenkmal. Aus dem Gesamtkomplex wurde ein 5-Sterne-Hotel; ein exzellenter Tipp auch für ein Dinner (Reservierung notwendig) oder Lunch.

An der R310 (M12 nach Kapstadt) liegt das Weingut **Neethlingshof**, ein weiteres Beispiel kapholländischer Baukunst aus dem Jahr 1814 (für Besucher geöffnet, mit Restaurant).

Durbanville, Zentrum der kleinsten Weinroute, liegt nördlich der N1 im Einzugsbereich Kapstadts. Wer wenig Zeit für das zentrale Weinland hat, kann hier sechs schöne Weingüter besuchen.

» Karte S. 172-173, Info S. 202-205

DIE SÜDSPITZE AFRIKAS

Südlich der Langeberg-Kette und Riviersonderend-Berge erstreckt sich die Region **Overberg**, ein von einzelnen Bergrücken durchsetztes und von Flüssen durchzogenes fruchtbares Hügelland. Die zugehörige Küste von der Mündung des Breede River bis zur False Bay bildet im Kap Agulhas den südlichsten Punkt des Kontinents.

★Swellendam ㊲, 1747 nach Kapstadt und Stellenbosch als drittes Verwaltungszentrum der Niederländisch-Ostindischen Kompanie gegründet, liegt am Fuß der Langeberg-Kette an der Abzweigung der N15 von der N2. Die alte Landvogtei **Old Drostdy**, ein bemerkenswertes Beispiel kapholländischer Architektur, ist heute ein Nationaldenkmal und gehört zu einem kulturhistorischen **Museumskomplex**, der auch zwei gute Restaurants beherbergt.

Am **Breede River**, 6 km südlich der Stadt, liegt der kleine, aber sehr reizvolle **Bontebok National Park**. Er wurde 1931 zum Schutz der vom Aussterben bedrohten **Buntböcke** eingerichtet, deren Zahl von 17 auf 300 angewachsen ist. Da die kleine Fläche keine größere Zahl ernähren kann, werden Tiere an andere Schutzgebiete abgegeben. Flora und Vogelwelt sind von großer Vielfalt. Als Unterkunft stehen ein Campingplatz und Chalets zur Verfügung.

Für einen Abstecher zum südlichsten Punkt des Kontinents verlässt man bei **Stormsvlei**, 34 km westlich von Swellendam, die N2 und fährt auf der R317 nach Süden bis **Bredasdorp** (52 km). Von dort erreicht man auf der R319 nach 43 km das von zahlreichen Ferienhäusern flankierte **★Kap Agulhas** ㊳, die Südspitze Afrikas, die 1488 von Bartolomëu Diaz als erstem Europäer gesichtet wurde. Auf diesem Längengrad liegt die theoretische Grenze zwischen Atlantischem und Indischem Ozean. Den frühen Seefahrern war aufgefallen, dass damals die Kompassnadel ohne magnetische Abweichung genau nach Norden zeigte, das daher den Namen „Nadelkap" trägt. Ein Radiosender und der Leuchtturm von 1848 warnen die Schifffahrt, denn die felsige, von einer niedrigen Hügelkette durchzogene Ebene setzt sich untermeerisch als flache, klippenreiche Bank etwa 200 km fort. Dieses Gebiet, die **Agulhas Bank**, gehört zu den ertragreichsten Fischgründen der Erde.

Foto: Volkmar E. Janicke

Die **Agulhas-Ebene** mit ihrer reichen Pflanzenwelt und Feuchtgebieten, die Wasservögel anziehen, ist ökologisch von herausragender Bedeutung und wurde deshalb zum **Agulhas National Park** erklärt. Der Park bietet Unterkunft in teils historischen **Farmhäusern**, Wanderwege sind ausgeschildert.

In der „südlichsten Stadt Afrikas", dem Küstenort **L'Agulhas**, zu Füßen des zu besichtigenden alten **★Leuchtturms** (mit Coffee Shop), finden sich Gästehäuser, Lokale und ein **Meerwasserschwimmbecken**.

Weitere Unterkünfte gibt es in **Arniston** ㊴, südöstlich von Bredasdorp (R316), einem malerischen, bei Künst-

» Karte S. 172-173, Info S. 202-205

Foto: Bodo Bondzio

lern und Fotografen beliebten Fischerdorf, das wegen der gleichnamigen Höhle auch als **Waenhuiskrans** bekannt ist. Einige restaurierte Fischerhäuser stehen unter Denkmalschutz.

Das gilt auch für das malerische Örtchen **Elim** südwestlich von Bredasdorp, das mit einer riesigen **Missionskirche** und einer schön restaurierten, bunt bemalten **Häuserzeile** aufwartet.

Von Bredasdorp erreicht man auf der R316 nach 72 km die N2 bei **Caledon** ㊵, Hauptstadt der Region Overberg, eine Kleinstadt mit sieben eisenhaltigen **Mineralquellen**, die täglich 909 000 Liter Wasser an die Oberfläche bringen, sechs davon mit einer Temperatur von mehr als 50 °C. Die Badeanlage **Caledon Spa & Casino** bietet ein Landschaftsbad, Wellness und Glücksspiel.

Reizvoll ist nördlich des Orts der 1927 eingerichtete **Caledon Wild Flower Garden** (214 ha), in dem alljährlich in der ersten Septemberwoche eine große Blumenschau stattfindet.

Oben: Blütenpracht im Caledon Wild Flower Garden.

Rund 30 km nördlich von Caledon liegt **Genadendal** ㊶, die älteste Missionsstation Südafrikas, die 1793 – nach einem ersten Versuch 1737, der 1744 wieder aufgegeben werden musste – von der Herrnhuter Missionsgesellschaft gegründet wurde. Das Dorf inmitten von alten Eichen vermittelt einen Eindruck vom Leben im Kapland vor mehr als 150 Jahren. Mit seinen 18 noch aus dem 18. Jh. stammenden Häusern wurde der ganze Ort zum **Nationaldenkmal** erklärt.

Die N2 durchquert große Weizenfelder und riesige Schafweiden. Bei Botrivier zweigt nach Süden die R43 ab, die sich nach 9 km am **Botriviervlei** gabelt. Die R44 folgt der Küste nach Südwesten, die R43 nach Süden und Osten geht nach ★**Hermanus** ㊷, das auch von der Straße Bredasdorp-Caledon über die R316/R326 zu erreichen ist. Der Ferien- und Fischerort erstreckt sich 8 km lang am Fuß der Kleinriviersberge und an der Küste der walreichen ★**Walker Bay**. Das angenehm milde Klima, gute Hotels und Geschäfte, vielfältige Sport-

» Karte S. 172-173, Info S. 202-205

und Freizeiteinrichtungen haben ihn zu einem bevorzugten Ferienort der Südafrikaner gemacht, dessen Einwohnerzahl von etwa 25 000 sich während der Ferienzeit (Mitte Dezember bis Mitte Januar) verdreifachen kann.

Hermanus ist zudem die „Hauptstadt" der ★★**Walbeobachtung**, von der Küste oder vom Boot aus, die den Walfang als Einkommensquelle abgelöst hat. Die alte Walfang-Station mit Schlepprampe und Seilwinden bildet den **alten Hafen**, um den sich das Ortszentrum gruppiert. In der Hauptwalsaison (Sept./Okt.) ist der Ort oft von Touristen überflutet und zieht mit dem **Wal-Festival** Ende September noch weitere an. Die schönste Zeit ist Mitte Januar bis Mai, wenn der größte Andrang vorbei und das Wetter noch gut ist. Da der Winter mild ausfällt (im Mittel 13 °C) lohnt auch dann ein Besuch. In Hermanus findet man eine reizvolle Mischung von alten Fischerkaten und luxuriösen Ferienhäusern.

Die Küste ist großenteils felsig, aber östlich des Ortes gibt es zwei schöne Badestrände (**Voelklip** und **Grotto**). In der Bucht kann man von Juni an Wale sehen, die hier auch kalben; im Oktober sind die Meeressäuger mit den Jungtieren am besten zu beobachten. Ein **Wal-Ausrufer** gibt im Ort die jeweils neuesten Informationen über vor der Küste kreuzende Wale bekannt; Hintergrundwissen über die Meeressäuger bekommt man hinter dem Marktplatz im **Walmuseum** durch Meeresbiologen. Der alte Hafen wurde als **Old Harbour Museum** zum Freilichtmuseum erklärt. Wie in allen Küstenorten kann man auch in Hermanus hervorragend Fisch und Meeresfrüchte essen.

Pläne und Anregungen für Wanderungen und Ausflüge stellt das **Hermanus Tourism Bureau** zur Verfügung, z. B. für den attraktiven **Cliff Path**, der über die Klippen an der Küste der Bucht entlang führt (10 km), oder für das **Fernkloof Nature Reserve**, das sich am Hang der Kleinriviersberge 63-842 m ü. M. hinaufzieht. Es bietet 50 km Wanderwege mit wunderschönen Aussichtspunkten und eine überaus reiche Vegetation (Küsten- und Berg-Fynbos). Hier wurden auf 15 km² 1001 Arten von Blütenpflanzen gezählt.

Fährt man noch etwa 40 km auf der R43, die weit um das Schwemmland der Walker Bay herumführt, kommt man kurz vor der Siedlung **Die Kelders** zum **Grootbos Nature Reserve** ㊸, einer großartigen privaten Anlage in einem Hanggelände, wo man – mit weitem Ausblick über das Meer – erholsame und interessante Ferien verbringen kann, u. a. mit Wandern, Radfahren, Reiten, naturkundlichen Exkursionen sowie Walbeobachtung an der Küste.

Die Fahrt über die **R44**, die jenseits der Botrivier-Lagune als Küstenstraße am Fuß der Kapketten zunächst durch den Ferienort **Kleinmond** ㊹ führt, gehört zu den großen Landschaftserlebnissen einer Südafrikareise. Das **Kogelberg Nature Reserve** schützt als Bisphären-Reservat Küsten- und Berg-Fynbos; Wanderwege verlaufen an felsigen Gezeitentümpeln entlang.

Attraktion des nächsten Ferienorts an der Küstenstraße, **Betty's Bay** ㊺, ist der **Harold Porter National Botanic Garden**. Von den 189 ha sind nur 5 ha kultiviert, auf dem übrigen Gelände ist die ursprüngliche Fynbos-Vegetation geschützt. In der **Disa Kloof**, einer tiefen, bewaldeten Schlucht, blüht im Januar die *Disa uniflora*, eine prächtige rote Orchidee. Betty's Bay bietet auch eine Alternative zu der überlaufenen Pinguin-Kolonie bei Simon's Town: Zwischen dem verfallenden Hafen und einem Felsen namens **Stony Point** befindet sich die Mutterkolonie jener ★**Pinguine**, von der aus die Schwimmvögel erst in den 1980er Jahren die Kap-Halbinsel besiedelten.

★FALSE BAY

Die ★**False Bay**, eine etwa 30 km breite Bucht, die sich zwischen Cape Point und Cape Hangklip ca. 30 km nach

Foto: Hartmuth Friedrichsmeier

Norden erstreckt, soll ihren Namen von frühen Seefahrern erhalten haben, die, von Osten kommend, bei Nebel das **Cape Hangklip** mit dem Kap der Guten Hoffnung verwechselten und auf dem Weg nach Norden unverhofft auf einen Sandstrand liefen.

Ein Abstecher von etwa 10 km führt von der R44 nach Süden zum **Cape Hangklip** ㊻, der Südspitze der östlichen Begrenzung der False Bay. Der Blick über die weite Bucht auf den zackigen Rücken der Kap-Halbinsel und ihre Südspitze ist, besonders bei Sonnenuntergang, atemberaubend. Die Brandung an der zerklüfteten Felsküste und dazwischen – vor allem im Frühjahr – die überwältigende Pracht und Vielfalt von Blumen und unzähligen Protea-Büschen ist unvergesslich.

An der Ostküste, am Fuß der **Hottentots Holland Mountains**, sind

Oben: Massenhaftes Badevergnügen in der False Bay bei Muizenberg. Rechts: Den markantesten Blick auf den Tafelberg hat man von Bloubergstrand.

Gordon's Bay (mit großem Jachthafen und zwei Restaurants im Fischereihafen: *Harbour Lights* und dem urigen *The Tavern*) und **Strand** populäre, besonders während der Saison und sonntags überfüllte Ferienorte.

Von **Somerset West** ㊼ aus, einer beliebten Wohnstadt, ist ★**Vergelegen** zu erreichen. Das um 1700 vom Sohn Simon van der Stels errichtete Weingut (an der *Helderberg-Weinroute)*, ist eines der schönsten der Provinz West-Kap und lohnt jeden Umweg (von der N2, Abfahrt Somerset West, R44, Main Road, Lourensford Road nach Norden, 3,5 km). Die Briten Sir Lionel und Lady Florence Phillips erwarben das Anwesen 1917 und restaurierten es; Lady Florence legte einen herrlichen Rosengarten an. Seit 1987 gehört Vergelegen dem Minenkonzern *Anglo American* und ist heute Nationaldenkmal. Der hübsche Blumengarten und der Park mit 300 Jahre alten Kampferbäumen sowie Lady Florences *Tea Garden* und das Restaurant *Stable* sind Anziehungspunkte für Touristen (Anmeldung erforderlich, Tel.

» Karte S. 172-173, Info S. 202-205

021/ 847 1346, www.vergelegen.co.za). Das Gut liefert Spitzenweine.

Nördlich der Straße nach Vergelegen liegt am Südosthang des Helderberg-Massivs (bis 1137 m ü. M.) das **Helderberg Nature Reserve**, ein Wandergebiet mit reicher Flora und Fauna.

11 km nordwestlich von Somerset West führt die R310 von der N2 wieder an die Küste der False Bay (**Baden Powell Drive**). Von ihr geht bei Zandvlei nach Norden die M5 zum **Rondevlei Nature Reserve** (6 km) ab, einem Schutzgebiet vor allem für Wasservögel und eine Oase der Ruhe.

Muizenberg ㊽ im Nordwesten der Bucht, 1743 als Militärposten am Weg nach Simon's Town entstanden und heute ein beliebtes Seebad, wurde berühmt durch Cecil Rhodes, der hier 1899 eine Ferienvilla erwarb, in der er 1902 starb. Vom Zentrum Kapstadts, zu dem Muizenberg seit 1913 gehört, ist es 26 km entfernt; Schnellstraßen und eine S-Bahn stellen gute Verbindungen her. Der Ort mausert sich derzeit zu einem beliebten Erholungsort, da hier die False Bay angenehme Temperaturen und einen strömungsfreien, kindersicheren **Strand** zum Surfen und Baden bietet. Ein bekanntes Fotomotiv der False Bay sind die **Viktorianischen Badehäuschen** direkt am Meer.

Nördlich des Strandes, der sich über 35 km an der ganzen Nordküste der False Bay entlang zieht, erstrecken sich ausgedehnte ebene Sandgebiete, ehemaliger Meeresboden, die **Cape Flats**. Hier entstand in der Apartheid-Zeit nach 1974 auf planiertem Dünengebiet die für 250 000 *Coloureds* geplante Satellitenstadt **Mitchell's Plain** sowie die Township **Khayelitsha** mit 1 Mio. Einwohner. In der Gegend entwickelten sich aber auch durch die Landflucht riesige Slums wie **Crossroads** (an der N2, nahe dem Flughafen), die eine Vorstellung davon vermitteln, welche Probleme das neue Südafrika lösen muss. Verständnis dafür gewinnen Besucher auf organisierten, sachkundig geführten Touren in diese Gebiete. Auskünfte gibt es bei *Cape Town Tourism* (siehe S. 190 und Info-Box S. 202).

Foto: Hans-Georg Roth

★★KAPSTADT

Nur wenige Großstädte dieser Welt haben eine so entspannte Lebensart und eine so grandiose, unverwechselbare Kulisse wie **★★Kapstadt** ㊾ (Englisch *Cape Town*, Afrikaans *Kaapstad*), das sich zu Füßen der majestätischen, schützenden Wand des Tafelbergs ausbreitet, flankiert von Lion's Head und Signal Hill im Westen und Devil's Peak im Osten. Bei gutem Wetter ist der Tafelberg vom Meer her schon aus 150 km Entfernung zu erkennen; verständlich, dass er früher für die Seeleute eine berühmte Landmarke war, die das Ansteuern der Tafelbucht erleichterte. In seinem Schutz hat sich Kapstadt von einer kleinen Versorgungsstation der Schifffahrt zu seiner heutigen Bedeutung mit etwa 4 Mio. Einwohnern entwickelt.

Vom alten Kern hat sich die Stadt um den Signal Hill herum entlang der Atlantikküste bis Camps Bay, im Südosten über die Cape Flats bis an die False Bay ausgedehnt.

Den schönsten Blick auf die Stadt hat man von ★★**Bloubergstrand** ⑳, einem kleinen Seebad 25 km nördlich von Kapstadt (auf der R27 jenseits Milnerton und Table View). Auch wenn man zahllose Bilder gesehen hat – das wahre Erlebnis ist überwältigend. Die modernen Eingriffe in das Stadtbild verblassen vor der gewaltigen Wand des Tafelbergs. Noch gesteigert wird der Eindruck, wenn gerade ein steifer Südostwind weht und sein „Tafeltuch" über die Hochfläche breitet.

Nach seiner Landung am 6. April 1652 ließ Jan van Riebeeck zunächst ein Fort aus Erdwällen und einen Gemüsegarten anlegen. Mit der Zunahme von Handel und Schifffahrt wuchs die Bedeutung der Versorgungsstation, die auch heute für die Schifffahrt von Amerika und Europa nach Asien und Australien noch groß ist.

Lange Zeit waren für die Europäer Kapstadt und seine Umgebung identisch mit Südafrika. Für die Buren, die über die Berge ins Landesinnere zogen, blieb Kapstadt die „Mutterstadt", wie sie noch heute liebevoll genannt wird. 1806-1910 war sie Hauptstadt der britischen Kapkolonie. Seither ist sie Parlamentshauptstadt des Landes, seit 1994 auch Hauptstadt der Provinz West-Kap. Während der ein halbes Jahr dauernden Sitzungsperiode des Parlaments übersiedelt auch die Regierung von Pretoria hierher. Viele Staaten unterhalten hier ein Konsulat.

Kapstadt ist als Hauptsitz von Banken, Versicherungen, Handels- und Industriefirmen sowie mit der Universität ein wichtiges Wirtschafts- und Kulturzentrum. Zudem ist die Stadt auch zu einem Touristenmagneten geworden.

Die langen Jahre britischer Vorherrschaft am Kap haben das Bild der niederländischen Anfänge umgeformt; auch die liberale Tradition der Stadt ist vor allem britisches Erbe. Den größten Anteil an den Bewohnern haben die *Coloureds* (50 %), unter denen die Kap-Malaien eine eigenständige Gruppe bilden. Der früher eher geringe Anteil der Schwarzen nimmt durch die seit Ende der Apartheid wachsende Migration rasch zu. Von den dabei entstehenden Squatter-Siedlungen am Stadtrand ist besonders Crossroads für den Besucher unübersehbar; die teils krasse Diskrepanz zwischen Arm und Reich wird hier besonders deutlich.

Für eine Stadtrundfahrt ist der **Hop-on-Hop-off-Bus** zu empfehlen. Die rote Route (innerstädtisch) und die blaue Route (fährt bis Hout Bay) halten jeweils an 13 Stationen (www.citysightseeing.co.za, Tel. 021/511 6000). Mit dem **Cape Town Pass** hat man freien Eintritt zu 50 Sehenswürdigkeiten (erhältlich beim Tourist Office, www.thecapetownpass.co.za).

Stadtrundgang

Der alte Stadtkern besteht aus regelmäßig angelegten Straßen. Alle interessanten Stellen lassen sich bequem zu Fuß erreichen. Wichtigste Orientierungspunkte sind die Hauptgeschäftsstraße Adderley Street und der allgegenwärtige Tafelberg. Ausgangspunkt für einen Rundgang ist das heute von Hochhäusern dicht bebaute **Foreshore**-Gelände. Die ursprüngliche Küstenlinie lag weiter landeinwärts: Beim Bau des Duncan Dock (1937-45) gewann das Stadtgebiet durch Aufschüttung von ausgebaggertem Material etwa 200 ha Land (*Foreshore*) hinzu. Es wird in Richtung Tafelberg von der **Heerengracht**, einer breiten Prachtstraße mit Grünanlagen in der Mitte, durchzogen. Am Beginn, im Blickfeld des auf einem Rondell postierten **Diaz-Denkmals**, verkörpert das **Cape Town International Convention Centre (CTICC)** die Revitalisierung Kapstadts nach der demokratischen Wende.

Am nach links abzweigenden Hertzog Boulevard liegt auf der Hafenseite

 » Stadtplan S. 187, Info S. 202-205

Granger Bay
Radisson Blu Waterfront
Beach
Green Point Lighthouse
Cape Town Stadium
Fritz Sonnenberg
Green Point Stadium
Seapoint
Granger Bay BLVD.
Road
Somerset Hosp.
The Commodore
Protea Hotel Breakwater Lodge
Portswood Rd.
Main
York Rd.
Thornhill Rd.
High Level Rd.
Ocean View
Merriman St.
Vesperdene St.
Western St.
Dock Rd.
Table Bay
East Pier Rd.
Quay7
East Pier
Victoria Wharf S. C.
Quay6
Victoria Basin
Elbow
★ VICTORIA & ALFRED WATERFRONT
19 Clock Tower
Victoria & Alfred
Nelson Mandela Gateway
Diamond Museum
Robinson D.
Alfred Basin
★★ Two Oceans Aquarium
20
Cape Grace
Marina
One & Only Resort
Fish Quay Rd.
South Arm Rd.
18 Duncan Dock
Duncan
★ Robben Island
Boundary Rd.
Waterkant
Ebenezer St.
Prestwich
Port
Boulevard St.
Dock Rd.
Strand St.
De Smit St.
Somerset
Napier St.
Alfred St.
St.
Chiappini St.
★ WATERKANT
Cape Quarter
Signal Hill
The Westin Cape Town
Cape Town International Convention Centre (CTICC)
Coen Steytler Av.
Buitengracht
Hans Strijdom Av.
B. Diaz Memorial
Van Riebeeck Statues
Heerengracht
Artscape Theatre Complex
Nelson Mandela Boulevard
Jan Smuts
Hertzog Boulevard
CENTRAL
1
2
Longmarket
Yusuf St.
Voetboog
Military
★ BO-KAAP
Chiappini St.
Castle
Hout St.
Gold of Africa Mus.
Prestwich St.
Bree St.
Riebeek
Waterkant
Long
Church
Rose St.
Biesmiellah
Wale St.
Africa Café
Koopmans de Wet House
16
15
Cape Town Information Office
Fountains
3
Old Marine
Civic Centre
Pentz
Bo-Kaap Museum 17
Upper Bloem
★ Green Market Square
Shortmarket
Street
14
Old Town House
Golden Acre
4
Adderley
Railway Station
Bus Terminal
Holiday Inn Express
8 Groote Kerk
George's
George's Cathedral
Burg
Dorp
Leeuwen St.
Pepper St.
Bloem St.
Jordaan
Bryant
Lion
Military
Buitengracht
Mama Africa
Bree
Loop
★ Long
9 Slave Lodge
6 City Hall
Longmarket
Darling
5 ★ Castle of Good Hope
Protea Hotel Fire & Ice
Zebra Crossing
The Back Pack
Buitensingel
Victoria
Houses of Parliament
Ave.
Plein St.
Town House
Barrack St.
Caledon
Sir Lowry St.
Sidney St.
Selkik St.
Nelson Mandela Blvd.
★ South African Museum (Planetarium)
Queen
10 ★ Company's Garden
Commercial
7 District Six Museum
Chapel St.
Upper Buitengracht
New Church
Park Rd.
13
Government
11 South African National Gallery
Emily's
Faure St.
12
St. Johns Rd.
Roeland
Canterbury
Drury St.
Constitution Rd.
Keizersgracht
Cape Peninsula University of Technology
Arnold's
Belmond Mt. Nelson
Orange St.
Jewish Mus.
Holocaust Centre
Hatfield St.
Barnett
Glynn
Wesley
Roodehek
Buitenkant
Harrington St.
Solan
Tennant
Aubergine
Hope
Kloof
Weltevreden St.
Union St.
Camp St.
Toni's on Kloof
GARDENS
Mill St.
Jutland Ave.
KAPSTADT
1 - 20
0
200
400 m
© Nelles Verlag GmbH, München

Foto: Hans-Georg Roth

der **Artscape Theatre Complex** ①. Er bietet auf drei Bühnen klassisches Theater, Opern und Konzerte. Verbunden ist das Gebäude über die Straße hinweg mit dem **Civic Centre** ②, wo die Stadtverwaltung residiert; dahinter liegt das Büro der **Automobile Association** (*AA*). In der mehrspurigen Durchfahrt unter dem Civic Centre liegt der **Zentralbahnhof des MyCiti-Busnetzes**, von dem moderne Busse die *City Bowl* und die *V&A Waterfront* ansteuern und darüber hinaus das *Atlantic Seabord* bis nach Camps Bay und Hout Bay erschließen. Auch eine Linie nach *Table View* versucht, die Pendler von der Straße zu locken; weitere werden folgen (www.myciti.org.za).

Am Ende der Heerengracht blicken vor einem Rondell die **Van Riebeeck-Statuen** ③ von Jan und seiner Frau auf den Tafelberg, etwa an der Stelle, an der ihr Schiff 1652 gelandet ist. Hier geht die Heerengracht in die Adderley Street über. Auf der linken Seite erstreckt sich der **Hauptbahnhof**. Auf der Adderley Street/Ecke Strand Street findet man die Haltestelle für den **Bus zur Tafelbergbahn**, hinter dem Einkaufszentrum **Golden Acre** ④ den alten **Busbahnhof**. Die malaiischen **Blumenhändler**, die werktags Farbtupfer ins Stadtbild bringen, belegen die Gasse zwischen Adderley und Parliament Street, die zur Hauptpost weist.

Oben: Das alte Rathaus von Kapstadt. Rechts: Kapstadts Malaien-Viertel Bo-Kaap.

Weiter führt die Castle Street zum ★**Castle of Good Hope** ⑤, dem wohl ältesten Bauwerk, das 1666-79 als fünfzackiger Stern mit 10 m hoher Mauer erbaut wurde. Es wurde nie angegriffen und war als Festung auch die Residenz der ersten Gouverneure. Hier ist das **Militärmuseum** und die **William Fehr-Sammlung** der Iziko-Museen untergebracht. Der frühere Paradeplatz vor dem Castle, die **Grand Parade**, wurde 2010 zu einem zeitgemäßen öffentlichen Raum umgebaut.

Das **Alte Rathaus** ⑥ (*City Hall*) im Stil des Historismus (1905) dient seit dem Bau des Civic Centre als **Bibliothek** und **Konzertsaal**. Der beflaggte Balkon des Gebäudes war Schauplatz der historischen Freiheitsrede, die Nelson Mandela am Tag seiner Entlassung vor etwa 500 000 Menschen hielt.

Südöstlich vom Castle liegt das früher von Farbigen bewohnte Viertel **Zonnebloem**, das 1966 „weißes Wohngebiet" werden sollte; bis 1982 wurden 60 000 Menschen aus dem als *District Six* bekannt gewordenen Viertel vertrieben (s. S. 46). Zeugnisse jener Zeit zeigt das **District Six Museum** ⑦ Ecke Buitenkant/ Albertus Street.

Folgt man der Adderley Street weiter in Richtung Tafelberg, trifft man auf die 1836 erbaute **Groote Kerk** ⑧. Von einem früheren Bau (1703) stammt noch der Glockenturm. Bemerkenswert ist die geschnitzte **Kanzel**, ein Meisterwerk des deutschen Bildhauers Anton Anreith.

Die benachbarte **Slave Lodge** ⑨, in den älteren Teilen (1679) einst Quartier

» Stadtplan S. 187, Info S. 202-205

Foto: Hartmuth Friedrichsmeier

für die Garten-Sklaven, wurde 1809 umgebaut zum Sitz des Obersten Gerichtshofs. Der geschmückte Portikus stammt vom Duo Thibault/Anreith; heute informiert die Slave Lodge als Museum über die Geschichte der Sklaverei.

Fortsetzung der Adderley Street ist die **Government Avenue**, eine prachtvolle, mehr als 1 km lange, mit Eichen bestandene Promenade, die an den ★**Company's Gardens** ⑩ entlang führt, einem Park, der heute den von Jan van Riebeeck angelegten Gemüsegarten ersetzt. Die grüne Oase mit exotischen Bäumen und Pflanzen aus aller Welt wurde im 19. Jh. zu einem Botanischen Garten umgestaltet, dem Vorläufer von Kirstenbosch. Rechts vom Eingang liegt neben der anglikanischen **St. George's Cathedral** die im Jahr 1812 eröffnete **South African Library**. Das **Parlamentsgebäude** auf der linken Seite hat seinen Haupteingang in der parallel verlaufenden Parliament Road. Das angrenzende **Tuinhuys**, 1751 als Gouverneursresidenz gebaut, ist heute während der Sitzungsperiode des Parlaments Residenz des Staatspräsidenten.

Die **South African National Gallery** ⑪ zeigt neben Werken zeitgenössischer südafrikanischer Kunst auch solche englischer und niederländischer Maler (17.-19. Jh.). Dahinter ist in der ältesten **Synagoge** Südafrikas (1862) das **South African Jewish Museum** ⑫ eingerichtet; hochmodern präsentiert sich das benachbarte **Holocaust Centre**. Das ★**South African Museum** ⑬ (mit **Planetarium**) am Ende des Gartens hat beachtliche naturkundliche, archäologische und Buschmannkunst-Sammlungen.

Folgt man an der St. George's Cathedral der Wale Street, führt rechts die Burg Street zum schönsten Platz Alt-Kapstadts, dem ★**Green Market Square** ⑭. Der baumbestandene Platz, im 17./18. Jh. Gemüsemarkt, dient heute tagsüber als **Souvenirmarkt**, flankiert von Cafés. Drei seiner Seiten bilden ein Ensemble von **Art-Déco-Fassaden**, dessen Geschlossenheit weltweit seinesgleichen sucht. Auf der vierten Seite befindet sich eine neugotische Kirche

Foto: Hartmuth Friedrichsmeier

Foto: Touristikbüro Südafrika (South African Tourism SATOUR)

sowie das **Old Town House** (1755-1761 erbaut), ein besonders schönes Architektur-Beispiel jener Zeit. Es war bis 1905 Rathaus und enthält heute die **Michaelis Collection**, eine feine kleine Sammlung flämischer und holländischer Maler des 17. Jh.

Oberhalb verläuft die ★**Long Street**, mit **viktorianischen Häusern**, Cafés, Pubs, Diskos, Designershops, Antiquitätenläden und viel jungem Publikum – die bei Tag und Nacht belebte, kameraüberwachte Szenemeile Kapstadts.

An der Ecke Burg/Castle Street findet man das **Cape Town and Western Cape Information Office** ⑮. Die parallel zur Burg Street verlaufende **St. George's Mall** ist Fußgängerzone.

Das 1701 erbaute **Koopmans de Wet House** ⑯ nahe der Kreuzung Strand/Long Street spiegelt mit Möbeln, Porzellan, Glas und Silber aus Europa und Südafrika den Lebensstil jener Zeit wider. Ethno-Goldschmiedekunst zeigt im historischen **Melck House**, 150 m westlich, das **Gold of Africa Museum**.

Oben: Musik liegt in der Luft beim Coon Carnival. Oben rechts: Im Two Oceans Aquarium. Rechts: Auf dem Tafelberg.

Hinter der Buitengracht liegt am Osthang des Signal Hill das Malaien-Viertel ★**Bo-Kaap**, in dem seit dem 18. Jh. muslimische Kap-Malaien wohnen. Die einstöckigen, farbig getünchten Häuschen (besonders fotogen in der ★**Chiappini Street**) sind z. T. terrassenförmig angeordnet, dazwischen finden sich kleine Moscheen mit malerischen Minaretts. Das **Bo-Kaap Museum** ⑰ an der **Wale Street**, im 18. Jh. erbaut, zeigt den Lebensstil einer malaiischen Familie im 19. Jh. Wer zum Jahreswechsel hier ist, kann Anfang Januar den bunten **Coon Carnival** miterleben.

Zum Szeneviertel hat sich auch die benachbarte ★**Waterkant** gemausert, mit fast mediterraner Atmosphäre und dem **Cape Quarter** mit seinen trendigen Boutiquen und originellen Lokalen – dinieren im Freien auf der **Piazza**, shoppen in den Hallen des **Square**.

Der Helen Suzman Boulevard (M6) führt nach **Seapoint**, dem dicht bebau-

» Stadtplan S. 187, Info S. 202-205

Foto: Hans-Georg Roth

ten Stadtteil am Westhang des Signal Hill. Von der **Promenade** an der felsigen Küste beeindrucken die Brandung und die grandiosen Sonnenuntergänge.

★Victoria & Alfred Waterfront

Schon die frühen Entdecker liefen die **Tafelbucht** an, wo heute das **Duncan Dock** ⑱, mit Liegeplätzen für Passagier-, Fracht- und Containerschiffe, das größte Trockendock der Südhalbkugel bietet. Der westlich vom Duncan Dock gelegene ältere Teil des Hafens wurde seit 1988 zur **★Victoria & Alfred Waterfront** ⑲ umgestaltet, die zu einer großen Attraktion geworden ist. Sie bietet Luxushotels, **Einkaufsmöglichkeiten** – etwa in der schicken großen Mall **Victoria Wharf**, deren ostseitige Caféterrassen zum Tafelberg blicken – und Unterhaltung für Groß und Klein: Man kann bis spätabends shoppen, bummeln, sich im „Scratch Patch" mit Halbedelsteinen eindecken, oder aus einem der Pubs oder Restaurants den Trubel betrachten. Es gibt zwei **Kinos**, Freilichtbühnen und Konzerte.

Auf keinen Fall versäumen sollte man das **★★Two Oceans Aquarium** ⑳ nebenan, das Besucher aller Altersklassen begeistert. Es zeigt unterhaltend und informativ die Unterwasserwelt in den Südafrika umgebenden Ozeanen.

Auf **Bootsfahrten** kann man etwas über den Hafen erfahren und spielende Seehunde sehen, oder man macht vom **Nelson Mandela Gateway** beim historischen **Clocktower** den sehr beliebten Ausflug nach **★Robben Island**: die **Ex-Gefängnisinsel** wurde 1997 Museum und UNESCO-Welterbe. Das neuere Boot nach Robben Island heißt übrigens *Sikhululekile* – „Wir sind frei".

Die Waterfront ist vom Stadtzentrum zu Fuß etwas mühsam zu erreichen (gut 2 km). Am besten fährt man mit dem Taxi oder dem MyCiti-Bus.

Etwa 10 km nordöstlich vom Stadtzentrum ist **Century City** ein Wirtschaftszentrum, das 30 000 Menschen Arbeitet bietet. Seinen Kern bildet **Canal Walk**, eines der größten Einkaufs- und Unterhaltungszentren Afrikas.

» Stadtplan S. 187, Info S. 202-205

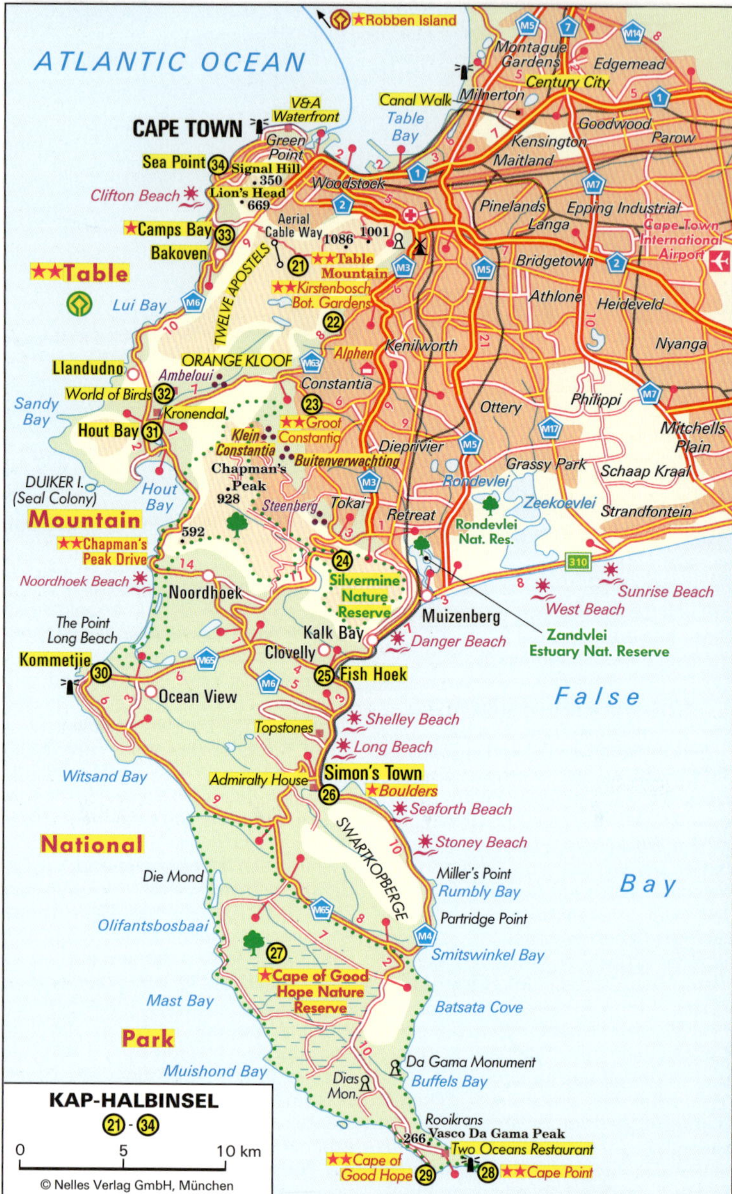

Robben Island
ATLANTIC OCEAN
Montague Gardens
Edgemead
Century City
Canal Walk
Milnerton
V&A Waterfront
Table Bay
Goodwood
Parow
CAPE TOWN
Green Point
Kensington
Maitland
Sea Point
Signal Hill
350
Woodstock
Clifton Beach
Lion's Head
669
Pinelands
Epping Industrial
Langa
Cape Town International Airport
Aerial Cable Way
1086
1001
Camps Bay
Bakoven
Table Mountain
Bridgetown
Table
TWELVE APOSTELS
Kirstenbosch Bot. Gardens
Athlone
Heideveld
Lui Bay
Kenilworth
Nyanga
ORANGE KLOOF
Alphen
Llandudno
Ambeloui
Constantia
World of Birds
Philippi
Ottery
Sandy Bay
Kronendal
Groot Constantia
Mitchells Plain
Hout Bay
Klein Constantia
Diepriver
Buitenverwachting
Grassy Park
Schaap Kraal
Chapman's Peak
928
DUIKER I. (Seal Colony)
Hout Bay
Rondevlei
Zeekoevlei
Steenberg
Tokai
Strandfontein
Mountain
Retreat
Rondevlei Nat. Res.
592
Chapman's Peak Drive
Silvermine Nature Reserve
Noordhoek Beach
Sunrise Beach
Noordhoek
West Beach
Muizenberg
The Point
Long Beach
Kalk Bay
Zandvlei Estuary Nat. Reserve
Danger Beach
Clovelly
Kommetjie
Fish Hoek
Ocean View
False
Shelley Beach
Topstones
Long Beach
Witsand Bay
Simon's Town
Admiralty House
Boulders
Seaforth Beach
SWARTKOPBERGE
National
Stoney Beach
Die Mond
Miller's Point
Rumbly Bay
Bay
Partridge Point
Olifantsbosbaai
Smitswinkel Bay
Cape of Good Hope Nature Reserve
Mast Bay
Batsata Cove
Park
Da Gama Monument
Muishond Bay
Buffels Bay
Dias Mon.
Rooikrans
266
Vasco Da Gama Peak
Two Oceans Restaurant
Cape of Good Hope
Cape Point
KAP-HALBINSEL
21 - 34
0
5
10 km
© Nelles Verlag GmbH, München

★★TAFELBERG UND ★KAP-HALBINSEL

Der größte Teil der gebirgigen Halbinsel am Südwestende Afrikas gehört zum ★★**Table Mountain National Park**. Er umschließt den Tafelberg mit Signal Hill, das Silvermine Nature Reserve und das Cape of Good Hope Nature Reserve. Der ★★**Tafelberg** ㉑ (*Table Mountain*) bildet das Nordende der Kap-Halbinsel. Das Massiv ist aus mächtigen Schichten von Sandstein mit Granit-Intrusionen aufgebaut. Das von waldigen Schluchten durchzogene felsige Plateau erreicht im Osten mit 1086 m ü. M. die größte Höhe, nach Süden fällt es steil zur **Orange Kloof** (200 m) ab, einem nicht zugänglichen, dichten Waldgebiet. Der mehr als 3 km breite Steilabfall nach Norden, der die Stadt wie eine Mauer überragt, ist etwa in der Mitte durch eine schmale Kluft (**Platteklip Gorge**) geteilt. Die Steilwand wird abends angestrahlt.

Der Tafelberg wird flankiert im Osten vom **Devil's Peak** (1001 m), im Westen – durch eine breite Senke getrennt – vom **Lion's Head** (669 m). Von ihm zieht nordwärts ein schmaler Rücken zum **Signal Hill** (350 m), auf dem früher eine Geschützbatterie zur Begrüßung von Schiffen und bei zeremoniellen Anlässen abgefeuert wurde. Noch heute verkündet ein **Kanonenschuss** die genaue Mittagszeit (Noon Gun). Auf einer Fahrstraße ist ein Aussichtspunkt zu erreichen.

Spaziergänge oder Wanderungen auf der Höhe des Tafelbergs sind für jeden Kapstadt-Besucher ein Muss. Grandios ist der Ausblick auf die Kap-Halbinsel im Süden, auf die False Bay im Osten, den Atlantischen Ozean mit Robben Island im Westen und nach Norden auf die Stadt, die sich entlang der Tafelbucht großflächig ausbreitet. Eine **Tafelberg-Besteigung** ist auf vielen Wegen unterschiedlicher Schwierigkeitsgrade möglich. Der mindestens dreistündige Aufstieg (am einfachsten durch Platteklip Gorge) ist jedoch nicht ungefährlich; es gibt alljährlich Todesfälle. Beim *Mountain Club of South Africa*, Kapstadt sind Tipps, Karten, Wegbeschreibungen und Führer erhältlich. Da das Wetter sehr rasch wechseln kann, sind Kälte- und Regenschutz unverzichtbar.

Schnell und sicher transportiert die 1997 erneuerte ★**Tafelbergbahn** (*Table Mountain Aerial Cable Way*) bis zu 800000 Besucher jährlich. Die Talstation ist vom Stadtzentrum mit dem Auto über Buitengracht/Kloof Nek Road ohne Schwierigkeit zu finden, von Adderley Street verkehrt ein Bus. Die 1929 eröffnete Seilbahn überspannt die Entfernung von der Talstation (366 m) bis zur Bergstation (1067 m) stützenfrei mit einem 1244 m langen Kabel. Die Kabine fasst 65 Personen und dreht sich während der Fahrt, um einen Rundumblick zu ermöglichen. Auf dem Gipfelplateau ertönt bei plötzlich einfallendem Sturm eine Sirene als Aufforderung, auf schnellstem Wege zur Bergstation zurückzukehren.

Die großartige **Rundfahrt** entlang der Küste der etwa 50 km langen ★**Kap-Halbinsel** ist ebenfalls ein Muss. Unternimmt man die Fahrt in eigener Regie, empfiehlt es sich, auf der Ostseite zu beginnen und auf der Westseite nach Kapstadt zurückzukehren; so werden vormittags und nachmittags die jeweils vorteilhaftesten Licht- und Verkehrsverhältnisse genutzt.

Man fährt vom Stadtzentrum über den Hertzog Boulevard zum Nelson Mandela Boulevard (M4) oder über Plein Street/Roeland Street zum De Waal Drive (M3), die kurz vor dem berühmten **Groote Schuur Hospital**, in dem Christian Barnaard 1967 die erste Herzverpflanzung vornahm, zum Rhodes Drive zusammenkommen. Man passiert auf der linken Seite **Mostert's Mill**, eine noch betriebsfähige Windmühle von 1796, rechts das **Rhodes Memorial** (Denkmal für Cecil Rhodes) und die prachtvoll gelegenen Gebäude der **Universität**. Auf der linken Seite

» Stadtplan S. 192, Info S. 202-205

liegt **Groote Schuur** („große Scheune"); der 1657 an dieser Stelle errichtete Getreidespeicher ist einbezogen in das prächtige Landhaus, das sich Cecil Rhodes 1893 im kapholländischen Stil hatte umbauen lassen und später der Nation vermacht hat. Der Wohnsitz des Vizepräsidenten, **Genadendal** (vormals Westbrooke), befindet sich in der Gartenanlage.

Kurz darauf zweigt nach rechts die M63 ab, die zu den **★★Kirstenbosch National Botanical Gardens ㉒** führt. Er erstreckt sich in einzigartiger Lage am niederschlags- und waldreichen Osthang des Tafelbergmassivs. Das Gelände (ab 1653 Farmland) hatte ebenfalls Cecil Rhodes erworben und bei seinem Tod 1902 der Nation vermacht. Der darauf 1913 gegründete Botanische Garten gilt als einer der schönsten der Welt. Auf dem hügeligen, 528 ha großen Gebiet sind 60 ha kultiviert. 22 000 Pflanzenarten des südlichen Afrikas werden hier gesammelt, gezüchtet und studiert. Es blüht zwar das ganze Jahr über irgendetwas, Höhepunkt ist aber zweifellos das Frühjahr (Sept./Okt.). Es gibt am **Haupttor** einen Informationskiosk und ein Restaurant, im *Curio Shop* sind unter anderem Bücher über die südafrikanische Flora zu kaufen. Ein zusätzliches Tor mit Parkplätzen entlastet den Haupteingang und beherbergt eine Gärtnerei mit Buchladen sowie ein zweites Restaurant. Die Wege sind gut gekennzeichnet; beim Zurechtfinden helfen viele Infotafeln ebenso wie der an den Eingängen erhältliche Gartenplan.

Oben: Kirstenbosch National Botanical Gardens ist einer der schönsten Botanischen Gärten der Erde. Rechts: Giebelskulpturen von Groot Constantia aus dem 18. Jh.

Fährt man von Kirstenbosch weiter auf der Rhodes Avenue nach Südwesten bis Constantia Nek (5 km) und biegt dort nach Südosten in die Constantia Road (M41), trifft man nach 3 km auf das Weingut **★★Groot Constantia ㉓**. Der 1685 erbaute, restaurierte Wohnsitz des bedeutenden niederländischen Gouverneurs Simon van der Stel gilt als

» Stadtplan S. 192, Info S. 202-205

eins der schönsten Beispiele kapholländischer Architektur. Es ist heute Nationaldenkmal und mit einer wertvollen Sammlung alter Möbel und Gemälde eingerichtet. Das Anwesen liegt reizvoll inmitten von Weingärten. Hendrik Cloëte, der es 1778 erwarb, förderte den Weinbau und ließ von dem französischen Architekten L.-M. Thibault ein ansehnliches Kellereigebäude errichten, dessen Giebelskulpturen der deutsche Bildhauer Anton Anreith schuf. Constantia-Weine waren an vielen europäischen Fürstenhöfen geschätzt. Die Blütezeit endete 1860, als sich in der Kapprovinz die Reblaus auszubreiten begann. Heute werden hier wieder Weine erzeugt, die zu den besten des Landes gehören. Es gibt zwei Restaurants; auch Besichtigungstouren durch die Kellerei und Weinproben werden veranstaltet.

Das etwas nördlich, nahe der M3 gelegene ehemalige **Weingut Alphen**, das ebenfalls den Cloëtes gehörte, wurde zu einem stilvollen, luxuriösen Hotel umgestaltet und ist heute Nationaldenkmal. Die beiden südlich von Groot Constantia gelegenen Weingüter **Buitenverwachting** und **Klein Constantia**, die nach dem Tod von Simon van der Stel von seinem Besitz getrennt wurden, erzeugen heute ebenfalls exzellente Weine und sind auch Teil der **Constantia Wine Route**. In Buitenverwachting erfreut ein renommiertes Restaurant anspruchsvolle Gäste.

Am Ende der M3 zweigt **Boyes Drive** ab, eine Straße, die hoch über der Küste am Bergrand entlang führt und herrliche Ausblicke auf die False Bay bietet; sie trifft kurz hinter Kalk Bay auf die Küstenstraße (M4) von Muizenberg. Aus dem Constantia-Tal führt die M42 auf den **Ou Kaapse Weg** (M64), der das **Silvermine Nature Reserve** ㉔ durchquert. Dieser Teil des Table Mountain National Park reicht im Nordwesten bis zur Hout Bay, im Osten an die Küste der False Bay zwischen Muizenberg und Kalk Bay. Die großartige Berglandschaft

Foto: Hartmuth Friedrichsmeier

(bis 928 m ü. M.) ist von zahlreichen Wanderwegen durchzogen und bietet eine faszinierende Vielfalt an heimischer Flora.

An der Küstenstraße der False Bay ist **Fish Hoek** ㉕ wegen seines schönen **Sandstrands** am Südrand des Ortes beliebt.

Kurz vor Simon's Town zweigt von der M4 die **Dido Valley Road** ab. Wer interessiert ist, kann hier den Betrieb **Topstones** besichtigen (angeblich der größte der Welt), in dem Halbedelsteine verarbeitet werden. Im angeschlossenen Laden **Mineral World** ist alles, was aus Halbedelsteinen hergestellt wird, zu kaufen. Gegen eine geringe Gebühr erhält der Besucher einen *Scratch Patch Bag*, den er sich im Scratch Patch selbst aus einer Menge von Steinen füllen darf – ein Vergnügen, nicht nur für Kinder!

Simon's Town ㉖, nach Simon van der Stel benannt und südlichster Ort der Kaphalbinsel, ist Endpunkt der elektrischen Schnellbahn von Kapstadt. Der Platz wurde 1741 von der Niederländisch-Ostindischen Kompanie als

Foto: Touristikbüro Südafrika (South African Tourism SATOUR)

geschützter Winterhafen ausgewählt, weil die Tafelbucht im Winter oft von Stürmen heimgesucht wird. Das vor 1760 erbaute **Admiralty House** (Nationaldenkmal), wurde 1814 Eigentum der britischen Admiralität, die Simon's Town 143 Jahre lang als Hauptquartier ihrer Südatlantikflotte nutzte, was hat den Charakter des Orts mit seinen engen, gewundenen Straßen und altmodischen Pubs prägte. 1957 wurde der Hafen zum Hauptquartier der südafrikanischen Kriegsmarine. Auch eine Fischereiflotte und Hochsee-Jachten sind hier zu Hause. Die 1777 errichtete *Residency* beherbergt das **Simon's Town Museum**; der **Martello-Turm** wurde 1796 als Pulverturm vollendet.

Gleich hinter Simon's Town zweigt eine Straße zu ★**Boulders Beach** ab. Hier hat sich am Strand seit 1983 eine

Oben: Im Scratch Patch bei Topstones kann man sich sein eigenes Säckchen Halbedelsteine zusammensuchen. Rechts: Blick vom Hubschrauber auf das Kap der Guten Hoffnung (links) und Cape Point (rechts).

große Kolonie von 2500 ★**Brillenpinguinen** angesiedelt, die in den bewachsenen Dünen und am Strand brüten. Sie lassen sich aus der Nähe betrachten – und schreien fast wie Esel (daher auch *Jackass Penguin* genannt).

Entlang der zerklüfteten Küste, vor der von Juli bis November manchmal Wale zu sehen sind, führt die Straße zum Eingang des ★**Cape of Good Hope Nature Reserve** ㉗. Die Südspitze der Kap-Halbinsel (7750 ha), 1939 zum Naturschutzgebiet erklärt, um Flora und Fauna und das Gebiet vor Zersiedelung zu schützen, ist jetzt Teil des **Table Mountain National Park**, der drei Viertel der Halbinsel umfasst. Der Park bietet Lebensraum für Elenantilopen, Buntböcke, rote Kuhantilopen, Steinbock, Ducker, Bergzebras, Paviane, Strauße, Schildkröten, Eidechsen, Geckos und viele Vogelarten.

Die Autostraße endet an einem **Parkplatz** (125 m ü. M.). Vorsicht vor den oft sehr dreisten **Pavianen** (*Baboons*), die sich hier manchmal tummeln – keinesfalls füttern!

» Stadtplan S. 192, Info S. 202-205

Foto: Erhard Pansegrau

Im **Two Oceans Restaurant** kann man 8-18 Uhr mit grandiosem Blick über das Meer speisen.

Mit einer **Standseilbahn** oder (ganz bequem) zu Fuß gelangt man über das terrassierte Gelände zum ★★**Cape Point** ㉘ (212 m ü. M.) hinauf, der äußersten Spitze der Halbinsel. Der **alte Leuchtturm** (1859, 268 m ü. M.) ist außer Betrieb, ein **neuer Leuchtturm** wurde 1914 auf einer Klippe nur 87 m ü. M. gebaut; sein Leuchtfeuer gehört zu den stärksten der Welt. In den steilen Felswänden nisten unzählige Seevögel. Der grandiose Blick von der Höhe wird niemanden unberührt lassen, der sich die historische Bedeutung dieses Orts ins Gedächtnis ruft. Nach Süden sieht man am Horizont Schiffe, die über eine der wichtigsten Schifffahrtsrouten der Welt ziehen, und man kann sich kaum vorstellen, dass es in dieser Richtung bis zum Südpol nur noch Wasser und Eis gibt.

Das etwas westlich davon gelegene ★★**Kap der Guten Hoffnung** ㉙ ist der südwestlichste Punkt des afrikanischen Kontinents. Das Kap war seit frühesten Seefahrerzeiten für seine Stürme berüchtigt. Der Portugiese Bartolomëu Diaz, der es als erster 1488 umsegelte, nannte es deshalb zunächst „Kap der Stürme"; doch sein König, Johann II., gab ihm einen freundlicheren Namen. Der britische Weltumsegler Sir Francis Drake bezeichnete es 1580 als das schönste Kap, das er je umsegelt habe. Vom **Parkplatz Cape Point** führt ein schöner **Fußweg** dort hin. Von der Hauptstraße zweigt nach einigen Kilometern eine Fahrstraße ab, von einem kleinen Parkplatz kann man auf die Felsen des berühmten Kaps klettern.

Vom Kap führt die M65 nach Westen zur Atlantikküste. **Kommetjie** ㉚, ein freundlicher kleiner Fischerort, entwickelte sich – dank der vor allem im Sommer hier herrschenden Winde – zu einem der wichtigsten Surfgebiete an der südafrikanischen Atlantikküste.

Die Straße umrundet danach weit landeinwärts das sumpfige Hinterland der **Chapman's Bay** und stößt auf die von Osten kommende und entlang

Foto: Hartmuth Friedrichsmeier

der Westküste nach Kapstadt führende Straße M6.

Hinter Noordhoek beginnt **★★Chapman's Peak Drive** (Maut). 1922 erbaut ist dies eine der spektakulärsten Küstenstraßen der Welt. 150 m über dem Atlantik führt sie entlang der Linie, an der rot, orange und gelb gefärbter Tafelberg-Sandstein auf dem Kap-Granit aufliegt, der an den Hängen unterhalb der Straße ansteht. An Ausweichplätzen kann man die Aussicht genießen. Von der höchsten Stelle hat man einen prächtigen **★Blick** über die **Hout Bay** ㉛, die von dem 300 m zum Meer abfallenden Kliff des **Sentinel** begrenzt wird. Die einst dichten Wälder der „Holz-Bucht" holzten die Holländer nach 1652 für Haus- und Schiffsbau ab, und 1689 erlegten Jäger die beiden letzten Elefanten. Der heute bei Reichen, Expat-Residenten und Touristen beliebte, schön gelegene Ort Hout Bay ist auch ein wichtiger **Fischereihafen**

Oben: Gleitschirmflieger in Camps Bay. Rechts: Ein guter Fang! (Hout Bay).

(v. a. Langustenfang). Einladende **Fischlokale** findet man in **Mariner's Wharf** an der kleinen Waterfront, mit Blick auf den weißen **Strand**. Am Hafen starten Bootstouren zur **Seebärenkolonie** auf **Duiker Island**.

Nördlich des Orts zweigt die M63 ab, in Richtung Constantia und Kirstenbosch. Nahe der Abzweigung liegt das Landhaus **Kronendal**, ein schönes Beispiel kapholländischer Architektur, das heute als Nationaldenkmal ein bekanntes **Restaurant** beherbergt.

World of Birds ㉜ zeigt mehr als 3000 Vögel in großen begehbaren Volièren (www.worldofbirds. org.za).

Die M6 führt wieder an die Küste und, am Fuß des steilen Tafelberg-Westabfalls, dessen Felsgipfel „**Zwölf Apostel**" genannt werden, durch die Vororte **Llandudno** (mit schönem ruhigem **Strand**, aber kaltem Wasser), **Bakoven**, **★Camps Bay** ㉝ (ein „Prominenten-Strandort" mit der quirligen Partymeile **Beach Road**) und **Sea Point** ㉞ (mit guten Lokalen, Strandpromenade und Nachtleben nach Kapstadt zurück.

» Stadtplan S. 192, Info S. 202-205

Foto: Erhard Pansegrau

DIE ATLANTIKKÜSTE

Die Atlantikküste wird küstenparallel von der N7 als Hauptverkehrsader durchzogen; entlang der Küste verläuft die R27, von der man hinter Melkbosstrand die Kühltürme des Kernkraftwerks Koeberg sieht. Nach ca. 90 km erreicht man das **!Khwa ttu San-Kulturzentrum** in einem 850 ha großen Naturreservat. Eine dreistündige Tour gibt Einblick in die Kultur und das Leben der ersten Bewohner Südafrikas (Tel. 022/492 2998, www. khwattu.org).

25 km nördlich liegt der **★West Coast National Park 51**, in dem seit 1985 auf 20 000 ha das Ökosystem der **Langebaan-Lagune** und ihrer Umgebung geschützt ist, einschließlich 26 km Atlantikküste zwischen den Orten Yzerfontein und Langebaan. In dem großen Feuchtgebiet überwintern im Südsommer etwa 60 000 Watvögel aus der nördlichen Hemisphäre. Zahllose heimische Seevögel, darunter auch die vom Aussterben bedrohten **Brillenpinguine**, finden sichere Brutplätze auf vier vorgelagerten Inseln. Der planktonreiche kalte Benguela-Strom vor der Küste mit seinem Fischreichtum bietet genug Nahrung. Die Lagune ist in Südafrika einzigartig, weil sie keine Flussmündung ist, sondern durch einen Meereseinbruch entstand. Ihr Wasserstand wird nur durch die Gezeiten beeinflusst, nicht durch Frischwasserzuflüsse. Die sie umgebenden Salzmarschen sind die größten Südafrikas. Der spärliche Regen (270 mm jährlich) fällt vor allem zwischen Mai und August.

Der Park ist in drei Zonen eingeteilt: **Zone A** am Eingang der Lagune dient der allgemeinen Erholung; hier kann man Motorboot und Wasserski fahren, Fischen und Tauchen; in **Zone B** sind nur Segeln und Surfen erlaubt (es werden hier sogar Flachwasser-Geschwindigkeitsrekorde aufgestellt); **Zone C** am Ende der Lagune darf überhaupt nicht betreten werden. Die **Postberg Section** im Nordwesten der Landzunge ist berühmt für ihre Blumenpracht im Frühling und beherbergt auch **Großwild**, ist aber nur zur Blütezeit im August/

Foto: Erhard Pansegrau

September geöffnet. Das Beobachten der Tierwelt lohnt sich besonders im Sommer, wenn die Zugvögel aus dem Norden angekommen sind. Im Frühling machen **Wale** in der **Plankiesbaai** Station. Unterkunft gibt es in den umliegenden Orten.

Jenseits des Windsurfermekkas **Langebaan** mit seinen originellen Fischlokalen am weißen **Sandstrand**, entstand der **Club Mykonos**, der erste private Ferienclub Südafrikas; der Initiator gab ihm das Erscheinungsbild eines griechischen Dorfes. Der Club bietet alles, was jemand, der gern aktiv ist und Trubel mag, sich wünschen kann, auch einen Jachthafen für Hochseesegler.

Die nördlich der Lagune gelegene **Saldanha Bay**, eine schon seit 1601 als großartiger Naturhafen bekannte Bucht – heute von Fabriken umstellt –, konnte seinerzeit wegen Mangel an Trinkwasser nicht als Schifffahrtsstation genutzt werden. Für den Export von Eisenerz begann man 1970 große Verladeanlagen zu bauen (Besichtigung möglich; Buchung Tel. 02281/357410), die durch eine 861 km lange Eisenbahnstrecke mit der Erzförderung in Sishen verbunden wurde. Heute ist **Saldanha** der größte **Hafen** an der Westküste Afrikas, auch Stützpunkt einer Fischereiflotte und Zentrum bedeutender Langustenfischerei (www.capewestcoast. org). Reizvoll und einsam ist die Weiterfahrt an der Atlantikküste nach Norden.

Die N7 durchquert von Kapstadt nach Nordosten das **Swartland** mit Zentrum **Malmesbury** ㊾52, wegen der fruchtbaren schwarzen Böden das wichtigste Weizenanbaugebiet Südafrikas.

Citrusdal 53 hat das größte Anbaugebiet von Zitrusfrüchten des Landes. Es wird vom wasserreichen Olifants River bewässert, dessen Tal nach Norden die N7 folgt, es ist hier zugleich Grenze zu den ★★**Cederbergen**. Sie sind Teil der Kapketten, etwa 100 km lang, im Sneeuberg bis 2028 m hoch. 71 000 ha stehen als **Cederberg Wilderness Area** 54 unter Naturschutz. Bizarre Felsformationen, durch Erosion aus dem leuchtend roten Sandstein entstanden, Wasserfälle, Höhlen mit Buschmann-Felsbildern und faszinierende Aussichtspunkte machen, zusammen mit dem klaren Licht, den besonderen Reiz dieses Gebiets aus; ein Paradies ist es für Wanderer (254 km Wanderwege) und Bergsteiger, Naturfreunde, Künstler und Fotografen.

Eine Besonderheit der Flora (Berg-Fynbos) ist neben der vom Aussterben bedrohten **Clanwilliam-Zeder** (*Widdringtonia cedarbergensis*) die dem Gebirgszug den Namen gegeben hat, vor allem die weiße **Schnee-Protea** (*Protea cryophila*), die im März nur oberhalb der Schneegrenze blüht und nur hier vorkommt.

Zwischen Citrusdal und Clanwilliam quert nach Osten eine Straße den Olifants River, die zum zum **Nieuwoudt Pass** 55 (590 m ü. M.) ansteigt, der

Oben: Im West Coast National Park überwintern viele Seevögel aus Europa. Rechts: Kaptölpel in Lambert's Bay.

» Karte S. 172-173, Info S. 202-205

Foto: Bodo Bondzio

großartige Ausblicke bietet. Die Straße führt durch das Naturschutzgebiet nach 35 km zur **Algeria Forest Station** ➅. Hier erhält man die Erlaubnis, das Gebiet zu betreten, Wanderkarten (mit Übernachtungshütten) sowie Info-Broschüren; auch ein Führer sowie Esel für den Gepäcktransport können gemietet werden. Da nur eine begrenzte Zahl von Wanderern zugelassen ist, empfiehlt sich vorherige Anmeldung (Tel. 027/482 2812); beste Besuchszeit ist zwischen September und April.

Südlich der Cederberge (von Citrusdal auf der R303 Richtung Ceres nach 74 km links abbiegen) liegt im Randgebiet der Großen Karoo das 3700 ha große private Naturreservat **Kagga Kamma** ➆ (Unterkunft in grasgedeckten, komfortabel eingerichteten Cottages).

In der Kleinstadt **Clanwilliam** ➇, 52 km nördlich von Citrusdal, zieht der 18 km lange Stausee des Olifants River besonders Wasserski-Fans an. Das am Stadtrand hoch gelegene **Ramskop Nature Reserve** bietet einen Blick auf die Cederberge, den Pakhuis Pass, den Olifants River und den Stausee. Im **Wild Flower Garden** sind, besonders attraktiv im August / September, 700 einheimische Blumenarten zu finden.

Großflächig wird in dieser Gegend **Rooibos** (*Aspalathus linearis*) angebaut. Der „Rotbusch" kommt nur in den Cederbergen vor, seine zarten jungen Blätter wurden seit jeher von den einheimischen San für Heilzwecke gesammelt. Der russischstämmige Teehändler Ginsberg entdeckte 1904 das ökonomische Potenzial des Roiboostees, der koffeinfrei, gerbstoffarm und mineralstoffreich ist. Ab 1930 trieb er hier die Roibooskultivierung voran.

Auf einer Fahrt von Clanwilliam nach Osten (R364), die durch ein landschaftlich reizvolles Gebiet über den ★**Pakhuis Pass** ➈ (905 m ü. M.) führt, erreicht man nach 34 km in den Ausläufern der Cederberge Traveller's Rest, wo ein bekannter Wanderweg zu einer Natur-Galerie mit Buschmannzeichnungen führt (Gebühr auf der Farm zahlen). In der Nähe liegt **Bushmans Kloof**, ein komfortables privates Wildreservat. Neben vielseitiger Fauna und Flora findet sich hier ein Schatz von 130 sehr gut erhaltenen, bis zu 10 000 Jahre alten ★**Felsbildern** der Buschmänner.

Nicht weit davon entfernt erreicht man auf einer nach rechts abzweigenden Straße, 74 km nach Clanwilliam, ★**Wupperthal** ⑥⓪ (69 km). Die in einem tief eingeschnittenem Tal gelegene malerische Siedlung, eine Gründung der Rheinischen Mission von 1830 und seither kaum verändert, ist eine Freude für Künstler und Fotografen.

Westlich von Clanwilliam geht die R364 zur Atlantikküste nach **Lambert's Bay** ⑥①, einem Fischereihafen (vor allem Langusten) mit Konservenindustrie. Mit dem Hafen durch eine Mole verbunden ist die Vogelinsel **Bird Island**. Die einst sehr große Brutkolonie von Kormoranen, Tölpeln (*Cape Gannets*), Möwen, Seeschwalben und Brillenpinguinen, die man aus der Nähe betrachten kann, ist durch Robben stark dezimiert worden. Ein besonderes gastronomisches Erlebnis ist der Besuch von ★**Muisbosskerm**, einem originellen Fischrestaurant am Strand (Tel. 027/432 1017).

76 km nördlich von Clanwilliam erreicht die N7 das kleine Städtchen **Vanrhynsdorp** ⑥②, das vom Maskam, einem großen, tischebenen Tafelberg überragt wird. Pflanzenliebhaber sollten hier die größte Sukkulenten-Gärtnerei Südafrikas nicht versäumen.

Von der N7 führt die R27 nach Nordosten. Sie überwindet auf dem 6 km langen ★**Vanrhyns Pass** bis auf die Große Randstufe mehr als 800 m Höhenunterschied. Von der Passhöhe bietet sich ein grandioser Ausblick über die sich nach Nordwesten erstreckende weite trockene Ebene der Knersvlakte.

Etwa 50 km von Vanrhynsdorp erreicht die Straße **Nieuwoudtville** in der Provinz Nord-Kap. Falls es im Winter ausreichend geregnet hat, erblickt man hier einen ersten Höhepunkt des ★**Namaqualand**-Blumenwunders, das dann bei der Weiterfahrt auf der N7 nach Norden zu entdecken ist (s. S. 209).

KAPSTADT UND KAP-HALBINSEL

Cape Town and Western Cape Information Office, Ecke Castle / Burg Street, Tel. 021/426 4260, www.tourismcapetown.co.za.
Victoria & Alfred Waterfront Information Office, Dock Road, Tel. 021/408 7600; Victoria Wharf, Tel. 021/408 7791, www.waterfront.co.za.
Table Mountain National Park, Tel. 021/424 8181, www.tmnp.co.za.
Tafelberg-Seilbahn, Tel. 021/424 8181.
Wettervorhersage, Tel. 082/234 3335.
Deutsche Buchhandlung U. Naumann, Burg St. 17, dt. Bücher u. Zeitungen.

STRASSE: Nach Kapstadt führen drei *National Roads:* von Norden (Namibia) die N7; von Bloemfontein und Johannesburg/Pretoria die N1; von der Süd- und Ostküste aus die küstenparallel verlaufende N2.
BAHN: Fernzüge (Shosholoza Meyl) fahren von Kapstadt täglich nach Johannesburg/Pretoria (über Kimberley – De Aar; ca. 26 Std.), wöchentlich einmal nach Durban (über Kimberley/Bloemfontein; 36 Std.) und nach Oudtshoorn (13 Std.). Kapstadt ist durch Schnellbahnen mit Simon's Town, Stellenbosch und der Umgebung verbunden. Vorortzüge können unsicher für Touristen sein.
BUS: Intercity-Busse (Intercape, Translux und Greyhound, s. S. 238) verbinden Kapstadt mit allen wichtigen Städten: *Intercape* über Springbok (8,5 Std.) mit Windhoek (21 Std.), mit Upington (11,5), *Translux* und *Intercape* mit Durban (über Plettenberg Bay – Port Elizabeth; 27 Std., über Beaufort West – Bloemfontein 23 Std.). Zu erreichen sind damit alle Orte der Gartenroute. Sichere Alternative für Touristen.
FLUG: Der Flughafen Kapstadt wird im internationalen Linienverkehr von *SAA*, *Lufthansa*, *LTV*, *British Airways*, *KLM*, *Air Namibia* (nach Windhoek) und *Air Mauritius* angeflogen. Im Binnenverkehr fliegen *SAA* nach Johannesburg (auch *British Airways-Comair*), Durban und Port Elizabeth; *SA-Express* nach Bloemfontein, East London, Sun City, George, Kimberley und Upington; und Billigfluglinien (Kulula, Mango).
Vom Flughafen zum Stadtzentrum (22 km) gibt es einen regelmäßigen Shuttlebus-Verkehr, z. B.

» Karte S. 172-173, Info S. 202-205

City Hopper (Tel. 021/934 4440), *Magic Bus* (Tel. 021/505 6300).

In Kapstadt ist die Küche der ganzen Welt vertreten; hervorragend ist das Angebot an *Seafood*, z.B. an der V&A Waterfront; zudem gibt es die (oft malaiisch beeinflussten) Spezialitäten der Kap-Provinz. Die meisten Hotels bieten exzellente Restaurants. www.caperestaurants.co.za.

Mama Africa, Fleisch von Kudu, Strauß oder Krokodil mit Maisbrei, originelle Bar, abends Marimba-Live-Musik, junges Publikum, Kunsthandwerk, 178 Long St., Tel. 021/424 8634.

Africa Café, nettes Ethno-Lokal mit guter transafrikan. Küche, auch Biogemüse, 18.30-23 Uhr, Shortmarket St., Tel. 021/422 0221.

Biesmiellah, kapmalaiische und indische Speisen, kein Alkohol, Mo-Sa.18.30-23 Uhr, Wale St., Bo-Kaap, Tel. 021/423 0850.

Mount Nelson Hotel, Kult ist der tradition. *Afternoon Tea* 14.30-17.30 Uhr in der Luxushotel-Lounge, 76 Orange St., Tel. 483 1000.

Aubergine Restaurant, Haute Cuisine, tolle Weinkarte, Mo-Sa.17-19 Uhr kleines Menü, 19-22 Uhr Dinner, Do 12-14.30 Uhr Mittagstisch, 39 Barnet St., Gardens, Tel. 021/465 4909.

Toni's on Kloof, beliebtes kleines portugies. Lokal, 88 Kloof St., Gardens, Tel. 021/423 7617.

Arnold's, opulentes Frühstück, Wildspezialitäten zu Lunch und Dinner, ab 7 Uhr bis spät nachts, 60 Kloof St., Gardens, Tel. 021/424 4344.

Signal Restaurant, Edellokal im Cape Grace Hotel, Do und Sa Jazz zum Dinner, West Quay Road, V&A Waterfront, Tel. 021/410 7080.

Emily's, modern-kapholländisch und afrikanisch, Snackbar im Freien u. Restaurant, 55 Kloof Street, Gardens, Tel. 021/761 7631. www.emily-s.com.

Harveys at the Mansion, internat. u. südafrikan. Spezialitäten, sonntags Jazzbrunch, gepflegtes Hotelrestaurant, 121 Beach Rd, Sea Point, Tel. 021/434 2351, www.winchester.co.za.

Sandbar, Sandwiches und kleine Gerichte, 31 Victoria Road, Camps Bay, Tel. 021/438 8336.

La Perla, italienisch, Seafood, schöne Lage (mit Patio-Deck), 12-23.30 Uhr, Beach Road, Seapoint, Tel. 021/434 2471.

Two Oceans Restaurant, hoch über der Kliffküste, toller Meerblick, 9.30-17 Uhr, Cape Point, Tel. 021/780 9200, www.two-oceans.co.za.

Two Oceans Aquarium, täglich 9.30-18 Uhr, Victoria & Alfred Waterfront, www.aquarium.co.za.

Tafelbergbahn: verkehrt (bei gutem Wetter) Mai-Nov. täglich 8.30-18 Uhr, Dez.-April 8-22 Uhr; Tel. 021/424 8181, Dez. u. Jan. halber Preis nach 18 Uhr, http://tablemountain.net.

Castle of Good Hope, täglich 9-16 Uhr.

Cultural History Museum, Mo-Sa 9.30-16.30 Uhr.

South African Library, Mo-Fr 10-17 Uhr, Sa 9-13 Uhr.

Artscape Theatre Complex, D F Malan Street, 021/410 9800, www.artscape.co.za.

Houses of Parliament, Touren wochentags 9-12 Uhr, Freitags auch 2-4 Uhr, eine Woche vorher buchen und Pass mitbringen, Tel: 021/403 2266, tours@parliament.gov.za.

South African National Gallery, Di-Sa 9.30-16.30 Uhr.

Jewish Museum, Di und Do 14-17 Uhr, So 10.30-12 Uhr.

South African Museum, täglich 10-17 Uhr. **Old Town House**, täglich 10-17 Uhr.

Koopmans De Wet House, Di-Sa 9.30-16.30 Uhr.

Bo-Kaap Museum, Mo-Sa 9.30-16.30 Uhr.

Mineral World Topstones, Mo-Fr 8.30-16.45 Uhr, Sa und So 9-17.30 Uhr, Simon's Town und Waterfront.

Simon's Town Museum, Mo-Fr 9-16 Uhr, Sa 10-13 Uhr.

World of Birds, täglich 9-17 Uhr, Valley Rd., Hout Bay.

NATUR: **The Company's Garden**, eine grüne Oase im Stadtzentrum von Kapstadt.

Table Mountain National Park (SANParks), umfasst neben dem Tafelberg auch **Silvermine Nature Reserve**, die Pinguin-Kolonie in Boulders Bay, sowie **Cape of Good Hope National Reserve**, das Gebiet am Südende der Kaphalbinsel.

Kirstenbosch National Botanical Gardens, April-August 8-18 Uhr, Sept.-März 8-19 Uhr, südlich von Kapstadt an der M3.

In der Provinz West-Kap gibt es unzählige Wanderwege; Infos bei den Tourismus-Büros. In Buchläden findet man Tim Andersson's *Day-Walks around Cape Town*.

FALSE BAY

Somerset West Tourist Information, 186 Main Road, Somerset West 7130, Tel. 021/840 1400, www.swest.info.

VERGELEGEN: Von der N2 (Ausfahrt Somerset West) nach Norden auf der R44. Das historische **Gutshaus** ist täglich von 9.30-16 Uhr geöffnet (ausgenommen Weihnachten, Karfreitag und 1. Mai); die **Bibliothek** täglich 11-15 Uhr, **Lady Phillips Restaurant** (Lunch und Tee) Mo bis Sa (Reservierung erforderlich); Tel. 021/847 1346.

NATUR: **Helderberg Nature Reserve**, am Rand der Helderberg Mountains, nördlich von Somerset West.
Rondevlei Bird Sanctuary, Vogelschutzgebiet am südlichen Stadtrand von Kapstadt, täglich 8-17 Uhr.

GARTENROUTE

Garden Route Tourism, Tel. 044/873 6355, www.gardenroute.org.za.
Plettenberg Bay Tourism Organisation, Shop 35, Melville's / Ecke Main Street, Plettenberg Bay, Tel. 044/533 4065, www. plettenbergbay.co.za.
Knysna Tourism Bureau Organisation, 40 Main Street, Knysna, Tel. 044/382 5510, www. visitknysna.com.
George Tourism Organisation, Tel. 044/801 9295. www.visitgeorge.co.za.
Mossel Bay Tourism Office, Corner Church/ Market St., Tel. 044/691 2202, www.mossel bay.co.za

NATUR: **Garden Route National Park** (SANParks, s. S. 246).

OUDTSHOORN UND KLEINE KAROO

Oudtshoorn Tourism Organisation, Baron Van Reede St, Oudtshoorn, Tel. 044/279 2532, www.oudtshoorninfo. com.
Calitzdorp, Voortrekker Road, Shell Garage, Calitzdorp, Tel. 044/213 3775, www.calitzdorp.co.za.

C. P. Nel Museum, Oudtshoorn, Mo-Sa 9-17 Uhr. **Cango Wildlife Ranch**, täglich 8-17 Uhr, Führungen stündlich, Tel. 044/272 5593. **Cango Caves** Führungen stündlich 9-16 Uhr, Tel. 044/272 7410.
STRAUSSENFARMEN: Besichtigungen täglich 8-16.30 Uhr halbstündlich (in mehreren Sprachen); 1,5-2 Stunden. **Cango Ostrich Farm**, Tel. 044/272 4623, www.cangoostrich. co.za. **Highgate Ostrich Farm**, Tel. 044/279 1812, www.highgate.co.za. **Safari Ostrich Farm**, Tel. 044/272 7311, www.safariostrich. co.za.

DAS WEINLAND

Cape Winelands Tourism, Stellenbosch, Tel. 0861/265 263, www.tourismcapewinelands.co.za.
Worcester Wine & Tourism Organisation, Baring St., Worcester, Tel. 023/342 8710, www. worcestertourism.com.
Hex Valley Tourism Organisation, Voortrekker Street, De Doorns, Tel. 023/356 2041. www.hexrivervalley.co.za.
Tulbagh Tourism Organsiation, 4 Church St., Tulbagh, Tel. 023/230 1375, www.tulbaghtourism.co.za.
Wellington Tourism Organisation, 104 Main St., Wellington, Tel. 021/ 873 4604, www.wellington.co.za.
Paarl Tourism Organization, Ecke Main/Auret Sts., Paarl, Tel. 021/863 4937, www.paarlonline. com.
Franschhoek Vine ValleyTourism Organisation, 29A Huguenot St., Franschhoek, Tel. 021/876 3606, www.franschhoek.org.za.
Stellenbosch Tourism Oranisation, 36 Market St., Stellenbosch, Tel. 021/883 3584, www.stellenboschtourism.co.za

TULBAGH: **Paddagang Restaurant**, traditionsreiches südafrikan. Lokal, 9-17 Uhr, 23 Church St., Tel. 023/230 0242.
Reader's, internat. Fusionsküche in histor. kapholländischem Gebäude, zugleich Kunstgalerie, 12 Church Street, Tel. 023/230 0087.
PAARL: **Bosman's, Hotel Grande Roche**, renommiertes Gourmetlokal in stilvollem Ambiente, Plantasie St., Tel. 021/863 5100.
FRANSCHHOEK: **Le Quartier Francais** (stilvolle

Auberge): im Spitzenlokal **The Tasting Room** wird nur Dinner serviert, Reservierung nötig, Tel. 021/876 2151, das Bistro **iCi** (mit Terrasse) ist dagegen von früh bis spät geöffnet,16 Huguenot Road.
BOSCHENDAL: Das kapholländische Haupthaus, **Manor House**, Pniel Road (an der R310), ist als Museum eingerichtet (tägl.9.30-17 Uhr). Das **Pique Nique** bietet zwischen Mitte Oktober bis April mittags unter Bäumen ein französisches Picknick (vorbuchen). In **Le Café** genießt man Kaffee, Tee, Kuchen und Snacks. Im **Taphuis** kann man Wein probieren und kaufen, im **Waenhuiswinkel** gibt es Souvenirs und Geschenke.

WORCESTER: **Kleinplasie Open Air Museum**, Mo-Sa 9-16.30 Uhr, So 10.30-16.30. **KWV-Brandykeller**: Touren täglich um 10, 10.30 und 14.15 Uhr; Tel. 023/342 0255. **National Botanical Garden**, täglich 8-18 Uhr.
PAARL: **Paarl Museum** (*Oude Pastorie*), Mo-Fr 9-17 Uhr, Sa 9-13 Uhr. **Afrikaans Language Museum**, Mo-Fr 9-17 Uhr. **KWV**, Weinprobe 9 bis 17 Uhr (Mai bis Sept. sonntags geschlossen). Zur Kellerbesichtigung: Voranmeldung nötig, Tel. 021/807 3390.
FRANSCHHOEK: **Huguenot Memorial Museum**, Mo-Sa 9-17 Uhr, So 14-17 Uhr, Tel. 021/876 2532.
STELLENBOSCH: **Dorp Museum**, Mo-Sa 9.30-17, So 14-17 Uhr, Tel. 021/887 2902. **Oom Samie se Winkel**, Mo-So 8-17.30 Uhr.

NATUR: **Paarl Mountain Nature Reserve**, bei Paarl.
Butterfly World, Klapmuts, an der N1, westlich von Paarl, täglich 9-17 Uhr, Juni-Aug. 10-16 Uhr, Tel. 021/875 5628.
Villiersdorp Nature Reserve, an der R43.

DIE SÜDSPITZE AFRIKAS

Caledon Museum & Tourism Organisation, 22 Plein St., Caledon, Tel. 028/212 1511, www.tourismcapeoverberg. co.za.
Swellendam Tourism Org., The Oefeningshuis, Voortrekker St., Swellendam, Tel. 028/514 2770, www.swellendam tourism.co.za. **Hermanus Tourism Org.**, Lord Robert / Mitchell Sts., Hermanus, Tel. 028/3122629, www.hermanus.co.za.

SWELLENDAM: **Drostdy Museum**, Mo-Fr 9-16.45 Uhr, Sa-So10-15.45 Uhr, Swellengrebel St.
HERMANUS: **Old Harbour Museum**, Mo-Sa 9-13 und 14-17, Sa 9-13, So 12-16 Uhr.

NATUR: **Bontebok National Park** (SANParks), am Breede River, südlich von Swellendam;
Agulhas National Park (SANParks), an der Südspitze des Kontinents;
Caledon Wild Flower Gardens, an der N2; **Fernkloof Nature Reserve**, am Hang nördlich von Hermanus;
Harold Porter National Botanic Gardens, an der R44. Wal-Beobachtung in Hermanus.

ATLANTIKKÜSTE

West Coast Regional Tourism Organisation, 58 Long Street, Mooreesburg, Tel. 022/433 8505, www.capewestcoast.org.
Langebaan Tourism Organisation, Tel. 022/772 1515, www.langebaaninfo.com.
Saldhana Bay Tourism Organisation, Tel. 022/714 2088, www.capewestcoastpeninsula.co.za.
Lamberts Bay Tourism Organisation, Tel. 027/432 1000, www.lambertsbay.co.za.
Vanrhynsdorp Tourism, Tel. 219 1552, www.tourismvanrhynsdorp.co.za.

Erhard Pansegrau

Köcherbaumwald bei Kenhardt, südlich von Upington

Foto: Erhard Pansegrau

NORD-KAP

NAMAKWA
RICHTERSVELD
AUGRABIES FALLS NAT. PARK
UPINGTON
KGALAGADI TRANSFRONTIER PARK
ABSTECHER NACH KURUMAN
KIMBERLEY

NORD-KAP

Die Provinz Nord-Kap *(Northern Cape)* ist die größte (etwa so groß wie Deutschland), aber auch die am dünnsten besiedelte Provinz; auf 29,7 % der Fläche Südafrikas leben lediglich 2,2 % seiner Bevölkerung (1,1 Mio.); 68 % sprechen Afrikaans, 20,8 % Tswana und 6,2 % Xhosa.

Der vor der Atlantikküste nach Norden ziehende kalte Benguela-Strom beeinflusst das Klima und ist Ursache für die extreme Trockenheit und die häufigen Nebel des Küstengebiets. Die Niederschlagsmenge in Port Nolloth beträgt 63 mm jährlich, die Temperatur nur 17-20 °C (in Durban auf fast gleicher geografischer Breite: 23-28 °C). Die sich nach Osten anschließenden, endlos scheinenden Hochflächen der Oberen Karoo gehen nördlich des Oranje-Flusses allmählich in die großenteils mit rotem Sand bedeckte Kalahari über. Ihre Trockenheit ist Folge der geringen Niederschlagsmengen (bis 200 mm jährlich) sowie des zu raschen Abflusses in tiefere Bodenschichten, wo ausreichend Wasser vorhanden ist. Im Osten liegen zwischen einigen Bergzügen – z. T. dicht unter der Oberfläche – immense Bodenschätze, v. a. Eisen-, Manganerz und Halbedelsteine. Bergbauzentrum ist das Gebiet zwischen Kuruman und Postmasburg. In Kimberley, der Provinzhauptstadt, begann mit den ersten Diamantenfunden 1871 der wirtschaftliche Aufstieg Südafrikas.

Links: Schafauktion bei Upington.

Im Nordosten erlaubt das Land noch extensive Rinderhaltung, nach Nordwesten wird die Besiedlung immer dünner; es gibt nur noch vereinzelt Farmen mit (Karakul-)Schafzucht und Ziegenhaltung. Eine Ausnahme bildet das ausgedehnte Bewässerungsgebiet im Tal des Oranje mit dem Mittelpunkt Upington. Hier, im nördlichsten Weinanbaugebiet des Landes, werden neben Trauben auch Obst, Weizen, Mais, Erdnüsse und Baumwolle geerntet.

Trotz relativ guter Verkehrs- und Unterkunftsmöglichkeiten liegt das Gebiet noch abseits der Touristenströme. Besucher werden eine einzigartige Region entdecken und ein Stück faszinierendes Afrika erleben.

★NAMAKWA

Namakwa, „Land der Nama", heißt der Distrikt, zu dem das Namaqualand im Norden (zentraler Ort: Springbok) mit der Hantam Karoo (Zentrum: Calvinia) zusammengeschlossen wurde. Das **Namaqualand**, eine wellige, halbwüstenhafte Landschaft, erstreckt sich von der Atlantikküste über die Große

» Karte S. 211, Info S. 223

Randstufe bis auf die Hochfläche, wo sie in das Buschmannland übergeht. Der Südrand liegt bei Vanrhynsdorp noch in der Provinz West-Kap, dehnt sich aber nach Norden in das immer arider werdende Gebiet bis zum unteren Oranje aus. Ursprünglich lebten hier nur wenige Buschmänner und Nama, die schon die Vorkommen von Kupfererz in geringem Umfang nutzten. Weiße siedelten sich erst mit dem kommerziellen Abbau der Kupfererze um die Mitte des 19. Jh. hier an.

Zu einer großen Attraktion wird das Namaqualand im Frühling, wenn ausreichend Niederschläge gefallen sind und der heiße, austrocknende Wüstenwind ausbleibt. Dann – zwischen Anfang August und Mitte September – verwandelt sich der ausgedörrte, steinige Boden über Hunderte von Kilometern in einen üppigen, farbenprächtigen Blumenteppich. Vorherrschend sind die **Namaqua-Daisies** (*Dimorphoteca sinuata*) aus der Familie der Korbblüter, die in weiß und allen Gelbschattierungen bis zum tiefen Orange leuchten. Dazu kommen vielfarbige Mittagsblumen (*Mesembryanthemum*) und andere Blütenpflanzen.

Oben: Extreme Regenarmut ist die Ursache für die meist karge Vegetation im Namaqualand.

Ob, wann und in welchem Ausmaß dieses Blütenwunder jedoch stattfindet, das viele Touristen anzieht, ist schwer vorauszusagen. Als Ausgangspunkte eignen sich alle Orte zwischen Vanrhynsdorp und Springbok. Abhängig von den örtlichen Gegebenheiten können die schönsten Blütengebiete wechseln. Es empfiehlt sich, Rat von Einheimischen einzuholen, denen die günstigsten Stellen bekannt sind. Vorherige Hotelreservierung zu dieser Zeit ist ratsam. Auskunft bekommt man in Kapstadt im Informationszentrum Burg Street.

Ergiebig für Pflanzenfreunde ist beispielsweise das Gebiet um **Nieuwoudtville**, das man von der N7 über den großartigen ★**Vanrhyns Pass** erreicht. Auch der kleine Ort **Kamieskroon** ❶ ist ein günstiger Stützpunkt, von dort kommt man zum 27 km nordwestlich

» Karte S. 211, Info S. 223

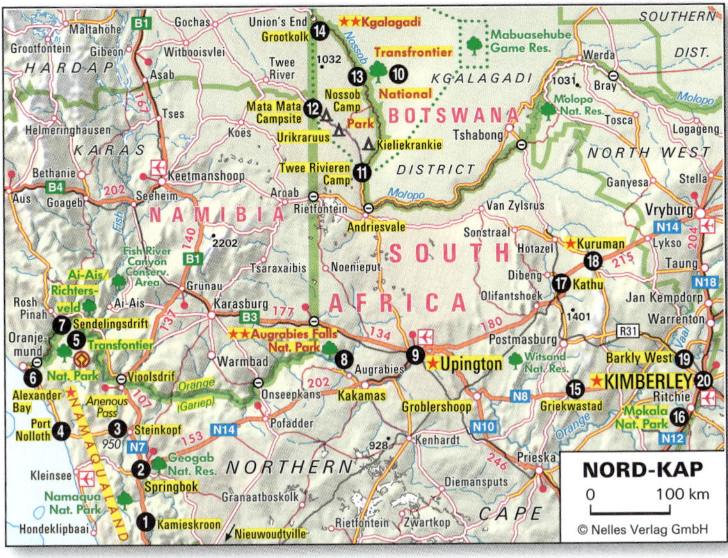

gelegenen **Namaqua National Park**. Auch das **Goegap Nature Reserve**, 15 km östlich von Springbok, ist ein faszinierendes, struppiges Trockengebiet, mit Granithügeln durchsetzt und mit Granitbrocken übersät. Sein Blütenwunder zieht im Frühling viele Bewunderer an.

Springbok ❷ (554 km v. Kapstadt), mit ca. 15 000 Einwohnern Wirtschafts- und Verwaltungszentrum des Distrikts, ist eng mit dem Kupferbergbau verbunden, der hier 1862 seinen Anfang nahm, sich später aber nach Okiep und Nababeep verlagert hat. Der daraus resultierende Wohlstand hat dazu geführt, dass in dieser unwirtlichen Gegend Teerstraßen, schöne Siedlungen und Erholungsgebiete entstanden.

Wer einen Blick auf die Diamantenküste werfen möchte, muss 52 km nördlich von Springbok bei **Steinkopf** nach Westen fahren. Nach 18 km bietet der **Anenous Pass** ❸ (950 m ü. M.) eine schöne Aussicht auf die Küstenebene, falls nicht – wie häufig – eine Nebelbank darüber liegt. **Port Nolloth** ❹ (94 km), wo 1925 die ersten Diamanten gefunden wurden, war davor schon Hauptausfuhrhafen für Kupfererz und ist heute ein Fischereihafen, vor allem für Langusten, sowie auch ein kleiner Ferienort. In **Vioolsdrif**, dem Grenzort zu Namibia, bietet sich am Oranje ein Campingaufenthalt mit Möglichkeiten zum Angeln, Rafting, Bootsausflügen und geführten Touren im Geländewagen zum Richtersveld an.

RICHTERSVELD

Das **Richtersveld**, benannt nach einem deutschen Missionar, der 1830 in diese Gegend kam, erstreckt sich auf der SW/W-Seite entlang einer Schleife des Gariep (Oranje) River. Es ist eine raue Gebirgswüste, die 1991 zum Nationalpark proklamiert wurde. Durch einen Vertrag mit der Verwaltung der South African National Parks dürfen die Bewohner des Gebiets, etwa 2000 Nama-Hirten und -Farmer, weiter hier leben und ihre Herden halten, während South African National Parks das ökolo-

gische Gleichgewicht dieser einzigartigen Landschaft bewahren und sie vor Überweidung und anderen Schäden schützen muss.

Durch Verhandlungen mit Namibia wurde der Richtersveld National Park mit dem Ai-Ais – Hot Springs Game Park (Fish River Canyon) zum **Ai-Ais / Richtersveld Transfrontier National Park** ❺ mit einer Fläche von 6045 km² zusammengeschlossen (**Grenzübergang** 8-16.15 Uhr mit **Fähre** bei Sendelingsdrift, Tel. 027/8311506).

Südlich des Nationalparks erstreckt sich die **UNESCO-Welterbe-Kulturlandschaft Richtersveld** mit Karoo-Vegetation, wo noch **Nama** traditionell als Wanderhirten leben. (Die Genehmigung zum Besuch dieses Gebiets gibt es beim Richtersveld Management Commitee im kleinen Ort **Lekkersing**.)

Der Weg zum Richtersveld-Nationalpark führt von Port Nolloth nach Norden entlang der Diamantenküste bis **Alexander Bay** ❻ (85 km), wo Schmuckdiamanten gewonnen werden. Jenseits des **Gariep** (**Orange River**), der hier die Grenze zwischen Südafrika und Namibia bildet, liegt das namibische Diamantenschürfzentrum Oranjemund.

Eine sandige Schotterpiste führt nach **Sendelingsdrif** ❼ (93 km, Fähre nach Namibia), wo die **Parkverwaltung** ihr Büro hat. Da die Zahl der Parkbesucher und Kfz begrenzt wird, ist Anmeldung erforderlich; ein Fahrzeug mit Allradantrieb ist Vorschrift, die Geschwindigkeit ist auf 40 km/h begrenzt. Es ist ratsam, einen Geländewagen mit einem erfahrenen Nama-Ranger zu mieten. Einzelpersonen ohne Guide haben keinen Zugang.

In Sendelingsdrift gibt es 70 Cottages (2 und 4 Betten) mit Küche (Selbstversorgung) und Bad; im Park selbst muss für Lebensmittel und vor allem für ausreichend Wasser und Benzin vorgesorgt werden (letzte Möglichkeit zum Einkaufen sind Port Nolloth und

Oben: Der Orange River ist das wichtigste Wasserreservoir der Region und durchfließt auch den Richtersveld-Nationalpark. Rechts: An den Kaskaden der Augrabies Falls.

» Karte S. 211, Info S. 223

Alexander Bay). Falls man kochen will, sind Feuerholz oder Gaskocher vonnöten, mitnehmen sollte man auch eine Taschenlampe und – wichtig – einen Abfallsack. Die Campingplätze sind z. T. ohne Infrastruktur. Am Gariep (Oranje) sind Schwimmen, Kanufahren und Angeln möglich. Vorsicht vor giftigen Skorpionen!

Der Lohn der Mühen ist eine großartige Landschaft mit schroffen, vielfarbigen Bergzügen, die bis 1363 m ü. M. erreichen. Durch Erosion sind aus den uralten vulkanischen, metamorphen und Sedimentgesteinen bizarre Formen entstanden. Nicht nur Fotografen werden – vor allem im Abendlicht – begeistert sein. Hauptattraktion ist die einzigartige Wüstenvegetation mit ihrer Vielfalt an Sukkulenten, von denen der **Köcherbaum** (Baumaloe, Quiver Tree, *Aloe dichotoma*) und der nur hier vorkommende **Halbmensch-Baum** (Halfmensboom, *Pachypodium namaquanum*) die auffälligsten sind.

Das Bergland im Westen mit Winterregen und Küstennebel ist feuchter als das Gebiet entlang des Gariep im Osten; hier regnet es nur im Sommer gelegentlich in Form von Gewittern (jährlich 5-125 mm). Während die Tagestemperaturen im Sommer 40 °C und mehr erreichen können (es gibt keine Schattenspender), sind die Nächte angenehm kühl, können im Winter aber sehr kalt sein. Starker Wind, auch Sandsturm, kommt häufig vor. Als günstigste Besuchszeit gilt Mitte August bis Mitte Oktober.

★★AUGRABIES FALLS NATIONAL PARK

Die N14 führt von Springbok aus in nordöstlicher Richtung nach Upington (387 km) durch das ebene, trockenheiße **Buschmannland**, das anfangs im Frühling noch das Blütenwunder des Namaqualandes aufweisen kann, nach Osten zu aber immer dürrer und steiniger wird. Bei **Kakamas** (299 km)

Foto: Marianne Fries

zweigt nach links eine Straße ab, die nach 29 km den Eingang zum fantastischen **★★Augrabies Falls National Park** ❽ erreicht (120 km von Upington entfernt).

Beiderseits des **Gariep**, der sich hier in mehrere Arme teilt, ist die einzigartige Flusslandschaft geschützt. Vor etwa 500 Mio. Jahren, als tektonische Kräfte aus der Landmasse das innere Plateau emporhoben, hat sich der Oranje tief in den Granit und Gneis eingeschnitten. Er stürzt jetzt in mehreren **Kaskaden** und einem Hauptfall (56 m) insgesamt 191 m tief in die 18 km lange, canyonartige Schlucht. Wenn der Fluss besonders viel Wasser führt, vor allem im Spätsommer, entstehen weitere Fälle über die Seitenwände. Die Schlucht ist dann erfüllt von gischtenden Sprühwolken und macht ihrem Namen (in der Buschmann-Sprache „Ort des großen Lärms") alle Ehre. Die abfließende Wassermenge ist wieder gleichmäßiger geworden, seit im Mittellauf die großen Staudämme fertig gestellt worden sind.

Den Besuchern des Augrabies Falls

» Karte S. 211, Info S. 223

Foto: Johann Scheibner

National Park sind 15 000 Hektar des Gebiets zugänglich, das einer wüstenhaften Mondlandschaft gleicht. Auf den warmen Felsen tummeln sich unzählige Eidechsen, Geckos und Agamen. Die zahlreichen Klippschliefer lassen sich durch Touristen kaum stören. Außerdem leben hier Giraffen, Springböcke, Kudus und kleine Antilopenarten, darunter vor allem die zierlichen Klippspringer; ferner Paviane sowie Erdmännchen.

Neben vielen anderen Aloen sind zunehmend **Baumaloen** (*Kokerboom*) zu finden, entlang der Flussarme auch – in scharfem Kontrast zum Umfeld – grünes Gebüsch wie Buschweiden, Oliven, Akazienarten u. a.

Die beste Reisezeit ist zwischen März und Oktober. Es lohnt sich unbedingt, im Park mehr als nur ein paar Stunden zu verbringen. Die jährlichen Niederschläge erreichen hier höchstens 107 mm; die Sommer sind extrem heiß, im Winter können die Temperaturen nachts bis zum Gefrierpunkt fallen.

Oben: Selten trifft man auf Menschen im dünn besiedelten Buschmannland. Rechts: Der Mond geht auf über Upington.

Drei markierte Wanderwege, die in je einer Stunde zu bewältigen sind, und geschützte Aussichtspunkte erschließen dieses großartige Naturschauspiel dem Besucher. Eine Rundwanderung auf dem **Klipspringer Hiking Trail** dauert drei Tage und ist wegen der hohen Temperaturen nur vom 1. April bis 30. September möglich; Anmeldung bei South African National Parks.

Das **Restcamp** des Parks mit seinen klimatisierten Unterkünften (mit Bad und Küche), Restaurant, Laden und Schwimmbad ist ganzjährig geöffnet; zwischen 1. November und Ende Juni gibt es 20 % Ermäßigung (ausgenommen Schulferien). Auch der Campingplatz ist ziemlich gut ausgestattet.

Die **Dundi Lodge** (www.dundilodge.co.za) verbindet Luxus mit vernünftigen Preisen und liegt wenige Kilometer vom Eingang der Augrabies Falls. Zur Lodge gehört auch ein eigenes Wildreservat (40 km entfernt).

» Karte S. 211, Info S. 223

Foto: Johann Scheibner

★UPINGTON

Von Kakamas aus verläuft die viel befahrene N14 parallel zum Gariep, der hier intensiv zur Bewässerung genutzt wird. Faszinierend ist der Kontrast zwischen dem üppigen Grün der Felder und der trockenen, von Felsen durchsetzten Umgebung, die manchmal mit roten Dünen bis an das Ackerland heranreicht. Seit 1890 konnte hier, in fast wüstenhafter Umgebung, dank des ständig wasserführenden **Gariep (Orange River)** eine äußerst fruchtbare Oase geschaffen werden, die sich heute etwa 280 km am Fluss entlangzieht – vom Flugzeug aus ein beeindruckendes Bild!

Angebaut werden Weizen, Mais, Luzerne, Baumwolle, Weinreben (für Rosinen, zunehmend aber auch zur Weinherstellung), Obst, Erbsen und Linsen. Die trockene Umgebung wird zur Zucht von Karakul-Schafen genutzt, deren Felle in Upington industriell zu Pelzen („Persianer") verarbeitet werden. Außerdem ist die Gegend reich an Halbedelstein-Vorkommen, wie Rosenquarz, Amethyst, Turmalin, Jaspis und andere.

★Upington ❾ liegt 805 m ü. M. am Nordufer des Gariep. Der Sommer kann hier extrem heiß sein, während von April bis Oktober das Wetter nahezu ideal ist, tagsüber sonnig, am frühen Morgen und am Abend frisch; nachts kann die Temperatur gelegentlich unter 0 °C fallen. Ein Viertel der geringen Niederschläge fällt im März.

Mit etwa 72 000 Einwohnern (überwiegend *Coloureds*) ist Upington Wirtschafts- und Verkehrszentrum des Distrikts **Gordonia**. Die Stadt entwickelte sich rasch aus der erst 1871 hier aufgebauten Missionsstation *Olyvenhoutsdrift*; ihr Gründer entwickelte auch das Konzept für das Bewässerungssystem. 1884 erhielt sie ihren Namen nach dem damaligen britischen Premierminister der Kapprovinz, Thomas Upington.

Upington, mit seinen breiten Straßen großzügig angelegt, bietet alle touristischen Annehmlichkeiten und ist Ausgangspunkt für Ausflüge zum Augrabies Falls und zum Kgalagadi Transfron-

Foto: Volkmar E. Janicke

tier National Park. Exkursionen in die Nationalparks sowie Kanu-Touren auf dem Gariep River arrangiert u. a. *Kalahari Tours and Travel*, Tel. 054/338 0375, www.kalahari-tours.co.za.

Die alte Missionsstation mit Kirche in der Schröder Street beherbergt heute das kulturgeschichtliche **Kalahari Oranje Museum**, eine Mineraliensammlung sowie die **Tourism Information**. Sie gibt Auskunft über alle Einrichtungen und Veranstaltungen sowie über Besichtigungen von Wirtschaftsbetrieben wie der **South African Dried Fruit Co-operative**, der zweitgrößten und modernsten ihrer Art der Welt, oder der nördlichsten Weinkellerei des Landes, der Genossenschaft **Oranjerivier Wynkelders** – mit 900 Mitgliedern und 332 837 ha Rebfläche ebenfalls von stattlicher Größe.

Das Restaurant **Le Must**, nahe der Touristeninformation, wird gerühmt wegen der gelungenen Fusion von südafrikanischer und internationaler Küche. Der Stolz der Stadt ist die über 1 km lange **Palmenallee**. Flussaufwärts überquert die zweitlängste **Eisenbahnbrücke** Afrikas (1072 m) den Gariep.

Oben: Die Nester der Siedelweber (Webervögel) sind oft ein Ärgernis. Rechts: Der Springbock ist das Wappentier Südafrikas.

★★KGALAGADI TRANSFRONTIER PARK

Das erste grenzübergreifende Natur- und Wildschutzgebiet im südlichen Afrika ist seit 1998 der **★★Kgalagadi Transfrontier Park ⑩**. Er umfasst den **Kalahari Gemsbok Park** Südafrikas und den **Gemsbok Nationalpark** Botswanas. Innerhalb des Parks gibt es keine Grenzen – so ist mit 3,7 Mio. Hektar eines der größten Wildschutzgebiete Afrikas entstanden (fast doppelt so groß wie der Krüger-Nationalpark), in dem das Wild ungehindert wandern kann. 1200 km Buschstraßen und neue Gates wurden angelegt. Von Twee Rivieren aus kann man mit dem Geländewagen in das Zentralgebiet Botswanas fahren. Ein Pass ist nicht notwendig, wenn für Ein- und Ausgang das gleiche Gate benutzt wird. Für den Besuch sollte man wenigstens drei Tage vorsehen.

Der 1931 geschaffene Kalahari (heute Kgalagadi) Gemsbok National Park, 9600 km^2 groß, etwa 1000 m ü. M., grenzt im Westen an Namibia. Er schützt ein einzigartiges Ökosystem in einer nahezu intakt erhaltenen Wildnis. Von Johannesburg (N14) über Vryburg und Kuruman (ab hier R31: Schotterstraße) sind es bis zum Park rd. 900 km. Kürzer und weniger strapaziös ist die Fahrt ab Upington (ca. 260 km). Kurz hinter der Stadt zweigt von der N10 nach Norden die R360 ab, die inzwischen bis Twee Rivieren geteert ist. Sie führt durch kaum besiedeltes Gebiet; einzige Tankstelle an der R 360 ist **Andriesvale** (58 km vor Twee Rivieren). Abgesehen von wenigen Farmen und vereinzelten Fahrzeugen ist man allein in einer unendlichen Landschaft mit weißen und rostroten Dünen, großen Salzpfannen und mit ei-

» Karte S. 211, Info S. 223

ner Vegetation, die zwischen Halbwüste und Savanne wechselt. An Bäumen und Telegrafenstangen hängen riesige Nester der Siedelweber (*Sociable Weavers*).

Twee Rivieren ⓫ ist der Eingang und das Hauptcamp des Transfrontier Parks. Das Camp wurde vor einigen Jahren erneuert, hat ein Schwimmbad, ein Restaurant sowie – ebenso wie Mata Mata und Nossob – Tankstellen für Benzin und Diesel. Das südafrikanische Gebiet ist von zwei Trockenflusstälern eingeschlossen: dem Nossob im Osten und dem Auob im Westen. Sie kommen aus Namibia und vereinigen sich 7 km nördlich von Twee Rivieren zum Nossob, der bei Bokspits in den Molopo River mündet. Sie führen nur äußerst selten Wasser, das in tiefere Bodenhorizonte versickert. Charakteristisch ist der bis 15 m hohe Kameldornbaum (*Acacia erioloba*) mit breit ausladenden, schattenspendenden Ästen. Durch Windräder getriebene Wasserpumpen versorgen ständig die Tränken für das Wild. Im Gebiet zwischen Nossob und Auob wechseln sich mit Gebüsch und Bäumen bestandene, gelegentlich bis 18 m hohe Dünen mit reinen, vegetationslosen Sanddünen, offenen Ebenen und gelegentlichen Salzpfannen ab.

Beide Flussbetten werden von Straßen begleitet, die zwar ohne feste Decke und daher meist staubig, aber in gutem Zustand sind. Bevor die Auob-Straße nach 120 km das Restcamp **Mata Mata** ⓬ an der Grenze zu Namibia erreicht, trift man auf das komfortable **Kalahari Tented Camp**, mit auf Pfählen errichteten Zelten und Swimmingpool, für Selbstversorger. An der Nossob-Straße, an der nach rund 165 km das **Nossob Restcamp** ⓭ liegt, findet man nach 120 km, kurz vor der (geschlossenen) Grenze nach Namibia, **Grootkolk** ⓮, **Kieliekrankie** und **Urikraruus**, neue, kleine, voll eingerichtete exklusive Camps. In dem Gebiet leben Löwen, Leoparden und Hyänen. Es gibt zwei Querverbindungen (auf der Nossob-Straße 35 und 120 km, auf der Auob-Straße 35 und 58 km nördlich von Twee Rivieren). Die Straßen dürfen nicht verlassen werden, Aussteigen ist nur an bestimmten

» Karte S. 211, Info S. 223

Stellen (z. B. Picknickplätzen) erlaubt; Höchstgeschwindigkeit: 50 km/h.

Neben den Namen gebenden Oryx-Antilopen (*Gemsbok*) wandern hier große Herden von Springböcken, Streifengnus und anderen Antilopenarten. Zuweilen kann man auch den mächtigen **Kalahari-Löwen** treffen, der etwas größer ist, eine dunklere Mähne und eine fahlere Körperfarbe hat als seine Verwandten im Krüger-Park. Auch Geparde und Leoparden, Wildhunde, Hyänen sowie kleine Säugetierarten, z. B. Erdmännchen, sieht man gelegentlich. Von den mehr als 200 im Park vorkommenden Vogelarten ist der Siedelweber wegen der großen Nester, in denen bis zu 50 Paare leben können, auffallend. Strauße sind hier ebenso verbreitet wie der große Sekretärvogel, den es nur in Afrika gibt. Er ist meist auf dem Boden zu sehen, kann aber durchaus fliegen und baut sein Nest auf Bäumen. Auch Adler, Geier, Habichte, Trappen und viele kleinere Vogelarten leben hier.

Oben: Nach einem Regenguss leuchten die roten Sanddünen der Kalahari. Rechts: Gnus und Springböcke im Kalahari Gemsbok Park (Kgalagadi Transfrontier Park).

Der Park ist ganzjährig geöffnet; beste Beobachtungszeit für Wild ist Februar bis Mai. Es kann dann tagsüber zwar heiß sein, aber nachmittags bringen oft Gewitter Erfrischung. Während der Schulferien sind die Unterkünfte ausgebucht, Reservierung ist nötig. Grundsätzlich sollte man sich bei Fahrten im Park vor allem mit Wasser und Proviant versorgen, um bei einer etwaigen Autopanne auf Hilfe warten zu können.

ABSTECHER NACH ★KURUMAN

Wer von Upington nach Kimberley (401 km) oder Johannesburg, jedenfalls in Richtung Osten fahren will, findet in diesem Teil der Provinz doch gelegentlich Interessantes, das einen Abstecher wert ist. Die direkte Strecke nach Kimberley geht über die N10, die Upington südlich des Oranje in östlicher/südöstlicher Richtung verlässt. Bei **Groblershoop** (116 km) zweigt nach Osten

» Karte S. 211, Info S. 223

Foto: Erhard Pansegrau

die N8 ab und überquert den Oranje, der südlich der Straße im **Boegoeberg Dam** (Campingplatz, Angeln) für die Bewässerung gestaut ist. Die N8 führt durch wildreiches Gebiet; Straßenschilder und -karten warnen vor Wildwechsel, vor allem von Kudus.

136 km ab Groblershoop wird **Griekwastad** ⓯ (Griquatown) erreicht. 1802 gründeten es britische Missionare als *Klaarwater* unter den *Griqua* – von der Buren-Kultur beeinflussten Mischlingen („Basters") aus der südwestlichen Kapprovinz – und nomadisierenden *Khoikhoin*. In der Mission wurde 1821 Mary Moffat geboren, die später David Livingstone heiratete, woran ein **Museum** erinnert. In der Gegend gibt es **Jaspis**- und **Tigerauge**-Vorkommen.

2007 wurde 80 km südwestlich von Kimberley ein vormals privates Wildschutzgebiet zum **Mokala National Park** ⓰ erklärt, wo heute u.a. Büffel, Spitzmaulnashörner und Pferdeantilopen leben. Es gibt drei Lodges.

Verlässt man Upington nach Osten auf der N14, trifft man nach etwa 200 km auf die Bergbaustadt **Kathu** ⓱, einen der größten Eisenerz-Tagebaue der Welt. Eine 1973 gebaute, 861 km lange Bahnlinie nach Saldanha befördert von hier täglich in endlos langen Zügen hochwertiges Eisenerz zum Verschiffen an die Küste. Nördlich von Kathu wird zudem ein großes Vorkommen von Manganerz abgebaut.

Die hübsche Kleinstadt **★Kuruman** ⓲, 50 km weiter östlich, verdankt ihre Existenz in diesem extrem trockenen Gebiet einer Quelle, die inmitten des Stadtparks einen malerischen Teich (**The Eye**) bildet. Sie liefert täglich 20 Mio. Liter Wasser, deckt den Wasserbedarf des Ortes und speist den Kuruman River sowie zwei je 6 km lange Bewässerungskanäle.

Berühmt wurde Kuruman durch die 1821 von der Londoner Missionsgesellschaft gegründete **Missionsstation**, an der bis 1870 der Missionar *Robert Moffat* wirkte, der von hier aus das Matabeleland (heute Simbabwe) erkundete. Er übersetzte die Bibel in die zuvor schriftlose Tswana-Sprache und druckte sie

Foto: Johann Scheibner

auf einer einfachen Presse. Von Kuruman aus brach 1849 *David Livingstone* zu seinen Forschungsreisen in das Innere Afrikas auf; in der 1831-38 erbauten Kirche, die 1000 Menschen Platz bietet und eine bemerkenswerte Akustik hat (Nationaldenkmal) heiratete er 1854 Moffats Tochter Mary.

Nach Kimberley (238 km) führt von Kuruman die R31. In den Flussschottern des Vaal bei **Barkly West** ⓳ wurden im Jahr 1869 die ersten Diamanten dieses Gebiets gefunden. Die Stadt strahlt noch heute etwas von der alten Goldgräberatmosphäre aus, Schatzsucher versuchen während der trockenen Monate (Juni bis September) noch immer ihr Glück, obwohl jetzt vor allem Halbedelsteine (z. B. Tigerauge) gefunden werden. Im **Barkly West Museum**, im Zollhaus an der Brücke, kann man Interessantes über die Zeit des Diamanten-Booms in der Region erfahren.

Oben: Das „Big Hole" haben die Diamantengräber in Kimberley hinterlassen. Rechts: Im Kimberley Mine Museum.

★KIMBERLEY

Die Hauptstadt der Provinz Nord-Kap liegt 1198 m ü. M. auf dem Hochveld. Auf der Farm der Brüder *De Beers* waren im Jahr 1869 Diamanten gefunden worden, worauf ein Diamantenboom einsetzte. Aus dem Zeltlager *New Rush* der bald mehr als 30 000 Schatzgräber entwickelte sich die Stadt **★Kimberley** ⓴ mit 180 000 Einwohnern, die 1873 ihren Namen nach dem britischen Kolonialminister erhielt.

Im Zuge der Grabungen entstand der größte je von Menschenhand geschaffene Krater, das *Big Hole*, das 1889 bereits über 200 m tief war. Eine Fortsetzung im Tagebau war unmöglich geworden, notwendige Geräte und Maschinen mussten bis zur Fertigstellung der Eisenbahn mühsam mit Ochsenkarren mehrere 100 km auf schlechten Straßen von den Häfen herbeigeschafft werden, ebenso Lebensmittel, da das Gebiet extrem trocken ist. Die Arbeit wurde dann mechanisiert, es wurden Schächte niedergebracht und im Jahr

» Karte S. 211, Info S. 223

Foto: Bodo Bondzio

1892 wurde der erste Förderturm errichtet.

Ihre Entstehungsgeschichte und ihr Reichtum machte die Stadt weltberühmt. Mit den Gewinnen wurde auch die Entwicklung des Bergbaus um Johannesburg und am Witwatersrand finanziert. Als erster Ort der südlichen Hemisphäre besaß Kimberley 1882 elektrische Straßenbeleuchtung und Straßenbahn. *Henriette Stockdale*, eine anglikanische Nonne, gründete die erste Schule für Krankenschwestern und erreichte 1891, erstmals in der Welt, die staatliche Anerkennung dieses Berufs.

Im Burenkrieg war die Stadt 154 Tage lang von Buren belagert. Ein um die Mine Bultfontein entstandenes zweites Zentrum wurde 1912 mit Kimberley vereinigt; erster Bürgermeister wurde Ernest Oppenheimer. 1912 entstand hier die erste Flugschule Südafrikas. Aus der von der Firma De Beers gegründeten *Kimberley School of Mines* ging die renommierte University of the Witwatersrand in Johannesburg hervor.

Anders als die meisten südafrikanischen Städte ist Kimberley nicht mit großzügiger und klarer Planung entstanden. Das Stadtzentrum um den **Market Square** ist z. T. von schmalen, winkligen Straßen umgeben, an denen man noch Häuser aus den Anfangszeiten sieht; das **Rathaus** wurde 1899 im klassizistischen Stil erbaut.

Von hier aus verkehrt regelmäßig eine historische Trambahn von 1913, die **Vintage Tram**, zum **★★Big Hole**, das ebenso wie der erste, 1892 errichtete **Förderturm** Teil des neu gestalteten **★★Kimberley Mine Museum** ist. Das gigantische Loch im Schlot, das 1914 bei Einstellung der Arbeit in dieser Mine eine Tiefe von ca. 240 m erreicht hatte (darunter wurde im Untertagebau bis zu 1100 m tief geschürft), ist heute zum Teil mit Wasser gefüllt; es hat einen Durchmesser von 473 m und einen Umfang von 1600 m. Von einer **Plattform** aus – in der Größe einer Parzelle der Diamantenschürfer – blickt man auf dieses gigantische Loch und versucht sich vorzustellen, wie hier solche riesigen Mengen *Blue Ground* (25 Mio. Tonnen

Foto: Marianne Fries

bis 1914, mit einer Ausbeute von 2722 kg Diamanten) von Menschenhand bewegt und mit Seilen an die Oberfläche geschafft worden sind. Fotos davon und Zeitungen aus aller Welt, die über das Diamantenfieber in Kimberley berichtet haben, sind im Museum zu betrachten, ebenso eine Ausstellung von Diamanten-Replikaten in unterschiedlichen Größen, Farben und Formen, darunter einer der größten je gefundenen Rohdiamanten mit 616 Karat sowie der auch historisch wertvolle **Eureka**, der erste in Südafrika entdeckte Diamant (1867 in Hopetown am Oranje).

Außerhalb des Museums, in der **Old Town**, vermitteln der Eisenbahn-Sonderwagen von Cecil Rhodes, rekonstruierte Straßenzüge mit Wohnhäusern, Kirche, Geschäften, Pub, Barnatos *Boxing Academy* und Werkstätten ein wenig von der Atmosphäre aus den Tagen des Diamantenrauschs.

Die **Africana Library** (9, Du Toitspan Road) enthält neben einer ausgezeichneten Sammlung von *Africana* auch das Original der vom Missionar Robert Moffat in Kuruman angefertigten Bibelübersetzung in die Tswana-Sprache.

Oben: Denkmal für die Diamantengräber in den Oppenheimer Memorial Gardens.

Mittelpunkt der schönen Grünanlage **Oppenheimer Memorial Gardens** ist ein Brunnen-Denkmal – **Diggers Fountain** – zum Gedenken an die Diamantengräber Kimberleys: fünf lebensgroße Gestalten, die ein Diamantensieb hochhalten.

Im benachbarten 13 Stockwerke hohen **De Beers Office** werden alle in Südafrika gewonnenen Diamanten sortiert; das Haus ist aber für das Publikum nicht zu besichtigen.

Im **Civic Centre Complex**, südlich des Oppenheimer Memorial Gardens, Ecke Bultfontein/Lyndhurst Road, findet man das **Informationsbüro**.Außerdem zeigt hier die **William Humphreys Art Gallery** neben einer Sammlung flämischer, niederländischer, englischer und französischer Gemälde auch Arbeiten südafrikanischer Maler.

Nahe der Grenze zum alten Beaconsfield (der Grenzstein ist noch zu sehen) liegt zwischen Egerton und Atlas Street das **McGregor Museum**, ein prächtiges Haus aus viktorianischer Zeit. Es war von Rhodes zum Sanatorium bestimmt worden und wurde dann Hotel. Heute beherbergt es eine kulturhistorische und religionsgeschichtliche Sammlung.

Sehenswert ist die benachbarte **Duggan Cronin Gallery**, ein Volkskundemuseum, das eine einzigartige Sammlung von 8000 Fotos besitzt. Aufgenommen hat sie von 1919 bis 1939 der 1897 eingewanderte Ire Alfred Martin Duggan-Cronin, der bis 1932 für De Beers arbeitete. Er unternahm zahlreiche Expeditionen, um die indigenen Völker des südlichen Afrikas zu dokumentieren. Ihr ursprüngliches Erscheinungsbild, ihre Kleidung, ihren Schmuck und viele Einzelheiten ihrer unwiederbringlich verlorenen Tradition hat er in ethnologisch und künstlerisch wertvollen Fotos festgehalten.

» Karte S. 211

NORD-KAP

Northern Cape Tourism Authority, Kimberley, 187 Du Toitspan Road, Tel. 053/833 1434, www.northerncape.org.za.
Automobile Association, AA House, 13 New Main St., Kimberley 8300, Tel. 0531/ 2 5207, www.aa.co.za.

BAHN: Kimberley ist durch Fernverkehrszüge häufig mit Kapstadt, Johannesburg und Durban verbunden. Auch der *Blue Train* und die *Rovos Rail* halten in Kimberley.
BUS: *Intercape* fährt von Upington nach Johannesburg (ca. 10 Std.), nach Kapstadt (ca.11 Std.), nach Windhoek (ca. 21 Std.). Von Upington gibt es viermal pro Woche eine Verbindung nach Windhoek (ca. 13,5 Stunden). *TransLux* und *Intercape/ Mainliner* verbinden Kimberley mit Kapstadt (ca. 12 Stunden).
FLUG: *SA Airlink* fliegt täglich von Upington nach Kapstadt und Johannesburg und von Kimberley nach Kapstadt, *SA Express* von Johannesburg nach Kimberley.
Die Flughäfen Upington (7 km) und Kimberley (12 km außerhalb der Stadt) können nur mit dem Taxi oder mit dem Mietwagen erreicht werden.

NATIONALPARKS: Auskunft/Reservierungen für die Nationalparks **Namaqua National Park**, **Ai-Ais / Richtersveld Transfrontier Park** (Tel. 027/831 1506), **Augrabies Falls National Park**, **Kgalagadi Transfrontier Park** bei SANParks (siehe Seite 243).
Das **Goegap Nature Reserve** ist täglich von 8-16 Uhr geöffnet. Tel. 027/712 1880, www.springbokinfo.co.za/naturereserving.htm.

NAMAKWA

Namakwa Tourism Information / Springbok Regional Tourism Office, Vortrekker Street, Tel. 027/712 8035, www.namakwa-dm.gov.za; Infos zu Springbok und Namaqualand sowie zur Hantam Karoo: www.springbokinfo.co.za.

Sutherland: Das weltberühmte **Southern African Large Telescope SALT** (s. S. 153) erreicht man am besten von der N1 bei Matjiesfontein über die R354. Tagestouren werden angeboten, müssen aber vorgebucht werden: Tel. 023/571 2436, www. saao.ac.za.

KURUMAN

Kalahari: **Tourism Office**, Kuruman, Tel. 053/712 1001, www.kalahari.org.za.
Die **Moffat Mission Station** ist erreichbar unter Tel. 053/712 1352, www.kuruman.kalahari.co.za.

UPINGTON

Green Kalahari Tourism Office, Upington, Tel. 054/332 6064, www.greenkalahari.co.za.
Tourismus-Informationen: **Kalahari Oranje Museum Complex**, Schröder St., Upington, Tel. 054/332 6064, www.upington. co.za.

Kalahari Oranje Museum, werktags 9-12 und 14-17 Uhr.
Oranjerivier Wine Cellars, Anmeldung (Besichtigung und Weinprobe): Tel. 054/33 2465.

KIMBERLEY

Diamantveld Visitor Centre, 121 Bultfontain Rd., Tel. 053/832 7298, www.kimberley.co.za.

Butler's, Gourmetlokal im 5-Sternehotel The Estate, 7 Lodge Rd., Tel. 053/832 2668, www.theestate.co,za.

Kimberley Mine Museum und **Big Hole**, täglich 8-18 Uhr.
Africana Library, Mo-Fr 10-17 Uhr.
William Humphrey Art Gallery, Mo-Sa 10-17 Uhr, So 14-17 Uhr.
McGregor Museum, Mo-Sa 9-17 Uhr, So 14-17 Uhr.
Duggan Cronin Gallery, Mo-Fr 10-17 Uhr, Sa 9-13 und 14-17 Uhr, So 14-17 Uhr.

Henrique NDR Martins (iStockphoto)

Beim Kirschenfest in Ficksburg

Foto: Grobler du Preez (iStockphoto)

FREISTAAT

BLOEMFONTEIN
GOLDEN GATE
HIGHLANDS NATIONAL PARK
STAUSEEN

FREISTAAT

Im Herzen Südafrikas, zwischen dem Vaal im Norden und dem Oranje im Süden, liegt die Provinz Freistaat *(Free State)*. Sie umfasst 10,6 % der Landesfläche, aber nur 5,5 % der Bevölkerung, von der 64,4 % Sesotho, 11,9 % Afrikaans und 9 % Xhosa sprechen. Im Verlauf des „Großen Trecks" wurde dieses Gebiet als erstes jenseits des Oranje von Weißen besiedelt und bildete 1854-1910 die selbständige Burenrepublik *Oranje Freistaat*, danach (bis 1995) die gleichnamige südafrikanische Provinz. Hauptstadt war und ist Bloemfontein, das bei der schwarzen Bevölkerung *Mangaung* heißt („Platz der großen Katzen").

Die Provinz umfasst den zentralen Teil des Hochvelds, ein weites, ebenes oder sanft gewelltes, mit einzelnen Tafelbergen durchsetztes, fast baumloses Grasland. Es liegt um 1400 m ü. M. und wird im Osten überragt von Ausläufern der Malotiberge Lesothos und der Drakensberge, die in der Kette der Rooiberge eine Höhe von 2477 m ü. M. erreichen.

Grundlage der Wirtschaft ist seit über 100 Jahren die Landwirtschaft; fast ein Drittel des in Südafrika für den Ackerbau geeigneten Bodens liegen in dieser Provinz. Angebaut werden, vor allem im Ostteil des Freistaats, Weizen, Soja, Hirse, Kartoffeln und Sonnenblumen. Im Westen überwiegt extensive Viehhaltung, vor allem mit Merinoschafen.

Links: Nelson Mandela, überlebensgroß in Bronze gegossen, blickt vom Naval Hill in Bloemfontein in Richtung Waaihoek, wo 1912 der ANC gegründet wurde.

Erst nach 1946 wurden um Welkom, Odendaalsrus und Virginia Goldfelder entdeckt, die mit denen des Witwatersrands zu den reichsten der Erde gehören. Der Bergbau ist daher ein bedeutender Wirtschaftsfaktor. Wichtigster Industriestandort ist Sasolburg, wo aus Kohle Treibstoff und andere Chemikalien hergestellt werden. Der Tourismus im Freistaat beschränkt sich auf sein Verwaltungszentrum Bloemfontein und die Maloti-Route entlang der Maloti-Bergkette an der Grenze zu Lesotho.

★BLOEMFONTEIN

★Bloemfontein ❶ (Mangaung), 425 km von Johannesburg, 1010 km von Kapstadt entfernt, ist zugleich Provinzhauptstadt und Gerichtshauptstadt des Landes. 1840 ließen sich hier die ersten weißen Siedler nieder, 1846 gründeten britische Soldaten eine Garnison und einen Verwaltungssitz. Eine von Blumen umgebene Quelle, die von vorbeiziehenden Jägern und Händlern schon lange genutzt worden war, gab

» Karte S. 229, Info S. 233

Foto: Archiv für Kunst und Geschichte, Berlin

der Ansiedlung den Namen. Heute ist Bloemfontein mit etwa 400 000 Einwohnern ein wichtiger Verkehrsknotenpunkt, Behördenstandort, Bildungszentrum mit einer großen Universität sowie Tagungs- und Kongressort.

Zentrum der Stadt und beliebter Treffpunkt ist der **Hoffman Square**. Hier fahren alle städtischen Busse ab, hier finden sich auch wichtige Behörden. Die Maitland Street führt in östlicher Richtung zum **Hauptbahnhof**, nach Westen zur breiten und prächtigen **President Brand Street**, an der einige historisch bedeutsame Bauten liegen, darunter der **First Raadsaal**. Das 1849 errichtete strohgedeckte Gebäude diente nacheinander als Schule, Tagungsort, Parlament, Rathaus, Kirche und schließlich als Museum.

Die etwas weiter nördlich gelegene **Old Presidency**, die 1885 vollendete Residenz der Präsidenten der alten Burenrepublik, ist heute Museum.

Oben: Rast auf dem Großen Treck, Holzstich aus dem 19. Jh.

Zwei Kreuzungen weiter steht auf der anderen Straßenseite der **Supreme Court**, der Oberste Gerichtshof, ein neoklassizistischer Bau von 1909. In den **Old Government Buildings**, die früher als dritter *Raadsaal* dienten, ist heute ein Museum und ein Forschungszentrum für Afrikaans-Literatur untergebracht.

Westlich dahinter liegt das 1985 erbaute **Sand du Plessis Theatre**. Im benachbarten **Appeal Court**, der Berufungsabteilung des Obersten Gerichtshofs, ist die großartige Holztäfelung aus schwarzem *Stinkwood* sehenswert. Gegenüber, im vierten *Raadsaal*, 1893 fertiggestellt aus rotem Backstein mit Kuppeln und Säulen, tagt heute der **Provinzialrat**.

Nördlich davon steht neben dem **Rathaus** von 1936 der futuristische Glaspalast des **Civic Centre** von 1992, das als Sitz des Stadtrats und als Kongresszentrum fungiert.

Das **National Museum** in der Charles Street enthält bedeutende anthropologische (viele fossile Funde) sowie

» Karte S. 229, Info S. 233

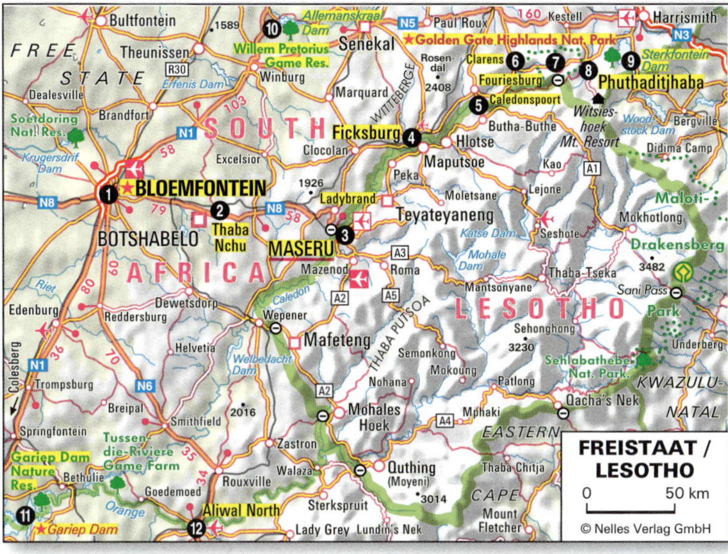

archäologische und ethnologische Sammlungen.

Westlich der President Brand Street führt die St. Andrew Street zum schönsten Park der Stadt, dem **Kings Park**, mit einem großen Rosengarten und, im westlichen Teil, einem Zoologischen Garten; in der Südostecke, an der Park Road, findet man das **Tourist Information Office**.

Bloemfontein hat auch eine **Waterfront**, die neben dem Rugby-Stadion um einen kleinen See namens **Loch Logan** angelegt wurde.

Die Stadt wird überragt vom **Naval Hill**, einem plateauartigen Hügel, auf dessen Höhe und Hängen im **Franklin Game Reserve**, noch im Stadtgebiet, Spring- und Blessböcke, Elenantilopen und Gnus zu sehen sind. Im Norden, außerhalb der Stadt, liegt der **Botanische Garten**. Das **National Women's Memorial** am Südrand Bloemfonteins ist Gedenkstätte für die mehr als 26 000 Frauen und Kinder, die während des Burenkriegs in britischen Konzentrationslagern umgekommen sind.

★GOLDEN GATE HIGHLANDS NATIONAL PARK

Fährt man auf der N8 von Bloemfontein ostwärts, passiert man nach 64 km den 2138 m hohen **Thaba 'Nchu** ❷, den „Schwarzen Berg". Auf dem Plateau des Tafelbergs hatte 1824 Moshoeshoe, der bedeutende Führer der Sotho, sein Hauptquartier errichtet.

Nach 65 km kann man von **Ladybrand** weiterfahren zu einem Abstecher nach **Maseru** ❸ (19 km), der Hauptstadt von **Lesotho**, oder man fährt parallel zur Grenze Lesothos nach Nordosten (R26). **Ficksburg** ❹, das Zentrum dieses fruchtbaren Gebiets, ist berühmt für Kirschen und Spargel und sein **Kirschenfest** im November. **Fouriesburg** wurde wichtig durch den Grenzübergang **Caledonspoort** ❺, der für die Arbeit am *Lesotho Highlands Water Project* große Bedeutung gewann.

Wenige Kilometer östlich von **Clarens** ❻, einem von malerischen Felsformationen umgebenen Ort mit einigen Galerien und Kunstgewerbe, liegt

Foto: Touristikbüro Südafrika (South African Tourism SATOUR)

am Fuß der Malutiberge der ★**Golden Gate Highlands National Park** ❼. Erosionen haben hier aus dem gelben, durch Eisenoxid rot und orange gefärbten Sandstein bizarre Formen geschaffen, die vor allem bei Sonnenuntergang wie in goldenes Licht getaucht erscheinen; das gilt vor allem für das **Golden Gate** („Goldene Tor"). Es wird zu beiden Seiten der öffentlichen Straße, die den Park durchquert, von zwei über 100 m hohen Felskliffen gebildet. Der Park ist 34 000 ha groß. Die Höhenlage (1892-2837 m ü. M.) bestimmt das Klima, mit angenehm frischen Sommern, Kälte und gelegentlich Schnee im Winter. Die Besonderheit des Parks ist seine grandiose Schichtstufenlandschaft, die nicht nur geomorphologisch Interessierte begeistert. Die höchsten **Sandsteinfelsen** tragen Decken aus widerstandsfähigem Quarzit oder Reste der einst mächtigen Basaltdecke des Gebiets, die auf der höchsten Erhebung noch 600 m dick ist.

Oben: Das Brandwag Hotel liegt am Fuß der Felsen des Golden Gate Highlands National Park. Rechts: Die Provinz Freistaat ist die Kornkammer Südafrikas.

Die typische Grasland-Vegetation des Hochvelds ist nicht gerade üppig, daher ist die Zahl der Säugetiere und Vögel geringer als anderswo. Unter den etwa 140 hier lebenden Vogelarten sind aber so seltene wie Bartgeier, Glattnackenrapp (eine Ibisart: *bald ibis*) und Schwarzer Adler. An Huftieren leben hier außer Zebras v. a. Antilopen wie Elen, Blessbock, Weißschwanzgnu, Bergriedbock sowie Vaal-Rehbock.

Am Fuß einer eindrucksvollen Sandstein-Felsformation liegt das komfortable **Brandwag Hotel**. Neben dem Hauptgebäude gibt es motelähnliche Chalets, ein Restaurant, Tennis- und Bowlingplätze, Schwimmbad und Reitpferde. Im jüngst renovierten, 1 km entfernten **Glen Reenen Camp** gibt es neben festen Unterkünften auch Zelt- und Caravanplätze, einen Laden und eine Tankstelle. Wer in kristallklarer Luft die Landschaft genießen will, für den bietet sich das kleine, luxuriöse **Mountain Retreat Rest Camp** in 2200 m. ü. M.

» Karte S. 229, Info S. 233

Foto: Marie-Anne Aberson Meijers (iStockphoto)

Im östlichen Teil des Parks (vormals Qwa-Qwa-Nationalpark) lohnt ein Besuch oder eine Übernachtung im **Basotho Cultural Village Rest Camp**, das Einblicke in Lebensweise, Kultur und Architektur der Süd-Sotho vermittelt. Nach Süden führt die R57 ins ehemalige Homeland **Phuthaditjhaba ❽**, 1874 als Missionsstation *Witsieshoek* gegründet. Das Städtchen ist heute ein bekanntes Kunstgewerbezentrum, in dem unter anderem gewebte Wandteppiche aus Mohair, Korb- und Glaswaren hergestellt und verkauft werden.

Die Straße verläuft in imposanter Gebirgslandschaft weiter nach Süden, vorbei am **Witsieshoek Mountain Resort Hotel** (2286 m), dem höchstgelegenen Südafrikas, und endet am **Sentinel Car Park** (Parkplatz) am Fuß des Sentinel in 2680 m ü. M. Hier beginnt der **★Sentinel Hiking Trail** (8 km, 4 Std.), der mit Eisenleitern auf die Plattform des „Amphitheaters" in etwa 3000 m ü. M. führt. Dieser Weg vermittelt einen der großartigsten Landschaftseindrücke, die Südafrika zu bieten hat.

STAUSEEN

Die Stauseen der Provinz Freistaat sind v. a. zur Wasserversorgung angelegt worden, so auch der **Sterkfontein Dam ❾** südwestlich von Harrismith, der das Zentrum des 18 000 ha großen **Sterkfontein Dam Nature Reserve** ist. Hier wird Wasser aus dem Becken des Thukela in KwaZulu-Natal über die Große Randstufe auf das Highveld gepumpt, um den Wasserbedarf von Gauteng zu decken. Der Stausee bedeckt, wenn er voll ist, 7000 ha – ein Paradies für Wassersportler und Angler.

Der **Vaal Dam** im Norden, ein 300 km² großer Stausee, dient der Wasserversorgung des Witwatersrand. Mit guten Möglichkeiten für Wassersport und Angeln ist er Naherholungsgebiet für die Provinz Gauteng.

Nur wenige Kilometer nördlich des Vaal Dam erreicht man in **Vereeniging** das Industriegebiet der Provinz Gauteng. An der N1 rund 140 km nördlich von Bloemfontein (25 km hinter Winburg) liegt der Stausee **Allemanskraal**.

» Karte S. 229, Info S. 233

Foto: Touristikbüro Südafrika (South African Tourism SATOUR)

Der Sand River wurde hier zur Versorgung der nahen Goldfelder gestaut und ein mit dem Stausee 12 000 ha großes Areal zum Schutzgebiet **Willem Pretorius Game Reserve** ⑩ erklärt. Auf dem weitläufigen Farmland konnte während des 20. Jh. eine 300 Tiere starke Herde der seltenen **Weißschwanzgnus** vor der Ausrottung bewahrt werden, die ihr Refugium heute mit wieder angesiedelten Breitmaulnashörnern, Giraffen und Büffeln teilen.

Der ★**Gariep Dam** ⑪ an der Grenze zur Provinz Nord-Kap ist mit einer Kapazität von 5958 Mio. m^3 und einer Fläche von 364 000 ha der größte Stausee Südafrikas. Er wurde 1971 als Teil des Entwicklungsplans *Orange River Project* fertiggestellt. Zusammen mit dem **Gariep Dam Nature Reserve** am Nordufer bildet er das größte Naturschutzgebiet der Provinz. Hier leben Springbock, Weißschwanzgnu, Klippspringer und andere Antilopenarten, aber auch Bergzebras und Strauße. In der Nähe des Staudamms bietet das **Forever Resort Gariep** Unterkünfte und Gelegenheit zum Wassersport.

Oben: Der Vaal Dam – ein Stausee mit hoher Freizeitqualität.

Von Bloemfontein erreicht man den Stausee über die N1 (207 km) nach Süden bis Gariep Dam. Hier entstand eine große Ferienanlage (Aventura Resort Gariep) mit komfortablen Chalets, einem Caravan- und Campingplatz und zahllosen Wassersportmöglichkeiten. Flussabwärts ist der Gariep (Oranje) im **Vanderkloof Dam** erneut gestaut.

Fährt man von Bethulie aus in östlicher Richtung auf der R 701 bis Smithfield und weiter nach Süden auf der N6, erreicht man **Aliwal North** ⑫. Die Stadt liegt bereits in der Provinz Ost-Kap, am Südufer des Gariep (Oranje), der hier die Südgrenze der Provinz Freistaat bildet. Zwei heiße Mineralquellen bringen täglich 2 Mio. Liter Wasser aus einer Tiefe von 1280 m mit großem Druck an die Oberfläche; das **Thermalwasser** hilft bei Rheumaerkrankungen. Der Ort hat sich dank moderner Badeanlagen zu einem beliebten Kurort entwickelt.

» Karte S. 229

FREISTAAT

Free State Tourism, Bloemfontein, Tel. 051/4308206,www.freestatetourism.org

GRENZSTATIONEN: Nach **Maseru** sind die Übergänge **Maseru Bridge** und **Ficksburg Bridge** im Osten 24 Std. durchgehend geöffnet, im Norden Lesothos **Caledonspoort** 6-22 Uhr.

BLOEMFONTEIN

Telefon-Vorwahl: 051,
Postleitzahl: 9300

Bloemfontein Tourist Information Office, Tourist Centre, 60 Park Road, Tel. 405 8490, Fax 447 3859, www.bloemfonteintourism.co.za. **Automobile Association** (AA), Tel. 051/447 6197, www.aa.co.za.

The New York, beliebtes Steak-Lokal, Medene Centre, 60 Second Ave.

First Raadsaal, Di-Fr 10-15 Uhr, Sa und So 14-17 Uhr.
National Afrikaans Literary Museum, Mo-Fr 7.30-12.15 und 13-16 Uhr, Sa 9-12 Uhr.
National Museum, Mo-Sa 8-17 Uhr, So 8-18 Uhr.
Sand du Plessis Theatre, Tel. 051/447 7771.
Orchideenhaus, am Fuß des Naval Hill, tägl. 10-16 Uhr.

BAHN: Mit der Bahn ist Bloemfontein von Johannesburg (ca. 15 Std.), Port Elizabeth (15 Std.), Durban (13,5 Std.) und Kapstadt (12 Std.) zu erreichen.
BUS: Bloemfontein ist auf diversen Routen durch Intercity-Busse (*Greyhound, TransLux* und *Intercape)* mit vielen Orten des Landes verbunden: Johannesburg (ca. 6 Std.), Kapstadt (ca. 12,5 Std.), Port Elizabeth über Graff-Reinet; 9 Std.), Durban (10 Std.). Abfahrt der Busse in Bloemfontein am Tourism Center, 60 Park Road.
FLUG: Der Flughafen an der N8, 10 km östl. von Bloemfontein, ist erreichbar mit Taxi. Von hier fliegen *SA-Express* nach Kapstadt und Johannesburg; *SA-Airlink* nach Durban, East London und Port Elizabeth.

AUSFLÜGE:
Nach Lesotho (143 km): auf der N8 nach Osten bis **Maseru**. Auskunft: **Lesotho Tourism Development Corporation,** Tel. 0266/2231 8002, www.visitlesotho.travel.
Nach **Welkom**: 153 km auf der R 30 bis Welkom. Interessant für Verkehrsplaner aus aller Welt: Die 1946 nach Goldfunden völlig neu entworfene Stadt, mit heute ca. 500 000 Einwohnern, hat im Zentrum weder Ampeln noch Parkuhren – und dennoch keine Verkehrsstaus.Einige der **Minen** können besichtigt werden. Auskunft: **Welkom Publicity Association**, Tel. 057/352 9244, www.welkompublicity. co.za.

GOLDEN GATE HIGHLANDS NATIONAL PARK

Der **Golden Gate Highlands National Park** kann erreicht werden von der N5 über Bethlehem über die R711. Auskunft und Unterkunftsbuchungen bei **SANParks** (siehe Seite 243).

Basotho Cultural Village, im Golden Gate National Park, Buchungen über SANParks.

Vom Basotho Cultural Village führt eine Straße nach Süden über Witsieshoek zum Sentinel-Parkplatz (2540 m). Von dort führt der **Sentinel Hiking Trail** (Auskunft: Tel. 058/251 0300) zur Plattform des Amphitheaters mit seiner grandiosen Aussicht (Seite 207).

STAUSEEN

Transgariep Tourism Centre, 60 Park Road, Bloemfontein, Tel. 051/447 1362.
Gariep Dam Tourism Forum, www.gariepdam.com.
Sterkfontein Dam Nature Reserve, Harrismith, Tel. 058/622 3520.
Willem Pretorius Game Reserve, Ventersburg, Tel. 057/651 4168.

REISEVORBEREITUNGEN

Planung

Wegen der Größe des Landes und seiner Vielfalt hat man bei der Reiseplanung die Qual der Wahl. Hauptattraktionen des Tourismus sind Kapstadt, die Kaphalbinsel und das Weinland, die Gartenroute mit der Kleinen Karoo, die Badeorte am Indischen Ozean, besonders um Durban, und vor allem der Krüger-Nationalpark. Wer das Land abseits der Touristenpfade kennen lernen will, dem seien die Cederberge (West-Kap) oder das wenig bekannte Ithala Game Reserve (KwaZulu-Natal) empfohlen, das einsame Gebiet um den Waterberg (Limpopo), das waldreiche Wandergebiet um Hogsback (Ost-Kap), die menschenleere Einsamkeit des Namaqualands mit seiner fantastischen Blütenpracht im Frühjahr oder das Wüstenerlebnis des Kgalagadi Transfrontier Park (Nord-Kap).

Auskünfte und Prospekte erhält man bei **South African Tourism**, Friedensstraße 6-10, 60311 Frankfurt/Main, Tel. 01805/722255, www.southafrican tourism.de, www.satour.de,
www.dein-suedafrika.de

Über eine spezielle **Service-Hotline** kann man auch Prospekte anfordern:
Deutschland: Tel. 0800 118 9 118
Österreich: Tel. 0820 500 739
Schweiz: Tel. 0848 66 35 22

In Südafrika erhält man touristische Auskünfte unter Tel. 083/123 2345.

Die südafrikanische Fluggesellschaft **South African Airways** gibt jedes Jahr im September einen umfangreichen Katalog (*SAA Tours*) heraus mit guten und praktischen Vorschlägen und Angeboten; erhältlich ist er in den Reisebüros oder bei South African Airways, Darmstädter Landstraße 125, 60598 Frankfurt/Main, Tel. 069/299 803-20, 01803/359 722, www.flysaa.com.

Nationalparks im Internet:

www.sanparks.org: offizielle Website von South African National Parks mit detaillierten Infos.

www.nature-reserve.co.za: Website eines großen Reiseveranstalters mit umfassenden Infos zu National Parks und Game Reserves.

Da südafrikanische Unternehmen ihren Vertragspartnern im Ausland Hotels, Lodges oder Leihwagen oft sehr günstig anbieten, ist es oft preiswerter, bereits zu Hause zu buchen.

Reisezeit und Klima

Da Südafrika südlich des Äquators liegt, sind die Jahreszeiten umgekehrt zu den europäischen: Weihnachten fällt in den Hochsommer, der Winter dauert von Mai bis August. Dank des relativ milden Klimas kann man Südafrika das ganze Jahr über bereisen.

Die Hauptsaison mit den längsten Schulferien fällt in den Dezember und Januar; Hochbetrieb herrscht auch um die Osterzeit. Unterkünfte sind dann oft ausgebucht, in Nationalparks und an sonst stillen Stränden ist der Andrang groß, die Preise ziehen kräftig an. Baden ist an der Atlantikküste nur im Hochsommer ein Vergnügen, während es dank der warmen Meeresströmung an den Küsten des Indischen Ozeans das ganze Jahr über möglich ist.

Für Blumenfreunde gibt es zwar zu jeder Jahreszeit prächtige Blüten zu bewundern, aber der Frühling im August/September ist vor allem im Namaqualand ein besonderes Erlebnis. Wer sich die Jacarandablüte in Pretoria nicht entgehen lassen will, sollte Ende Oktober/Anfang November hinfahren.

Als günstigste Zeit für den Besuch der Wildschutzgebiete gilt im Allgemeinen das Winterhalbjahr. Da dann das Wasser knapp ist, muss das Wild die Wasserstellen aufsuchen; zwischen dem dürren Gras und den oft kahlen Bäumen und Sträuchern können die Tiere am besten beobachtet werden.

Als klimatisch angenehmste Monate für den Besuch von Kapstadt gelten März und April; zu dieser Zeit ist es mild und meist sonnig, und der oft scharfe Südostwind bleibt aus. Im Weinland der

Provinz West-Kap kann man zwischen Ende Januar und März die Weinlese erleben.

Kleidung und Ausrüstung

Das milde Klima erlaubt überwiegend leichte, sommerliche, luftdurchlässige, bequeme Kleidung; Männer in kurzen Hosen sind, auch in den Großstädten, ein durchaus üblicher Anblick. Für kühle Abende sind Pullover oder Fleecejacke nützlich. Da es im Binnenland im Winter (Juni, Juli, August) nachts empfindlich kalt sein kann, ist wärmere Kleidung erforderlich, zumal in manchen Gegenden die Häuser kaum geheizt werden. Trotz des meist guten Wetters kann ein Regenschutz nicht schaden. In besseren Restaurants wird formelle Kleidung erwartet – *„smart casual"* bedeutet für Herren Hemd mit Kragen und Hose mit Bügelfalte!

Kleidungs- und Wäschestücke werden in den Hotels bei Bedarf gewaschen oder gereinigt, oft in kürzester Frist und zu annehmbaren Preisen; in den Großstädten gibt es Wäschereien (z. T. auch mit Münzautomaten) sowie chemische Reinigungen. In den Wildschutzgebieten ist leichte, aber strapazierfähige Kleidung angebracht. Wer an Wanderungen (*Wilderness Trails*) teilnehmen will, sollte zudem gedeckte Farben wählen; festes Schuhwerk ist hier ebenso erforderlich wie für Wanderungen im Gebirge.

Zur Foto- und Film-Ausrüstung nebst Zubehör sollten Ersatzbatterien und Ladegerät nicht vergessen und v. a. Speichermedien oder Filme eingepackt werden. Speicherkarten sind zwar vor Ort überall zu haben, aber relativ teuer.

Mitgenommen werden sollten auch ein Fernglas pro Person zur Wildbeobachtung, Taschenlampe und alles, was vor der intensiven Sonneneinstrahlung schützt: Kopfbedeckung, Sonnenbrille, Sonnenschutzcreme (mit hohem Lichtschutzfaktor). Vor allem im Lowveld können Insektenschutzmittel hilfreich sein.

Einreisebestimmungen

Für die Einreise wird ein gültiger **Reisepass** benötigt, ein Visum ist für EU-Bürger und Schweizer für touristische, Besuchs- oder Geschäftsreisen bis zu **90 Tagen** nicht nötig. Für den Besuch von Swaziland oder Lesotho wird das Visum an der Grenze erteilt. Wer länger bleiben will, muss sich vorab über die Aufenthaltsbestimmungen bei der Botschaft erkundigen. Der Reisepass sollte noch mindestens sechs Monate gültig sein; er muss bei Antritt der Reise mindestens zwei freie Seiten für Sichtvermerke haben. Jedes Kind benötigt einen eigenen Reisepass.

Minderjährige unter 18 brauchen eine **Geburtsurkunde** (sicherheitshalber eine internationale); falls sie nur mit einem Elternteil reisen, muss zudem die Zustimmung (eidesstattliche Versicherung/*affidavit*, Passkopie, Kontaktdaten) des anderen sorgeberechtigten Elternteils vorgelegt werden. Diese Vorschrift wird eventuell künftig für Europäer entschärft; aktuelle Informationen hierzu gibt es bei der SA-Botschaft.

Impfpflicht besteht bei einem Direktflug aus Europa nicht; ein **Impfnachweis** ist aber nötig, wenn man aus einem Gelbfieber-Land einreist (z. B. Sambia) oder in Addis Abeba, Nairobi oder Lusaka zwischengelandet ist. Malaria-Prophylaxe wird für bestimmte Landesteile empfohlen (u. a. Krügerpark, s. „Gesundheit" S. 244).

Botschaften Südafrikas in Deutschland, Österreich u. Schweiz

DEUTSCHLAND: Botschaft: Tiergartenstr. 18, D-10785 Berlin, Postfach 080 461, D-10004 Berlin, Tel. 030/220 730, www.suedafrika.org. Generalkonsulat: Sendlinger-Tor-Platz 5, D-80336 München, Tel. 089/231 163-0.

ÖSTERREICH: Botschaft: Sandgasse 33, A-1190 Wien, Tel. 01/320 6493, www.dirco.gov.za/vienna.

SCHWEIZ: Botschaft: Alpenstr. 29, CH-3006 Bern, Tel. 031/350 1313, www.southafrica.ch.

Diplomatische Vertretungen in Südafrika

DEUTSCHLAND: Botschaft: 180 Blackwood St., Arcadia, Pretoria 0083, Tel. 012/427 8900, www.pretoria.diplo.de. Generalkonsulat: 19th Floor, Triangle House, 22 Riebeek St., Kapstadt 8001, Tel. 021/405 3000.

ÖSTERREICH: Botschaft: 97 Justice Mahomed Street (Eingang William St.), Brooklyn, Pretoria 0181, Tel. 012/452 9155, www.bmeia.gv.at/pretoria. Generalkonsulat: Protea Hotel Sea Point, Arthur's Road, Kapstadt 8005, Tel. 021/430 5133.

SCHWEIZ: Botschaft: 225 Veale Street, Parc Nouveau, New Muckleneuk, Pretoria 0181, Tel. 012/452 660, www.eda.admin.ch/pretoria. Generalkonsulat: 1 Thibault Square, 26th Floor, Kapstadt 8001, Tel. 021/400 7500.

Währung und Zahlungsmittel

Währung ist der **Rand** (ZAR) zu je 100 Cents (c). Im Umlauf sind Banknoten zu 200, 100, 50, 20 und 10 Rand; seit 2012 gibt es neben den alten, fälschungsanfälligen neue, fälschungssicherere Randscheine mit Mandela-Porträt. Münzen gibt es zu 1, 2 und 5 Rand sowie 50, 20, 10 und 5 Cent (Geldbeträge werden auf volle 5 Cent gerundet).

Ende 2016 lag der **Wechselkurs** bei 1 € ≈ 15 Rand; 1 CHF ≈ 14 Rand. Es dürfen höchstens R 5000 ein- oder ausgeführt werden. Die Wechselschalter der Banken an den internationalen Flughäfen sind bei Ankunft jedes Auslandsfluges geöffnet. Beim Geldtausch ist der Reisepass vorzulegen.

Zahlung mit **Kreditkarte** ist in Südafrika allgemein sehr verbreitet; Kreditkarten wie Visa, Eurocard/Mastercard, American Express oder Diners Club werden weitgehend akzeptiert.

Mit der **Maestro-EC-Karte** (nicht mit VPay!) kann man bei vielen Banken am Geldautomaten (ATM) bis zu 6000 Rand pro Tag abheben. Sicherheitshalber nur Automaten *innerhalb* der Bank benutzen! An Geldautomaten ist generell erhöhte Vorsicht geboten (Gefahr von Raub; Trickdiebstahl; Manipulation des Automaten und Missbrauch der Kartendaten). Es wird empfohlen, Kreditkarten beim Bezahlen nicht aus dem Auge zu lassen. Reiseschecks sind nicht mehr üblich; Banken, *Bidvest-* und *Master Currency*-Wechselstuben berechnen beim Einlösen von Reiseschecks hohe Gebühren.

Zollbestimmungen

Erwachsene dürfen pro Person 1 Liter Spirituosen, 2 Liter Wein, 200 Zigaretten und 20 Zigarren, 250 g Tabak, 50 ml Parfüm und 250 ml Eau de Toilette zollfrei einführen.

REISEN NACH SÜDAFRIKA

Zahlreiche Fluggesellschaften – South African Airways (SAA), Lufthansa, LTU u. a. – fliegen fast täglich von Frankfurt a. M., Düsseldorf, München, Zürich, London und weiteren Airports nonstop nach Johannesburg und/oder Kapstadt. Da die Konkurrenz der europäischen Fluglinien auf der Südafrika-Route sehr groß ist, bietet sich ein Preisvergleich an. Der Langstreckenflug mit SAA lohnt sich, wenn man die damit verbundenen preisgünstigen Konditionen für Leihwagen, Hotels, Game Lodges, Ausflüge, Exkursionen u. a. nutzen will (Katalog *SAA Tours* in jedem größeren Reisebüro).

Schiffsreisen: Manche Reedereien nehmen auf ihren Frachtschiffen Passagiere nach Kapstadt, Durban oder Port Elizabeth mit. Südafrika ist auch Anlaufstelle für Kreuzfahrtschiffe.

REISEN IN SÜDAFRIKA

Mit dem Flugzeug

Flugzeuge sind für den Binnenverkehr in Südafrika fast unentbehrlich, wenn man nicht über sehr viel Zeit verfügt. Denn das Land hat beachtliche Dimensionen: Von Kapstadt bis zur

Grenze nach Simbabwe sind es auf dem Landweg fast 2000 km. Inlandsflüge können normalerweise kurzfristig gebucht werden.

South African Airways (SAA) fliegt – z. T. mehrmals täglich und mit den Tochtergesellschaften *SA-Airlink* und *SA-Express* – alle Flughäfen des Landes und der Region an: Bloemfontein, Durban, East London, George, Johannesburg, Kapstadt, Kimberley, Manzini, Maputo, Margate, Maseru, Nelspruit, Phalaborwa, Pietermaritzburg, Polokwane, Port Elizabeth, Nelspruit-KMIA (Krüger Mpumalanga International Airport), Sun City, Mthatha und Upington. Von Johannesburg nach Kapstadt, Durban und Port Elizabeth verkehrt auch *British Airways-Comair*, *Kulula.com* und *Mango*; von Johannesburg-Lanseria fliegt *Charlan Air* nach Richards Bay und Maputo. Es gibt auch Möglichkeiten für Charter-Flüge sowie zum Mieten von Flugzeugen (Infos bei SA Tourism, www.southafrica.net).

Mit der Eisenbahn

Das Schienennetz Südafrikas (21 245 km) ist zum größten Teil elektrifiziert. Die Bahn dient vor allem dem Transport von Massengütern und Containern. Neben dem Personennahverkehr im Umkreis einiger Großstädte gibt es nur wenige Fernzüge, die z. B. von Pretoria/Johannesburg nach Kimberley/Kapstadt, Durban, Port Elizabeth, Bloemfontein, Polokwane/Musina, Nelspruit/Komatipoort sowie von Kapstadt nach Durban und nach Port Elizabeth verkehren. Plätze für die 1. und 2. Wagenklasse müssen 24 Stunden vor Reiseantritt gebucht werden.

Die Fahrpreise der 1. Klasse entsprechen etwa denen der Intercity-Busse, die 2. Klasse ist erheblich preiswerter, die 3. Klasse nicht zu empfehlen. Auf jeden Fall braucht man für die Bahnfahrt viel Zeit! (Auskunft und Reservierung von Shosholoza Meyl, Tel. 086 000 8888, www.spoornet. co.za).

Abgeraten wird aus Sicherheitsgründen vom Benutzen der Vorortzüge in Johannesburg, Pretoria, Durban und z. T. in Kapstadt (allenfalls 1. Klasse, nur zu den Hauptverkehrszeiten).

Einer der berühmtesten Luxuszüge der Welt, der legendäre, 1972 in Dienst gestellte und 1997 komplett renovierte **Blue Train**, benötigt für die ca. 1600 km lange Strecke Pretoria-Kapstadt bzw. umgekehrt etwa 23 Stunden. Der Zug fährt am frühen Morgen in Pretoria ab. Ein Aufenthalt ermöglicht den Besuch von Kimberley mit dem „Big Hole", am nächsten Tag um die Mittagszeit Ankunft in Kapstadt. In der anderen Richtung wird nach der frühen Abfahrt in Kapstadt ein Halt eingelegt für den Besuch des privaten Wildparks Aquila, der hinter den Hexrievierbergen in der Karoo liegt. Der Park ist bekannt für seine Gepardenzucht.

Reservierung: Tel. 012/334 8459, www.bluetrain.co.za. (Informationen auch bei SA Tourism).

Konkurrenz bekam der Blue Train 1989 durch den Nostalgie-Luxuszug **Rovos Rail**, der streckenweise von einer Dampflokomotive gezogen wird. Er verkehrt ebenfalls zwischen Pretoria und Kapstadt. Eine Fahrt von Pretoria nach Durban (drei Tage) bietet Möglichkeiten zur Wildbeobachtung im Krüger-Park, in Swaziland und in Hluhluwe. Drei Tage dauert auch die Fahrt von Pretoria zu den Victoriafällen mit dem Besuch des Hwange Nationalparks. Sonderfahrten sind Kapstadt – Dar-Es-Salam, Namibia, Golf Safari und Kapstadt – Kairo, www.rovos. co.za, Tel. 012/315 8242.

Mit solchem Luxus kann sich der **Shongololo Express** nicht messen. Er bietet als rollendes Hotel eine preisgünstige Möglichkeit, in 16 Tagen auf der Fahrt zwischen Johannesburg und Kapstadt (oder umgekehrt) viel vom Land zu sehen. Der Zug mit normalen Schlafwagen (1. Klasse) der südafrikanischen Eisenbahn fährt nachts. Morgens stehen Busse zu Ausflugsfahrten bereit, deren Ziel täglich aus mehreren Vorschlägen ausgewählt werden kann.

Frühstück und Abendessen werden im Zug eingenommen und sind im Preis inbegriffen. Man kann auch einzelne Abschnitte der Reise buchen. (www.shongololo.com)

Mit dem Bus

Wichtigstes Verkehrsmittel im Inter-City-Verkehr sind Busse, die – meist täglich oder mehrmals in der Woche – die wichtigsten Städte des Landes miteinander verbinden. Sie sind meist klimatisiert, mit Liegesitzen ausgestattet und schneller und bequemer als die Eisenbahn. Detaillierte Informationen über den Busverkehr sind jeweils bei den einzelnen Provinzen zu finden. Das größte Streckennetz bedienen **Translux Express**: Tel. 011/774 3333, www.translux.co.za. **Greyhound Cityliner**: Tel. 011/276 8500, www.greyhound. co.za. **Intercape Mainliner**: www.intercape.co.za. Buchungen können (bis 3 Monate im Voraus) bei den Vertretungen in allen Großstädten Südafrikas sowie bei Reisebüros, in Südafrika außerdem bei *Computicket* (s. S. 241) vorgenommen werden.

Ein Problem gibt es bei manchen Haltestellen (*Departure Points*) der Inter-City-Busse, die an einer Nationalstraße oder Umgehungsstraße an einer (meist großen) Tankstelle oder Garage (meist mit Schnellimbiss) liegen. Es ist unter Umständen problematisch, eine Fahrgelegenheit in die Stadt zu finden. Taxis gibt es außerhalb der Städte kaum, und ein Fußmarsch mit Gepäck zum Stadtzentrum ist unerfreulich. Zum Glück trifft man in Südafrika oft hilfreiche Mitmenschen!

Rucksackreisende bevorzugen den preiswerten **Baz Bus**, der täglich zwischen Johannesburg und Kapstadt (über Durban) verkehrt (Tel. 021/439 2323, www.bazbus.com). Man kauft sich ein Ticket für die Gesamtstrecke, die man im Laufe des Urlaubs absolvieren will (z. B. Kapstadt – Durban oder Kapstadt – Port Elizabeth). Dann darf man auf der gebuchten Strecke die Fahrt so häufig und so lange unterbrechen, wie man möchte. In der Hochsaison sollte man telefonisch einen Platz im gewünschten Bus reservieren. Der Bus hält an vielen interessanten Orten, häufig direkt an Jugendherbergen, und berührt Richtung Süden die Drakensberge, Richtung Norden Zululand und Swaziland.

Mit dem Auto

Die das ganze Land durchziehenden und außerhalb der Großstädte meist verkehrsarmen Straßen, von denenen landesweit etwa ein Drittel (60 000 km) befestigt sind, machen das unabhängige Reisen mit dem Auto generell zum Vergnügen.

Mietwagen können zu meist günstigen Tarifen schon vor Antritt der Reise über Reisebüros oder die internationalen Verleihfirmen gebucht werden. Besonders preisgünstig sind Angebote, die ein Mietauto mit dem Flug und/oder Unterkünften koppeln. Die Firmen Avis, Budget, Europcar, Imperial und Hertz sind an den großen Flughäfen und an vielen anderen Orten vertreten. Lokale Autovermieter berechnen z. T. erheblich geringere Preise, die für kürzere Strecken möglicherweise günstiger sind. Das Angebot an Fahrzeugen (auch mit Fahrer) reicht von Kleinwagen bis zu Luxuslimousinen, Geländewagen, Campmobilen und klimatisierten Kleinbussen. Da auch Schotterstraßen meist gut gewartet sind, ist ein normaler Pkw völlig ausreichend. Lediglich in schwer zugänglichen Gebieten wie z. B. im Maputaland – vor allem bei Regenwetter – oder im Richtersveld ist ein **Geländewagen** nötig.

Wird der Mietwagen an Mietstationen abgeholt und abgegeben, die mehr als 150 km voneinander entfernt sind, wird meist eine Einweggebühr fällig.

Voraussetzung für das Mieten ist ein internationaler Führerschein, der nur in Verbindung mit dem nationalen Führerschein gültig ist, sowie eine Kreditkarte. Das Mindestalter für Mietwagenfahrer beträgt 21 Jahre, manche Firmen setzen eine Altershöchstgrenze (70 Jahre). Für jeden zusätzlichen Fahrer ist eine Gebühr (R 120) zu bezahlen. In den Mietkosten ist immer eine Haftpflichtversicherung eingeschlossen. Notfallnummer (National Emergency Number) ist 082/16 111.

Wer Mitglied eines Automobilclubs (ADAC, AvD, ÖAMTC, TCS etc.) ist, kann gegen Vorlage seines Ausweises den Service der **Automobile Association of South Africa (AA)** in Anspruch nehmen, die in jedem Telefonbuch als erster Eintrag steht (www.aa.co.za). Die Zentrale hat ihren Sitz im Kyalami International Grand Prix Complex. Der Service umfasst **Pannenhilfe** (*Breakdown Service*, Tel.-Notruf 0800-01-01-01), Abschleppdienst (*Tow Service*), kostenlose Karten und Informationsmaterial.

In Südafrika herrscht **Linksverkehr**, der anfangs erhöhte Konzentration erfordert, sei es beim Schalten (links), Ein-/Abbiegen oder beim Sichten von Verkehrs- und Hinweisschildern.

Die erlaubte **Höchstgeschwindigkeit** beträgt auf Schnellstraßen 120 km/h, auf Landstraßen 80-100 km/h und in Ortschaften 40-60 km/h. Bei manchen Landstraßen ist, durch entsprechende Schilder angezeigt, ein höheres Tempo erlaubt.

Das Anlegen von Sicherheitsgurten ist Pflicht, die **Promillegrenze** (strenge Kontrollen!) liegt bei 0,5.

Denken Sie vor großen Strecken durch dünn besiedeltes Gebiet rechtzeitig ans Tanken (auch die Tankstellen sind dann dünn gestreut!). **Tankstellen** akzeptieren nicht immer Kreditkarten, man muss genug Bargeld dabeihaben! Auch für einen ausreichenden Vorrat an Getränken – vor allem bei großer Hitze – sollte man sorgen.

Die **Unfallrate** in Südafrika ist vergleichsweise hoch, es empfiehlt sich, vorsichtig zu fahren und im Zweifelsfall anderen die Vorfahrt zu lassen! Die zahllosen **Sammeltaxis** der Schwarzen, die den Großteil des öffentlichen Nahverkehrs in den Ballungsgebieten besorgen, haben es meist sehr eilig. Besonders aufmerksam und verhalten fahren sollte man in ländlichen, verkehrsarmen Gebieten, hier laufen Kinder oder auch Tiere manchmal unachtsam über die Straße. Auch Hinweise auf **Wildwechsel** sollte man ernst nehmen (vgl. auch „Straßenverkehr" S. 248).

Die großen GIS-/Navigationssystem-Anbieter wie TomTom oder Garmin haben inzwischen Navi-Software für Südafrika im Programm.

Mit dem Motorrad

Landschaft und Straßen machen Südafrika zu einem Paradies für Motorrad-Fans. Für den, der länger unterwegs sein will, ist es möglicherweise günstig, mit dem eigenen Motorrad zu reisen; die Transportkosten erfährt man bei den Fluggesellschaften.

Empfehlenswert sind Touren in kleineren Gruppen, auch weil man allein unterwegs kaum auf Hilfe bei Pannen rechnen kann. So können bei *Karoo Biking* in Kapstadt v. a. BMW-Enduros (650, 800, 1200 GS) und auch Tourenmotorräder gemietet werden; außerdem bietet Jürgen Muess mehrtägige, auf Deutsch und Englisch geführte Touren als Komplettpaket an; Tel. 021/447 4759, Mobil-Tel. 082-533 6655, www.karoo-biking.de. Das gleiche gilt für *Great African Outdoors*, Tel. 021/556 8365, Mobil-Tel. 083-771 2980, www.africanoutdoors.com.

PRAKTISCHE TIPPS

Angeln

Südafrika ist mit seinen langen Küsten, Lagunen, Flussmündungen und Binnengewässern ein Anglerparadies. Das gilt für Hochsee-Sportfischen ebenso wie für Brandungsangeln, wofür Spätsommer und Herbst die günstigste Zeit ist. Eine besondere Attraktion ist das Angeln im Gefolge der Sardinenschwärme an der Südküste von KwaZulu-Natal. Für die Süßwasserfischerei ist eine Lizenz erforderlich (gegen geringe Gebühr bei der örtlichen Post). Lediglich Forellen haben eine Schonzeit (Juni, Juli, August).

Bei den lokalen Tourist Information Offices gibt es ein Faltblatt mit Vorschlägen für günstige Plätze, Adressen von Veranstaltern, Bootsverleihern und Angelclubs.

Apotheken

Apotheken (im Telefonbuch *Pharmacy*, *Apteek* oder *Chemists*), die neben Arzneimitteln auch Waren anbieten wie etwa unsere Drogerien, finden sich auch in kleineren Städten; in den Großstädten sind einige auch außerhalb der regulären Geschäftszeiten geöffnet. Malaria-Vorbeuge-Medikamente bekommt man ohne Rezept.

Arzt

Die Kosten ärztlicher Behandlung müssen in Südafrika selbst getragen und bar bezahlt werden; der Abschluss einer **Auslands-Krankenversicherung** ist daher empfehlenswert, falls man nicht einen entsprechenden Schutz durch die Kreditkarte genießt. In Telefonbüchern sind Ärzte unter *Mediese Praktisyns* oder *Medical Practitioners*, Zahnärzte unter *Tandartse* oder *Dentist* aufgeführt. Ambulante Behandlung erfolgt auch in Krankenhäusern (*Hospital*).

Banken

Bankfilialen gibt es in den meisten Orten (Mo-Fr im Allgemeinen von 8.30-15.30 Uhr geöffnet, samstags z. T. von 8.30-11 Uhr; in kleineren Orten in der Mittagszeit meist geschlossen). Die Banken unterhalten ein Netz von Geldautomaten (ATM), die rund um die Uhr zur Verfügung stehen.

Geld wechseln oder Reiseschecks einlösen ist bei Banken ein langwieriger Prozess, den man besser vermeidet. An touristischen Brennpunkten findet man effizientere Wechselstuben wie z. B. American Express oder Bidvest, die meist länger geöffnet haben als Banken. Die Erfahrungen mit Reiseschecks sind generell unerfreulich. (siehe „Währung" S. 236)

Bücher und Landkarten

In zahlreichen südafrikanischen Buchhandlungen findet man neben informativen Büchern über Südafrika v. a. ausgezeichnete Bildbände. Deutschsprachige Bücher (und Zeitschriften) bietet vor allem die Deutsche Buchhandlung von Ulrich Naumann in Kapstadt an (Burg Street 17, Tel. 021/423 7832).

Landkarten bekommt man in Südafrika in Buchhandlungen oder von Autovermietern und außerdem auch bei der Automobile Association of South Africa (AA; siehe „Mit dem Auto", Seite 236).

Camping und Caravaning

Das Klima und die guten Straßen bieten günstige Voraussetzungen für Camping und für Caravaning, das Reisen mit Wohnwagen oder Wohnmobil. Komplett ausgestattete Fahrzeuge können gemietet werden u. a. bei **Britz Africa**, Johannesburg, Tel. 011/396 1860, www.britz. co.za; **Kea Campers**, Johannesburg, Tel. 011/230 5200, www. keacampers. co.za; **Leisuremobiles**, Johannesburg, Tel. 011/475 8135, www. africanleisure. co.za; **Maui Camper Hire**, Kapstadt, Tel. 021/982 5107, www. maui-rentals. com.

Den mehr als 800 Caravan Parks in Südafrika sind großteils Campingplätze angeschlossen (Wildcampen ist in Südafrika nicht erlaubt). Die Besucher finden hier preiswerte, meist ausgezeichnet ausgestattete Anlagen mit modernen Sanitäreinrichtungen, Gelegenheit zum Kochen und Grillen, Geschirrspülen, Wäschewaschen und Bügeln. Häufig gibt es auch feste Unterkünfte (*Rondavels, Chalets* u. a., auch für Selbstversorger eingerichtet), Schwimmbäder, Restaurants und Einkaufsmöglichkeiten. www.caravanparks.com.

Computicket

Das zentrale Buchungssystem verkauft landesweit Eintrittskarten für die verschiedensten Veranstaltungen (Konzerte, Kino, Sport, Theater u. a.) und nimmt Buchungen für die Überlandbusse vor. Man kann z. B. bereits bei der Ankunft in Südafrika bei Computicket erfahren, welche Veranstaltungen während des Aufenthalts stattfinden und entsprechend Karten vorbestellen. Computicket-Büros gibt es in vielen Einkaufszentren, die Adressen sind auch im Telefonbuch zu finden; www. computicket.com.

Einkaufen/Souvenirs

Die Einkaufsmöglichkeiten in Südafrika reichen von den zahllosen Flohmärkten und Straßenhändlern über Supermärkte mit reichhaltigem Angebot bis hin zu Luxusgeschäften in vornehmen Einkaufspassagen der Großstädte. Die Preise sind eher niedriger als in Deutschland, bei Einfuhrgütern (z. B. Fotoapparaten) aber erheblich höher.

Goldschmuck, Diamanten und andere Edelsteine können gegen Vorlage des Reisepasses und des Rückflugscheins bei behördlich zugelassenen Juwelieren, Goldschmuck z. B. auch in Gold Reef City in Johannesburg, steuerfrei eingekauft werden. Halbedelsteine und Schmuckstücke daraus findet man in vielen *Curio Shops*, außerdem bei *The Scratch Patch* von Mineral World in Simon's Town und Kapstadt (Waterfront).

Kunsthandwerkliche Arbeiten der Bantu-Völker wie farbenfrohe Perlarbeiten, Holzschnitzereien, Webteppiche (die vielfach aus Lesotho stammen), Korbwaren und anderes findet man in den Curio Shops selbst kleinerer Städte. Das gilt auch für die Läden vieler Restcamps der Nationalparks, zu deren Angebot außerdem unter anderem auch vielfältige Lebensmittel gehören.

Beliebte Souvenirs sind auch Lederwaren, vor allem aus Strauß- und Büffelleder, sowie Bekleidung aus Mohair, Angora- oder Merinowolle. Straußenfedern oder bemalte Straußeneier wird mancher Besucher von Oudtshoorn auf der Heimreise im Gepäck haben. Angeboten werden auch Antilopenfelle und Gehörne. Aber Vorsicht! Das Washingtoner **Artenschutzabkommen** hat in Deutschland, wie auch in anderen EU-Staaten, Gesetzeskraft. Eine große Zahl gefährdeter Pflanzen- und Tierarten oder Produkte daraus dürfen nicht importiert werden. Grundsätzlich verboten ist der Handel mit Produkten von allen Raubkatzen, allen Nashörnern, verschiedenen Schildkröten (darunter alle Meeresschildkröten), mehreren Arten von Krokodilen und Schlangen, Elefanten, zwei der drei in Südafrika lebenden Zebraarten, Buntbock und Rappenantilope, ferner mit Palm- und Baumfarnen sowie verschiedenen Orchideenarten. Verstöße gegen das Gesetz ziehen hohe Geldstrafen nach sich. Stachelschweinborsten (*Porcupine quills*) sollten aus ethischen Gründen nicht gekauft werden – die Tiere sind nicht geschützt und werden dafür gejagt.

Auf den internationalen Flughäfen kann man vor Abflug Sträuße von Trockenblumen, handlich verpackte frische Proteen oder, in den Duty Free Shops, noch Wein, Sherry, Port oder Brandy erstehen. Vorsicht, Souvenirs aus unbehandeltem Weichholz werden vom EU-Zoll beanstandet und evtl. beschlagnahmt!

Elektrizität

Die Netzspannung beträgt im Allgemeinen 220 V, in Pretoria 250 V. In Hotel-Steckdosen passen meist auch Euro-Flachstecker; für Elektrogeräte mit rundem Schukostecker (mit Erdung) ist jedoch ein **Südafrika-Adapter** nötig, der in Europa schwierig zu finden ist; man besorgt ihn sich am besten bei erster Gelegenheit im Land, falls man sie nicht im Hotel leihen kann, in einem Supermarkt.

Essen und Trinken

Die Küche in Südafrika unterscheidet sich nicht wesentlich von der in Europa. Das Fleisch – in beachtlichen Portionen – ist meist von ausgezeichneter Qualität. Es zusammen mit *Boerewors* (kräftig gewürzte Bratwurst-Schnecke) über offenem Holzfeuer zu grillen (*Braai*) ist ein traditionelles Vergnügen der Südafrikaner; Grillplätze gibt es daher fast überall. Dazu passen *Mielie pap* (Maisbrei) und *Chakalaka* (eine scharfe Würzsauce auf Gemüsebasis).

Auf der Speisekarte wird gelegentlich auch Wild angeboten, z. B. Strauß, Impala, Kudu, aber auch mal Krokodil.

Liebhaber von Fisch und Meeresfrüchten (*Seafood*) kommen in Südafrika, am besten natürlich an den Küsten, voll auf ihre Kosten. Zu den am häufigsten angebotenen Fischarten gehören Kingklip, Hake (Seehecht), Steenbras, Yellowtail, Seezunge (*Sole*) und viele andere. Steht *Line Fish* auf dem Menü, so ist das keine spezielle Art, sondern frisch gefangener Fisch des Tages („von der Leine"). Langusten stehen als *Crayfish* oder *Cape Rock Lobster* auf der Speisekarte, Krabben und Garnelen als *Prawns* und *Shrimps*, Muscheln als *Mussels*. Austern (*Oysters*) gibt es v. a. bei Knysna, Langebaan, Saldanha Bay und Port Elizabeth. Zu fast allen Gerichten werden Reis oder Kartoffeln und Gemüse serviert.

Das Land bietet fast alle Obstsorten, einschließlich Bananen und Ananas. Hervorragend sind auch Trockenfrüchte, die vor allem aus der Gegend von Wellington oder Montagu stammen.

Die unterschiedlichen Einwanderergruppen steuerten ihre jeweiligen Spezialitäten regional bei, so z. B. die Inder ihre *Curry*-Gerichte, die vor allem in Durban zu genießen sind. In der Kap-Provinz wirkt der Einfluss der Malaien mit *Sosaties* (Fleischspießchen aus mariniertem Lamm- oder Schweinefleisch) oder *Bobotie* (Hackfleischauflauf mit Curry und Rosinen); bei *Bredie*, einem Eintopf aus Hammelfleisch und Gemüsen, wird die Zubereitung mit den gehackten Stängeln und Blüten der *Waterblommetjies* (einer Wasserpflanze) besonders geschätzt.

Biltong, getrocknetes Fleisch, das aus der Küche der Vortrekker stammt, ist am beliebtesten vom Wild (Kudu, Impala, Strauß u. a.).

Das Hotelfrühstück kommt meist aus der englischen Tradition und ist daher gut und reichlich. Manche Hotels bieten auch – zu geringerem Preis – das etwas einfachere *Continental breakfast*.

Leider ist die Sitte des *Early Morning Tea*, den man (wie auch Kaffee) frühmorgens ans Bett gebracht bekommt, kaum noch üblich (am ehesten in luxuriösen Safaricamps). Ein sehr beliebtes Getränk ist südafrikanischer *Rooibos-(Rotbusch-)Tee*. Er enthält kein Koffein und kaum Gerbstoffe, dafür viele Mineralien sowie Vitamin C.

Groß ist das Angebot an kalten und warmen Snacks (*Take-away food*), die preiswert in Selbstbedienungsläden, Gaststätten, Cafés u. a. zu kaufen sind.

Alkoholische Getränke gibt es in *Liquor Stores*, die bis 18 Uhr geöffnet haben; Wein wird auch in Supermärkten verkauft. Vom Hauptgetränk Bier ist am verbreitetsten das *Lager*; dem deutschen Bier entspricht am ehesten das nach dem Reinheitsgebot gebraute *Windhoek Lager* aus Namibia. Allerdings darf samstags nach 17 Uhr und sonntags generell kein Alkohol verkauft werden.

Die Weine Südafrikas genießen zu Recht einen guten Ruf; sie sind auch in Gaststätten zu fairen Preisen zu bekommen.

Sherry, Portwein, Brandy oder Likör werden gern als Aperitif genommen – als *Sundowner* trinkt man ihn am liebsten auf der Veranda. Hervorragend und vielfältig ist das Angebot an (ungezuckerten) Fruchtsäften (*liquid fruit*), mit denen man sich auf längeren Fahrten eindecken sollte. Überall wird auch Mineralwasser angeboten, es ist allerdings ziemlich teuer.

Ferien und Feiertage

Die Provinzen haben unterschiedliche Ferientermine. Die Hauptferienzeit liegt zwischen Anfang Dezember und Mitte Januar; weitere rund vier Wochen fallen in die Zeit zwischen Ende Juni und Ende Juli, etwa zwei Wochen auf die Osterzeit, ein bis zwei Wochen auf September / Oktober.

Die Feiertage Südafrikas sind neben Neujahr, Karfreitag, Ostermontag (Familientag) und Weihnachten (25. 12):

21. 3. .... Tag der Menschenrechte
27. 4. .... Tag der Freiheit
1. 5.. .... Tag der Arbeit
16. 6. .... Tag der Jugend
9. 8.. .... Nationaler Frauentag
24. 9. .... Tag des Erbes
16.12.. .... Tag der Versöhnung
26.12.. .... Tag des Guten Willens

Fällt der Feiertag auf einen Sonntag, ist der folgende Montag Feiertag.

Fotografieren

Mit langer Sonnenscheindauer, trockener Luft, meist optimalen Lichtverhältnissen und großartigen Wolkenbildungen ist Südafrika ein ideales Land für alle, die Freude am Fotografieren haben.

Großtiere kommen in den Nationalparks oft so nah, dass sie auch mit einfacheren Apparaten einzufangen sind. Für scheue, weiter entfernte oder kleinere Tiere wie Vögel oder Schmetterlinge braucht man ein Teleobjektiv; bei langen Brennweiten bietet ein automatischer Wackel-Ausgleich Vorteile. Der faszinierenden Flora wird man am besten mit Makro-Linse gerecht. Digitale Taschenkameras sind ohnehin für Landschaftsaufnahmen konzipiert; vorteilhaft sind Einstellungsmöglichkeiten verschiedener ISO-Werte, da man bei starkem Sonnenlicht mit ISO 50 oder 100 bessere Auflösungen erreicht, aber in schattigen Bereichen oder abends mit höheren ISO-Werten noch gute Ergebnisse erzielt. Bei besseren Kameras lässt sich die Tonwertspreizung direkt per Diagramm überprüfen, um zu starke Kontraste zu vermeiden. Sonnenblende und Polarisationsfilter können die Bildqualität stark verbessern.

Speicherkarten sind in Südafrika teurer als in Europa, man sollte sich also ausreichend zuhause eindecken. In Fotogeschäften vor Ort kann man Bilddateien billig auf CD brennen lassen.

Gebäude u. a. Einrichtungen, die der Verteidigung und Sicherheit dienen (das sind z. B. auch Polizeireviere und Gefängnisse), dürfen in Südafrika nicht fotografiert werden!

Funk und Fernsehen

Die meisten Hotelzimmer haben ein Fernsehgerät. Die staatliche Rundfunkgesellschaft *South African Boadcasting Corporation SABC* verfügt über 16 Radiostationen. Im Fernsehen (erst 1976 eingeführt) werden Programme auf vier Kanälen ausgestrahlt: SABC 1 in einer Nguni-Sprache und Englisch, SABC 2 in Sotho, Afrikaans, Englisch, SABC 3 in Englisch sowie e-tv, der einzige unabhängige Kanal. Der „Pay channel" DSTV bietet über 70 Kanäle, darunter BBC und CNN. Über den privaten Anbieter Deu-Kom kann man sieben deutsche TV-Sender sowie die Radiosender Bayern 1 und 3 empfangen.

Gastronomie

Man findet Gaststätten für jeden Anspruch – von Fast Food-Kettenbetrieben, Küchen jeder Nationalität, bis hin zum Gourmet-Tempel. Es ist üblich, beim Betreten des Lokals zu warten, bis man einen Tisch zugewiesen erhält. Bei sehr guten und beliebten Restaurants empfiehlt es sich zu reservieren, vor allem in der Hochsaison. Nur noch wenige Gaststätten sind nicht berechtigt (*licensed*), Alkohol auszuschenken. Man findet die entsprechenden Angaben neben der Eingangstür: Restaurants, die „fully licensed" sind, haben die Ausschankgenehmigung für alkoholische Getränke, „unlicensed restaurants" dürfen nur „*Soft Drinks*" (Cola, Säfte, Wasser) anbieten. Sind Gaststätten nicht lizenziert, kann man seine alkoholischen Getränke selbst mitbringen.

In letzter Zeit haben sich in den Großstädten viele Straßencafés etabliert. Unter Café versteht man aber auch einen Laden, der frische Lebensmittel, Fertiggerichte, Zigaretten, Süßwaren und Zeitungen verkauft.

Pubs sind meist von 10 bis 24 Uhr geöffnet.

Geschäftszeiten

Es gibt keine gesetzlichen Ladenschlusszeiten. Die meisten Geschäfte sind montags bis freitags 9-17 Uhr, samstags 8.30-13 Uhr geöffnet, Apotheken und manche Supermärkte auch länger. Große Shopping Center haben jeden Tag in der Woche geöffnet.

Gesundheit

Die medizinische Versorgung ist im ganzen Land gut, so dass man nirgends allzu weit von medizinischer Hilfe entfernt ist. Krankenhäuser sind auch in kleineren Städten vorhanden. Der Abschluss einer privaten **Auslandskrankenversicherung** mit Rückholversicherung ist unbedingt zu empfehlen.

Die Hygienevorschriften sind sehr streng, **Leitungswasser** kann daher ohne Bedenken überall getrunken werden; auch bei Eiswürfeln in Getränken, Speiseeis, Obst oder Salaten braucht man keine Bedenken zu haben.

Als Schutz vor der intensiven Sonneneinstrahlung, auch bei bedecktem Himmel, sind **Sonnenschutzmittel** (mit hohem Lichtschutzfaktor), Sonnenhut oder eine andere Kopfbedeckung (bei heller Haut zudem vollständige Bekleidung) sowie eine Sonnenbrille it UV-Schutz notwendig.

Vor lästigen Insekten im Lowveld und in den feucht-heißen Küstengebieten KwaZulu-Natals sollte man sich – besonders abends – durch langärmelige Kleidung, lange Hosen und Socken (!) schützen; Parfüm und Rasierwasser sollte man dort vermeiden. **Insektenschutzmittel** (*Insect Repellent*, z. B. *Tabard*, in jeder lokalen Apotheke) sind zu empfehlen, besonders als Schutz vor Anopheles-Mücken (Moskitos), den Überträgern der Malaria: Der beste Malariaschutz ist, sich nicht stechen zu lassen und im Krügerpark in der Regenzeit nachts unter einem intakten Moskitonetz zu schlafen! Für Touristen auf einer Rundreise ist das **Malaria-Risiko** nur sehr gering. Malariagefährdet ist nur der Nordosten Südafrikas, insbesondere folgende Gebiete (Informationen und Gebietskarte unter www.malaria.org.za/Malaria_Risk): **Krüger-Nationalpark** und die angrenzenden Lowveld-Regionen von Limpopo und Mpumalanga, Swaziland und der äußerste Nordosten von KwaZulu-Natal. Die genannten Gebiete gelten in der feuchten Jahreszeit von **Oktober bis Februar** als Regionen mit einem gewissen Malaria-Risiko, zwischen März und September dagegen nur als *low risk area*. Besuchern dieser Gebiete, die zwischen Oktober und Februar dort in der Dunkelheit vor Stichen ungeschützt bleiben, könnten eine (allerdings ev. mit Nebenwirkungen behaftete) Malaria-Prophylaxe in Erwägung ziehen; von März bis September könnte die Mitnahme von Notfallmedikamenten (*standby*) genügen – fragen Sie einen Tropenmediziner mit Südafrikaerfahrung. Bestens informiert sind die Apotheker in Südafrika; Malaria-Medikamente sind dort viel billiger als in Europa und rezeptfrei. Die Einnahme sollte eine Woche vor Erreichen des Malariagebiets beginnen und drei Wochen nach Verlassen der Risiko-Region fortgesetzt werden. Wer nach seiner Rückkehr z. B. an grippeähnlichen Symptomen erkrankt, sollte seinen Arzt darüber informieren, dass er sich in einem Malaria-Gebiet aufgehalten hat. In Südafrika tritt die gefährliche Malaria Tropica auf.

Im Norden und Osten Südafrikas sind die meisten stehenden Binnengewässer mit *Bilharzia* (Pärchenegel) verseucht, die **Bilharziose**, eine gefährliche Wurmkrankheit, verursachen können. Wenn nicht sicher ist, dass an dem betreffenden Gewässer keine Gefahr besteht, sollte man in Teichen oder Seen weder baden noch Hände oder Füße länger ins Wasser tauchen.

Zecken (*ticks*) sind als Überträger von Krankheiten gefürchtet. Sie stellen beim Wandern in hohem Gras oder Gebüsch ein gewisses Risiko dar. Deshalb nach einem Buschspaziergang schnellstmöglich ausgiebig duschen, bevor sich die Zecke festsetzen kann bzw. das Tier mit einer Zeckenzange entfernen. 80% der südafrikanischen Zecken sind von Rickettsien (gramnegativen Bakterien) befallen, die das **Afrikanische Zeckenbissfieber** auslösen; Krankheitssymptome wie Fieberschübe, Kopf- und Gliederschmerzen sowie Hautläsionen an der Einstichstelle, die an eine Verbrennung durch eine Zigarette erinnern, zeigen sich nach 5-7 Tagen; Doxycyclin-Einnahme (Antibiotikum) gilt als Standardtherapie bei einer Infektion.

Spinnenbisse sind meist harmlos. Skorpione sind nachtaktiv und nur in der Kalahari gefährlich – Schuhe nachts nicht ins Freie stellen!

Die Gefahr, von einer **Giftschlange** gebissen zu werden, ist nicht sehr groß. Sollte es doch passieren, sollte man jede Bewegung einstellen und sich möglichst das Aussehen des Reptils einprägen. Dies erleichtert, nach rasch herbeigeholter Hilfe, die Wahl des richtigen Serums. In der Wildnis macht man ein Feuer (umsichtig!) und wärmt die Bisstelle so stark wie möglich, damit das Gift koaguliert.

Eine latente Gefahr bedeutet ferner die Tollwut; wer von irgendeinem Tier gebissen wurde, sollte zur Vorsicht einen Arzt aufsuchen.

Im Indischen Ozean, v. a. an der Küste von Natal, und vereinzelt bis zum Kap der Guten Hoffnung, ist zwar mit Haien zu rechnen, die meisten Badestrände sind jedoch durch Netze geschützt, die zunehmend durch elektromagnetische Felder ergänzt werden. Das Wasser ist fast überall sehr sauber.

Ein Tipp für die unfreiwillige Begegnung mit Seeigeln: Umschläge mit Essig auf die betroffenen Hautstellen ersparen die sonst lang anhaltenden und schmerzhaften Folgen.

Wie überall im südlichen Afrika ist auch in Südafrika die Zahl der **AIDS**-Erkrankungen dramatisch gestiegen. Offiziellen Schätzungen zufolge ist jeder Zehnte – 25 % der Bevölkerung zwischen 15 und 49 Jahren – mit dem HI-Virus infiziert, eine der höchsten Infektionsraten weltweit; in erster Linie sind davon Schwarze betroffen.

Information

In den meisten Orten und Fremdenverkehrszentren Südafrikas gibt es Informationsbüros (*Publicity Association, Tourism Board*), wo man kostenlos aktuelle Auskünfte erhält, häufig auch (manchmal gegen eine geringe Gebühr) Broschüren und/oder Karten. Besonders zu nennen ist das Informationsbüro von **Cape Town Tourism**, Kapstadt, Ecke Castle Street und Burg Street, Tel. 021/426 5647, www.tourismcapetown.co.za. Man erhält hier Informationen zu Kapstadt und zur West-Kap-Region, z. B. über die Frühlingsblüte im Namaqualand (*Flower Hotline*, Tel. 021/418 3704).

Internet

In den meisten (außer ganz kleinen) Orten gibt es Internet-Cafés, die kostengünstig WWW-Zugang bieten.

Maße und Gewichte

In der Republik Südafrika gelten die metrischen Maße und Gewichte, bei Temperaturen Grad Celsius (°C).

Mineralien

Für Hobbymineralogen ist Südafrika ein Paradies. Nicht mitnehmen darf man Rohdiamanten, Gold, Smaragde, Fossilien und Steine von archäologischer Bedeutung. Sammeln darf man, mit Ausnahme von Tigerauge, alle Halbedelsteine. In allen Naturschutzgebieten ist das Sammeln verboten!

Nationalparks, Natur- und Wildschutzgebiete

Die Nationalparks werden verwaltet von **South African National Parks** (www.sanparks.org). *SANParks* erhebt von Besuchern der Nationalparks eine tägliche Gebühr (*Conservation Fee*), die bis R 164, Kinder bis 11 R 132 (Krüger-Park und Kgaladadi) reicht.

Die Naturschutzgebiete und Wildreservate der früheren britischen Kolonie Natal werden heute von der Provinz KwaZulu-Natal, **Ezemvelo KZN Wildlife**, verwaltet (www.kznwildlife. com). Die Provinz-Reservate im Western Cape betreibt **Cape Nature Conservation** (www.capenature.co.za).

Mit dem Erwerb einer internationalen **Wild Card** (www.wildcard.co.za/faq.htm) kann man ein Jahr lang die meisten öffentlichen Schutzgebiete in Südafrika und Swasiland besuchen. Sie lohnt sich vor allem für Familien mit Kindern und für längere Aufenthalte; für ausländische Touristen (außerhalb der Südafrikanischen Entwicklungsgemeinschaft SADC) kostet sie R 1920, die Partnerkarte R 3005 (zwei Erw.), die Familienkarte R 3590 (zwei Erw. und alle Kinder bis zum 18. Lebensjahr).

Post

Postämter sind Mo-Fr 8-16.30, Sa 8-12 Uhr geöffnet. Luftpostbriefe nach Übersee kosten R 4,60, Karten R 4,00. Luftpost nach Mitteleuropa benötigt etwa 4-7 Tage; Pakete (an Zollschaltern der Postämter) sind ca. 6 Wochen unterwegs. Briefkästen sind nicht sehr zahlreich. Bei einigen Adressen in Südafrika ist meist ein Postfach (*PO Box* oder *Private Bag*) angegeben. Die vierstelligen Postleitzahlen stehen unter dem Ortsnamen.

Preisniveau

Da der Wechselkurs des Euro zum Rand relativ günstig ist, erweist sich Südafrika als preiswertes Reiseland. Die Preise für Übernachtung können in Luxus-Hotels (meist in den Großstädten) bei etwa R 800 aufwärts beginnen und bis zu mehreren Tausend Rand in der Hochsaison betragen; im Süd-„Winter" sowie außerhalb der Großstädte liegen sie meist erheblich darunter. Für die seltenen Einzelzimmer muss man meist erheblich (50 %) mehr zahlen als den Preis für ein halbes Doppelzimmer. Außerhalb der Hochsaison (d. h. zwischen Mai und August) gibt es oft z. T. beträchtliche Rabatte.

SAA, Autovermieter und sonstige Veranstalter bieten häufig kostengünstig Hotelpässe der großen Hotelketten an. Günstigere Preise sind manchmal an Wochenenden (z. B. *City Lodges*, Tel. 011/557 2600, www.citylodges. co.za) zu erzielen, besonders aber außerhalb der Hochsaison, d. h. von Mai bis August. Zu empfehlen sind die zahlreichen Bed-and-Breakfast-Unterkünfte (B&B), www.bedandbreakfast.co.za.

Wer sich selbst versorgt, kann verhältnismäßig günstig leben. Das Angebot an Mahlzeiten oder kleinen Snacks ist sehr groß, vielfältig und preiswert. Beim Essen in Restaurants bezahlt man weniger als zu Hause (etwa R 150), auch in Gourmet-Tempeln sind Mahlzeit und Wein, v. a. angesichts der Qualität, preisgünstig.

Bei den großen Entfernungen in Südafrika empfiehlt es sich bei Zeitmangel, zu fliegen. Dabei lohnt es sich, die Angebote der unterschiedlichen Fluggesellschaften zu erkunden, vor allem bei frühzeitiger Buchung kann man günstigere Tarife erhalten. Bei Buchung drei Monate im Voraus verringert sich der Preis.

Zu den Angeboten der für die Reisevorbereitung nützlichen Broschüren (z. B. *SAA Tours*, vgl. S. 234) gehören auch Mietwagen aller Kategorien. Es empfiehlt sich, davon Gebrauch zu machen, da die Preise meist sehr viel günstiger sind, als wenn man die Wagen erst vor Ort mietet.

Auf alle Preise wird eine Mehrwertsteuer (*Value added tax, V.A.T.*) von 14 % erhoben. Sie wird aber bei Einkäufen, deren Gesamtwert über R 250 liegt (Rechnungen aufbewahren!), vor der Ausreise am Flughafen zurückerstattet. Die Ware muss allerdings vorgelegt werden.

Sicherheit

Aktuelle Sicherheitshinweise unter www.auswaertiges-amt.de, Tel. 030/5000 2000.

Da man die Kriminalitätsschwerpunkte im großen Südafrika gut meiden kann, sollte sich niemand die Freude an diesem schönen Land nehmen lassen. Die hohe **Kriminalitätsrate** des Landes – die Mordrate beträgt etwa 50 pro Tag, rund 50 Mal mehr als in Westeuropa – ist v. a. Folge seiner sozioökonomischen Probleme und des Drogenmissbrauchs, in erster Linie in den **Townships**. Die Landflucht lässt im Umkreis der Ballungsgebiete immer neue *Squatter*-Siedlungen entstehen. Kapstadt, Pretoria, Durban und vor allem Johannesburg verzeichnen eine hohe allgemeine Gewaltkriminalität. Betroffen sind davon Schwarze wie Weiße, aber meist nur Einheimische, kaum Touristen. Politisch oder rassistisch bedingte Kriminalität ist zurückgegangen. Allerdings sind seit Ende der Apartheid etliche weiße Farmerfamilien im ländlichen Raum Opfer von schwarzen Kriminellen geworden.

Mit Umsicht und einigen Vorsichtsmaßnahmen kann man Gefahren aus dem Weg gehen: Schmuck, auch wertvolle Uhren, bleiben besser zu Hause. Lassen Sie Ihr Gepäck nie ohne Aufsicht. Wertsachen, Geld, Reiseschecks und Papiere verwahrt man möglichst im Hotelsafe.

Auf der Straße sollte man versuchen, so alltäglich wie die übrigen Passanten auszusehen und nicht mit **Schmuck**, teurer **Uhr** oder einer auffälligen **Fotoausrüstung** gleich auf sich als Tourist aufmerksam zu machen. Klemmen Sie Ihre Handtasche fest unter den Arm; eine in der Gesäßtasche verstaute Geldbörse lädt zum Diebstahl geradezu ein. Was man unterwegs bei sich haben möchte, z. B. (möglichst wenig) Bargeld, Ausweis und Kreditkarte, sollte man an verschiedenen Stellen, möglichst am Körper, unsichtbar verstauen (z. B. in einem Beutel, der unter Hosen- oder Rockbund an einem Gürtel befestigt ist.). Zeigen Sie auf der Straße nie offen Geld her. Ein kleinerer Bargeldbetrag kann Räuber möglicherweise besänftigen.

Nehmen Sie Hinweise von Ortskundigen auf gefährliche Gegenden ernst. verzichten Sie generell auf Spaziergänge in der Dunkelheit und fahren Sie, wenn es dunkel ist, lieber mit dem **Taxi einer seriösen Firma**, das man Ihnen im Hotel oder Restaurant gern bestellt. Von „Minibus-Taxis" wird dringend abgeraten.

Besuche in **Townships** sollte man tunlichst nur mit seriösen Tour-Veranstaltern (z. B. in Johannesburg Jimmy's Face to Face Tours, in Kapstadt von Bewohnern in deutsch geführt bei Hajo's Lodge and Tours, Tel. 021/555 8700, www.hajo-sa.com) unternehmen. Ebenso ist die Teilnahme an einer organisierten Stadtrundfahrt sicher gefahrloser, als sich allein auf der Straße mit Hilfe eines Stadtplans zu orientieren.

Beim **Autofahren** sollten wegen der Gefahr von Überfällen und Fahrzeugentführungen immer die Fenster geschlossen und die Türen von innen verriegelt werden, selbst wenn ein Mitfahrer nur kurzzeitig aussteigt; und Gepäck und Wertgegenstände sollten nicht sichtbar im Auto liegen. Denn in dichtem Verkehr und an roten Ampeln kommt es vor allem in Großstädten häufig zu sogenannten Blitzeinbruch- („smash-and-grab"-) Überfällen, bei denen selbst während der Fahrt Autotüren aufgerissen oder Scheiben eingeschlagen werden, um offen herumliegende Handtaschen, Fotoapparate, Mobiltelefone etc. zu rauben. Bei Wartezeiten an großen Kreuzungen sollte man immer seine Umgebung beobachten und beim Anhalten ausreichend enAbstand zu anderen Fahrzeugen halten.

Auf Überlandfahrten sollte man keine Anhalter mitzunehmen und keineswegs in einsamen Gegenden anhalten, um einen Unbekannten nach dem Weg zu fragen.

Vorsicht auch bei „Hilfesuchenden": Autopannen oder Unfälle können gestellt sein; statt anzuhalten besser die nächste Polizeistation informieren (**Notruf** von einem ausländischen Handy: **112**, südafrikanische SIM-Karte oder Festnetz **10111**; **AA-Pannendienst 0800/010101**).

Überfallrisiko herrscht auch an einsamen Aussichtspunkten, Rastplätzen und Wanderwegen.

Es ist ratsam, das Tagesziel vor Anbruch der **Dunkelheit** zu erreichen. Außerdem sind in dünn besiedelten Gebieten vereinzelt stehende Häuser manchmal nicht gut ausgeschildert und daher in der Dunkelheit schwer zu finden.

Werden Sie dennoch überfallen, bewahren Sie Ruhe, händigen Sie Geld und/oder Wertgegenstände aus und: **Wehren Sie sich nicht!** Vor der Reise angefertigte Fotokopien, in der Unterkunft bzw. im Gepäck deponiert, sind bei Verlust von Pass oder Führerschein sehr hilfreich.

Seit den großen Anstrengungen für die WM 2010 hat sich zwar nicht die Verbrechensrate, wohl aber die Situation für Reisende verbessert, da die touristischen Zentren von Kameras überwacht werden und die Polizei bei kleineren Vergehen (*petty crime*) keine Toleranz mehr zeigt. Heikel ist die Situation im Flughafen **Johannesburg** (Gepäckdiebstähle) sowie in **Durban** hinter der „Golden Mile". Die Gewaltbereitschaft im Rahmen begangener Straftaten ist nach wie vor sehr hoch, man sollte also niemals Widerstand leisten!

In **Kapstadt** gibt es zum Schutz der Gäste einen speziellen Notruf der **Touristen-Polizei: 021/418 2852**, ansonsten die landesweite **Notrufnummer 10111** (Festnetz oder südafrikan. SIM-Karte), oder einfach **112**. Für Notfälle ist es wichtig, ein **Handy** dabeizuhaben (siehe auch S. 246).

Sicherheit in **Wildschutzgebieten** ist nur gegeben, wenn die Besucher sich an die Vorschriften halten, das heißt, ihr Fahrzeug nicht verlassen! Nähern Sie sich niemals wilden Tieren und versuchen Sie keinesfalls, etwa die auch außerhalb der Wildschutzgebiete anzutreffenden **Paviane** (*baboons*) zu berühren oder gar zu füttern – das ist streng verboten und sehr gefährlich!

In Binnengewässern und ihrer näheren Umgebung können Begegnungen mit **Flusspferden** oder **Krokodilen** gefährlich werden.

Am Meer sollten Schwimmer und Surfer nicht über die Brandungslinie hinaus gehen und auf die gefährlichen **Rip-Strömungen** (Brandungsrückströmungen) achten. Sicherheitstipps in bezug auf **Haie** findet man unter https://www.capetown.gov.za.

Verkehrsschilder, die vor Wildtieren warnen, sind ernstzunehmen. Ein **Zusammenstoß mit Großtieren**, die nachts auf Nahrungssuche Straßen überqueren, kann sehr folgenschwer sein.

Straßenverkehr

Von den insgesamt rund 185 000 Straßenkilometern haben etwa 60 000 km eine Teerdecke. Die meisten Straßen – auch die ungeteerten (*gravel roads*) – sind in ausgezeichnetem Zustand. Sie sind einheitlich nummeriert (bei Autobahnen weiß oder gelb auf blauem, bei den übrigen Straßen auf grünem Grund), Nationalstraßen mit N, Provinzialstraßen mit R, Straßen in Ballungsgebieten (*Metropolitan Areas*) mit M. Die Beschilderung ist im Allgemeinen recht gut, und da es ausgezeichnete Straßenkarten gibt (auch von den Autovermietern), findet man sich gut zurecht.

Für die Benutzung mancher Abschnitte der Nationalstraßen sind Mautgebühren, meist in geringer Höhe, zu zahlen (*Toll Roads*, mit schwarzem T auf gelbem Grund; Geld oder Kreditkarte bereit halten).

Zeichen auf der Fahrbahn sind häufig anzutreffen: gelb markiert sind der Fahrbahnrand (durchgehende Linie), Busspuren (unterbrochene Linie und BUS), zwingende Richtungspfeile und Parkverbotszonen (gelbe Linie); Buchstaben in ovalem Rand zeigen reservierte Parkflächen an (L = Ladezone, B = Bus, T = Taxi, FB = Feuerwehr, A = Ambulanz). Ein Straßenschild mit durchgestrichenem S bedeutet Halteverbot. *Detour* bedeutet Umleitung. Verkehrsampeln, die in Südafrika *Robot* heißen, stehen nicht nur wie gewohnt vor, sondern auch hinter der Kreuzung. Touristische Hinweisschilder haben weiße Symbole auf braunem Grund.

Taxis

Taxis können nicht auf der Straße angehalten werden, man muss sie i. d. R. telefonisch rufen, Taxi-Standplätze gibt es nur wenige. Die Gebühren sind unterschiedlich, es gibt meist eine Grundgebühr, für den Streckentarif muss der Taxameter eingeschaltet sein.

Sammeltaxis (*Minibus Taxis*), die meist Schwarzen gehören und auf der Straße angehalten werden können, gelten als ein unsicheres Transportmittel; sie sind oft überfüllt und wegen des manchmal überhöhten Tempos und mangelnder Sicherheitsüberwachung nicht zu empfehlen, auch nicht für Rucksackreisende.

Telekommunikation

Im größten Teil des Landes gibt es ein gut funktionierendes Fernsprechfestnetz der *Telkom*. Telefonzellen für Münzen sind blau, für Telefonkarten grün (*Phonecard*, R 20, 50, 100 oder 200 erhält man an allen Flughäfen und in Einkaufszentren am Informationsschalter). Hotels verlangen meist erheblich höhere Telefongebühren, daher Auslandsgespräche besser vom Postamt führen (am Schalter bezahlen).

Mobiltelefon: Die meisten großen europäischen Mobilfunkanbieter haben Roaming-Abkommen mit südafrikanischen Unternehmen wie MTN oder Vodacom. Handys heißen *Cellphone*. An Flughäfen und in Spezialgeschäften kann man auch für die Dauer der Reise ein Mobiltelefon mieten.

Vorwahlnummern nach Deutschland: 0049, nach Österreich: 0043, in die Schweiz: 0041; von Europa aus nach Südafrika: 0027; bei den örtlichen Vorwahlnummern bleibt dann jeweils am Anfang die Null weg.

Trinkgeld

Gepäckträger erwarten mindestens R 5 pro Gepäckstück, für andere Dienstleistungen (z. B. Kellner, Zimmermädchen, Taxifahrer) sind etwa 10 % der Kosten üblich, beim Friseur mindestens R 5. Der Tankwart erwartet ebenfalls R 5.

Wandern

Aus Sicherheitsgründen möglichst nicht alleine, sondern in Gruppen wandern. Wanderwege sind markiert durch gelb-weiße Fußspuren, die auf Felsen oder Baumstämme aufgemalt sind.

Bei vielen Wanderwegen ist die Zahl der jeweils zugelassenen Wanderer begrenzt, frühzeitige Anmeldung ist daher notwendig. Das Wanderwege-Netz wird von Naturschutz-Einrichtungen, städtischen oder Provinzbehörden sowie Privateignern betrieben. Für den anspruchsvollen Fanie Botha Hiking Trail in Mpumalanga (76,9 km) oder den Magoebaskloof Hiking Trail in der Provinz Limpopo (36 km, 3 Tage) ist *Safcol Ecotourism* in Sabie zuständig: Tel./Fax 013/764 2071, www.safcolecotourism.co.za.

Auf **Wilderness Trails** im Krüger-Nationalpark sowie in KwaZulu-Natal (Imfolozi, Isimangaliso Wetlands) werden Wanderer von erfahrenen und bewaffneten Rangern begleitet. Übernachtet wird im Krüger-Nationalpark in eigenen einfachen Camps, in KwaZulu-Natal auch in Zelten. Da die Teilnehmerzahl begrenzt ist und die Unternehmungen sehr begehrt sind, ist frühzeitige Anmeldung erforderlich (Altersbegrenzung: 10-60 Jahre).

Mehrtägige Wanderwege für eine meist nur begrenzte Zahl von Teilnehmern gibt es auch in den Nationalparks Table Mountain, Augrabies Falls, Mountain Zebra, Tsitsikamma (Otter Trail), Golden Gate, Richtersveld und Karoo (zu buchen bei South African National Parks, www.sanparks.org).

Wanderungen in Gruppen werden auch von professionellen Veranstaltern organisiert, die Führer stellen, auch für Ausrüstung, Gepäcktransport, Unterkunft und Verpflegung sorgen („*Slackpacking*"), z. B. *Drifters Adventours*, Tel. 011/888 1160, www.drifters.co.za; *Wilderness Safaris*, Rivonia, Tel. 011/807 1800, www.wilderness-safaris.com.

Hilfreich bei der Planung von Wanderungen ist das Buch von Jaynee Levy: *Complete Guide to Walks & Trails in Southern Africa* (erschienen bei Struik in Kapstadt). In den Buchhandlungen findet man regionale Wanderführer. Ein Faltblatt von *SATOUR* bringt Beispiele für Wanderungen mit Angabe von Entfernungen, Dauer, Schwierigkeitsgraden, Teilnehmerzahl und Adressen für Auskunft und Reservierungen.

Denken Sie bei Wanderungen bei der **Orientierung** daran, dass die Sonne hier mittags im Norden steht; bei trübem Wetter ist ein GPS, für den Notfall eine Taschenlampe, für Strandwanderungen eine Gezeitentabelle hilfreich – Flussmündungen können bei Hochwasser unpassierbar sein!

Weitere Auskünfte erhält man bei der **Hiking Federation of Southern Africa**, www.linx.co.za/trails; **Mountain Club of South Africa**, Tel. 011/807 1310, www.mcsa.org.za.

Infos über Wanderungen in Nationalparks: **SANParks** (South African National Parks), www.sanparks.org; für die Wildschutzgebiete KwaZulu-Natals bei **Ezemvelo KZN Wildlife**, www. kznwildlife.com, fürs Western Cape bei Cape Nature Conservation, www.capenature.co.za.

Wetter

Man muss schon großes Pech haben, wenn man während einer Südafrika-Reise in dem großenteils trockenen Land ein solches Regenwetter antrifft, wie man es aus Mitteleuropa kennt. Der östliche Teil des Landes erhält die meisten Niederschläge von November bis März, vor allem an der Ostküste, sowie im Gebiet der Großen Randstufe, die meist als kurze, oft heftige Gewitterregen fallen. Dauerhaft kalt ist es im Winter nur in den Gebirgen.

Auskünfte über das aktuelle Wetter (das sich rasch ändern kann), erteilt das **South African Weather Bureau**: Tel. 012/321 9621 (kurzfristige Vorhersage für 1-2 Tage) oder 012/309 3089 (langfristige Vorhersage) oder Weather Hotline 082 162; lokale 7-Tage-Vorhersagen unter www.weathersa.co.za.

Zeit

Die Zeit in Südafrika entspricht in allen neun Provinzen wie auch in den Nachbarländern der Mitteleuropäischen Zeit + 1 Stunde; während der europäischen Sommerzeit gibt es dann also keinen Zeitunterschied, da es eine solche Zeitumstellung in Südafrika nicht gibt.

Öffnungszeiten werden meist nach dem britischen System angegeben, man findet also statt 9-16 Uhr die Angabe 9 a.m.- 4 p.m.

Zeitungen

Die meistverkauften englischsprachigen Tageszeitungen sind *The Star, Pretoria News, Cape Times, Cape Argus, The Citizen, The Sowetan, Day, Daily Sun, Business Day*; afrikaanssprachig: *Beeld, Die Burger*.

Die wichtigsten Wochenzeitungen in englischer Sprache sind *Sunday Times, Sunday Independent, City Press, Mail and Guardian*, in Afrikaans: *Rapport*.

Internationale Zeitungen und Zeitschriften findet man in den größeren Städten in den Filialen von CNA; die **Buchhandlung Naumann** in Kapstadt vertreibt deutsche Zeitungen und Zeitschriften in und um Kapstadt (s. „Bücher" S. 240).

SPRACHFÜHRER AFRIKAANS

Im Jahr 1925 wurde das Niederländische als Staatssprache abgeschafft und Afrikaans, die Sprache der Buren, neben Englisch als Amtssprache in der Südafrikanischen Union anerkannt.

Nach dem Ende der Apartheid gibt es heute in Südafrika elf offizielle Amtssprachen: isi Zulu (23,8%), isi Xhosa (17,6%), Afrikaans (13,3%), sePedi (9,4%), English (8,2%), seTswana (8,2%), seSotho (7,9%), xiTsonga (4,4%), siSwati (2,7%), tshiVenda (2,3%), isiNdebele (1,6%).

Englisch wird immer mehr zur führenden Verkehrssprache, zumal für viele schwarze Südafrikaner das Afrikaans mit dem Apartheidsregime verknüpft ist und damals erzwungenes Pflichtfach in der Schule war. Andererseits sind viele Coloureds seither sozial aufgestiegen, und deren Sprache ist überwiegend das Afrikaans (76 %), was auch auf die Mehrheit der Weißen (61 %) zutrifft. Über die Hälfte der Südafrikaner hat zumindest Grundkenntnisse in **Afrikaans**.

eeu = iu .... Sneeuberg
eu = ö .... Keurboom
oe = u .... Bloemfontein
oo = ou .... Koopman
ou = au .... Hout Bay
sch = ß (am Wortende) ... Kirstenbosch
ui = öi .... Muizenberg
uu = ü .... Suurberg
v = f .... Ventersdorp
y = äj .... Lydenburg

1	*een*	11	*elf*	21	*een en twentig*
2	*twee*	12	*twaalf*	30	*dertig*
3	*drie*	13	*dertien*	40	*veertig*
4	*vier*	14	*veertien*	50	*vyftig*
5	*vyf*	15	*vyftien*	60	*sestig*
6	*ses*	16	*sestien*	70	*sewentig*
7	*sewe*	17	*sewentien*	80	*tagtig*
8	*ag*	18	*agtien*	90	*negentig*
9	*nege*	19	*negentien*	100	*honderd*
10	*tien*	20	*twintig*	1000	*duisend*

Abfahrt/Abflug .... *vertrek*
Ankunft .... *ankoms*
Auf Wiedersehen.............. *tot siens*
Bahnhof .... *stasie*
Benzin .... *brandstof*
billig .... *goedkoop*
Bitte/Danke .... *asseblief/dankie*
Entschuldigung .... *ekskuus*
gut .... *lekker*
Geschäft .... *winkel*
Guten Morgen/Tag..... *goeie mòre/dag*
Guten Abend/Nacht . *goeie naand/nag*
ich .... *ek*
Information .... *inligting*
ja/nein .... *ya/nee*
links/rechts .... *links/regs*
Straße .... *pad*
teuer .... *duur*
Umleitung .... *Ompad*
wann .... *wanneer*
was .... *wat*
wie .... *hoe*
wir .... *ons*
wieviel .... *hoeveel*
wo .... *waar*
Zimmer .... *kamers*

AUTORIN

Marianne Fries studierte Germanistik, Geschichte und Geografie, war viele Jahre wissenschaftliche Redakteurin und spezialisierte sich später als Autorin auf Südafrika.

AKTUALISIERUNG

Klaus Minges hat diese Ausgabe überarbeitet. Er ist Kulturhistoriker und lizensierter Südafrika-Reiseleiter und lebt in Kapstadt.

A

B

C

D

Nelles Verlag

Foto: Somi (Fotolia)

Südafrika

Hotelverzeichnis

HOTELVERZEICHNIS

HOTELS: Südafrika bietet ein vielfältiges Angebot an ausgezeichneten Unterkünften. Zahlreiche Hotels, Gäste- oder Landhäuser haben sich zu Hotelketten oder anderen Gruppen zusammengeschlossen, die bei Buchung mehrerer Plätze, direkt oder in Verbindung mit Reisebüros oder Fluggesellschaften, z. T. erhebliche Vergünstigungen bieten:

Southern Sun Hotels (meist größere Häuser der mittleren und oberen Preisklasse, vor allem in den Großstädten). Information: PO Box 782553, Sandton 2146, zentrale Reserv.: Tel. 0861 44 77 44, www.southernsun.com

Protea Hotels (auch auf dem Land und in Kleinstädten, mittlere Preisklasse). Reservierung: Tel. 0861/5050, www.proteahotels. co.za.

Relais Hotels (Häuser der Luxus- und gehobenen Preisklasse, überwiegend im größeren Umkreis von Kapstadt sowie in Pretoria), Tel. 021/423 1426, www.relaischotels.com.

City Lodge Hotels Ltd., PO Box 782630, Sandton 2146, Tel. 011/ 884 5327, www.citylodge.co.za (gute Verkehrsanbindung, moderner Komfort unter Verzicht auf überflüssigen Luxus; Restaurants in der Nähe; vier Kategorien: The Courtyard, City Lodge, Town Lodge, Road Lodge, in mittlerer und unterer Preisklasse).

Portfolio: Unter diesem Titel werden Unterkunftsbroschüren angeboten: *The Country Places City & Safari Collection* bietet beste Landhäuser, Lodges in privaten Wildschutzgebieten sowie einzelne ausgewählte Stadthotels; viele gehören – obwohl durchaus mit Luxus-Standard – preislich zur Mittelklasse. Die preisgünstigere *Portfolio's Retreats Collection* umfasst Gästehäuser und Small Game Lodges (bei denen im Preis Vollpension und Game Drives enthalten sind). Durchweg preiswert sind die Unterkünfte der *Portfolio Bed and Breakfast Collection* (B&B) – Qualität der Unterkünfte und Gastfreundschaft der Gastgeber sind kaum zu übertreffen. Zentrale Buchung: The Portfolio Collection, Reservation, Tel. 021/686 5400.

Da in Südafrika „Doppelbetten" oft „Französische Betten" sind (meist nur 1,60 m breit und mit nur einer Bettdecke versehen), sollte man bei Buchung eines Doppelzimmers den Wunsch nach „Kingsize" oder „Twinbed" angeben.

Eine Besonderheit Südafrikas sind die Unterkünfte der Nationalparks und staatlichen Wildschutzgebiete, die **Restcamps** (mit „Rastlager" wenig zutreffend übersetzt). Sie reichen, z. B. im Krüger-Nationalpark, vom einfachen Rondavel bis zu modernen Unterkünften mit allem Komfort. Alle sind sehr ordentlich und mit allem Notwendigen ausgestattet, haben Duschen und Toiletten, Kühlschrank, Einrichtungen zum Kochen und Essen. Alle Unterkünfte sind zentral zu buchen für National Parks bei **SANParks** (South African National Parks), PO Box 787, Pretoria 0001, Tel. 012/343 1991, www.sanparks.org, für die Wildschutzgebiete KwaZulu-Natals bei **KZN Wildlife**, PO Box 13053, Cascades 3202, Tel. 033/845 1003, www.kznwildlife.com, fürs Western Cape bei Cape Nature Conservation, www.capenature.co.za.

Die in der Hotelliste angegebenen Unterkunftskategorien richten sich ausschließlich nach den Preisen:

$$$ **Luxushotels**: R 1200 und darüber.
$$ **Mittelklassehotels**: R 600 bis unter R 1200, unabhängig von der Anzahl der Sterne, denn außerhalb der Städte kann auch ein Luxushotel preislich zur Mittelklasse zählen.
$ **Einfache Hotels**: unter R 600.

JUGENDHERBERGEN: Allgemeine Auskunft erhält man bei der **Hisa** (**Hostelling International South Africa**), 3rd Floor, St. Georges House, 73 St. Georges Mall, PO Box 4402, Kapstadt 8001, Tel. 021/424 2511, www.hihostels.com. Die Zahl der Jugendherbergen (*Youth Hostels*) hat sich in den letzten Jahren stark erhöht. Man findet sie heute in den Provinzen **Gauteng**: Johannesburg, Pretoria; **KwaZulu-Natal**: Durban; **Mpumalanga**: Hazyview, Sabie; **Nord-Kap**: Kimberley; **Limpopo** (Nord-Provinz): Phalaborwa, Hoedspruit; **Ost-Kap**: Jeffreys Bay; **West-Kap**: Kapstadt und Vororte, Stellenbosch, Hermanus, Mossel Bay, George, Oudtshoorn, Knysna, Plettenberg Bay. Für die Benutzung ist eine internationale Mitgliedskarte erforderlich, mit der man auch diverse Ermäßigungen (Bahnfahrten, Autovermietung u. a.) bekommt. Auskunft erhält man in den Jugendherbergen; bei Cape Town Tourism gibt es eine eigene Informationsstelle. Auskünfte in Deutschland erteilt das **Deutsche Jugendherbergswerk** in Detmold, Tel. 05231/ 74 010, www.jugendherberge.de

BACKPACKERS: Die Standardseite für Rucksack-Quartiere ist **www.hostelworld.com**, wo Traveller alle Herbergen (mit Lage, Preisen und Kundenbewertungen) vergleichen können

3 GAUTENG

JOHANNESBURG UND UMGEBUNG

ⓈⓈⓈ **Michelangelo Towers**, höchster Wolkenkratzer im noblen Sandton, direkt am Mandela Square, 8 Maude Street, Sandton, Tel: 011/245 4000, www.michelangelotowers.co.za.
54 on Bath, kolossales Luxushotel in klassizistischem Stil, 54 Bath Avenue, Rosebank, Tel. 011/280 7200, https://www.tsogosun.com.
Protea Hotel Parktonian All-Suite, zentral im historischen Zentrum von Johannesburg gelegen, 120 De Korte Street, Braamfontein, Tel. 011/403 5740, www.proteahotels.com.
Melrose Arch Hotel, Boutique-Hotel im architektonisch interessanten Melrose Arch gelegen, einer postmodernen Restaurant- und Shopping-Meile nördlich des Zentrums, 1 Melrose Square, Johannesburg, Tel. 011/214 6666, www.africanpridehotels.com.
Gold Reef City Casino, zentrales Hotel beim Apartheid-Museum und dem Freizeitpark Gold Reef City, Johannesburg, Tel. 011/248 5152, www.goldreefcitycasino.co.za.
The Saxon Boutique Hotel, afrikanische Eleganz, die schon Nelson Mandela gefallen hat, der hier seine Memoiren redigierte, 36 Saxon Road, Sandhurst, Tel. 011/292 6000, www.saxon.co.za.
Thaba Eco Hotel, Öko-Hotel & Spa im Safari-Stil in eigenem Naturreservat südlich des CBD, Impala Road, Klipriviersberg Nature Reserve, Tel. 011/959 0887, www.tyb.co.za.

ⓈⓈ **City Lodge OR Tambo International Airport**, preiswertes zweckmäßiges Hotel direkt im erneuerten Flughafenkomplex, Tel. 011/552 7600, www.citylodge.co.za.
Heia Safari Ranch, Lodge im Grünen mit eigenem Wildtierbestand, Honeydew (nahe Lanseria Airport), Tel. 011/919 5000, www.heia-safari.co.za.
Sunnyside Park Hotel, gediegenes, relativ günstiges Vorort-Hotel, Princess of Wales Terrace, Parktown, Tel. 011/640 0400, www.thesunnyside.co.za.
Maropeng Hotel, eine Autostunde westlich von Jo'burg oder Pretoria, im Bereich des sehenswerten Weltkulturerbes *Cradle of Humankind*, Tel. 014/577 9100, www.maropeng.co.za.

Ⓢ **Town Lodge Johannesburg Airport**, schlichtes Hotel von solidem Standard, halbstündlicher Shuttle-Service zum Flughafen, Tel:011/974 5202, www.citylodge.co.za/tl.htm.
Africa Centre, Lodge und Buchungsagentur, Gratis-Shuttle zum Flughafen. 65 Sunny Road, Lakefield, Benoni, Tel. 011/894 4857, www.africa-centre.co.za.
The Melville House, schlichtes, sympathisches Quartier im Künstlerviertel Melville zwischen Zentrum und Airport, 59 Fourth Avenue, Tel. 011/726 3503, www.themelvillehouse.com.
Rock Lodge, ländliches 4-Sterne-Haus auf einem Hügel nordwestlich von Jo'burg, 32 Soutpans Ave, Northcliff, Tel. 011/678 4143, www.rocklodge.co.za.

PRETORIA (TSHWANE) UND UMGEBUNG

ⓈⓈⓈ **Sheraton Pretoria**, monumentaler Luxus direkt unterhalb der Union Buildings, 643 Ecke Church & Wessels St., Tel. 012/429 9999, www.sheratonpretoria.com.
Illyria House, Spitzenhotel in makellosem Neoklassizismus südöstlich des CBD, 327 Bourke St., Tel. 012/344 6035, www.illyria.co.za.
Lombardy Hotel and Spa, nagelneues Boutique-Hotel im Osten der Stadt, in architektonisch interessantem Wohnkomplex, 4 Lynnwood Rd., Tweefontein, Tel. 087/7255 591 www.lombardy.co.za.
Lombardy Estate, Lynwood Rd., Tweefontain, Tel. 012/809 1260, www.lombardyestate.co.za.

ⓈⓈ **The Burgers Park Hotel**, zentrales Mittelklasse-Hotel am gleichnamigen Stadtpark, Ecke Van der Walt und Minaar St., Tel. 012/322 7500, www.burgerspark.co.za.
Hotel 224, äußerlich unschöner Hotelturm, aber innen renoviert, gepflegt und zentral gelegen, Ecke Leyds & Schoeman St., Arcadia, Tel. 012/440 5281, www.hotel224. com.

Ⓢ **Sentinel Apartment Hotel**, günstige Selbstversorger-Apartments im Diplomatenviertel Arcadia, 734 Arcadia St., Tel. 012/343 3440, www.sea.co.za. **Villa Xanelle**, schönes 4-Sterne-Gästehaus in ruhigem Wohnviertel, 1022 Ewald Road, Eldoraigne I, Centurion, Tel. 083/276 4652, www.villaxanelle.com.
Constantia Guest Lodge, familiäres B&B in einem Nachbau des Weingutes bei Kapstadt, 33 Emmerantia St., Meyerspark, Tel. 021/803 5525, www.constantialodge.co.za.

NORD-WEST

Hartebeespoort

$ **De Oude Huys Kombuys**, günstiges Landquartier beim Staudamm Hartbeespoort (offizielle Schreibung, auch Hartebeespoort), 24 Cloisters St., Tel. 012/259 0423.

Pilanesberg National Park

$$$ **Bakubung Bush Lodge**, vergleichsweise günstige private Luxuslodge im Park, Tel. 021/794 9050, www.bakubung.co.za.

$$ **Manyane Resort**, einfaches Camp am östlichen Tor des Parks, Tel. 014/555 1000, www.manyanebookings.co.za.

Madikwe Game Reserve

$$$ **Makanyane Safari Lodge**, Krokodildrift 87 KP,Tel. 014/778 9600, www.makanyane.com.
Madikwe Hills Game Lodge, Nietverdiend, Tel. 018/365 9903.
Madikwe River Lodge, Derdepoort, Tel. 014/778 9000. Beide unter http://madikwe.safari.co.za.

Sun City

$$$ **Palace of the Lost City**, vgl. S. 75, Tel. 014/557 1000.

$$ **The Cabanas**, Tel. 014/557 1272.
Alle Hotels: www.suninternational.de.

4 LIMPOPO

WATERBERGE

Bela-Bela (Warmbaths)

$$$ **Mabula Game Lodge**, reicher Wildbestand inkl. „Big Five", Tel. 014/734 7000, www.mabula.com.

$$ **Forever Resorts Warmbaths**, 3-Sterne-Badehotel unweit der N1, auch Camping und Tagesbesucher, Tel. 014/736 8500, www.foreverwarmbaths.co.za.

Vaalwater

$$$ **Bushveld Retreat**, günstige, familienfreundliche Lodge in privatem Wildpark, New Ellis Road, Vaalwater, Tel. 014/755 4244, www.bushfeldretreat.com.
Clearwater Lodges, kleine, exklusive Luxuslodge mit familiärem Ambiente, Welgevonden Private Game Reserve, Vaalwater, Tel. 021/889 5514, www.clearwaterlodges.co.za.
Lapalala Wilderness Camp, luxuriöse Lodge in Privat-Reservat mit Buschmannzeichnungen und Eisenzeit-Fundstätten, Rhino Camp, Tel. 014/755 4395, www.lapalala.com.

$$ **24 Riviere Private Game Farm**, gemütliche Familienlodge mit viel Wild, aber ohne Big Five, Vaalwater, Tel. 014/755 4521, www.24riviere.com.
Nkonka Bush Lodge, klein und preisgünstig, Melkrivier Road, Waterberg, Tel. 082/824 1750, www.nkonkabush lodge.co.za.

Mokopane (Potgietersrus)

$$ **Protea Hotel The Park**, komfortables Stadthotel mit schöner Außenanlage und Pool, Ecke Thabo Mbeki & Beitel Sts., Tel. 015/491 3101, www.thepark.co.za.

VON POLOKWANE INS LOWVELD

Polokwane (Pietersburg)

$$ **Protea Hotel The Ranch Resort**, große Freizeitanlage mit Wildbestand, an der N1, 20 km südlich von Polokwane, Ecke Rössler und Oster Sts., Tel. 015/290 5000, www.theranch.co.za.
Cycad Guest House, angenehmes 4-Sterne-Haus im Zentrum, Ecke Schoeman / Suid Sts., Tel. 015/291 2181.

Haenertsburg

$$ **Glenshiel Hotel**, nobel und landschaftlich schön im Norden der Drakensberge gelegenes 4-Sterne-Landhotel an der R 71, Richtung Magoebaskloof, Tel. 015/276 4335, www.glenshiel.co.za.

Magoebaskloof

$ **Kuhestan Farm Cottages**, Cottages auf einer von Wald umgebenen Farm mit Bio-Anbau von Avocados und Himbeeren, Orchideen-Garten, J 22 Houtbosdorp Road, Tel. 082/903 7593, www.kuhestan.co.za.

Tzaneen

$$$ **Coach House**, luxuriöser Schlemmertreffpunkt 20 km außerhalb von Tzaneen, Old Coach

Road, Agatha, Tel. 015/306 8000, www.coach-house.co.za.

$$ **Tzaneen Country Lodge**, naturnah und familienfreundlich, Tarentaalrand, Tel. 015/304 3290, www.tznlodge.co.za.

$ **Half Human Backpackers**, Hostel, Taarentalrand Rietbokspruit, No 4.

Phalaborwa

$$ **Loerie Lodge Corporate Guest House**, B&B, schlichtes 4-Sterne-Haus in der Stadt, 199 Bateleur Crescent, Northern Ext.8, Tel. 015/781 7237, www.loerielodge.com.
Hans Merensky Hotel & Golf Estate, luxuriöse Golf- und Badeanlage am Rand des Krügerparks, Club Road, Tel. 015/ 7813931, www.hansmerensky.com.

$ **Lantana Lodge**, diverse Unterkünfte für Selbstversorger, Kiaat St., Tel. 015/781 5191.
Raintree Cottage, hübsches viktorianisches Gästehaus, 1 Essenhout St., Tel. 015/781 0995, www.raintreecottage.co.za.

SOUTPANSBERGE UND LAND DER VENDA

Makhado (Louis Trichardt)

$$ **Shiluvari Lakeside Lodge**, günstige 3-Sterne-Lodge direkt am See, Albasini Dam, Tel. 015/556 3406, www.shiluvari.com.
Plaas Guest House, Farmunterkunft 15 km östlich von Makhado an der R 524 ins Vendaland, Sterkstroom Farm, Piesanghoek Road, Tel. 015/516 0599, www.plaasguest.co.za.

Musina (Messina)

$$ **Forever Resorts Tshipise**, einfach ausgestattetes Mineralbad südlich von Musina für Selbstversorger, auch Camping, Tel. 015/539 0364, www.forevertshipise.co.za.
Klein Bolayi Game Lodge, preiswerte, aber solide eingerichtete Game Lodge mit Badeanlage; einzigartige Landschaft mit Baobabs in der Nähe des Weltkulturerbes Mapungubwe, Tel. 015/534 0975.

Thohoyandou

$$ **Khoroni Hotel**, älteres 3-Sterne-Hotel mit Spielcasino in der Venda-Hauptstadt, Mphephu Street, Tel. 015/962 4600, www.khoroni.co.za.
2Ten Hotel, einfaches 3-Sterne-Hotel im Nachbarort Sibasa, Site No. 1446, Tel. 015/963 0210, www.2tenhotel.co.za.

$ **Fig Tree Lodge**, einziges Gästehaus von westlichem Standard im weiten Umkreis, 220 Ramasaga St., Shayandima, Tel. 015/964 1546, www.thefigtreelodge.com.

5 MPUMALANGA

WEGE INS LOWVELD

Machadodorp

$$ **Bergwaters Eco Lodge**, naturnah in schöner Landschaft, mit Badeanlage, N 4 Highway, Waterfall Onder,1195, Tel. 013/257 7081, www.bergwaters.co.za.

Sabie

$$ **Böhms Zederberg Country House**, stilvolle Anlage, an der R 536 (Tal zwischen Sabie und Hazyview), Tel. 013/737 8101, www.bohms.co.za.
Lone Creek River Lodge, wunderschöne Anlage mit diversen Bauten direkt am Fluss, Old Lydenburg Rd., Tel. 013/764 2611, www.lonecreek.co.za.

Hazyview

$$$ **Tanamera Lodge**, traumhafte Lage auf halbem Weg nach Sabie, mit allem denkbaren Komfort, Tel. 013/764 2900, www.tanamera.co.za.

$$ **Rissington Inn**, sympathisches Lowveld-Gästehaus, Räume mit privaten Freiluftduschen, Tel. 013/737 7700, www.rissington.co.za.
Hotel Numbi, gepflegtes, günstiges 3-Sterne-Hotel mit Camping-Möglichkeit, Tel. 013/737 7301, www.hotelnumbi.co.za.

White River

$$$ **Jatinga Country Lodge**, ruhiges Luxushaus am Stadtrand, Tel. 083/235 3460, www.jatinga.co.za.

$ **Lavender Guesthouse**, schmuckes Stadthaus mit 4-Sterne-Niveau, Tel. 013/751 3696, www.lavenderguesthouse.co.za.

Nelspruit/ Mbombela

$$ **Orion Hotel Promenade**, 3-Sterne-Stadthotel mit Uhrturm, Samora Machel Drive, Mbombela 1201, Tel. 013/753 3000, www.oriongroup.co.za.
The Palms Guest House, friedliche Bleibe mit schönem Garten nahe dem städtischen Naturpark, 25 Van Wyk St., Tel. 013/755 4374.

PANORAMA-ROUTE

Pilgrim's Rest

$$$ **Mount Sheba Country Lodge**, naturnahe Lodge im Regenwald oberhalb des Goldgräberstädtchens mit schönen Wanderwegen, Mpumalanga, Tel. 013/768 1241, www. mountsheba.co.za.
Royal Hotel, original viktorianisches Hotel im Wellblechstil mit Museumscharakter, Main Street, Tel. 013/768 1100, www.royal-hotel.co.za.

Hoedspruit

$$$ **Jackalberry Lodge**, Thornybush Game Reserve, Luxuslodge in einem der zahlreichen Privatreservate am Rand des Krügerparks, im Preis sind Vollpension und Safaris bereits inbegriffen, Tel. 021/424 1037, http://thornybush.krugerpark.co.za.

Marulaneng (Hoedspruit)

$$ **Forever Resorts Blyde Canyon**, Feriendorf mit Gästehaus und Campingplatz unweit des Blyde River Canyon, Tel. 015/769 8005, www.foreversa.co.za/blyde_canyon.
Mohlabetsi Safari Lodge, im Balule Nature Reserve, das Safari-Angebot wird abgerundet durch geführte Buschwanderungen und ein Himmelsteleskop, Tel. 015/793 2166, www.mohlabetsi.co.za.
Blue Cottages Country House, einfache Rundhütten, an der R 527, Tel. 015/795 5750, www. countryhouse.co.za.

KRÜGER-NATIONALPARK

RESTCAMPS: Die 14 Hauptrestcamps sind bestens ausgestattet, fast alle bieten Rondavels, Hütten, Safarizelte, Zeltplatz, Pool, Laden, Restaurant, Bar und Game Drives. Ruhiger geht es in den etwas abgelegeneren Bushveld Camps zu (hierfür Vorausbuchung obligatorisch). Alle Unterkünfte im Krüger-Nationalpark sind zu buchen bei **South African National Parks**, Tel. 012/428 9111, Fax 343 0905, www.sanparks.org.

PRIVATE LODGES: $$$ (nahe Hazyview): **Mala Mala**, Tel. 011/442 2267, www.malamala.com.
Londolozi Private Game Reserve im Sabie Sand Game Reserve, Tel. 011/280 6655, www.relaischateaux. com/londolozi.
Makalali Game Reserve, 32 km nördlich von Hoedspruit, Nord-Provinz, Tel. 015/793 1720, www. makalali.co.za.
Ngala Game Reserve im Timbavati Game Reserve, Tel. 011/809 4300, www.ngala.co.za.

$$ **Garonga Safari Camp** (Makalali-Schutzgebiet), Tel. 082/4403522, www.garonga.com.
Mohlabetsi Safari Lodge, grüne Oase im Balule Nature Reserve, Tel. 015/793 2166, www.mohlabetsi.com.za.

6 KWAZULU-NATAL

DURBAN

Stadt

$$$ **Royal Hotel**, das klassische Nobel-Hotel am Hafen, 267 Anton Lembede St., Tel. 031/333 6000, www.theroyal.co.za.
Hilton Durban, nahe dem Konferenzzentrum und den Stadien, 12-14 Walnut Road, Tel. 031/336 8100, www.hilton.com.

$ **Albany Hotel**, preisgünstiger Altbau im Art-Déco-Stil, 225 Anton Lembede St., Tel. 031/304 4381, www.albanyhotel.co.za.

Beach Front

$$ **Tropicana**, gutes 3-Sterne-Hotel zentral an der Golden Mile, 85 OR Tambo Parade, Tel. 031/368 1511, www.goodersonleisure.co.za.
Balmoral, ehrwürdiges Gebäude zwischen den übrigen Hoteltürmen, großzügige Räumlichkeiten, 125 Beach Road, Tel. 031/368 8220, www.rayahotels.com.
Blue Waters Hotel, 3-Sterne-Hochhaus am nördlichen Ende der Golden Mile, Tel. 031/327 7000, www.bluewatershotel.co.za.
Garden Court South Beach, 73 Dr. Tambo Parade, Tel. 031/337 2231, an der Beach Front, www.tsogosunhotels.com.

$ **Hippo Hide Lodge and Backpackers**, einfache Unterkunft, schöner Garten, 2 Jesmond Rd, Tel. 031/207 4366, www.hippohide.co.za.

Umgebung

$$$ **Riverside Hotel & Spa**, neue Anlage mit Wellness-Zentrum über dem Umgeni-Fluss, Kenneth Kaunda Road (Northway), Tel. 031/563 0600, www.riversidehotel.co.za.

Crowhurst, schlossartiges Gutshaus beim Tal der 1000 Hügel, 74 Everton Road, Kloof , Tel. 031/767 5202, www.crowhurstplace.co.za.

$$ **Endless Horizons**, modernes Boutique-Hotel oberhalb Durban North, 108 Umhlanga Rocks Drive, Tel. 031/564 0360, www.endlesshorizons.co.za.

Ibis Lodge, familiär geführtes 4-Sterne-B&B in modernem Terrassenhaus in Durban North, 51 Highlands Road, Durban North, Tel. 031/563 3586, www.ibislodge.co.za.

$ **Honeycomb Guest House**, günstiges Standard-B&B in Durban North, 47 Northway, Tel. 031/563 8806, www.honeycombhouse.com.

KÜSTEN UND STRÄNDE

Umhlanga

$$$ **Beverley Hills**, spektakulärer Großbau im internationalen Stil mit allem Komfort, 54 Lighthouse Rd.,Tel. 031/561 2211, www.southersun.com.

$$ **Oyster Box Hotel**, grandioses Kolonialstil-Hotel am Leuchtturm, 2 Lighthouse Rd., Tel. 031/561 2233, www.oysterbox.co.za.

Anchor's Rest, B&B und Selbstversorgung, stilvoll und ruhig in Strandnähe, Umhlanga Rocks, 14 Stanley Grace Crescent, Tel. 031/561 7380, www.anchorsrest.co.za.

$ **Cathy's Place**, schlichtes B&B in Strandnähe, 18 Stanley Grace Crescent, Umhlanga Rocks, Tel. 031/561 3286, www.cathysplace.co.za.

Salt Rock

$ **Bed and Breakfast By The Sea**, freundlich-schlichte Unterkunft am Meer, 16 Summit Rd., Sheffield Beach, Tel. 032/525 8079, www.bbbythesea.com.

Ballito

$$$ **Zimbali Lodge**, Luxusresort in Neuerschließungsgebiet mit Golfplatz und Naturreservat (Minimum 2 Nächte), Tel. 031/762 2050, www.zimbali.org.

$$ **Dolphin Holiday Resort**, naturnahe Ferienanlage mit Blockhäusern und Campingplatz, Selbstversorgung, Compensation Beach Rd./Ecke Hillary Drive, Tel. 032/946 2187, ww.dolphinholidayresort.co.za.

$ **Petite Provence**, blütenweiß gestyltes B&B nördlich von Ballito, 7 Mdoni Road, Salt Rock, Tel. 032/525 5316, www.petiteprovence.co.za.

Ramsgate

$ **Wailana Beach Lodge**, gepflegtes B&B nahe der bekannten Oribi Gorge, 436 Ashmead Dr., Tel./Fax 039/314 4606, www.wailana.co.za.

Port Edward

$$$ **Wild Coast Sun**, großer Ferienkomplex am nördlichen Ende der Wild Coast, Main Bizana Rd., Tel. 039/305 9111, www.suninternational.de.

ZULULAND / WILDRESERVATE

St. Lucia

$$ **African Ambience**, großzügiges 4-Sterne-Haus im Safari-Stil, Tel. 035/590 1212, www.africanambience.com.

$ **Bhangazi Lodge**, ruhiges, deutsch geführtes B&B im Wohnviertel hinter der Touristenmeile, 36 Hornbill St., Tel. 035/590 1258, www.bhangazilodge.com.

Richard's Bay

$$ **Protea Hotel Waterfront Richards Bay**, angenehmes Business-Hotel am Hafen, Ecke Bridgetown Rd./Pioneer Rd., Tuzi Gazi Waterfront, Tel. 035/788 0448, www.proteahotels.com.

$ **Protea Bayshore Inn**, modernes Hotel oberhalb der Hafeneinfahrt, 4 The Gully, Meerensee, Tel. 035/753 1246, www.proteahotels.com.

Hluhluwe

$$$ **Hluhluwe River Lodge**, komfortable Holzhäuser auf einem Hügel, Tel. 035/562 0246,www.hluhluwe.co.za.

$ **Protea Hluhluwe Hotel & Safaris**, traditionelles 3-Sterne-Haus mit eigenem Safari-Betrieb, 104 Main Road, Tel. 035/562 4000, www.proteahotels.com.

Mkuze

$ **Ghost Mountain Inn**, großzügiges Haus mit Wellnessbereich nahe der Grenze zu Swaziland, Tel. 035/573 1025, www.ghostmountaininn.co.za.
Rocktail Beach Camp, weltabgeschiedenes Quartier im Küstenwald des iSimangaliso Wetland Park bzw. Maputaland Coastal Forest Reserve, ideal für Tauch- und Vogelbeobachtungs-Exkursionen; www.rocktailbay.com. Reservierung bei **Wilderness Safaris**, Tel. 011/807 1800, www.wilderness-safaris.com.

MIDLANDS UND BATTLEFIELDS

Isandlwana

$$$ **Isandlwana Lodge**, schön am Felshang mit Blick über das Zululand samt Mount Isandlwana gelegen, mit afrikanischem Touch, Tel. 034/271 8301, www.isandlwana.co.za

Pietermaritzburg

$$ **City Royal Hotel**, modernisiertes 1930er Jahre-Haus, zentral gelegen, 301 Burger Street, Tel. 033/394 7072, www.cityroyalhotel.co.za.

$ **Ascot Inn**, originelles Pferdestall-Haus neben der Rennbahn, 210 Woodhouse Rd., Scottsville, Tel. 033/386 2226, www.ascot-inn.co.za.

Rorke's Drift

$$$ **Isibindi Zulu Lodge**, Luxuslodge beim historischen Schauplatz einer Schlacht des Zulukrieges, Tel. 035/474 1473, www.isibindi.co.za.

DRAKENSBERGE

Underberg / Himeville

$$ **Sani Pass Hotel & Leisure Resort**, ehrwürdige Station am Fuß des spektakulären Übergangs nach Lesotho, Sani Pass Road, Tel. 033/702 1320, www.sanipasshotel.co.za.

$ **Himeville Arms**, traditionelles Kleinstadt-Hotel mit Kneipe, Main Rd., Himeville, Tel. 033/702 1305 www.himevillehotel.co.za.

Drakensberg Gardens Golf & Spa Resort, leicht angegraute Ferienanlage in schöner Landschaft am Ende der R 317, Tel: 033/701 1106, kwazulu.hotel-guide.co.za.

Nottingham Road

$ **Kamberg Camp**, schöne Chalets im Kamberg Nature Reserve, das mit der besten Felskunst der Drakensberge sowie Besucherzentrum und Museum aufwartet, Tel. 033/263 7251, www.kznwildlife.com.

Winterton

$$ **The Nest Drakensberg Resort Hotel**, großzügige Anlage auf dem Weg nach Monk's Cowl, Tel. 036/468 1068, www.thenest.co.za.
Cathedral Peak Hotel, Touristenzentrum mit Wanderwegen in traumhafter Landschaft, nahe beim Felskunst-Museum Didima, Tel. 036/488 1888,www.cathedralpeak.co.za.

Bergville

$$ **Orion Mont aux Sources**, Lodge in idealer Lage vor der Kulisse des Amphitheatre, Tel. 036/438 8000, www.oriongroup.co.za.
The Cavern, Freizeitanlage mit Wanderwegen zu Buschmannzeichnungen, Tel. 036/438 8000, www.cavern.co.za.

7 OST-KAP

LAND DER XHOSA

Port St. Johns

$$ **Mbotyi River Lodge**, abgelegen, aber in grandioser Landschaft im ursprünglichsten Pondoland, einheimische Guides für die Siedlung und Wanderungen, Tel. 082/674 1064, www.mbotyi.co.za.
Umngazi River Bungalows, komfortable Freizeitanlage, herrlich an einer Bucht an der Wild Coast gelegen, südl. von Port St. Johns, Tel. 047/564 1115, www.umngazi.co.za.

$ **Cremorne Estate**, spektakulär gelegenes Familienhotel mit schönen Cottages am Fluss, Tel. 047/564 1110, www.cremorne.co.za.
Amapondo, ein Backpacker-Treff, der auch 2-Bett-Chalets anbietet – neben der oben genannten die einzig akzeptable Unterkunft in dem etwas herun-

tergekommenen Künstler- und Hippie-Städtchen, Tel. 083/315 3103, www.amapondo.co.za.

Coffee Bay

$$ **Ocean View Hotel**, gemütliches Landhotel direkt über dem Strand, Tel. 047/575 2005, www.oceanview.co.za.
White Clay, wildromantische Anlage mit B&B und Campingplatz, an der Küste zwischen Coffee Bay und dem Whole in the Wall gelegen, Tel. 047/575 0008, www.wildcoast.co.za/whiteclay.

Morgan's Bay

$$ **Morgan Bay Hotel**, freundliches Kleinstadt-Hotel direkt an der Küste, Beach Road, Tel. 043/841 1062, http://morgan-bay-hotel.co.za.
Cock Inn, stilvolles Farm-Gästehaus mit nostalgischem Altwelt-Charme, in Strandnähe, 7 km von der Stadt, Tel. 043/841 1634, www.cockinn.co.za.

King William's Town

$ **Dreamers Guest House**, sehr gepflegtes B&B in viktorianischem Gebäude von 1867, mit großem Garten, Obstbäumen und Pool, auf Wunsch werden auch warme Mahlzeiten serviert, 29 Gordon Street, Tel. 043/6423012, www.dreamersguesthouse.com.

Hogsback

$ **Hogsback Inn**, naturnahes viktorianisches Landhotel mit Pub und Restaurant, großer Garten mit Pool, Tel. 045/962 1006, www.hogsbackinn.co.za.

EAST LONDON

$$$ **Garden Court**, modernes Großhotel, 3 km vom Zentrum direkt an der Küste, Turnberry Ave / Ecke Moore St., Tel. 043/722 7260, www.southernsun.com.

$ **Majestic Boutique Hotel**, Altbau im Art Déco-Stil mit Hafenblick, 21 Orient Rd. Ecke Currie St., Tel. 043/743 7477, www.majestic-hotel.co.za.

$ **Devereux Lodge**, sympathisches viktorianisches B&B nördlich des Zentrums, 79 Devereux Ave., Tel. 043/726 9459, www.devereuxlodge.co.za.

GRAHAMSTOWN UND SUNSHINE COAST

Grahamstown

$$ **Graham Hotel**, traditionelles Haus in der verkehrsberuhigten Hauptstraße, nahe der Universität, 123 High Street, Tel. 046/622 2324, www.afritemba.com.

$ **The Cock House**, charmanter viktorianischer Altbau mit exzellentem Essen, 10 Market St., Tel. 046/636 1287, www.cockhouse.co.za.

Port Alfred

$$$ **Kariega Game Reserve**, küstennahes Big-Five-Reservat, geräumige Holz-Chalets mit Veranda, Tel. 046/636 7904, www.kariega.co.za.

$$ **The Halyards Hotel**, 3-Stern-Anlage mit Wellnessbereich an der zur Marina ausgebauten Flussmündung, Royal Alfred Marina, Tel. 046/604 3300, www.riverhotels.co.za.

$ **The Residency Guest House**, stilvolles B&B in ehemaligem Magistrats-Ferienhaus, 11 Vroom Road, Tel. 046/624 5382, www.theresidency.co.za.
Villa De Mer Guest House, mediterranes B&B am Strand, nahe des Ortszentrums, 22 West Beach Drive, Tel. 046/624 2315, www.villademer. co.za.

Addo

$$$ **Shamwari Game Reserve**, Privatreservat östlich des Addo-Nationalparks mit fünf Lodges der Oberluxusklasse, Tel. 041/407 1000, www.shamwari.com.
Gorah Elephant Camp, privates Camp im Addo-Nationalpark, viktorianisches Farmhaus mit gut besuchtem Wasserloch und luxuriösen Zelt-Chalets, Tel. 044/501 1111, www.hunterhotels.com/gorahelephantcamp.

$$ **Zuurberg Mountain Village**, Berggasthof mit komfortablen Rundhütten beim Nordteil des Addo-Nationalparks, Tel. 042/233 8300, www.addo.co.za.

$ **Hopefield Country House**, modernes Gästehaus in den Orangenhainen um Addo, mit hervorragender Küche, Tel. 042/234 0333, www.hopefield.co.za.

PORT ELIZABETH

$$$ **Hacklewood Hill Country House**, stattliches Herrenhaus im Nobelviertel Walmer, Top-Restaurant, 152 Prospect Rd., Walmer, Tel. 041/581 1300, www.hacklewood. co.za.
The Kelway, wohnliches Bauwerk im Safari-Stil, etwas hinter der rauschenden Beachfront, Brookes Hill Drive, Humewood, Tel. 041/584 0638, www.thekelway.co.za.

$$ **The Beach Hotel**, freundliches Haus an der Küstenstraße mit großer Veranda, Marine Drive, Summerstrand, Tel. 041/583 2161, www.thebeach-hotel.co.za.

$ **Margate Place**, günstiges B&B an der Beachfront, Tel. 041/583 5799, www.margateplace.co.za.

DIE GROSSE KAROO

Graaff-Reinet

$$ **Drostdy Hotel**, traditionelles Stadthotel im ehemaligen Sitz des Magistrats, 30 Church St., Tel. 049/892 2161, Fax 892 4582, www.drostdy.co.za.
Andries Stockenström, historisches Gästehaus mit Spitzenküche, 100 Cradock Street, Tel. 049/8924575, www.asghouse.co.za.
Avondrust Guest House, B&B in einer Stadtvilla mit schönem Garten, 40 Somerset St., Tel. 049/892 3566, Fax 892 3577, www. avondrustbnb.co.za.

$ **Cypress Cottages**, schön restaurierte Arbeiterhäuschen am Stadtrand, 76 Donkin St., Tel. 049/892 3965, www.cypresscottage.co.za.

Beaufort West

$ Matoppo Inn, ruhige Herberge in altem Herrenhaus, 7 Bird Street, Tel. 023/415 1055, www.matoppoinn.co.za.
Lemoenfontein Game Lodge, ehemaliges Jagdhaus aus dem 19. Jh. am Beginn der De Jager's Passstraße, 2 km nördlich der N 2, Tel. 023/415 2847, www.lemoenfontein.co.za.
Karoo National Park: Anmeldung und Unterkünfte: **South African National Parks**, Tel. 012/428 9111, www.sanparks.org.

8 WEST-KAP

GARTENROUTE

Jeffreys Bay

$$ **Stratos Guest House** (B&B), komfortabel, direkt am langen muschelreichen Strand, kleiner beheizter Pool, 11 Uys St., Tel. 082/565 1732, www.stratos-za.com

Storms River

$$ **Tsitsikamma Lodge**, gemütliche, gut ausgestattete Hütten in schöner Natur, mit eigener Veranda und Grillplatz, 8 km vor der Storms River Bridge, Tel. 042/280 3802, www.tsitsikamma.com

Plettenberg Bay

$$$ **The Plettenberg**, luxuriös, von den seeseitigen Zimmern tolle Aussicht aufs Meer (von Juli bis Dezember mit Glück auch auf Glattwale), Lookout Rocks, Plettenberg Bay, Tel. 044/533 2030, www.plettenberg.com.
Hunter's Country House, komfortables Landhotel mit Park und Gartencottages mit Privatpool, an der N 2, 10 km westlich von Plettenberg Bay, Tel. 044/532 7818, www.hunterhotels.com/Hunters.htm.

$$ **Bayview Hotel**, zentral, Geschäfte und Restaurants in Reichweite, wenig Flair, an der Hauptstraße, die Zimmer nach hinten sind ruhiger, Main St./Ecke Gibb St., Tel. 044/533 1961, www.bayviewhotel.co.za.
Hog Hollow Country Lodge, afrikanisch angehauchte Chalets, waldnah mit Tsitsikamma-Blick, 16 km östl. Plettenberg Bay an der N 2, Ascop Road, The Crags, Tel. 044/534 8879, www.hog-hollow.com.

$ **Forever Resort Plettenberg**, große Anlage am Fluss, mit Steinchalets und Holzhütten für Selbstversorger, Zeltplatz, beliebt bei Familien, Pool, Bootsverleih, 6 km östlich von Plettenberg Bay, Tel. 044/535 9309, www.foreversa.co.za.

Knysna

$$ **Protea Hotel Knysna Quays**, schön gelegen an der Lagune, Waterfront Drive, Tel. 044/382 5005, www.proteahotels.com.

\$ **Beauchamp Place**, mit Blick auf die Lagune, im Landhausstil, alle Zimmer mit Balkon oder Terrasse, 150 Ou Kaapse Weg, Paradise, Tel. 044/382 1653, www.beauchampplace.co.za.

Highfield Backpackers, preiswert, in erhöhter Lage, mit Pool, Garten und Grillstelle, interessante Action- und Ausflugsangebote, 2 Graham St., Tel. 044/382 6266, www.high fieldbackpackers. co.za.

Sedgefield

\$\$ **Lake Pleasant Living**, schöne Lage unmittelbar am Groenvlei-See, Pool, Wellness, Spa, zwischen Sedgefield und Knysna, Tel. 044/349 2400, www.lakepleasantliving.com.

\$ **Lakeside Lodge**, gepflegtes Ökoresort am Swartvlei-See im Wilderness National Park, Tel. 044/343 1844, www.lakesidelodge.co.za.

Wilderness

\$\$ **Palms Wilderness Guest House** , bestens geführt, strandnah, Zimmer im afrikanischen Stil, gutes Restaurant, schöne Gartenanlage, Tel. 044/877 1420, www.palms-wilderness.com.

Hildesheim Guest House (B&B), naturnah, schöner Bergblick, Pool, Bar, Ausfahrt N 2 Hoekwil (7 km), 3 Kerkstraat, Hoekwil, Tel. 044/850 1115, www.hildesheim.co.za.

\$ **Fairy Knowe Hotel**, landeinwärts am Touw River, der geschützte Wald ist zu Fuß erreichbar, Dumbleton Road, Tel. 044/877 1100, www.fairyknowe.co.za.

George

\$\$\$ **Fancourt Hotel & Country Club Estate**, großzügiges Golfhotel mit drei Plätzen, mehrere Restaurants, 150 Luxuszimmer, 4 km nördlich des Ortszentrums an der R 29, Tel. 044/804 0000, www. fancourt. co.za.

\$ **St. Moritz Guest House** (B&B), sechs netteingerichtete Zimmer, Dinner auf Wunsch (bekannt für gute Küche) 16 Varing Lane, Tel. 044/874 5993, www.stmoritz.co.za.

Victoria Bay

\$ **Land's End**, ruhig, direkt am Wasser, vier gut ausgestattete Apartments, B&B und Self-Catering, Tel. 044/889 0123, www.vicbay.com.

Mossel Bay

\$\$ **Protea Hotel Mossel Bay**, mediterraner Stil, ehemaliges kapholländisches Herrenhaus, eine Austernbar und das gute Restaurant Gannet gehören dazu, Market St./Ecke Church St., Tel. 044/691 3738, www.oldposttree.co.za, www.proteahotels. com.

Eight Bells Mountain Inn, geschmackvolle Zimmer, Rondavels u. Holzhütten, am Robinson Pass (35 km nördl. v. Mossel Bay, R 328), Tel. 044/ 631 0000, www.eightbells.co.za.

OUDTSHOORN UND KLEINE KAROO

Oudtshoorn

\$\$ **Protea Hotel Riempie Estate**, Rundhütten auf großzügigem Gelände, Baron van Reede St., Tel. 044/272 6161, www.proteahotels.com.

Oudtshoorn Inn, modern, großer Pool, im Ortszentrum, Baron van Reede St./Van der Riets St., Tel. 044/272 2201, www.oudtshoorninn.co.za.

De Opstal, restauriertes Farmhaus mit Pool, schöne Zimmer, Schoemanshock Valley, 12 km nördlich, Tel. 044/279 2954. www.deopstal. co.za.

\$ **Cul de Sac Guest House**, B&B, ländlich, in ruhiger Umgebung, mit Straußengehege, 38 Klein Karoo Street, Tel. 044/279 2322, www.culdesac.co.za.

Backpacker's Paradise, Familienbetrieb, 55 Betten, schöner Sonnenuntergangsblick vom Balkon, Ortszentrum zu Fuß erreichbar, 148 Baron van Reede St., Tel. 044/272 3436, www.backpackersparadise.hostel.com.

Prince Albert

\$\$ **Swartberg Hotel**, restauriertes, denkmalgeschütztes viktorianisches Gebäude, mit Pool, 70 Church St., Tel. 023/541 1332, www.swartberg. co.za.

Calitzdorp

\$\$ **Die Dorpshuis**, 200 Jahre altes viktorianisches Gebäude mit schönem Garten und Pool, gutes Restaurant, Van Riebeeck St., Tel. 044/213 3453, www.diedorpshuis.co.za.

Welgevonden Guest House, ländliches Gästehaus mit nur wenigen Zimmern, auf einem kleinen Weingut, ruhig, am Ortsrand, St. Helena Rd., Tel. 044/213 3642, www.welgevon denguesthouse.co.za.

DAS WEINLAND

Robertson

The Grand Hotel, nett eingerichtete Zimmer, kleiner Pool, Restaurant mit solider Hausmannskost und Weinen der Region, Pub, preiswertere Zimmer in der angeschlossenen **Travel Lodge**, 68 Barry St., Tel. 023/626 3272.

Worcester

Protea Hotel Cumberland, 55 Zimmer, Restaurant am Pool, Bar, Fitnessraum, Tennis, Squash, 2 Stockenstroom St., Tel. 023/347 2641, www.proteahotels.com.

Ceres

Ceres Inn, Familienbetrieb, 14 Zimmer in unterschiedlichen Preisklassen, kleiner Pool, netter Garten, 125 Voortrekker Rd., Tel. 023/312 2325, www.cyberm.co.za/webpages/ceresinn.htm.

Tulbagh

De Oude Herberg, stilvoll, historisches Flair, mit Pool und dem Gourmetlokal Pielow's, 6 Church St., Tel. 023/230 0260, www.deoudeherberg.co. za.
Paarl

Grande Roche Hotel, nobles kapholländisches Anwesen aus dem 17. Jh., mit dem Gourmetlokal Bosman's, Plantasie St., Tel. 021/863 2727, www.granderoche.co.za.

Goedemoed Country Inn, historischer Landgasthof mit Pool und Gartenchalets, von Weinbergen umgeben, Cecilia St., Tel. 021/863 1102, www.goedemoed.com.
Rodeberg Lodge, großes viktorianisches Stadthaus mit geräumigen Zimmern, 74 Main St., Tel. 021/863 3202, www.rodeberglodge.co.za.

Franschhoek

Le Quartier Français, sehr feines Landhotel, sechs Suiten, zudem 14 Zimmer mit Kamin, Pool, mit dem renommierten Spitzenlokal The Tasting Room, 16 Huguenot Road, Tel. 021/876 2151, www.lequartier.co.za.

Cathbert Country Inn, komfortabel, gute Küche, mitten im Weinland mit Blick auf die Boland Mountains, Cathbert Farm, Tel. 021/874 1366, www.cathbert.co.za.

Ballon Rouge, hundertjähriges viktorianisches Haus mit stilvollen Zimmern, Sonnenterrasse mit kleinem Pool, 7 Reservoir St., Tel. 021/876 2651, www.ballon-rouge. co.za.

Stellenbosch

Lanzerac, luxuriöses kapholländisches Herrenhaus von 1692 mit Spitzengastronomie, Lanzerac Rd., Tel. 021/887 1132, www.lanzerac.co.za.

D'Ouwe Werf Country Inn, geschichtsträchtiges Haus mit stilvollen Zimmern und historischem Interieur, Pool, Restaurant, 30 Church St., Tel. 021/887 4608, www.ouwe werf.com.
Dorpshuis, elegantes viktorianisches Boutiquehotel, 22 Dorp St., Tel. 021/883 9881, www.dorpshuis.co.za.

The Stumble Inn, preiswertes Hostel mit gutem Service, 12 Market St., Tel. 021/877 4049, www. jump.to/stumble.

DIE SÜDSPITZE AFRIKAS

Swellendam

Swellengrebel Hotel, 38 Zimmer, 10 Chalets im großen Garten, Pool, 91 Voortrek St., Tel. 028/514 1144, www.swellengrebel hotel.co.za.

Arniston

Arniston Hotel, strandnah, 60 Zimmer, meist mit Kamin, gutes Fischrestaurant, Garten, Pool, Spa mit Wellness, Sauna, Dampfbad, Beach Rd., Tel. 028/445 9000, www.arnistonhotel. com.

Hermanus

The Marine, restauriertes Traditionshaus am Marine Drive, große Zimmer mit Buchtblick, Tel. 028/313 1000, www.marine-hermanus.co.za.

Windsor Hotel, renoviertes Familienhotel, günstige Lage mit Meerblick, 49 Marine Dr., Tel. 028/312 3727, www.windsorhotel. co.za.

Zoete Inval Backpackers, preiswertes Hostel, 10 Gehminuten vom Cliff Path und dem Zentrum, 23 Main Road, Tel. 028/312 1242, www.zoeteinval.co.za.

Gansbaai

$$$ **Grootbos Nature Reserve**, zwei naturnahe Lodges in intakter Fynbos-Landschaft, Tel. 028/384 8000, www.grootbos.com.

Villiersdorp

$ **Huis de Villiers**, historisches Gästehaus, 13 Victoria St., Tel. 028/ 840 1386.

FALSE BAY

Gordon's Bay

$ **Coco Beach**, strandnah, 131 Beach Road, Tel. 021/856 1631, www.stayinsa.co.za/7221.htm.

Somerset West

$$ **Somerton Manor**, kapholländisches Haus mit historischem Charme und gutem Fitness- und Wellness-Angebot, in schönem tropischen Garten, 13 Somerset St.,Tel. 021/851 4682, www.somerton.co.za.

KAPSTADT UND KAP-HALBINSEL

Kapstadt

$$$ **Belmond Mount Nelson**, traditionsreichstes Luxushotel mit Park, 2 Pools, Tafelbergblick, 76 Orange St., Tel. 021/483 1000, www.belmond.com.

The Bay Hotel, durchgestylte Design-Unterkunft in Camps Bay, in der Nähe des Strandes, 69 Victoria Rd., Tel. 021/438 4444, www.thebay.co.za.

Victoria & Alfred Hotel, elegantes Haus, günstig gelegen direkt an der Waterfront, große Zimmer, beste Aussicht vom 2. Stock, schöne Frühstücksterrasse mit Tafelbergblick, Tel. 021/419 6677, www.vahotel.co.za.

Vineyard Hotel, großes historisches Herrenhaus mit geräumigen Zimmern, schönem Garten, Pool und eigenem Weinberg, Colinton Rd. (off Protea Rd.), Newlands, Tel. 021/657 4500, www.vineyard.co.za.

The Westin Cape Town, günstige Lage gleich neben dem CTICC, nahe Waterfront und Long Street, Convention Square, Tel. 021/412 9999, www.westincapetown.com.

One & Only Resort, Luxus der Superklasse mit privatem Butler und Starkoch Reuben Riffel, wohl das kinderfreundlichste Spitzenhotel, Dock Road, V & A Waterfront, Tel. 021/431 5888, www.oneandonly-resorts.com.

Protea Hotel Fire & Ice, originell gestyltes Mittelklassehotel nahe Long Street und Kloof Street, New Church Street, Tel. 00800 9733 4226, www.proteahotels.com.

$$ **Cactusberry Lodge**, historisches Stadthaus, modern und geschmackvoll eingerichtet, begrünter Hof mit Minipool, Terrasse mit Tafelbergblick, effiziente deutsche Leitung, 30 Breda Street, Oranjezicht, Tel. 021/461 9787, www.cactusberrylodge.com.

Grand Daddy, gut geführtes Haus an der Kapstadter Szenemeile, mit cooler Bar und einzigartigem **Airstream Penthouse Trailer Park** oben auf dem Flachdach – sieben individuell von einheimischen Designern eingerichteten Aluwohnwagen, 38 Long Street, Tel. 021 424 7247, www.granddaddy.co.za.

Town House, zentral gelegen, gemütlich eingerichtet, 60 Corporation St., Tel. 021/465 7050, www.townhouse.co.za.

City Lodge Victoria & Alfred Waterfront, moderne, kleine, preiswerte Zimmer, Dock Rd./Ecke Alfred Rd., Tel. 021/419 9450, Fax 419 0460, www.citylodge.co.za.

Garden Court Eastern Boulevard, modern, mit Pool, 3 km vom Zentrum, Melbourne Rd./Ecke Coronation Rd., Tel. 021/448 4123, www.southernsun.com.

Villa Lutzi, mit Pool, im ruhigen Stadtteil Oranjezicht, 6 Rosmead Av., Tel. 021/423 4614, www.villalutzi.com.

Protea Breakwater Lodge, günstigstes Hotel der Waterfront, neben dem historischen Gefängnis, Portswood Road, V & A Waterfront, Tel. 021/406 1911, www.breakwaterlodge.co.za.

Blackheath Lodge, viktorianisches 4-Sterne-B&B in Seapoint, 6 Blackheath Rd., Sea Point, Tel. 021/439 2541, www.blackheathlodge.co.za.

$ **The Back Pack**, wegen der zentralen Lage beliebte Travellerunterkunft, 74 New Church Street, Tel. 021/423 5555.

Zebra Crossing, Backpacker-Hostel in günstiger Lage, nicht weit von der quirligen Long Street, 82 New Church St., Tel. 021/422 1265, www.zebracrossing.co.za.

Abe Bailey Youth Hostel, Jugendherberge, preiswert und sauber, 11 Maynard Rd., Muizenberg, Tel. 021/788 2301.

Constantia

$$$ **The Cellars Hohenort Country House Hotel**, mit Pool und exzellentem Restaurant, 93 Brommersvlei Rd., Tel. 021/794 2137, www.cellars-hohenort.com.
Alphen Hotel, historisches Herrenhaus mit viel Komfort, Alphen Drive, Tel. 021/794 5011, www.alphen.co.za.

$ **Hampshire House**, B&B, sehr gepflegt, mit Garten und kleinem Pool, 10 Willow Road, Tel. 021/794 6288, www.hampshirehouse.co.za.

Simon's Town

$$ **The Lord Nelson Inn**, Kolonialstilhaus mit Hafenblick und nur wenigen Zimmern, 58 St. George's Street, Tel. 021/786 1386, www.lordnelsoninn.co.za.

Hout Bay

$$$ **Hout Bay Manor**, authentische kapholländische Architektur, denkmalgeschützt, mit Gourmetlokal Pure, Bavianskloof Rd., Tel. 027/790 0116, www.houtbaymanor.co.za.

ATLANTIKKÜSTE

West Coast National Park

$$ Originellste Übernachtungsmöglichkeit im Park: zwei **Hausboote**, vertäut bei Kraalbaai, Tel. 021/689 9718, www.houseboating.co.za.
Cottages: Tel. 022/772 2144, South African National Parks, www.sanparks.org.

Yzerfontein

$ **Emmaus On Sea**, B&B und Selbstversorgung, Meerblick, Patio-Bar für den Sundowner, 30 Versfeld Street, Tel. 022/451 2650, www.emmaus.co.za.

Saldanha

$$ **Protea Hotel Saldanha Bay**, direkt an der Waterfront, Zimmer mit Meerblick, Pool, gutes Seafood-Lokal, 51B Main Road, Tel. 022/714 1264, www. proteahotels.com.

Langebaan

$$$ **Club Mykonos Resort**, große Ferienanlage im griechischen Stil, Zimmer mit Meerblick, Tel. 022/707 7000, www.clubmykonos.co.za.
$$ **The Farmhouse**, in erhöhter Lage mit schönem Blick über die Lagune, Liegewiese, Pool, 5 Egret St., Tel. 022/722 2062, www.thefarmhouse-langebaan.co.za.

Citrusdal

$ **Citrusdal Country Lodge**, nettes Kleinstadthotel (Familienbetrieb), kleiner Pool, Hausmannskost im Restaurant, Spielplatz, 66 Voortrekker Rd., Tel. 022/921 2221, www.citrusdallodge.co.za.

Clanwilliam

$$ **Bushman's Kloof**, Luxuslodge hinter den Cederbergen mit der besten Felskunst am Kap, Tel. 027/482 8200, www.bushmanskloof.co.za.

$ **Clanwilliam Hotel**, traditionelles Kleinstadthotel, Main Road, Tel. 027/482 1101, www.clanwilliamhotel.co.za.

Lambert's Bay

$$ **Lambert's Bay Hotel**, mit Swimming-Pool und gutem Fischlokal, 72 Voortrekker Street, Tel. 027/432 1126, www.lambertsbayhotel.co.za.

Vanrhynsdorp

$ **Van Rhyn Guest House**, 9 Zimmer, Patio-Pool, Frisiersalon, Van Riebeeck St., Tel. 027/279 1429, www.vanrhyngh.co.za.

9 NORD-KAP

Kamieskroon

$ **Kamieskroon Hotel**, 24 Zimmer, 5 Apartments für Selbstversorger, Restaurant, Kamin, Pool, Vermittlung von Botanikführern, Old National Road, Tel. 027/672 1614, www. kamieskroonhotel.com.

Springbok

$$$ **Old Mill Lodge**, 69 Van Riebeeck Street, Tel. 027/718 1705, www.oldmilllodge.com

$$ **Springbok Lodge**, ständige Ausstellung, Verkauf von Steinen und Mineralien, Nambiti Conservancy, Tel. 036/631 9027, www.thespringboklodge.co.za.

Okiep

$$ **Okiep Country Hotel**, Tel. 027/744 1000, www.okiep.co.za.

Port Nolloth

$ **Scotia Inn**, schlichtes 3-Sterne-Hotel an der Küste, Beach Road, Tel. 027/851 8353, www.scotiainnhotel.co.za.
Bedrock Lodge, historische Fischerhäuser mit Gärten und Grillplatz, 2 Beach Rd., Tel./Fax 027/851 8865, www.bedrocklodge.co.za.

Upington

$$ **28° North West**, Gästehaus im toskanischen Stil, 19 Hibiscus Avenue, Tel. 083/564 1058, www.upington.biz/28-north-west-bb.html.

$ **Le Must Residence**, zwei Villen am Ufer des Orange Rivers, zentrumsnah, 12 Murray Ave., Tel. 054/332 3971, www.lemustupington.com.
Die Eiland Holiday Resort, Chalets auf einer Insel im Orange River, Tel. 054/334 0288, www.kharahais.gov.za/eiland.html.

Kakamas (nahe Augrabies Falls National Park)

$$ **Vergelegen Guest House**, modernes Haus mit exklusivem Café, Tel. 054/431 0976, www.augrabiesfalls.co.za.

Kuruman

$ **De Duine Lodge**, B&B mit Buchladen nahe der Moffat-Mission, 7 Thompson Ave., Tel. 084/800 7779, www.deduine-lodge.co.za.

Kimberley

$$ **Holiday Inn Garden Court**, 120 Du Toitspan Road, Tel. 053/833 1751, www.southernsun.com.
Protea Hotel Diamond Lodge, 124 Du Toitspan Rd., Tel. 053/831 1281, www.proteahotels. com.
Edgerton House, traditionelle Villa, in der auch schon Mandela genächtigt hat, 5 Edgerton Rd., Belgravia, Tel. 053/831 1150, www.edgertonhouse.co.za.
Kimberley Club, Boutique-Hotel im historischen Millionärsclub der Diamantenstadt, 053/832 4224, www.kimberleyclub.co.za.
$ **Milner House**, familiäres B&B in hundertjährigem Wohnviertel, 31 Milner Street, Belgravia, Tel. 053/831 6405, www.milnerhouse.co.za.
Gum Tree Lodge, Jugendherberge, ca. 5 km außerhalb, Old Bloemfontein Rd., Tel. 053/832 8577, www.gumtreelodge.com.

10 FREISTAAT

BLOEMFONTEIN / MANGAUNG

$$$ **Hobbit Boutique Hotel**, dem von hier stammenden Schriftsteller JRR Tolkien gewidmet, 19 President Steyn Avenue, Westdene, Tel. 051/447 0663, www.hobbit.co.za.

$$ **Bloem Spa Lodge**, hypermodernes komfortables Badehotel neben dem Botanischen Garten 8 km vom Zentrum, Rayton Road, Lilyvale, Heuwelsig, Tel. 051/436 1550, www.bloemspa.co.za.
Florentia Guest House, B&B unter Leitung einer Textilkünstlerin, ausgestattet mit preisgekrönten Quilts (Patchwork), 2C Louis Botha Street, Waverley, Tel. 051/436 7847, www.florentia.co.za.
Die Oude Kraal, ausgezeichnete Luxusherberge und -Restaurant in restauriertem Farmhaus, Country Lodge, 35 km südlich der Stadt nahe der N 1, Tel. 051/564 0733, www.oudekraal.co.za.
Lemon & Lime Guest House, freundliches, zentral gelegenes Gästehaus, 36 Donald Murray Ave, Park West, Tel. 051/444 5555, www.lemonnline.co.za

$ **Bloemfontein Inn**, 17 Edison St., Tel. 051/522 6284, www.bfninn.co.za

Ladybrand

$ **Cranberry Cottage**, viktorianisches Gästehaus mit Restaurant, kurz vor der Grenze nach Lesotho, 37 Beeton St., Tel. 051/924 2290, www.cranberry-cottage.co.za.

Ficksburg

$ **Franshoek Mountain Lodge**, uriges Farmhaus in den Maloti-Bergen 25 km von Ficksburg, Tel. 051/933 2828, www.franshoek.co.za.

Clarens

$$ **Castle In Clarens**, wildromantische Schlossattrappe mit märchenhaftem Interieur, 8 km hinter Clarens, Tel. 082/4680 642, www.castleinclarens.co.za.
Mont d'Or Hotel, 3-Stern-Haus in französischem Klassik-Stil mit Wellness-Bereich, Tel. 058/256 1272, www.montdorhotel.co.za.

Phuthaditjhaba (Witsieshoek)

$ **Witsieshoek Mountain Resort Hotel**, höchstes Resort in Südafrika, Tel. 036/488 1207, www.witsieshoek.co.za.

Golden Gate Highlands N. P.

$$ **Golden Gate Hotel** und $ **Glen Reenen Camp** buchen bei **South African National Parks**, Pretoria, www.sanparks.org.

Harrismith

$$ **Tom's Place**, komfortables und ruhig gelegenes B&B, Stuart str 70, Tel. 058/623 0006 www.tomsplaceharrismith.co.za.

Gariep Dam

$$ **Forever Resort Gariep**, Feriensiedlung am Gariep Dam, Tel. 051/754 0045, www.forevergariep.co.za.

De Stijl Gariep Hotel, dem Künstler Mondrian gewidmetes Hotel in internationalem Design, Top-Küche mit regionalem Flair, Tel. 051/754 0060, www.destijl.co.za.